国家出版基金项目
NATIONAL PUBLICATION FOUNDATION

| 李顿调查团档案文献集 |

主编 张 生

第三方的观察与见解（上）

编译 向 明 郭昭昭 陈梦玲

南京大学出版社

本书由

国家社会科学基金"抗日战争研究"专项工程
"国外有关中国抗日战争史料整理与研究之一：李顿调查团档案翻译与研究"（16KZD017）

教育部人文社会科学重点研究基地"南京大学中华民国史研究中心"
重大项目"战时中国社会"（19JJD770006）

江苏省优势学科基金

资助

《李顿调查团档案文献集》编译者名单

主　编　张　生

副主编　郭昭昭　陈海懿　宋书强　屈胜飞　陈志刚　叶美兰

编译者　张　生　南京大学中华民国史研究中心教授
　　　　　叶美兰　南京邮电大学教授
　　　　　王希亮　黑龙江省社会科学院历史研究所研究员
　　　　　郭昭昭　江苏科技大学马克思主义学院研究员
　　　　　陈海懿　南京大学中华民国史研究中心副教授
　　　　　陈志刚　西南大学历史文化学院副教授
　　　　　宋书强　中国药科大学马克思主义学院讲师
　　　　　屈胜飞　浙江工业大学马克思主义学院讲师
　　　　　王　静　南京大学大学外语部副研究员
　　　　　翟意安　南京大学历史学院讲师
　　　　　徐一鸣　南京大学历史学院助理研究员
　　　　　向　明　江苏科技大学马克思主义学院副教授
　　　　　常国栋　南京邮电大学马克思主义学院讲师
　　　　　鄢海亮　华南师范大学马克思主义学院讲师
　　　　　万秋阳　南京晓庄学院外国语学院日语系讲师
　　　　　菅先锋　南京大学历史学院博士研究生
　　　　　吴佳佳　南京大学历史学院博士研究生
　　　　　马海天　南京大学历史学院博士研究生
　　　　　米惠华　南京大学历史学院博士研究生
　　　　　顾小伟　南京大学历史学院博士研究生
　　　　　林　坤　南京大学历史学院博士研究生
　　　　　夏黎明　南京大学历史学院博士研究生

王益华　南京大学历史学院博士研究生

孟祥斐　南京大学历史学院博士研究生

崇　哲　南京大学历史学院博士研究生

刘思燚　南京大学历史学院硕士研究生

肖钧哲　南京大学历史学院硕士研究生

刘涵之　南京大学历史学院硕士研究生

桂语琪　南京大学历史学院硕士研究生

黄家丽　南京大学历史学院硕士研究生

胡芊珣　南京大学历史学院本科生

刘俊甫　南京大学历史学院本科生

陈梦玲　内蒙古师范大学科学技术史研究院博士研究生

金　楠　浙江工业大学马克思主义学院硕士研究生

杨文秀　浙江工业大学马克思主义学院硕士研究生

曹文博　陕西师范大学历史文化学院硕士研究生

沈康悦　浙江工业大学马克思主义学院硕士研究生

杨　越　西安电子科技大学密码学硕士

黎纹丹　西南大学外国语学院硕士研究生

朱心怡　西南大学外国语学院硕士研究生

杨　溢　西南大学外国语学院硕士研究生

郑学良　西南大学外国语学院硕士研究生

孙　莹　西南大学外国语学院硕士研究生

舒　婷　西南大学历史文化学院硕士研究生

徐丹丹　西南大学历史文化学院硕士研究生

牛　正　西南大学历史文化学院硕士研究生

金　典　西南大学历史文化学院硕士研究生

余松琦　西南大学含弘学院本科生

序　言

中国历史的奥秘,深藏于大兴安岭两侧的广袤原野。

明治维新以来,日本企图步老牌帝国主义后尘,争夺所谓"生存空间";俄国自彼得大帝新政,不断东进,寻找阳光地带和不冻港。日俄竞争于中国东北,流血漂杵;日本逐步占得上风,九一八事变发生,中国面临亡国灭种的新危机。

日本侵华之际,世界已进入全球化的新时代,民族国家成为国际社会的主体,以国际条约体系规范各国的行为,以政治和外交手段解决彼此的分歧,是国际社会付出重大代价以后得出的共识。而法西斯、军国主义国家如德、意、日,昧于世界大势,穷兵黩武,以求一逞。以故意制造的借口,发动侵华战争,霸占中国东北百余万平方公里土地、数千万人民,是日本昭显于世的侵略事实。

国际联盟(League of Nations)应中国方面之吁请,派出国联调查团处理此事。1932年1月21日,国联调查团正式成立。调查团团长由英国人李顿爵士(The Rt. Hon. The Earl of Lytton)担任,故亦称李顿调查团(Lytton Commission)。除李顿外,美国代表为麦考益将军(Gen. McCoy),法国代表为亨利·克劳德将军(Gen. Claudel),德国代表为希尼博士(Dr. Schnee),意大利代表为马柯迪伯爵(H. E. Count Aldrovandi)。为显示在中日间不做左右袒,国联理事会还决定顾维钧作为顾问代表中国参加工作,吉田伊三郎代表日方。代表团秘书长为国联秘书处哈斯(Mr. Robert Haas)。代表团另有翻译、辅助人员。1932年9月4日,代表团完成报告书,签署于中国北平。报告书确认:第一,九一八事变之责任,完全在于日本,而不在中国;第二,伪满洲国政权非由真正及自然之独立运动所产生;第三,申明东三省为中国领土。日本为此恼羞成怒,退出国联,自

1

绝于国际社会。

《李顿调查团档案文献集》就是反映李顿调查团组建、调查过程、调查结论、各方反应和影响的中、日等国相关资料的汇编,对于研究九一八事变和李顿调查团,具有重要的参考价值。

如何看待李顿调查团来东亚调查的来龙去脉?笔者认为应有三个维度的观照:

其一,在中国发现历史。

美国历史学家柯文提出的这一范式,相比"冲击—反应"模式,即从外部冲击观察中国历史的旧范式,自有其意义。近代以来,由条约体系加持的列强,对中国社会产生了巨大的影响。中国沿海通商口岸是中国最早接触西方世界的部分,在资本主义全球化的过程中得风气之先,所谓"西风东渐",对中国旧有典章制度的影响无远弗届。近代中国在西方裹挟下步履跟跄,蹒跚竭蹶,自为事实。但如果把中国近代历史仅仅看成西方列强冲击之结果,在理论、方法和事实上,均为重大缺陷。

主要从中国内部,探寻历史演进的机制和规律,是柯文提出的范式的意义所在。

事实上,九一八事变发生、国联调查团来华前后,中国社会内部对此作出了剧烈的反应。在瑞士日内瓦所藏国联巨量档案文献中,中国各界通过电报、快邮代电、信函等形式具名或匿名送达代表团的呈文引人注目,集中表达了国难当头之时中华民族谴责日本侵略、要求国际社会主持公道、收回东北主权、确保永久和平的诉求,对代表团、国联和整个国际社会形成了巨大影响,显示了近代中国社会演进的内在动力。

东北各界身受亡国之痛,电函尤多。基层民众虽文化程度不高,所怀民族国家大义却毫不含糊。东北某兵工厂机器匠张光明致信代表团称:"我是中华民国的公民,我不是'满洲国'人,我不拥护这国的伪组织。"高超尘说:"不少日子以前,'满洲国家'即已成立了,但那完全是日本人的主使,强迫我辽地居民承认。街上的行人,日人随便问'您是哪国人',你如说是'满洲人'便罢,如说是中国人,便行暴打以至死。"辽宁城西北大橡村国民小学校致函称:"逐出日本军,打[倒]'满洲国',宁做战死鬼,不做亡国民。"陈子耕揭露说:"自事变以后,日本恶势力已伸张入全东北,如每县的政事皆由日人权势下所掌握,复又收买警察、军人、政客等,以假托民意来欺骗世界人的耳目,硬说建设'满洲国'是中华人民的意思,强迫人民全出去游行,打着欢迎建设'新国家'的旗号……我誓死不忘我的中华祖国,敢说华人莫非至心不跳时、血停时,不然一定于[与]他们周旋。"小学生何子明来信说:"我小学生告诉您们'满洲国'成立我不赞成……有一天我在学校,日本人去了,教我们大家一齐说'大日本万岁',我们要不说他就杀我们,把我迫不得已的就说了。其中有一位七岁的小孩,他说'大中华万岁! 打倒小日本!'日本人听了就立刻把那个小同学杀了,真叫我想起来就愁啊。"

经济地位和文化水平较高者,则向代表团分析日本侵占中国东北的深远危害。哈尔滨商民代表函称:"虽然,满洲吞并,恐不惟中国之不利。即各国之经济,亦将受其影响。世界二次大战,迫于眉睫矣。"中国国民党青年团哈尔滨市支部分析说:"查日本军阀向有一贯之对外积极侵略政策,吾人细玩以前田中义一之满蒙大陆政策,及最近本庄繁等上日本天皇之奏折,可以看出其对外一贯之积极侵略政策,即第一步占领满蒙,第二步并吞中国,第三步征服世界是也。……以今日之日本蕞尔岛国,世界各国尚且畏之如虎,而况并有三省之后版图增大数倍,恐不数年后,即将向世界各国进攻,有孰敢撄其锋镝乎? ……勿徒视为亚洲人之事,无关痛痒,失国联之威信,而贻噬脐之后悔也。"

不惟东北民众,民族危亡激起了全中国人的爱国心。清华大学自治会1932 年 4 月 12 日用英文致函代表团指出:中国面临巨大的困难,好似 1806 年的德国和 1871 年的法国,但就像"青年意大利"党人一样,青年人对国家的重建充满信心。日本的侵略,不仅危害了中国,也对世界和平形成严重威胁,青年人愿意为国家流尽"最后一滴血"。而国联也面临着建立以来最大的危机,对九一八事变的处理,将考验它处理全球问题的能力。公平和正义能否实现,将影响到人类的命运。他们向代表团严正提出"五点要求":1. 日本从中国撤军;2. 上海问题与东北问题一起解决;3. 不承认日本侵略和用武力改变的现状;4. 任何解决不得损害中国的领土和主权完整;5. 日本必须对此事件的后果负责。南京海外华侨协会 1932 年 3 月 16 日致电代表团:日本进兵东三省和淞沪地区,"违反了国联盟约和《凯洛格—白里安公约》,扰乱了远东地区和世界的和平。

同时,日本一直在做虚假的宣传,竭力蒙蔽整个世界。我们诚挚地请求你们到现场来,亲眼看看日军对中国人民的生命财产进行怎样的恣意破坏。希望你们按照国际法及司法原则,对其进行制裁。如果你们不能完成这一使命,那么世界上将无任何公平正义可言。在这种情况下,为了民族的生存,我们将采取一切手段自卫,决不会向武力屈服。"

除了档案,中国当时的杂志、报纸,大量地报道了九一八事变和国联调查团相关情况,其关切的细致程度,说明了各界的高度投入。那些浸透着时人忧虑、带着鲜明时代特色的文字表明:九一八事变的发生,对当时的中国社会是一场精神洗礼,每个人都从东北沦陷中感受到切肤之痛。这种舆论和思想的汇合,极大地改变了此后中国社会各界的主要诉求,抗日图存成为压倒性的任务,每一种政治力量都必须对此作出回应。

其二,在世界发现中国历史。

以中国为本位,探讨中国历史的内生力量,是题中应有之义。但全球化以来,中国历史已经成为世界历史的一部分。仅仅依靠中国方面的资料,不利于我们以更加广阔的视野看待中国历史和"九一八"的历史。

事实上,奔赴世界各地"动手动脚找东西",已经成为中国学者深化中国近现代史,特别是抗战史研究的不二法门。比如,在中日历史问题中占据核心地位的南京大屠杀问题。除中国各地档案馆、图书馆外,中国学者深入美、德、英、日、俄、法、西、意、丹等国相关机构,系统全面地整理了加害者日方、受害者中方和第三方档案文献,发现了大量珍贵文献、图像资料,出版《南京大屠杀史料集》72卷。不仅证明了日军进行大屠杀的残酷性、蓄意性和计划性,也证明南京大屠杀早在发生之时,就引起了各国政府和社会舆论的关注;南京和东京两场审判,进行了繁复的质证,确保了程序和判决的正义;日方细致的粉饰,在中国人民和全世界正义人士的揭露下真相毕露。全球性的资料,不仅深化了历史研究,也为文学、社会学、心理学、新闻传播学、艺术学等跨学科方法进入相关研究提供基础;不仅摧毁了右翼的各种谬论,也迫使日本政府不敢公然否认南京大屠杀的发生和战争犯罪性质。

国际抗战资料,展现了中国抗战史的丰富侧面。如美国驻中国各地使领馆的报告,具体生动地记录了战时中国各区域的社会、政治、军事等各方面情形,对战时国共关系亦有颇有见地的分析;俄、美、日等国档案馆的细菌战资料,揭示了战时日本违反国际法研制细菌武器的规模和使用情况,记录了中国各地民众遭遇的重大伤亡和中国军民在当时条件下的应对,以及暗示了战后美国掩饰"死亡工厂"实情的目的;英美等国档案所反映的重庆大轰炸和日军对中国大中小城市的普遍的无差别轰炸,不仅记录了日本战争犯罪的普遍性,也彰显了战时中国全国军民同仇敌忾、不畏强暴的英勇气概。哈佛大学所藏费吴生档案、得克萨斯州州立大学奥斯汀分校所藏辛德贝格档案、曼彻斯特档案馆所藏田伯烈档案等则从个人角度凸显了中国抗战在"第三方"眼中的图景。

对于李顿调查团的研究,自莫能外。比如,除了前述中国各界给国联的呈文,最近在日内瓦"国联和联合国档案馆"中发现:调查团在日本与日本政要的谈话记录,在中国各地特别是在北平和九一八事变直接相关人士如张学良、王以哲、荣臻等人的谈话记录,调查团在东北实地调查、询问日军高层的记录,中共在"九一八"前后的活动,中国各界的陈情书,日本官方和东北伪组织人员、汉奸的表态,世界各国、各界的反应等。特别是张学良等人反复向代表团说明的九一八事变前夕东北军高层力避冲突的态度,王以哲、荣臻在"九一八"当晚与张学良的联系,北大营遭受日军进攻以后东北军的反应等情况,对于厘清九一八事变真相,有着不可取代的意义。

我们通过初步努力发现,李顿调查团成立前后,中方向国联提交了论证东北主权属于中国的篇幅巨大的系统性说帖,顾维钧、孟治、徐道邻等还用英文、德文进行著述。日方相应地提交了由日本旅美"学者"起草的说帖,其主攻点是中国的抗日运动、东北在张氏父子治下的惨淡、东北的"匪患",避而不谈柳条沟事件的蓄意性。日方资料表明,即使在九一八事变发生数月后,其关于"九一八"当晚情形的说辞仍然漏洞百出、逻辑混乱,在李顿询问时不能自圆其说。而欧美学者则向国联提供了第三方意见,如 *The Verdict of the League: China and Japan in Manchuria*(《国联的裁决:中日在满洲》),哈佛大学法学院教授曼利·哈德森(Manley O. Hudson)著;*Manchuria: Cradle of Conflict*(《满洲:冲突的策源地》),欧文·拉铁摩尔(Owen Lattimore)著;*The Manchuria Arena: An Australian View of the Far Eastern Conflict*(《满洲竞技场:远东冲突的澳洲视角》),卡特拉克(F.M. Cutlack)著;*The Tinder Box of Asia*(《亚洲的火药桶》),乔治·索科尔斯基(George E. Sokolsky,中文名索克斯)著;*The World's Danger Zone*(《世界的危险地带》),舍伍德·艾迪(Sherwood Eddy)著;等等,为国联理解中国东北问题提供了有益的视角。另外,收藏在美国斯坦福大学胡佛研究所的蒋介石日记等也反映了当时国民政府高层的态度和举措。

这次出版的资料中,收集了中国台湾地区的"国史馆"藏档,日本外务省藏档,国联和联合国档案馆S系列藏档等多卷档案。丰沛的资料说明,即使是李顿调查团这样过去在大学教材中只是以一两段话提出的问题,其实仍有海量的各种海外文献可资研究。

可以说,世界各地抗日档案和各种资料,不仅补充了中国方面的抗日资料,也弥补了"在中国发现历史"范式的不足,体现了历史唯物主义对历史研究全面性、客观性的要求,自然地延伸推导出"在世界发现中国历史"的新命题。把"中国的"和"世界的"结合起来,才能更深广、入微地揭示抗日战争史的内涵。

其三,在中国发现世界历史。

中国历史,是世界历史的重要组成部分;中国抗战,构成了第二次世界大战的东亚主战场。离开中国历史谈世界历史注定是不周全的。只有充分发掘中国历史的世界意义,世界史才能获得真正的全球史意义。

过往的抗战史国际化,说明了中国抗战的世界意义。研究发现,东北抗联资料不仅呈现了十四年抗战的艰苦过程,也说明了战时东北亚复杂的国际关系。日方资料中的"华北治安战""清乡作战"资料,从反面反映了八路军、新四军的顽强,其牵制大量日军的事实,从另一面说明中共敌后游击战所发挥的中流砥柱作用。1937年12月12日在南京江面制造"巴纳号事件"的日军航空兵官兵,后来是制造"珍珠港事件"的主力之一,说明了中国抗战与太平洋战争的联系。参与制造九一八事变、华北事变和南京大屠杀的许多日军部队,后来在太平洋战场上被美澳等盟国军队消灭,说明了太平洋战场和中国战场的相互支持。中国军队在滇缅战场的作战和在越南等地的受降,中国对朝鲜、马来亚、越南等地游击战和抗日斗争的介入和帮助,说明了中国抗战对东亚、东南亚解放的意义和价值。对大后方英美军人、"工合"人士、新闻界和其他各界人士的研究,彰显了抗日统一战线的多重维度,等等。这对我们的研究富有启发性意义。

李顿调查团的相关资料表明,九一八事变及其后续发展,具有深刻的世界史含义。

麦金德1902年在英国皇家地理学会发表文章,提出"世界岛"的概念。麦金德认为,地球由两部分构成:由欧洲、亚洲、非洲组成的世界岛,是世界上面积最大、人口最多、最富饶的陆地组合。在"世界岛"的中央,是自伏尔加河到长江,自喜马拉雅山脉到北极的心脏地带,在世界史的发展中具有重要意义。其实,就世界近现代史而言,中国东北具有极其重要的地缘战略意义,堪称"世界之砧"——美国、俄罗斯、日本等这些当今世界的顶级力量,无不在中国东北及其周边地区倾注心力,影响世界大局。

今天看来,李顿调查团的组建,是国际社会运用国际规约积极调解大国冲突、维护当时既存的凡尔赛—华盛顿体系的一次尝试。参与各国均为当时世界强国,即为明证。

英国作为列强中在华条约利益最丰的国家,积极投入国联调查团的建立。张伯伦、麦克米伦等知名政治家均极愿加入代表团,甚至跟外交部官员暗通款曲,询问排名情况。李顿在中日间多地奔波,主导调查和报告书的起草,正是这一背景的反映。

美国作为国联非成员国,积极介入调查团,说明了美国对远东局势的关切,其态度和不承认日本用武力改变当时中国领土主权现状的"史汀生主义"是一致的。日美之间的紧张关系,一直延续到珍珠港事变发生。在日美最终谈判中,中国的领土和主权,仍然是美方的先决条件。可以说,九一八事变,从大历史的角度看,是改变日本和美国国运的大事。

苏联在国联未能采取强力措施制止日本侵略后,默认了伪满洲国的存在,后甚至通过对日条约加以承认,其对日本的忍让和妥协,延续到它对日本宣战。但日本关东军主力在苏联牵制下不敢贸然南下,影响了中国抗日战争的形态。

日本侵占中国东北,却始终得不到中国和国际主流社会的承认,乃不断扩大侵略,不仅影响了对苏备战,也使得其在"重庆政权之所以不投降,是因为有英美支持"的判断下,不断南进,最终自取灭亡。2015 年 8 月 14 日,日本首相安倍晋三在战后 70 年讲话中承认:"日本迷失了世界大局。满洲事变以及退出国际联盟——日本逐渐变成国际社会经过巨大灾难而建立起来的新的国际秩序的挑战者,前进的方向有错误,而走上了战争的道路。其结果,70 年前,日本战败了。"从这个意义上说,九一八事变—李顿调查—退出国联,成为日本近代史的转折点。

亚马孙雨林的蝴蝶振动翅膀,可能在西太平洋引发一场风暴。发生在沈阳一个小地方的九一八事变,成为今天国际秩序的肇因。其故焉在?马克思和恩格斯在《德意志意识形态》中指出:在历史演进的过程中,人的"普遍交往"逐步发展起来,"狭隘地域性的个人为世界历史性的、真正普遍的个人所代替"。近代以来中国人民的历史,与世界历史共构而存续。

回望李顿调查团的历史,我仿佛感受到了太平洋洋底的咆哮呼啸前来,如同雷鸣。

是为序。

张　生
2019 年 10 月

出版凡例

一、本文献集所选资料，原文中的人名、地名、别字、错字及不规范用字等，为尊重历史和文献原貌，均原文照录。因此而影响读者判断、引用之处，除个别需说明情况以脚注"译者按"或"编者按"形式标出外，别字、错字在其后以"[ ]"注明正字；增补的字，以"【 】"标明之；因原文献漫漶不清而缺字处，用"□"标识。

二、凡采用民国纪年或日本天皇年号纪年者等，为尊重历史和文献原貌，均原文照录。台湾地区的文献中涉及政治人物头衔和机构名称者，按有关规定处理，在页下一并说明。

三、所选资料均在起始处说明来源，或在文后标注其详细来源信息。

四、外文文献译文中，日本人名从西文文献译出者，保留其西文拼法，以便核对；其余外国人名，均在某专题或文件中第一次出现时标其西文拼法。不同时期形成的中文文献中涉及的外国人名、地名翻译差异较大，为尊重历史和文献原貌，一般不作改动。

五、所选文献经过前人编辑而加脚注者，以"原编辑者注"保留在页下。

六、所选资料中原有污蔑中国人民、美化日本侵略之词，或基于立场表达其看法之处，为尊重历史和文献原貌，不改动原文，或在页下特别说明，请读者加以鉴别。

本册说明

本册文献集编撰收录来自英国外交部已经解密的有关英国外交政策、海外政策及相关领域的原始档案，主要根据"英国海外政策文件"（Documents on British Policy Overseas，简称 DBPO）数据库中的"英国外交政策档案1918—1939"（Documents on British Foreign Policy 1918–1939）第 1 号至第 746 号的内容进行选择性整理、翻译。主要记录英国外交部与英国驻中日等国外交使领馆以及日内瓦国际联盟总部代表之间的往来函电，时间涵盖 1931 年 12 月到 1932 年 12 月。

往来函电所涉及的人物主要包括：英国外交大臣西蒙、英国驻华代办英格拉姆、英国驻华使馆官员霍尔曼、英国驻日内瓦领事帕特森、英国驻东京大使林德利等。

往来函电所涉及的内容主要包括以下四个方面。

第一，中日争端。本部分涉及中日争端的动态、驻国际联盟的多国代表团对中日军队军事行动的观察，以及对远东局势的动态分析。

第二，关于《李顿调查团报告书》的反应和看法。本部分主要涉及中国对该报告的反应，以及驻国际联盟的多国代表团对于《李顿调查团报告书》所提出的调查和解决方案的讨论。

第三，关于满洲危机的调查和政策建议。本部分涉及国际联盟对于日本在满洲的行为所做出的调查报告，以及大国对于该报告的态度。函电中呼吁中国和日本通过谈判来解决满洲问题，强调了国际社会对于日本行为所持的看法。

第四，关于对中日冲突调解和斡旋的建议。本部分涉及驻国际联盟的多国代表团对于中日争端提出的调解和斡旋建议，以及英国代表团提出斡旋建议时所面临的来自道德和经济等方面的压力。函电还提及外国对中国的援助建议。

总之，本册选编的英国海外政策文件，内容涉及中日争端、国际社会对于中日局势的观察、驻国际联盟的多国代表团对于《李顿调查团报告书》的反应及调解建议等多个方面的问题，为相关研究提供了丰富的历史材料，能够帮助读者更好地了解当时国际政治和国际关系的复杂性和不确定性，以及各大国在其中的角色和立场。

　　本册为英方立场的档案史料，保留了原文中的"满洲""外蒙古""宗主国"等用语，请读者加以甄别。

目 录

1. 英国外交大臣西蒙致英国驻东京大使林德利（1932 年 10 月 13 日）

第 1 号　西蒙（J. Simon）爵士致林德利（F. Lindley）爵士①（东京）

发报时间：1932 年 10 月 13 日 18:35

外交部，第 135 号电报

北平的第 781 号电报②将从北平转发给您。

我认为有必要引起日本政府对满洲地区英国公民日益加剧的危险的关注，这些危险源于此地无力镇压土匪。同时应敦促他们与满洲当局保持良好关系，以确保提供充足的警力保护。③ 请转发至北平。

资料来源：[F 7366/561/10]

（向明　译　郭昭昭　校）

---

① 原编者注：英国驻东京大使。编者按：以下如无特殊说明，皆为原编者注。

② 10 月 13 日发往外交部的电报转发了 10 月 12 日哈尔滨发往北平的第 101 号电报，这份电报报告了当天早晨土匪企图绑架三名英国学童，以及杀害英美烟草公司雇员的妻子伍德拉夫（Woodruff）夫人的事件。

③ 林德利爵士在 10 月 17 日发往外交部的第 376 号电报中提及，已于 10 月 14 日提出交涉。

2. 英国驻东京大使林德利致英国外交大臣西蒙(1932 年 10 月 13 日)

第 3 号　林德利爵士(东京)致西蒙爵士

发报时间：1932 年 10 月 13 日

收报时间：1932 年 11 月 7 日

东京，第 548 号

先生：

1. 关于 9 月 30 日第 524 号电报①，现在我荣幸地向您报告，松冈洋右(Yosuke Matsuoka)先生已被正式任命为日本出席日内瓦国际联盟大会的代表，有关这一任命的公告于 10 月 12 日刊登在《官报》上。同时发布了另一则公告，提及松冈先生在担任此职务期间，享有"亲王"级别②的官员待遇。

2. 日本政府任命松冈先生担任这一职务，在过去一周已成为公开的事实。几天前，他的一些立宪政友会同僚为他举行了告别晚宴。据报道，松冈先生在晚宴发表讲话时表示，激励他担任这一重要职务的原因主要是日本已经承认了"满洲国"。③ 这一举措表明，日本会坚决地在国联会议上"战斗到底"，并努力排除万难达成目标。接着，他强调了日内瓦会议对日本的重要性，他说这次会议将给日本提供一个"清算"过去六十年外交事务的机会。他预计在外交技巧上无法与中国代表势均力敌，因此在日内瓦采用的外交手段必须是真诚和坚定的，这是他要关注的重点。这将是日本精神与西方精神相互较量的场合，他预计这次会议将对人类未来产生深远影响。

---

①　这份电报(未印)转发了 9 月 29 日和 30 日《日本通报》上由日本众议院议员松冈洋右先生撰写的文章的译文。在 1932 年初上海事变期间，他曾担任日本外务大臣[芳泽谦吉(Yoshizawa)先生]的私人代表(参见第九卷，第 430 号和第 439 号；以及第十卷，第一至三章)。在其他方面，松冈先生否认日本的政策旨在保护满洲，他指出中国的抵制行动使日本损失了 7 亿日元的贸易额，但认为抵制不会造成永久性损害。并且他认为，重大政治变革从来就不是由大多数民众的意愿所引发的。

②　即皇族亲王(Shinno)级别。

③　1932 年 9 月 15 日；参见第十卷，第 686 号。

3. 我补充一点,据媒体报道,松冈先生预计将于 10 月 21 日左右前往日内瓦,并携带日本政府关于《李顿调查团报告书》的意见。①

此致

林德利

资料来源:[F 7841/1/10]

（向明　译　郭昭昭　校）

3. 英国驻东京大使林德利致英国外交大臣西蒙(1932 年 10 月 13 日)

第 4 号　林德利爵士(东京)致西蒙爵士

发报时间:1932 年 10 月 13 日

收报时间:1932 年 11 月 8 日

东京,第 550 号

机密

先生:

1. 我在本月 3 日发送的第 371 号②和 372 号③电报,以及本月 7 日发送的第 374 号④电报中,简单报告了日本媒体对本月 3 日公布的《李顿调查团报告书》的反应和我对目前公众情绪的印象,以及近期日本政策的可能走向。在本电报中,我打算根据我在编写这些电报后了解到的信息,对这些电报加以详

---

①　1932 年 9 月 4 日,调查团成员在北平签署了《关于满洲的中日争端的调查团报告》(《李顿调查团报告书》)。1932 年 9 月 4 日,日本政府在一封致秘书长的信函中(参见《国联公报》1932 年 11 月,第 1860 页),要求国联理事会推迟讨论报告,直至他们拟定好意见。在 9 月 24 日的会议上,理事会同意推迟讨论至 11 月 14 日(参见同上,第 1735 页;参见第十卷,第 713 号附件)。

②　参见第十卷,第 726 号,注 1。编者按:本册页下注中提及的档案来源及注码原文如此,读者可根据关键词在 DBPO 数据库中搜索原文,获取更多信息。

③　同上,第 726 号。

④　同上,第 736 号。

细说明。

2. 首先应该提到的是,国际联盟调查团对这次中日争端的调查报告在整个远东地区被称为《李顿调查团报告书》。在日本,这个称呼对英国没有任何好处,从此角度讲,甚至可能对英国不利;但在远东其他地区情况可能恰恰相反,如果该报告最终得到满意的解决,李顿爵士和英国都将由于该报告被冠以他的名字而获得好处。日本媒体齐声谴责这份报告是不可避免的,除非调查团避免记录与占领满洲有关的最显而易见的事实。因此,当期待已久的报告最终被公之于众时,日本各大报刊普遍爆发的不满情绪就不足为奇了。谨在此附上戴维斯(Davies)先生记录的备忘录①,在坎宁安(Cunningham)先生本月 10 日回到任上之前,由戴维斯先生担任日本顾问,他查阅了媒体在过去两周报道的公众人员和各个机构的声明。可以看出,正如所预料的那样,报告中的两个观点让他们特别不满:一是宣称日本 1931 年 9 月采取的军事措施超出了自卫的合法需要;二是否认"满洲国"是满洲人民自发意愿的体现。调查团得出这些结论,对每一个公正的人来说都是意料之中的事,我几个月来也一直在警告我的日本朋友;但是,这个不可避免的结论并没有让日本公众更能接受——结果可能恰恰相反。人们也不断表达着对该报告的更合理的批评,那就是对中国目前状况和未来前景的看法过于乐观,在东三省建立未来政府的建议将在实际中行不通。无论后一种论点是否属实,都应该注意到,所有各方都不承认中国对这些省份的主权,并且所有表达意见的人都一致决定坚持"满洲国"的完全主权和独立,以及遵守所谓的"满洲国"与日本签署的条约。②

3. 虽然从上一段可以看出,满洲政策不会在近期发生任何变化,但不应该认为日本对该政策没有顾虑。毫无疑问,日本政策和政治思想的指挥者,至少身处军队之外的指挥者,对违反国际联盟的可能后果感到忧虑。与其说他们害怕经济制裁或战争,不如说他们害怕国际联盟庄严表达的反对会给日本带来耻辱,他们也担心日本被孤立迟早会造成严重后果。在这种情况下,日本肯定会为自己向日内瓦提交辩护做出不同寻常的努力,不会忽略任何对日本有利且能让日本避免与西方世界公开决裂的细节。在这方面,请参考我

---

① 　未印。
② 　参见第十卷,第 686 号。

分别于 8 月 16 日、9 月 10 日和 30 日发送的第 497 号①、第 483 号②和第 524 号③电报,这些电报报告了松冈先生的活动。松冈先生是一位极其干练和充满活力的自由人士,最近被任命为全体大会的日本代表之一。

4. 尽管存在上一段中提到的观点,而且随着时间的推移,《李顿调查团报告书》的结论对更严肃的国际联盟成员国的影响越来越大,但不能认为军队已经失去对日本政策方向的控制。目前没有迹象表明这一点,而且如果在不久的将来出现危机,大部分人将会坚定不移地支持采取军事行动,这几乎是不容置疑的。这种状况会持续多久很难说,但是满洲内部条件的恶化,以及日本国内乐观地相信征服东三省会立即减轻危难的希望破灭,几乎肯定会导致军队在适当的时候采取行动。

5. 日本国内政治局势在很大程度上卷入到满洲问题中,因此我一直在努力确定自己目前对这个国家的感觉。我信任的所有日本人都向我证实,我的本能也感受到,无论军中还是民间的兴奋程度都比几个月前要低得多。就此方面,我今天早上和老牌政治家牧野(Makino)伯爵④进行了长谈,他很慷慨地与我交谈了一个半小时。他完全证实了我在上面(以及上月 27 日发送的第 514 号机密电报⑤)中提到的印象,并补充说现在已经采取措施,将军中的激进分子分散到多个分开的部队中。他补充道,出乎陆军的意料,海军发生了一定程度的骚乱,但这一麻烦也已被控制住了,不过我并不认为骚乱已经完全被压制住。

6. 在讨论国内局势时,我告诉牧野伯爵,本使馆目前倾向于对日本的金融和经济地位采取相对有利的看法,但就财政方面而言,我们对未来感到有点担心。以后的开支将非常大,尽管在一两年内可以靠借贷来满足目前的开支需要,但这一过程再持续下去将会引发灾难。伯爵回复说,内阁的两位主要成员已认识到我提到的问题,即财政大臣高桥(Takahashi)先生和内政大臣山本(Yamamoto)先生,后者曾担任过日本银行董事。这二人一生都是政敌,现在却相处和睦。我们深入讨论了是否应该通过征税来增加所需的额外收入,或者是否应该依靠贷款,贷款肯定会引起严重的通货膨胀。伯爵本人曾与一些

---

① 未印。
② 未印。
③ 参见第 3 号,注 1。
④ 日本内大臣。
⑤ 未印。

银行家和知名人士讨论过这个问题,大家普遍认为,目前不可能通过额外的税收来填补这一空白,还是必须依靠贷款。但是,正如他所说的,日本政府已充分认识到这种政策的危险性,在本预算年度之后肯定不会继续采取这种政策。

7. 然后话题转移到农业状况上,许多政治家尤其是政友会的政治家利用农业状况来煽动民众反对政府,同时增加他们在乡村地区的知名度。我告诉牧野伯爵,我们认为,尽管乡村地区存在大量贫困人口,但大多数抗议来自那些与农业几乎或根本没有关系的人。牧野伯爵回答说情况确实如此,他还说,他在过去几天才从他的农村朋友那里得到更多可靠的消息。昨天,名古屋附近最大的土地所有者之一打电话给他,表示在去年 7 月,他担心由于贫困,所在地区的农民可能发生大规模骚乱,现在整体情况已有所改观。水稻产量充足,蔬菜、家禽、蛋和猪肉的价格都出现了令人满意的上涨,村民们能够再次自给自足了。至于他自己,也终于从砍伐自己的森林中获利。牧野伯爵说,这不是孤立的个案,也没有考虑到丝绸价格的急剧上涨已改变了桑树种植区的整体前景。此外,政府为减轻农民负担所采取的实际措施已经产生了有益的道德影响。简而言之,就日本的农村地区而言,现在可以满怀信心地期待冬天到来了。

8. 回到政治局势上,我询问了海军大将斋藤实(Saito)的健康状况,在我看来,这似乎取决于目前的联合政府内阁的任期。伯爵说,他和海军大将共用一位医生,他昨天听说首相的健康状况目前无需担忧,政府近期应该不会有任何变动。当然,有人批评首相没有采取足够有力的措施来补救经济大萧条的状况,这并不是因为他缺乏精力或决心。伯爵认为,随着时间的推移,首相领导的政府将愈加稳固,而且所采取的行动已证明了这一点,我已在本月 26 日的第 513 号电报①中提到,首相已采取措施让主要行政职位摆脱党派政治的影响。这方面的行动已真正开始,而且海军大将有意扩大行动,以便调整先前根据大选结果填补的一些低级官员的任命。我告诉伯爵,我们始终认为这是日本政府最大的污点,毫不夸张地说这次行动是一大进步。

9. 共产党人的活动没有让伯爵感到焦虑,因为根据与那次银行抢劫案有关的发现,警方现在已掌握该运动的所有线索,我在本月 14 日发送的第 551 号电报②中已报告了这一案件。日本共产党中央委员会下令必须采取措施筹

---

① 未印。

② 未印。

集资金,结果导致了银行抢劫。昨晚在大使馆用餐的内田(Uchida)伯爵证实了这一观点,他还补充说,毫无疑问共产国际在日本有很多特工,而且他们最近特别活跃。这场运动令人讨厌但并不危险;而且与其他地方一样,日本共产主义的未来取决于俄国试验的成败。他不相信世界会逐渐意识到能基于苏联的模式建立起可接受的生活条件。

10. 关于满洲的和解问题,我向牧野伯爵表达了遗憾,在我看来东三省的情况非但未获得显著改善,反而出现了明显的恶化,日本军队似乎无法应对这种大范围的混乱局面。牧野伯爵承认我对目前事态的描述是真实的,他的印象是日本军方不愿意向满洲增派军队,也不打算将部队派往主要交通线和主要城镇以外的地方。必须采取其他措施来处理这些中心地区令人不满的状况。这一观点与我们在报告中提到的"满洲国"领事官员的观点一致,甚至军方也可能会发现从日本派兵来恢复秩序所需要的开销是日本无法承受的。

11. 最后,我们的话题回到了日内瓦和国际联盟的问题上。我告诉牧野伯爵,自从这个问题恶化以来,我一直尽力说服日本政府无论如何都要承认中国对东三省的主权,但是我彻底失败了,这让我非常失望。就我个人而言,我不理解国际联盟为什么不公开反对日本在满洲的政策,我承认我不喜欢日本应该受到世界谴责的想法。伯爵回答说,这个问题本可以在去年通过承认中国的主权来解决,但现在考虑这个解决方案已为时太晚。他六年前就对中日关系的发展趋势感到非常焦虑,他担心可能爆发战争。事实上,在他看来,如果没有《九国公约》①和国际联盟的存在,这场战争可能已经爆发。当时币原喜重郎(Shidehara)男爵②已经掌权,他一度希望可以友好地解决满洲问题,但中国人一直试图破坏日本在满洲的地位,爆发某种冲突是不可避免的。除了让"满洲国"独立,现在回到过去或考虑一个解决方案已经太晚了。日本政府急于避免与国际联盟决裂,在日内瓦将尽一切努力以最有利的方式陈述他们的立场,并希望按照日本所承认的基本政策进行和解。在详细讨论国际联盟的问题时,伯爵说必须进行改变,使小国的影响力降低到比目前更低。从长远来看,拥有庞大人

---

① 1922 年 2 月 6 日在华盛顿签署,全文印在 1922 年英国政府第 1627 号命令文书第 11 号,涉及 1921—1922 年在华盛顿举行的有关限制军备的会议(包括各种条约、决议等内容);参见下文第 16 号,注 3。

② 币原喜重郎男爵曾两次担任日本外相,分别是 1924—1927 年和 1929—1931 年。

口的大国目前不会耐心地忍受那些人口很少且没有世界利益的国家的意见。

12. 我担心，在日内瓦即将举行的会议期间，这份离题的电报对英国政府的帮助不大。我自己的感觉是，必须在日本自身的演变中寻求解决远东问题的办法。我不相信任何国家的外交政策可以由军方成功控制。失败只是时间问题，伴随失败而来的还有民意的巨大转变。像俄国一样，当感到即将失败时，军方可能会孤注一掷，这可能给世界造成严重的麻烦。

此致

林德利

资料来源：[F 7868/1/10]

（向明　译　郭昭昭　校）

4. 英国驻华使馆官员霍尔曼致英国外交大臣西蒙（1932年10月13日）

第5号　霍尔曼先生（北平）致西蒙爵士

发报时间：1932 年 10 月 13 日

收报时间：1932 年 12 月 6 日

北平，第 1320 号

英国驻北平代办向英国外交大臣致敬，并随函附上给领事的 1932 年 10 月 13 日第 67 号通知副本，该副本提出在抵制事件中应给予英国公司保护。①

第5号附件

领事通知，第 67 号，1932 年 10 月 13 日

北平

先生：

1. 关于英国驻上海总领事②最近向英国卡利科印花协会的子公司——

---

①　参见第十卷，第 345 号和第 579 号。

②　约翰·白利南爵士。

英商纶昌漂染印花公司（有限公司）提供援助一事，尽管该公司完全由英国人组成，但在其上海工厂里使用了不少非英国原产的材料。这就产生了一个问题，即英国领事官员应如何对待在中国设立的使用非英国原产原材料或半成品的英国工业企业，以及进口非英国商品进而在中国销售的英国公司。

2. 经外交部门和贸易委员会磋商，现已决定，应继续遵循迄今为止在类似事件中所制定的规则，即可以适当地为任何实质性牵涉英国利益的企业提供援助，不局限于投资该企业的是英国资本，抑或它在某种程度上促进了英国与中国之间的贸易；但对于那些只能依据《公司法》声称与英国有关，但在实质上并没有牵涉英国利益的公司，应拒绝提供保护。

3. 在做出这个结论时，外交大臣已考虑到，由于中国的特殊情况和领事裁判权的存在，在中国的英国企业有权寻求更多的外交保护。因此，虽然不建议使用外交行为来支持一个普通国家接纳外国货物，但他同意所有在中国的真正牵涉英国利益的公司都应得到外交上的支持，但须符合上述第 2 段的规定。

4. 鉴于英国资本和英国实质性利益的参与，批准约翰·白利南（John Brenan）爵士在英商纶昌漂染印花公司（有限公司）一事中的行动。总的来说，英国领事官员在适当时，应敦促获得外交支持的英国公司尽一切努力促进英国的出口贸易。

此致

（代办一职空缺）

霍尔曼

资料来源：[F 8453/1/10]*①

（向明　译　郭昭昭　校）

---

① 　在本卷中，档案编号后的星号表示该文件是从机密文件中抽取打印的，且这是唯一保存的文本。

5. 英国驻日内瓦领事帕特森致英国外交大臣西蒙（1931年12月14日）

第6号　帕特森（Patteson）先生①（日内瓦）致西蒙爵士

发报时间：1931年12月14日16：45

收报时间：1931年12月14日17：15

日内瓦，第39号电报

以下信息来自德拉蒙德（E. Drummond）爵士②致贾德干（Cadogan）先生的电报：

如果麦克米伦（MacMillan）无法担任③，希望能挑选一位顶尖的法学家来出任，或者如果张伯伦（Chamberlain）④爵士愿意，由他继续出任会更好。请尽快告知我关于此事⑤以及关于萨雷（Saare）调查团的相关可能性。⑥

资料来源：[W 14305/14305/98]

（向明　译　郭昭昭　校）

---

① 英国驻日内瓦领事。

② 国际联盟秘书长。

③ 西蒙爵士询问上院法官麦克米伦勋爵，是否愿意担任由国际联盟任命的中日争端调查团的英国代表。

④ 1924—1929年任英国外交大臣，1931年8月至11月任第一海军大臣。

⑤ 12月17日下午3时40分，发至日内瓦的外交部第225号电报中，贾德干先生通知德拉蒙德爵士："麦克米伦爵士已经拒绝，现正与李顿爵士协商中。"

⑥ 即萨尔州管理委员会主席威尔顿（E. Wilton）爵士的继任人。1932年4月1日任命诺克斯（G. G. Knox）先生接替该职位。

6. 英国驻牛庄领事布里斯托致英国外交大臣西蒙（1932 年 10 月 15 日）

第 7 号　布里斯托(Bristow)先生①(牛庄)致西蒙爵士

发报时间：1932 年 10 月 15 日 11：28

收报时间：1932 年 10 月 15 日 9：30②

牛庄，第 28 号电报

寄送至英国驻上海、南京、北平代办第 65 号电报，外交部，东京，舰队司令和奉天。

1. 日本的调解人昨天与土匪取得联系，土匪拒绝了将赎金从 2 万美元增加到 3.5 万美元的要求。土匪声明愿意交出被俘者，但要求支付 13.5 万美元的赎金。③

2. 今天克拉克（Clarke）先生④和斯特布尔（Stables）先生⑤与川人（Kawahito）上尉⑥一起返回商议。

3. 通告。⑦ 日本当局正在安排在交付赎金的基础上释放被俘者，目前被俘者可能已无危险。⑧

资料来源：[F 7433/561/10]

（向明　译　郭昭昭　校）

---

① 英国驻牛庄领事。

② 编者按：收发时间原文如此。

③ 赎金是为了释放 9 月 7 日土匪劫持的两名英国人，即帕里（Pawley）夫人和寇克兰（Corkran）先生；参见第十卷，第 673 号和第 689 号。这则消息是 9 月 21 日路透社在北平发表的报道，伦敦《每日邮报》提供了 1 万英镑作赎金或作他用（参见《每日邮报》1932 年 9 月 21 日，第 11 页），这被认为极大地激发了匪徒的贪婪。

④ 奉天代理副领事。由于布里斯托先生生病，克拉克先生于 9 月 22 日被派往牛庄。

⑤ 斯特布尔上尉，英国驻华使馆翻译官，已于 9 月 12 日抵达牛庄。

⑥ 宪兵队队长，日本调解人。

⑦ 即英国领事馆为新闻记者提供信息的官方公告。

⑧ 帕里夫人和寇克兰先生随后被释放，并于 10 月 20 日乘专车返回牛庄，由日本军队护送，交给布里斯托先生；参见《泰晤士报》10 月 21 日，第 14 页。

7. 英国驻华公使兰普森致英国外交大臣西蒙（1932 年 3 月 4 日）

第 7 号① 兰普森爵士（上海）致西蒙爵士

发报时间：1932 年 3 月 4 日（无线电）

收报时间：1932 年 3 月 4 日 18：00

上海，第 150 号访问电报

我的上一封电报。②

1. 我本应在报告中提到，会谈一开始就是外交部副部长提出的颇为尖锐的恶意指控。中国方面已于 2 月 29 日通过海军上将凯利（Kelly）提出五点意见，这些意见被认为是 2 月 28 日在英国舰船"肯特"号上召开的联合会议中达成的共识。③ 现在，日本完全回避了这一点，提出了全新的要求（3 月 2 日日本提出四点要求）。④

2. 日本公使反驳说，日方从未同意 2 月 29 日中国方面提出的五点意见，也未曾在 2 月 28 日的会议上表达过看法。他指责副部长在 3 月 2 日已经通过海军大将野村（Nomura）⑤以书面形式发送的消息知道日本不接受这些内容。副部长表示他对此一无所知，保证没有收到这样的信息，最后我让日本公使接受了他的保证。但他继续指责中国方面把这五点意见当作双方共同接受的内容，并在日内瓦传播这种错误消息。副部长极力否认了这一点——所以我插话说，尽管我现在不在南京，不清楚具体发生了什么，但我已经做好了充当替罪羊的充分准备，让双方都认为是我们英国在日内瓦泄露了这些错误消息。这阻止了进一步的争论，我希望不会再听到关于这个问题的讨论。

---

① 编者按：本篇档案与上一篇同号，后文亦有档案编号相同的情况，原文如此。

② 第 3 号。

③ 参见第九卷，第 618 号和第 634 号。

④ 参见同上，第 648 号。

⑤ 日本驻沪海军司令。

3. 3月4日上午,副部长再次致电,告知我英国政府对3月2日日本提出的要求的评论。评论如下,它们等于是对这些要求的口述。

第1段要求日本单方面保证撤军并停止敌对行动。然而,关于这一段的初步讨论可以在英国人在场的情况下与日方进行,但前提是基于双方撤军的明确原则进行,尽管不必详细展开讨论。(副部长强调,自日本在3月3日下午2时宣布停止敌对行动以来,这一段已经完全过时了。)

日本的第二段提议在日本军队占据阵地的情况下召开国际会议。如果会议的范围仅限于双方撤军的措施,不会提出或讨论其他问题,中国可能会同意日本召开会议的想法。

日本的第三段似乎比最后通牒更糟糕,包含以下几个令人不快的要点:(1)中国继续撤军;(2)日本撤军到所谓的上海吴淞地区;(3)日本完全撤军取决于正常状况的恢复。

日本的第四段虽然表面上似乎给双方提供了平等的机会,但将为日本随时恢复敌对行动提供借口。

4. 在询问其政府目前的态度时,他做出如下解释。由于讨论的前提已经改变,中国目前无法与日本进行谈判。中国人接受邦库尔(Boncour)先生的提议①是基于这样一种认识,即停止敌对行动应根据2月29日中国提出的五点意见来实现。因此,上海方面的立场是,除非日本军队撤退(即2月29日的"双方撤军"),否则中国不会采取任何行动,也不会与占领如此广阔领土的日本军队进行任何谈判。总之,中国坚持提出的五点意见。

5. 我承认,我觉得中国的态度是正确的……②这是第一次日本的条件既不合理又不合法。中国军队现在已经撤退了20公里区域,并可能会继续保持这样的距离。日本在目前的情况下继续占领,只能使用非军事化等术语来掩盖占领的意图,而在那之前,我相信中国会拒绝对话,让日本继续消耗其财力

---

① 关于国际联盟理事会主席兼法国代表约瑟夫·保罗-邦库尔先生于1932年2月29日提出在上海召开会议的提议,参见下文第55号,附件1。

② 此处文本不确定。

和其他精力进行无限期的占领,中国不太可能将其合法化。同时,抵制行为①将更加严重。简而言之,我们面临的是陷入武装僵局的风险——我严重怀疑,在目前的形势下,中国是否会参加任何会议。

6. 只要这种僵局持续下去,我建议尽可能多地留在幕后,尽管我怀疑日本会再次试图利用我们打掩护——参见我的第 105 号电报②的第 3 段和第 4 段。

7. 机密。美国公使对日本的做法日益不满。

转发至上海、南京公使馆和东京。

资料来源:[F 2158/1/10]

(向明 译 郭昭昭 校)

8. 英国驻东京大使林德利致英国外交大臣西蒙(1932 年 10 月 15 日)

第 8 号 林德利爵士(东京)致西蒙爵士

发报时间:1932 年 10 月 15 日

收报时间:1932 年 11 月 7 日

东京,第 555 号

先生:

1. 谨随函附上由本使馆军事随员詹姆斯(E. A. H. James)上校编写的关于他最近访问满洲的有趣报告③。

2. 可以注意到,詹姆斯上校发现,满洲地区叛乱部队和土匪的活动对新

---

① 1931 年 7 月,中国掀起了抵制日货运动,对外宣称为了报复日本在朝鲜边境对中国人的屠杀(参见第八卷,第 498 号附件);1931 年 9 月 18 日至 19 日日本袭击奉天以后(参见同上,第九章),抵制运动变得更加激烈且影响深远。(参见同上,第九章)。更多信息参见《国际联盟:中国政府的呼吁:调查委员会报告(李顿报告)》第七章(日本的经济利益和中国的抵制),第 112—121 页。

② 第九卷,第 553 号。

③ 未印。

政权构成的威胁比他之前预想的要严重得多。除南满铁路外,整个铁路系统已经全部或部分瘫痪,据预计,日本军队至少需要一年的时间才能恢复秩序,迄今为止他们所做的只不过是试图保持主要交通线路和人口集中区域的开放。

此致

(代表大使)

科纳·格林(W. R. Connor Green)①

资料来源:[F 7835/1/10]

(向明 译 郭昭昭 校)

9. 英国驻华公使兰普森致英国外交部远东司副司长普拉特(1932 年 10 月 15 日)

第 10 号 兰普森爵士②致普拉特(J. Pratt)爵士③的信函

摘录

基尔恩庄园,达姆戈伊内,格拉斯哥,1932 年 10 月 15 日

亲爱的普拉特:

非常感谢您提供《李顿调查团报告书》的副本,以及您和奥德(Orde)的相关会议记录④!

恕我直言,对我来说,两份会议记录都无法帮助我们取得进展;但或许报告书本身也不能。

《李顿调查团报告书》当然是一份相当杰出的文件,它试图使双方达成妥协,也毫无疑问本应如此。

---

① 英国驻东京大使馆秘书长。

② 参见第 2 号,注 1。

③ 驻中国领事馆成员普拉特爵士在英国外交部担任远东司副司长一职。

④ 参见第十卷,第 746 号和注 2、3 和 5。

但

（1）该报告书并未解决《国际联盟盟约》和《巴黎公约》明显而突出地遭到违反的问题①——《李顿调查团报告书》不可能做到。

（2）虽然该报告书想要提出一种貌似可行的折中办法，但其忽略了一个大前提，即中国绝不可能同意合法割让满洲。比较中国对山东及对德国曾在山东的权利的态度就可得知。您也许会说山东和满洲有天壤之别，诚然，并且至少在我们眼中的确如此。显而易见，您也许会同意，中国绝不会接受任何其认为可能使满洲合法或长期从中国领土分离的安排。

我个人拙见是（从纯粹中国人的观点来看）中国是完全正确的。时间（和人民）都将站在中国一边：中国也等得起。同时，经济状况也将成为重要因素——报告书本身确实阐明了这一点。因此，这又回到了我从一开始就坚持的观点，即解决满洲问题的关键可能恰恰在于日本内部。

所有这些无疑都是纯粹的猜测：但世间许多重大的问题充满了类似的猜测。

……②

谨上

迈尔斯·兰普森

资料来源：[F 7573/1/10]

（向明　译　郭昭昭　校）

---

①　这份宣布放弃战争作为国家政策工具的国际条约于 1928 年 8 月 27 日在巴黎签署；文本参见《英国和外国国家文件集》，第 128 卷，第 447—449 页。

②　标点符号与存档副本中一致。外交部档案中仅保存了兰普森爵士信函的这段摘录。

10. 英国驻东京大使林德利致英国外交大臣西蒙(1932 年 10 月 19 日)

第 11 号　林德利爵士(东京)致西蒙爵士

发报时间:1932 年 10 月 19 日 13:12

收报时间:1932 年 10 月 19 日 9:30①

东京,第 378 号电报

机密

我的第 501 号电报。②

　　苏联大使昨日告知我的一位同事说,苏联政府原则上不反对承认"满洲国",但必须先弄清楚边界问题。

　　转发至北平。

资料来源:[F 7491/1/10]

(向明　译　郭昭昭　译)

11. 斯科特的备忘录(1932 年 10 月 20 日)

第 13 号　斯科特(Scott)先生的备忘录③

外交部,1932 年 10 月 20 日

　　(1) 从 8 月中旬开始,上海针对日本商品的抵制活动再度复燃,并得到了大上海(中国)总商会、行业协会等的支持。我们最新的报告是在 9 月 2 日北

---

①　编者按:收发时间原文如此。

②　第十卷,第 694 号。

③　本备忘录是为了在议会回答有关上海抵制日货运动复燃而准备的。参见《英国下议院辩论记录》第 5 辑,第 269 卷,第 581 栏(10 月 24 日)。斯科特先生是英国驻华副领事之一,他被暂时派驻到外交部远东司工作。

平第 614 号电报(F 6476)①,详细内容参见 9 月 2 日北平第 1138 号电报(F 7480)②。据说日本总领事现在非常认真地看待局势,但中国以及国际租界和法租界正在协作打压非法活动。除了一些年轻的冒险分子向销售日本商品的中国商店投掷炸弹,以及向中国商人发送恐吓信之外,这场活动似乎在法律范围内进行,没有像 1 月 28 日之前纠察队那般的活动。③ 据报道,9 月 1 日,上海市长向从事非法抗日活动的人发出警告,敦促中国公众和新闻界阻止造谣者,保持冷静。

(2)毫无疑问,双方之间关系紧张,这在很大程度上是由于抵制运动的复燃。然而,唯一不幸的事件是 9 月 2 日发生的南京路事件,此事件涉及日本海军陆战队和国际租界警察,但由于双方默许撤销此案,使此事件得到了圆满解决。④ 据《北华捷报》报道,日本新闻界曾竭力使这件事的发展态势恶化,但后来日本登陆部队司令部非正式下达了停止评论的指示。在其它方面,不满情绪也是显而易见的,例如,日方对于签署超出租界范围的道路协议表示反对,⑤但目前中国方面在公布之前也显现出不愿签署的态度。

斯科特

资料来源:[F 7628/1/10]

(向明 译 郭昭昭 校)

---

① 第十卷,第 641 号。

② 未印。

③ 即日本在上海采取军事行动之前;参见第九卷,第三章。

④ 参见第十卷,第 667—668、670—671、683—684、687 号。

⑤ 参见第十卷,例如第 621—622 号、第 646 号、第 658 号、第 660 号、第 679 号、第 707 号、附录。

12. 英国驻南京领事馆代办英格拉姆致英国外交大臣西蒙(1932 年 10 月 24 日)

第 16 号 英格拉姆先生(南京)致西蒙爵士

发报时间:1932 年 10 月 24 日

收报时间:1932 年 10 月 24 日 15:30

南京,第 389 号访问电报

我的第 388 号电报。①

1. 汪精卫离开前向报社发表了一篇有关其对《李顿调查团报告书》看法的声明②。他表示,中国面临着两种选择:要么接受《李顿调查团报告书》,要么发起战争,恢复满洲。中国实力太弱,无法进行战争,因此必须接受该报告书并信任国际联盟,他认为国际联盟在诚心寻求解决方法。③

2. 我从近期与外交部长、财政部部长及国民党的其他党政要员进行的谈话中得出了下列信息。

(a) 总的来说,中国认为国际联盟采取任何措施都不如重新举行一次华盛顿会议对中国更有利,前提是能够举行。中国确实已经放弃了从国际联盟获得具体结果的希望。

(b) 尽管如此,中国并不担心国际联盟的运转会因此而受到严重影响,因为国联可以为中国提供公正无私的技术事务方面的顾问,这对中国非常有用。

(c) 中国认为《李顿调查团报告书》是中国与日本协商解决问题的适当基础,前提是不过于从字面上理解《李顿调查团报告书》中的建议,且允许中方有一定的谈判余地。

(d) 虽然中国因此愿意与日本直接谈判,但因其对日本极不信任,中国非

---

① 第 15 号。

② 本报告的副本(未印),已作为 10 月 31 日北平第 1349 号电报的附文送交外交部。参见下文第 20 号。

③ 关于 1921 年 11 月—1922 年 2 月华盛顿太平洋事务和军备限制会议的信函,参见第一辑第十四卷第六章。

常不愿单独进行谈判。中方将要求国际联盟促使日本提前接受最终协议的基本原则细节,或要求举行谈判时有中立国家或国际联盟的观察员在场。

3. 我的印象是,虽然在日内瓦提供了强有力的证据,除非……①国际联盟采取有效行动解决争端,否则会危及和平,且中国将主要致力于再举行一次华盛顿会议。

转发至北平及舰队司令,邮往东京。

资料来源:[F 7602/1/10]

(向明　译　郭昭昭　校)

13. 国际联盟秘书长德拉蒙德致英国外交大臣西蒙(1932年 10 月 24 日)

第 17 号　德拉蒙德先生②致西蒙爵士的信函(10 月 29 日收到)③

个人

柏林,1932 年 10 月 24 日

亲爱的外交大臣:

我担心您现在的压力太大,以至于您无法很好地考虑《李顿调查团报告书》和满洲问题的解决方案。

我今天遇到了墨索里尼(Mussolini)④,并和他谈论了此事,发现他很仔细地研究了报告书。他评价道,满洲的确属于中国,但是国际联盟得到了一块难啃的硬骨头,还把他丢在了一边。

我猜想理事会将会收到中日两国对《李顿调查团报告书》的长篇意见书。除非采取措施让日本接受报告书,但这看起来不太可能,理事会除了通过报告

---

① 此处文本不确定。

② 国际联盟秘书长德拉蒙德爵士正在访问德国和意大利,讨论与国联秘书处的组织有关的各种问题。

③ 在外交部归档的日期。

④ 意大利政府首脑。

书并将这些意见提交给十九国特别委员会①和国联大会之外别无选择,因为这两个机构,尤其是十九国特别委员会,将会最终制定被采纳的政策。

当然,如果日方提出了和解措施,理事会也会努力促成和解,但是我认为这是极其不可能发生的。

那么,十九国特别委员会应该在国联大会上提出什么建议呢?他们需要在《国际联盟盟约》第15号条款第10和第6段的基础上做出一个报告。

我认为有两种可能性,其中第一种更为容易。

(1)国联大会采纳《李顿调查团报告书》,不承认"满洲国政府",并建议中日两国就《李顿调查团报告书》中提及的内容进行谈判。然后,国联大会则履行第15号条款规定的职责;但是大会也可以采取其他的行动,将报告书副本和它的决议正式发给签署并遵守《九国公约》的国家②,以及《凯洛格公约》的所有签署国③,这些国家如果有意愿,便可以继续跟进相关的事务。当然,这样的行为必须符合《国际联盟盟约》,国联也要尽力避免自陷风险之中。

但如果国联未能成功地解决任何问题,并将他的职责推诿给了其他国家,这将使国联面临严重的谴责。令人难过的是,我认为这样的谴责是正当的,同时会在很大程度上削弱国联的地位。

因此,我转向第二种可能:

(2)日本在满洲地区的处境不会因为时间的推移而变得更加困难吗?他们难道不会越发感觉到有经济枯竭的风险吗?

另外,在没有美国或者苏联政府帮助的情况下(正如报告书中所指出的,这两国在满洲有重大经济利益和其他利益),国联能否真正找到一个最终的解决方法?仅仅邀请这两个国家参加国联大会或理事会是不可行的,因为日本会强烈反对这样的邀请。因此,国联大会应该怎样采纳《李顿调查团报告书》前8章的内容(除解决争端的具体提议之外的所有内容以及不承认的宣言)呢?

另外,关于第9、第10和第11章④,国联大会希望邀请那些对远东地区有

---

① 1932年3月11日任命的国际联盟特别委员会;参见第十卷,第67号,以及《国联公报》特刊第101号,第87—89页。

② 参见第4号,注10。

③ 1928年8月27日在巴黎签署;参见第10号,注4。

④ 这里有一个边注写着"没有第11章"。

特别利益的国家(苏联、《九国公约》成员国和其他相关的国家)来审议报告书,并将审议结果提交国联大会,如此一来,国联大会便可以综合所有人的观点作出最终结论。我想以上所述在法理上符合第 15 章规定。

这样的做法有诸多好处。譬如可以促使苏联和美国的态度变得明确,让他们承担自己的责任。同时,我们可以获取时间,最后可以让国联少说话。我们也许需要在明年夏天召集另外一个特别代表大会,但这个困难很容易克服。

当然,如果国联延迟了自己的裁决,那么这样的做法可能会遭受批评,同时日本在满洲的地位会得到增强。

然而,就我个人而言,综合以上原因,第二种方案更好。

我还没有向其他人透露这些想法,如果您能告诉我您的看法,我将非常感激。我知道我们肯定会面临马达里亚加(Madariaga)①为代表的主张更激进措施的人的大力反对。在《日内瓦杂志》中有一篇文章肯定是他写的,他在文章中建议应该通过遣散日本公使、驱逐日本退出国联的办法来给日本施加压力。任何这样的建议在当前局势下都是缺乏理智的。

请原谅我写了如此冗长的一封信,但是理事会将在三周之内讨论整个问题,因此我们决定采取哪条路线至关重要。②

---

① 萨尔瓦多·德·马达里亚加先生,西班牙驻巴黎大使兼国际联盟理事会代表,在 1932 年 3 月 3 日召开的国际联盟大会特别会议中任西班牙代表团成员,该会议是在中国政府的请求下召开的。

② 约翰·西蒙爵士在这封信函上写了一则注释:"我希望将此事完整记录。远东司和贾德干先生[外交部国际联盟事务顾问兼国联大会特别会议代表团秘书长]都涉及其中。约翰·西蒙 10 月 28 日"会议记录由普拉特爵士、奥德先生(远东司司长)、卡尔(E. H. Carr)先生(国际联盟事务助理顾问)、韦尔斯利(V. Wellesley)爵士(副国务卿)以及范西塔特爵士撰写。普拉特爵士于 10 月 31 日写道,他支持以德拉蒙德爵士的建议行事,"即使只是希望在讨论过程中能找到更好地拖延时间的方式"。然而,他指出了三个面临的困难,这些困难可能会阻碍接受德拉蒙德爵士的第二个提议。英国代表很难宣布承认满洲新政权是不可能的,恢复原状同样不可能;中国将强烈反对任何拖延时间的做法;而且,国联向苏联提出的呼吁,不太可能促成对满洲问题的圆满解决。奥德先生在 11 月 1 日对德拉蒙德爵士的第二个备选方案所面临的困难表示认同,尽管他也同意应该至少在日内瓦进行讨论。此外,他建议与"满洲国"外交大臣接触,探讨其接受中国宗主权或主权的可能性。如果无法与他达成意见统一,则应该针对满洲问题进行测试,可以通过咨询由中日政府指定的代表团,或者通过"一种类似全民公决委员会"的方式进行。卡尔先生于 11 月 3 日对"与在十九国委员会会议上讨论相比,在理事会上讨论会使大国少些**(转下页)**

谨上

埃里克・德拉蒙德

资料来源:[F 7681/1/10]

(向明　译　郭昭昭　校)

(接上页)尴尬"的这一观点提出了异议,并认为普拉特爵士提到的三个问题并不像他想象的那么严重。他总结道:"我们的目标应该是(1)在理事会上避免任何讨论,并紧迫要求立即将报告转发给大会。(2)在大会(或十九国特别委员会)上,提出接受报告的第1—8章(事实),避免对第9—10章(建议)做出任何声明,并提议将这两章提交给一个由九个大国加上苏联政府组成的委员会或会议(或其他更为适当的称谓),并邀请他们就这些章节提交意见或建议给大会。"两份会议纪要总结如下。"我们都同意以下几点:1.德拉蒙德先生的第二项建议应当作为我们提建议的基础;2.苏联应该加入;3.但如果能说服日本提出这样的建议,奥德先生提出的进一步调查满洲地区民意的建议是值得支持的。整个问题的关键在于时间要素。对日本提出断然要求立即撤回目前的立场只会立即导致一场严重危机。在当前日本的情绪下,遵从这样的要求将被视为国家的耻辱。但是,有证据表明日本正在开始意识到他咽下的东西已经超出了自己的承受能力,现在需要更多时间来让这种思想成熟起来,需要找到方法让他退却而不失面子。因此,我们必须为他建立一座桥梁,让他安全地撤退。虽然这样的过程实际上是几年而不是几个月的问题,但是即使几个月也会有明显的差异。基于这个原因,我倾向于接受德拉蒙德爵士关于接受调查部分的建议,接受《李顿调查团报告书》的事实认定部分,即第一章到第八章,但我反对在这个阶段发表任何关于非承认的声明,这只会加速危机的发生。我建议《李顿调查团报告书》中的建议所采取的步骤都应提交给九国委员会。发表宣言迟早是不可避免的,结局是明显的,但如果日本可以优雅地让步,任何延迟都是值得争取的。在这方面,我认为应采纳德拉蒙德爵士的第二个建议,但是我不想隐瞒的是,国务卿可能会在某些方面面临立即采取行动的压力,这可能会面临巨大困难。同时,我认为为此而努力是值得的,因为时间的获取是这个问题的本质。韦尔斯利　1932年4月11日""我同意卡尔先生的记录,并将按照他的建议进行。即使苏联政府会有些麻烦,我们也不应退缩。奥德先生的进一步调查提议既有吸引力又有实用性,但我认为这不可行,不建议这么做。范西塔特　11月4日"

14. 英国驻华使馆官员霍尔曼致英国外交大臣西蒙(1932 年 12 月 25 日)

第 19 号 霍尔曼先生(北平)致西蒙爵士

发报时间:1932 年 12 月 25 日

收报时间:1932 年 12 月 12 日①

北平,第 1369 号

先生:

1. 我荣幸地提及英格拉姆先生去年 9 月 22 日的第 1231 号电报②,并附上一份来自英国驻上海总领事的报告,报告中描述了日本对上海公共租界越界筑路协议态度的进一步发展情况。在英格拉姆先生的指示下,我向美国公使出示了上述电报并询问了他的意见。詹森先生回答说,他的观点与约翰·白利南爵士的观点一致。关于布伦南爵士电报的第 11 段,他个人认为,尽管美国政府可能不会对修改后的拟议宣言条款提出任何异议,但任何提到我们防卫部队的声明都是不明智的,并可能对我们与中国的关系造成负面影响。詹森先生认为,不论是否有宣言,有关国家将会根据可能出现的特定情况自行决定如何运用自己的武装力量。③

2. 我在此附上一份信函副本④,该信函是英格拉姆先生在收到上述信息后写给约翰·白利南爵士的,供其参考。

此致

(在临时代办不在的情况下)

霍尔曼

资料来源:[F 8586/65/10]

(向明 译 郭昭昭 校)

---

① 编者按:收发时间原文如此。
② 第十卷,第 707 号。
③ 参见《美国外交关系文件》1932 年,第四卷,第 648—649 页。
④ 下面的附件 2。

第 19 号附件 1

白利南爵士致英格拉姆先生
第 359 号

上海，1932 年 10 月 5 日

先生：

1. 我在 9 月 14 日的第 325 号电报①中提到，日本当局计划对涉及上海外滩区域的协议进行修改。新任日本驻华公使有吉明（Ariyoshi）告诉我，他已向日本政府建议同意签署协定。离开上海之前，村井（Murai）先生也向我保证，已经收到了东京方面更为积极的指示，并表示接替他出任上海总领事的石射猪太郎（Itaro Ishii）先生会向我传达这些信息。

2. 石射猪太郎先生自到任以来，忙于处理各项新任所需的官方事务和其他事宜，但最近几天我与他进行了两次交谈，他详细阐述了其政府在这个问题上的要求，这些要求分为三类。

3. 第一，日本政府仍然坚持认为该协议必须提交给领事和外交机构事先批准，因为他们认为这将影响到各方的条约权利。

4. 第二，他们希望英国、美国、法国、意大利和日本——维持在上海的防卫部队的国家——发表一项声明，以应对任何认为该协议意味着从外部地区撤军的要求。当我询问石射猪太郎先生对此声明的提议措辞时，他写了一封信给我，附上了一份副本，②建议它应该涉及以下内容：

"关于扩展居民区道路的临时协议，不应影响在这些区域内各国防御部队的现状，包括驻扎、巡逻、训练等。"

建议此声明采用备忘录的形式，由相关总领事致信上海市市长，如同附在关于公共租界内中国法院的协议中的单方面声明一样。③

5. 第三，石射猪太郎先生表示，他的政府要求对该协议进行某些修正，并

---

① 这封信函已附在英格拉姆先生 9 月 22 日的第 1231 号电报中，参见上文注 1。

② 未印。

③ 1930 年 2 月 17 日的协定以及英国、巴西、法国、荷兰、挪威和美国在中国的外交部长所附的宣言的文本印在《英国和外国国家文件集》第 132 卷，第 395—401 页；参见第八卷，例如第 242 号。

交给我一份详细说明这些修正的文件。我附上这份文件的一份副本①,可以看出修正案主要涉及警察部队,并旨在确保该部队在很大程度上受到日本的控制。不仅要求外籍副专员应来自居住在外部道路上人口最多的国家,也就是日本,而且要求北区的高级军官和西区的第二高级军官是日本国籍。此外,还规定,"大上海市政府应聘请尽可能多的日本警察,让他们负责警务,尤其是在大量日本居民和日本制造工厂所在的地区。"值得注意的是,日本工厂不仅设在北部区域,也设在西部区域。还提到了其他旨在保护领事裁判权的规定,但我将在后面谈到。

6. 在与石射猪太郎先生讨论这些情况时,我表达了以下意见,但是,我也明确表示这是我个人的意见,需要接受国家给我的进一步指示。关于处理提交领事和外交机构批准的协议的问题,我表示,在此类事务中,理事会当然应该确保其拟议行动不会遭到主要利益相关国家的反对,特别是在与中国发生争端时,理事会需要依靠其支持的那些国家。然而,在这个事件中,理事会已经仔细听取了相关外国代表的意见。就日本而言,日本总领事已经充分了解日本议员的谈判情况,日本政府的反对意见实际上导致了这一协议的搁置。因此,没有人会抱怨在这个问题上忽视了日本当局。协定草案也已经分发给了其他的条约国领事,因此他们有机会对计划提出反对意见,但事实上,除日本人之外没有人提出反对意见。

7. 日本政府在议定书签订前与大国磋商的要求在实践中得到落实,我坚持认为只要日方能够撤回其异议,理事会就可以自由并且不拘泥于形式地达成协议。我强烈反对这样的建议,即理事会仍然必须正式向高级领事提交协议草案,直到被通知达成最终一致。那就是说,其中任何一个人,可能是一个根本就没有真正兴趣的人,都可以无限期地支持这个协议,以实现其与事件无关的自私的动机。

8. 以我为例,我在这里将提到我与法国总领事就这个问题进行的一次谈话。梅里耶(Meyrier)先生要求我事先告知他协议涵盖的确切区域,因为他有理由担心,如果它干扰了法租界未来向西延伸的计划,他的政府就不会同意。他接着说,法国人目前无意要求延期或期望延期。但是,这是他的政府可能想到的。我告诉他,这个区域还没有确定下来,但是无论如何,协议草案第 7 条

---

① 未印。修改建议印在《美国外交关系文件》1932 年,第四卷,第 647—648 页。

明确表示,中国政府和外国之间的任何后续安排都必须遵守协议,因此如果法国当局能够谈判,就不能阻碍法租界的延伸。不过,梅里耶先生似乎认为,法国政府当然并不关心外国警方和中国警方在越界筑路上发生的冲突,他们有能力因为上述原因而坚持协议。我毫不怀疑,如果我们承认上海市议会所做的一切都得到他们的正式同意的话,他们也会承认。他们有自己的让步,他们不容忍干涉,并且迄今为止他们已经避免干涉国际和解的事务,这被认为是英美日保护的实质目的。

9. 再有,我被私下告知有些国家的领事馆希望在越界筑路上免除提议的市政税率。他们尚未公开这样表态,但如果他们认为自己有权阻止谈判,可能会尝试利用这种权力争取这类特权,而这些特权实际上并不是特定区域内的大国领事馆所享有的。

10. 当然,我没有提到石射猪太郎先生可能遇到的这些特殊情况,但是我说,由于他主张的程序没有在任何条约或其他法律条文中规定,所以我认为通过创造任何这样强硬的先例来处理租界事务都是非常不明智的——无论是从日本的角度还是从我们的角度来看。我总结了这方面的例子,提醒他说我的发言是保密的。我不打算在领事机构碰头会上讨论这个敏感问题。我希望没有必要打电话给他,但是如果他坚持要开会,我只能说我赞成这个协议,并认为理事会签字并把它转交给领事机构仅供参考的做法是正确的。此后,我从高级领事①那里听说,日本总领事馆暂时撤回了他的会议要求。

11. 关于在上海有防卫力量的国家单方面的声明,我谨告诉石射猪太郎先生,在发表意见之前,我需要先征询您的看法。我个人的看法是,为事先避免这个协议意味着从越界筑路地区撤出防卫军队,这样的声明是可取的。在这个问题上,我们处于和日本一样的情况,我们大部分的军队是在协议的边界以外扎营的。但若要让声明达到预期效果,必须在协议签署前告知中国方面,并且他们必须像接受法院判决一样默默接受此声明。为了达到这个目的,我认为必须修改日本的方案以降低中国的敏感程度,而且我认为只要宣布协议不影响各国在上海驻扎的防卫军队就足够了。美国政府可能会赞同这样一个方案,因为他们也在上海部署了防卫军队,但美方不得超

---

① 美国驻上海总领事坎宁安先生。

出条约规定的限制,我的美国同事告诉我说,他的政府当然不会参与任何关于巡逻越界道路的宣言。若您在适当的时候就这一点发表指示,我将非常高兴。

12. 然而,实际上妨碍协议达成的障碍在于日本提出的关于特别警察和其他事项的修正要求。我很坦率地告诉石射猪太郎先生,仅代表自己而非受到指示,我确信他的提议既不会得到英国的认可,也不会得到中国的认可。他的提议相当于日本控制所有越界筑路地区的警卫,实际上排除了他国的控制权。他基于这样一个事实,即日本人有更多的居民,但是我指出,从财产和投资的角度来看,英国人仍然在上海有很大的利益,在西部地区,我毫不怀疑地说,即使从居住的角度来看,我们的利益也远远大于日本的利益。然而,我说过,如果西部地区留给我们的话,我个人会准备好一个折中方案,建议在北部地区主要由日本的特别警察保卫。但是,当然,这是我们之间的事——任何此类安排仍需征得中方同意,我特别强调了日本的要求不太可能获得中国的默许。

13. 仅以一件事为例,我说道,日本人想在协定中加入一条规定,即关于外国人享有的领事特权事项,警务部门所颁布的任何规章或命令,除非得到领事团和外交团的批准,否则不会生效。我说这样做会让我们回到 20 年前的情况,现在不是期望中国在书面协议中承认大国在中国领土管理中有一票否决权的时候。如果日本真的希望达成有关境外居住区协议——而我已经获悉日本公使是这样想的——他们必须考虑他们自己希望达成的条件以及在中国当前的情况下,市长可能会让步的地方。在我看来,日本现在提出的要求排除了达成协议的可能性。新到上海的石射猪太郎先生只是说他会认真考虑我的意见,并希望以后再与我讨论这个问题。

14. 这就是我写信时的情况,我认为在日方表现出真正的愿望来协助谈判之前,我没有必要再次与中国人接触。日方目前的要求将导致大部分上海地区落入日本人的控制之下。一方面,他们必须非常清楚,中国人不会接受这样的条件,但他们无疑希望我们代表他们向中国人施压,这并非他们第一次试图利用我们。另一方面,如果他们失败,他们可能会破坏他们一直不满意的协议。但是,由于石射猪太郎先生表示将在进一步研究后再次讨论这个问题,因此仍然有希望出现更有利的局面。

15. 最后,我想说我与我的美国同行保持着密切的联系,他们基本上同意本电报中表达的观点。

此致

白利南

资料来源：[F 8586/65/10]

（向明　译　郭昭昭　校）

第 19 号附件 2

英格拉姆先生致白利南爵士

第 29 号访问辑

南京，1932 年 10 月 13 日

先生：

1. 我已经收到了 10 月 5 日您发来的第 359 号电报①，其中汇报了您和您日本同事就越界筑路问题的对话。

2. 我完全赞同您的行动及所述的措辞。至于您在电报中咨询的具体问题，即如何回应日方单方声明的建议，我认为发布一份类似的声明是有必要的，而且声明内容应该只表明协议不会影响各方在上海驻扎的防卫部队。最好是由各个利益相关方分别发表这样的声明，而不是共同声明；独立发表声明更有可能被中国方面接受。然而，即使中国方面拒绝接受这类声明，我也不会因此阻止协议的达成，因为无论有没有这样的声明，我们当然都将根据具体情况继续自行决定如何使用我们的防卫部队。如果形势发展顺利，无疑会找到适当的时机口头向市长明确这一点。

此致

英格拉姆

资料来源：[F 8586/65/10]

（向明　译　郭昭昭　校）

---

① 即上文附件 1。

15. 英国驻南京领事馆代办英格拉姆致英国外交大臣西蒙(1932 年 10 月 26 日)

第 20 号　英格拉姆先生(南京)致西蒙爵士

发报时间:1932 年 10 月 26 日(无线电)

收报时间:1932 年 10 月 26 日 18:00

南京,第 394 号访问电报

我的第 389 号电报。①

1. 外交部长告诉我,汪先生关于《李顿调查团报告书》的声明现在②已获得政府的正式批准,声明是经过深思熟虑的,与他们的政策吻合。

2. 在阅读完整个声明后,我发现我之前基于摘要公开发出的电报有些误导性,因为我只引用了汪的信息中示意性的陈述而非明确的陈述。声明中的重要部分,按照路透社翻译如下:"我们人民现在应认真考虑的问题是,如何回答我们今天面临的问题:战争或和平? 如果选择前者,我们必须用武力夺回日本通过武力夺走的东西,这是通过武力寻求正义。如果选择后者,最重要的步骤将是接受国际联盟对我们的同情,但要取长补短,以便我们最终取得胜利。"

3. 路透社的报告基本上是准确的。转发至北平、舰队司令和东京。

资料来源:[F 7639/1/10]

(向明　译　郭昭昭　校)

---

① 第 16 号。

② 此处档案原文应该是"was";参见下文第 30 号,第 4 段。

16. 普拉特爵士的备忘录(1932 年 10 月 26 日)

第 22 号 普拉特爵士的备忘录

外交部,1932 年 10 月 26 日

《李顿调查团报告书》

在与诺曼·戴维斯先生①讨论《李顿调查团报告书》时,最好强调一个事实,就是我们不能就我们对《李顿调查团报告书》的观点或我们的政策发表任何公开声明,我们必须与理事会②的其他成员协调行动,如果每个政府在理事会正式审议该报告前发表单独声明,这种协调将变得非常困难。但是,我们可以私下向戴维斯先生透露我们认为国际联盟应该采取的行动。理事会应接受并认可报告,并尽一切努力促使双方基于报告进行谈判。但是,理事会不应该完全按照报告中提出的建议来解决问题。我们认识到,这些建议是调查团在考虑到他们所发现的事实和所阐述的原则后能够提出的唯一建议。然而,一旦双方相聚在一起,事情可能会朝着与报告所描绘的方向完全不同的方向发展。理事会应随时准备欢迎或推进任何解决方案,只要它不违背理事会和大会公开宣布的原则。理事会应该像报告本身一样,关注未来而非过去,应避免采取太过僵化的态度。一旦双方会面,理事会应采取纯粹的机会主义政策。

虽然 F 6664③ 上的记录仍然非常适用,但在与戴维斯先生讨论此问题时,最好不要超出上述记录所建议的范围。

美国国务院采取了与我们类似的缄默态度,详情请参见 F 7184/1/10④。史汀生(Stimson)先生对一般性问题的看法在 F 6669⑤ 中有更详细的阐述,

---

① 美国裁军谈判代表诺曼·戴维斯先生于 10 月 7 日至 27 日在伦敦访问。
② 上述文字被铅笔划了下划线,并附有西蒙爵士的手写备注"西蒙回答"。参见第 23 号,第 1 段。
③ 指东京的第 351 号电报,发送时间为 9 月 12 日;参见第十卷,第 674 号。
④ 指华盛顿的第 401 号电报,发送时间为 10 月 4 日;参见上述卷,第 728 号。
⑤ 指华盛顿的第 364 号电报,发送时间为 9 月 8 日;参见上述卷,第 664 号。

从中可以看出上述建议符合美国的政策。①

普拉特

资料来源:[F 7669/1/10]

(向明 译 郭昭昭 校)

17. 英国驻东京大使林德利致英国外交大臣西蒙(1932 年 10 月 27 日)

第 24 号 林德利爵士(东京)致西蒙爵士

发报时间:1932 年 10 月 27 日

收报时间:1932 年 11 月 29 日

东京,第 569 号

先生:

1. 继续 10 月 13 日的第 548 号电报②。我很荣幸地向您报告,松冈洋右先生于 10 月 21 日离开东京前往日内瓦参加即将召开的国际联盟大会。但相反的是,日本政府在他离开之前宣布,对李顿调查团报告书的意见文本尚未完成,据了解,相关文件将由日本驻土耳其大使吉田伊三郎(Isaburo Yoshida)带到日内瓦。吉田先生也将出席大会,因为他在调查团在远东逗留期间曾担任日本评估员。

2. 在离开时,松冈先生在车站受到了热烈的欢送,人们对他前往日内瓦寄予厚望。在我上次发送关于他的任命的日期③后,他就他的"使命"主题进一步发表了几篇言论,其中我选取了最重要的几篇发言,谨随函附上一份摘自 10 月 16 日《日本时报》的要点④。这是一篇松冈先生 10 月 15 日在日本东京

---

① 这份备忘录有如下记录:"我同意。奥德 10 月 26 日""我同意。芒西 1932 年 10 月 28 日""国务卿已经查看了"

② 第 3 号。

③ 第 3 号。

④ 未印。

市公共礼堂举行的公开会议上的演讲报告,报纸上的内容相当长,但我冒昧地认为这可能为我们提供些帮助,说明松冈先生可能会在日内瓦采用的论点。他充分了解了满洲内部的情况,并且毫无疑问准备了充分的事实来支持他的一般性陈述。

3. 据媒体报道,在国联大会之前,松冈先生在处理日本案件方面拥有广泛的自由裁量权。据报道,在他离开之前,内阁已经批准了某些指示交给他。对这些指令的性质有许多相互矛盾的说法,因此无法准确描述其内容。但可以确定包括了以下几点:

(1)就日本而言,他认为中日之间源于满洲事件的争端在"满洲国"作为一个独立国家建立和与日本签订协议①的时候就已经得到了解决;

(2)日本坚持认为,中国(除满洲之外)待解决的问题必须通过中日直接谈判解决;

(3)日本准备友好地考虑中国内政改组方面的国际合作问题;

(4)日本对国联的建议是,它应该暂时放任"满洲国"发展。

4. 据悉,自松冈先生离开后,日本政府的意见书文本已完成,预计将在吉田先生 28 日前往日内瓦时准备好此文件。不久前新闻界表示,该文件的摘要可能会在其发送日期和国联会议之间公布;但目前这一点似乎又变得不确定了。在向国联提交文件之前,他们不会公布其全文。②

5. 我想补充一点,似乎有些人希望松冈先生也在国联理事会的会议上代表日本,并且有人提到他可能取代长冈(Nagaoka)先生成为日本代表。

此致

林德利

资料来源:[F 8304/1/10]

(向明　译　郭昭昭　校)

---

① 1932 年 9 月 15 日;参见第十卷,第 686 和 688 号。

② 参见下文第 49 号,注 3。

18. 英国外交部远东司司长奥德致国际联盟秘书长德拉蒙德(1932 年 10 月 27 日)

第 25 号　奥德先生致德拉蒙德爵士(日内瓦)的信函

外交部,1932 年 10 月 27 日

亲爱的德拉蒙德:

外交大臣让我向您询问,您是否能确定日本对《李顿调查团报告书》的意见何时送达日内瓦。在日本人提交其书面意见之前,他们很可能无法参与报告的讨论。此外,西蒙爵士担心由于日本的意见未能及时准备好,理事会成员可能会在日内瓦等待而浪费时间。

我今天在《泰晤士报》上看到,吉田伊三郎将于明天携带文件离开日本,最后修改将通过电报进行。我想他很难在 14 号到达日内瓦。

国务卿希望得到解答的另一个问题是,理事会预计将采取何种行动,他们是会按照《国际联盟盟约》的要求自己起草报告,还是将《李顿调查团报告书》转交给十九国特别委员会。

如果您能告诉我关于这几点的情况,供西蒙爵士参考,我将不胜感激。

谨上

奥德

资料来源:[F 7646/1/10]

(向明　译　郭昭昭　校)

19. 国际联盟秘书长德拉蒙德致英国驻国联代表团团长贾德干(1932 年 10 月 27 日)

第 26 号　德拉蒙德爵士(日内瓦)致贾德干先生的信函

发信时间：1932 年 10 月 27 日

收信时间：1932 年 11 月 1 日

国际联盟，日内瓦

机密

亲爱的亚历克(Alec)：

我从柏林寄给外交大臣一封关于满洲事务的信函①，附上一份抄件。当我昨天回到这里的时候，我发现弗兰克·沃尔特斯(Frank Walters)②写了一篇关于可能的政策的说明。他的想法在我看来是非常合理的，如果您有机会能把它提交给外交大臣，我将十分感激。

乍一看，他的建议似乎不会与我在信中提到的第二种方案产生冲突，但我还不完全确定是否真是这样，因为(a) 将苏联政府与国际联盟及其他国家在中国进行的重建工作联系起来可能会非常困难；(b) 如果从报纸上得到的中国日渐分裂的印象是真实的，那么采取任何旨在加强中央政府力量的行动都应尽早进行。

然而，如有必要，在保持我信中建议的程序的同时，还可以分别征询《九国公约》相关各方和苏联政府的意见。我们可以正式要求后者就《李顿调查团报告书》的最后三章③提出意见，同时要求九个大国聚集在一起给出建议。从后者那里可能会出现加强中国中央政府的计划，尤其是因为如果实施这样的政策，将需要与美国进行密切合作。这些只是我的初步想法，重要的是我认为伦

---

① 参见第 17 号。

② 秘书长和国联办公室主任。参见下面的附注 5。

③ 奥德先生的页边注释是这样写的："两个(他之前写了一个不存在的第 11 章)。奥德"

敦方面应该考虑沃尔特斯的建议。①

谨上

埃里克·德拉蒙德

资料来源：[F 7733/1/10]

（向明　译　郭昭昭　校）

20. 英国驻东京大使林德利致英国外交大臣西蒙(1932 年 10 月 28 日)

第 27 号　林德利爵士(东京)致西蒙爵士

发报时间:1932 年 10 月 28 日 22:30

收报时间:1932 年 10 月 28 日 9:30②

东京,第 384 号电报

机密

　　日本外务次官③昨天通知我,日本驻伦敦大使④在 10 月 18 日与诺曼·戴

---

　　①　在 10 月 26 日冗长的备忘录(德拉蒙德爵士的信函中的副本)中,沃尔特斯先生指出李顿调查团的"总原则"中的第 10 点,即在中国缺乏一个强有力的中央政府的情况下,所列的和解条件是无法实现的。他主张国际联盟的成员国应该"认真地努力",向现有的国家政府提供大规模的财政援助。普拉特爵士在 11 月 4 日的会议记录中说,这样做"将重蹈 1913 年的覆辙,当时各国认为袁世凯(Yuan Shih Kai)是建立强大中央政府的唯一希望,并借给他 2 500 万英镑"。他认为,向中国提供更多技术援助的建议不应被阻碍,而派遣到中国的国际联盟专家应完全远离政治,并仔细审查援助资金的使用。奥德先生在 11 月 4 日的会议记录内也否定了这个建议,认为这个建议可能会"让国联陷入绝望的泥潭"。韦尔斯利爵士写道:"我完全同意。认为国际联盟能够建立并管理中国的想法非常荒谬,完全不了解实际情况。这不是一个新的想法。过去八年来,经常推进和检讨,所有这方面的建议,总是遭到拒绝,完全是不切实际的。韦尔斯利　1932 年 11 月 5 日"这些记录于 11 月 13 日被西蒙爵士签署认可。

　　②　编者按:收发时间原文如此。

　　③　有田(H. Arita)先生。

　　④　松平(T. Matsudaira)先生。

维斯(Norman Davis)先生在伦敦进行了一次交谈,在谈话中,大使表示如果国联大会通过决议谴责日本并采纳《李顿调查团报告书》,将导致一种危险和复杂的局势。据报道,戴维斯先生表示同意,并支持国际联盟采取观望态度。①

我要求外务次官明确大使的表述,他说明日本公众舆论变得如此愤怒,以至于日本政府将被迫退出国际联盟。

事实上,将迫使政府采取行动的可能是军方而不是公众舆论。②

资料来源:[F 7658/1/10]

(向明 译 郭昭昭 校)

21. 国际联盟派遣调查员沃尔特斯致英国外交部远东司司长奥德(1932 年 10 月 29 日)

第 28 号 沃尔特斯先生(日内瓦)致奥德先生的信函

发信时间:1932 年 10 月 29 日

收信时间:1932 年 10 月 31 日

国际联盟,日内瓦

亲爱的奥德:

德拉蒙德要求我回复您 10 月 27 日的 F 7646/1/10 号电文。③

对于在满洲问题理事会碰头的看法,日本人告诉我们如下:松冈预计将在 9 日或 10 日带着实际上完整的指示抵达巴黎。吉田带来的文件和指示和松冈的没有明显区别。日本人对《李顿调查团报告书》的意见书既冗长又详细,

---

① 外交部美国司司长克雷吉(Craigie)先生在页边注释写道:"戴维斯先生也向我表达了这种看法,但他并没有声称表达他的政府的观点。克雷吉 10 月 28 日"

② 同日,林德利爵士在他的 573 号电报(11 月 29 日收到,未印)中向外交部提供了这次会谈的略微详细的描述,并提到"最近出现了几个迹象表明,日本政府非常重视避免与国际联盟的决裂"。

③ 第 25 号。

但在巴黎的日本代表希望向理事会发表的声明具有普遍性，而我们的详细意见书仅以书面形式提出。如果按此程序，似乎可能发生的是，当理事会会见日本代表时，日本代表将提出对日本政策和观点的一般性陈述，并且可能中国代表也会这样做；然后，理事会将允许每一方花一两天准备他们的回答。那么理事会可能不需要就日本提交的详细书面意见书发表意见。

关于理事会的作用，德拉蒙德于 10 月 24 日致外交大臣的信函①（您一定看过了）在一定程度回答了您的问题。无论如何，《国际联盟盟约》所要求的关于争端的报告必须由大会而不是理事会起草。

最后，关于理事会的举行日期。预计吉田不会在 15 日或 16 日之前到达巴黎（或视情况而定），日方非常希望在理事会召开前有时间与他和松冈进行讨论。然后日方将为理事会起草一个最终的综合性声明，因此他们希望理事会推迟到 11 月 21 日召开，尽管他们尚未正式要求这样做，也有可能不这样做，因为他们告诉我们所有给东京的电报的回复都要等他们和松冈见过面之后再说。

议程上还有一些其他问题，这些问题自然可以在一两天内进行讨论，但可能必须在听取双方的第一次陈述之后进行。如果有任何与满洲问题无关的理由（例如可否有机会与德国外交部长进行非正式对话）②，希望理事会会议早于 11 月 21 日，我们可以将这些问题列入周五或周六，即 18 日或 19 日的议程。

谨上

弗兰克·沃尔特斯

资料来源：[F 7693/1/10]

（向明　译　郭昭昭　校）

---

① 第 17 号。

② 第四卷，第四章。

22. 英国驻北平领事馆代办英格拉姆致英国外交大臣西蒙(1932 年 10 月 31 日)

第 29 号 英格拉姆先生(北平)致西蒙爵士

发报时间:1932 年 10 月 31 日(无线电)

收报时间:1932 年 10 月 31 日 15:25

北平,第 806 号电报

您的第 462 号电报。①

现在可以开始提出索赔。但尽管我们多次要求,在今年年初提交了初步索赔意向的六个人仍未能提交完整索赔文件。其中 70 项索赔中,有 4 项仅针对中国,50 项针对日本,16 项针对两者。

以下四个事件是有争议的,我请求您的指示。这些都是针对日本的。(1)永安有限公司索赔 28 万美元,该公司是一家香港公司,董事和股东均为华人或华裔。(2)中金投资有限公司索赔 75 万美元,该公司是一家中国公司,共有 1 000 股,除 2 股外,其他全部为中国人持有。(3)丹尼斯土地投资有限公司索赔 18 万美元,该公司是一家中国公司,共有 3 559 股,除 16 股外,其他全部为中国人持有。(4)西区地产有限公司索赔 9 千美元,该公司是一家中国公司,共发行股票 991 450 股,其中绝大多数由中国人持有。

抄送至东京、南京、上海。

资料来源:[F 7717/1108/10]

(向明 译 郭昭昭 校)

---

① 5 月 23 日,未印。此次关于因中日近期争议造成的损失或损害而提出的索赔通报,提供了对 5 月 21 日外交部发给北平的第 94 号电报内容的进一步细节说明;参见第十卷,第 364 号。

23. 英国驻北平领事馆代办英格拉姆致英国外交大臣西蒙(1932年10月31日)

第30号 英格拉姆先生(北平)致西蒙爵士

发报时间：1932年10月31日

收报时间：1932年12月20日

北平，第1349号

先生：

1. 非常荣幸地向您转发一份来自英国驻上海总领事的文件副本①，附上一份备忘录②，内容说明了中国当地对李顿调查团就中日争端所呈报告的反应。

2. 基特森(Kitson)先生③的备忘录概述了中国报刊的报道在上海的反应，一般来说，这也代表了中国其他地区的报道所能引起的共鸣。如我们所预期的那样，报告摘要的发布引发了各类评论。初始时，评论大多是批评性的，但总体上仍然是可以接受的。但后来，由于对报道涵义更加仔细的揣摩，新闻界的语气明显变得不合理。例如，在南京，和其他地方一样，中国报纸特地提到中国存在排外主义并且声称中国政府对抵制行动负责。拟议的解决基础并不可行，起码在这个国家的公众舆论中不会被接受。其理由是决议提出的自治程度实际上等同于将满洲完全从中国割离出去，这被视为一种讽刺。在北平和天津，无论是关于"九一八"事变的缘起，还是独立运动在满洲的建立方式，媒体对调查团的调查结果都表示满意。另一方面，调查团认为让满洲恢复原状的结论是不可取的，同时提出，之前的政府应该由东三省的一个特别政权取代的结论虽然值得考虑，但是效果甚微。许多人还表示遗憾的是，该调查团未能明确指出去年9月爆发敌对行动的责任划分。此外，拟议的条款一般被视为一种国际控制的形式，这难以与中国对满洲主权的原则相一致。同样的，

---

① 即白利南先生10月13日发给北平的第368号电报(未印)。

② 未印。

③ (英国驻)上海副领事。

他们认为,"满洲国政府"聘用日本顾问也不能保证以后不会再次出现类似于发生在大连海关的反抗事件。① 总的来说,调查团的建议,无论多么公平、公正,都可能面临被取消的风险,都不能帮助远东冲突的妥善解决,或者防止日本日后入侵中国。

3. 乍一看,中国媒体所展现的迟钝态度可能会有些令人沮丧。但是,不要忘记,在像中国这样的国家,每项事务都是妥协退让、折中解决,没有任何建议会被认为是可接受的,这旨在尽可能地维护其利益。因而,不论这些建议对这个国家多么有利,在第一时间都会遭遇其媒体的强烈不满。在很大程度上,中国各地媒体受制于当地的政府②针对日本侵略政策所带来的影响,因此,他们发现,此时此刻以任何解决方案去默认或承认日本有干预满洲事务的权利都是件极度困难的事情。

4. 在政府就整体政策达成一致之前,本届政府的领导人在对调查团报告书作任何详细评论时都持极为谨慎的态度。为了便于您更清楚地理解,我随函附上了外交部长在 10 月 4 日对报告的第一印象所作的声明③。其内容还包括汪精卫先生在他离开欧洲之前所作的陈述④,正如我在 10 月 26日的第 394 号电报⑤中所述的那样,这份陈述是在政府的正式批准下作出的,并代表了其正在考虑的政策。年轻的元帅在接受媒体采访时表示,该报告虽然在某些方面令人不满意,但总的来说是公平的。中国著名的学者胡适(Hu Shih)博士同样表示了满意的态度,除了对拟议的咨询会议的成员组成,理由是这种组成对满洲日本当局在去年所造成的局势过于偏袒。但是,胡汉民(Hu Han Min)和孙科等反对派领导人对报告书进行了全面攻击,并建议拒绝该报告书。在他们看来,问题的最终解决方案不再是依靠国际联盟或日本侵犯的各种国际条约的签署国,而是中国人民的努力,他们现在应该把命运掌握在自己手中。中央执行委员会、西南政治委员会和其他组织的上海成员加入了谴责的队伍,但必须记住,他们的行动,就像所有

---

① 据推测,导致 1932 年 6 月日本海关关长代表福本(Fukumoto)先生被解雇的事件;参见第十卷,第 452 号。

② 即国民党的地方委员会。

③ 未印。

④ 未印。

⑤ 第 20 号。

目前尚未承担责任的中央政府代表一样,更多的是希望打击政治对手以抬高他们自己或所属派系,而不是真正希望合作并寻找解决中日争端的基础。

　　5.《李顿调查团报告书》的各个方面都遭遇了中国媒体的不利评论,这集中体现在一篇发表在《阐释报》(在广州每周出版一次的英文报纸)上的文章中,随后我也将附上其复印件①。这篇文章的作者是《北平导报》的前任编辑,一个沙文主义者,名叫李炳瑞(Bing Shuey Lee),今年3月5日兰普森先生发送的第306号报告中说明了其停止出版的情况。②

此致

英格拉姆

资料来源:[F 8728/1/10]

(向明　译　郭昭昭　校)

24. 英国外交大臣西蒙致英国驻东京大使林德利(1932年11月1日)

第31号　西蒙爵士致林德利爵士(东京)

发报时间:1932年11月1日

外交部,第684号

先生:

　　今天早上,在交谈中,日本公使提到了即将在日内瓦举行的关于满洲问题的会议。我表示我们政府正按照日本的要求暂缓对该问题作出判断,直到我们接收到日本政府的立场文件。但我想知道这个文件何时可用,大使解释称,

---

　　①　未印。

　　②　未保存在外交部档案中。案卷摘要写道:"《北平导报》于1月28日起停刊。这个消息并没有引起什么惊讶,毫无疑问,这份报纸受到了张学良(Chang Hsueh-liang)元帅的压力,因为通过日本公使馆对他施加了官方压力。附上两篇摘自《北平导报》的文章,其中提到了朝鲜独立协会声明,这引起了日方的反感。"

当松冈先生离开日本时,这份文件尚未准备好,但吉田先生正在将其带来。他认为这份文件在 11 月 14 日的日内瓦会议上不会提供,但会议可能在 11 月 21 日左右举行。我表示我们希望尽快收到这份文件,以便能提前进行研究。大使告诉我,他曾见过李顿爵士,并传达了日本政府对他忠实履行艰巨职责所付出的真诚努力的赞赏。

　　松冈先生在一封信中指出,吉田先生计划在 11 月 14 日携带日本的报告抵达日内瓦,这份报告预计将在 11 月 18 日左右提交给国际联盟秘书处,并为定于 11 月 21 日的理事会议程做好准备。

此致

约翰·西蒙

资料来源:[F 7827/1/10]

（向明　译　郭昭昭　校）

25. 国际联盟秘书长德拉蒙德致英国外交大臣西蒙（1932 年 11 月 2 日）

第 32 号　德拉蒙德爵士（日内瓦）致西蒙爵士的信函①

发信时间:1932 年 11 月 2 日

收信时间:1932 年 11 月 4 日

国际联盟,日内瓦

亲爱的外交大臣:

　　现在,曾担任李顿调查团秘书的哈斯（Haas）已经回来,我有机会与他充分讨论报告中未来可能采取的行动。我发现他与我持有相同的观点,即不应该在此时被迫加快行动的步伐,或是在此时明确地接受或拒绝该报告。因此,我制定了一份可能的计划,现将副本发送给您。我已向诺曼·戴维斯展示了这份计划,并在他的建议下进行了一些修改。我相信,他个人支持这份计划所

---

　　①　参见附件,参见第 17 号。

包含的关于程序的一般性想法。

相信我

亲爱的外交大臣

谨上

埃里克·德拉蒙德

资料来源：[F 7778/1/10]

（向明 译 郭昭昭 校）

第 32 号附件

基于《李顿调查团报告书》远东地区未来可能的行动方案

12 月或明年 1 月举行全体大会？

1. 采纳《李顿调查团报告书》前八章。

2. 宣布不承认"满洲国"且不与"满洲国政府"合作。

3. 宣布支持通过国际合作促进中国内部的复兴。①

《李顿调查团报告书》的第 9 章和第 10 章

这些章节的建议分为两类。

A. 满洲问题。

全体大会邀请特别关注满洲的国际联盟成员国，关注满洲且非国际联盟成员国的《白里安-凯洛格条约》签署国（美国、苏联政府），以及签署并遵守《九国公约》的国家，举行会议来审查第 9 和第 10 章提出的建议，并努力就问题的解决达成协议，审议结果将向全体大会通报。

B. 中国内部复兴方面的国际合作。

全体大会根据其声明（参见上文第 3 条）邀请特别关注的国家召开会议，以制定明确的计划，从而刺激与中国的贸易并努力减轻经济危机。

---

① 原文注释："在这个意义上可以采取的任何直接行动都是特别有价值的。"奥德先生在 11 月 4 日提交的一份文件中评论，国际联盟应该声明支持国际援助重建中国的提议，这在外交部的文件 F7733 中受到了批评（参见第 26 号，注 5）。随后，西摩（H. J. Seymour）先生（西蒙爵士的私人秘书长）在档案中写道："德拉蒙德爵士今天告诉我，他现在已放弃了这一提议。西摩 11 月 7 日"参见下文的 37 号。

这些国家也将由全体大会指定,将会包括签署并遵守《九国公约》的国家以及德国。苏联政府也将受到邀请,并自行决定是否能够基于所确定的基础而接受邀请。

两次会议的结果公布后,全体大会将再次举行会议,根据《国际联盟盟约》第十五条确定最终报告,为此目的,该条款规定的时限将无限期延长。

资料来源:[F 7778/1/10]

(向明　译　郭昭昭　校)

26. 英国外交部备忘录(1932 年 3 月 8 日)

第 33 号　外交部备忘录①

外交部,1932 年 3 月 8 日

秘密

··········

16. 日本公使②承认,除了受"肯特号"上谈判条款的限制,中国方面是没有任何约束的,他认为这些条款对日本具有约束力。考虑到这一点,以及日本在会议上坚持设立非军事区的意图(尽管松平先生作出保证),我们不难得出以下结论:在中国固执己见的同时,日本不仅固执己见,而且过于强求、野心勃勃、虚伪、不诚实,完全是当前僵局的罪魁祸首,除对整体局势负有责任外,日本方面主要应对目前的僵局负责。

17. 我们的利益(尽管上海市议会英国议员反对的态度是不明智的)把这

---

①　这份备忘录是外交部远东司编写的,由其司长奥德先生做了如下批注:"这个备忘录是 3 月 8 日在远东委员会内阁会议前为范西塔特爵士提供的资料而写的(参见第 34 号)。早期的叙述部分(未印)是罗伯特先生 3 月 7 日写给外交大臣的信函(参见第 28 号),且备忘录已经分发给内阁通知他们事件的过程。""基于备忘录,我们不需要采取进一步行动。外交大臣获悉,就这个国家而言,制裁是不可能的。在备忘录后半部分讨论的战术问题,在没有备忘录协助的情况下,他将在日内瓦进行更清楚,或至少更充分的考虑。奥德

10 月 3 日"

②　在上海。

个会议限制在一个狭窄的范围内,美国政府已经向驻沪美国公使发出了非常明确的指示。那么,我们在立即采取的态度上还能说些什么?

18. 日本人似乎心意已决,且林德利爵士认为不可能动摇他们。另一方面,日本在日内瓦的代表接受了(可能受到了巨大压力)大会 3 月 4 日的决议,建议进行停火谈判并促成"日军的撤退"。这很难被解释为设计一个广泛的会议范围和苛刻的条件,以促使日本撤军,但日方毫无疑问会说这并没有明确限制会议的范围或排除这样的撤军条件,因此不要抱希望等待对该决议的接受。

19. 大会很可能很快就会对没有前景的进展感到不满,如果僵局持续,我们必须决定应该采取何种立场来控制这种不满情绪,以避免冒险行动,这些行动可能会让我们接近《公约》①第 16 条的边缘。看起来,我们的选择要么是对日本施加压力,这似乎既无用又危险,要么是采用这样的论点,即如果中日双方无法就拟议中的会议条款达成协议(这可能意味着僵局的持续——我们听说,中国人正在认真地考虑无限期撤退,如果受到压力的话),则会议要处理的问题必须由李顿调查团②进行调查。

20. 李顿调查团的职权范围足以证明论证的正确性。他们要"就地研究并向理事会报告,影响国际关系的任何情况都有可能扰乱中日之间的和平,或者和平所依赖的两国间的良好理解"。调查团是根据满洲问题被任命的,但是应日本人的要求广泛地提出了职权范围,以便可以通过它调查抵制运动③(这是上海麻烦的根源)。主席在介绍决议时宣布④,"两国政府各自有权请求调查团考虑其特别想要审查的问题。调查团将完全自行决定要向理事会报告的问题"。

21. 调查团当然是由理事会任命的,当时理事会还根据《国际联盟盟约》第 11 条处理这个问题,但是似乎没有理由不把它对上海问题的报告提交或者至少提供给大会,以便根据第 15 条处理争端。实际上,由于上海问题至少已根据第 15 条转交给大会,因此理事会不再有权根据该条款处理该问题。无论

---

① 指的是《国际联盟盟约》。

② 李顿爵士是 1931 年 12 月 10 日理事会决议组成的解决中日争端的国联调查团团长和英国代表(参见《国联公报》,1931 年 12 月,第 2374—2375 页)。

③ 当时的中国人抵制日货;参见第 7 号,注 7。

④ 即国际联盟理事会主席白里安(参见《国联公报》,同上所引,第 2375 页)。

如何,如果需要这样的形式,大会无疑可以要求调查团向其提交报告。

22. 调查团的职能只是调查和报告,虽然它可以提出解决争端的建议,但是由接收报告的机构决定是否采纳任何此类建议。根据第15条,大会的职责首先是努力解决争端,只有在争端未得到解决时才需要按照第四款报告。调查团报告最初将致力于协助大会解决争端,只有在提交报告后,大会基于该报告的努力未能解决争端时,才会出现根据第15条第4款提交报告的问题(以及一个报告在争端一方反对的情况下被通过从而影响进一步讨论的问题)。因此,决定等待李顿调查团的报告应该会阻止大会立即按照第15条第4款起草报告,并使得紧急采用第16条更为困难。

资料来源:[F 2348/1/10]

（向明　译　郭昭昭　校）

27. 英国驻国联代表团团长贾德干致英国外交部远东司司长奥德(1932 年 11 月 3 日)

第 34 号　贾德干先生(日内瓦)致奥德先生的信函①

日内瓦,1932 年 11 月 3 日

亲爱的奥德:

随附的文件是秘书长昨天提供给我的,其中包含针对《李顿调查团报告书》可能采取的行动程序②。

德拉蒙德告诉我,他已经和诺曼·戴维斯先生就此事进行了讨论,戴维斯先生实际上建议在文件第1页A段末尾增加一句话:"审议的结果将被报告给全体大会"。

我从德拉蒙德那里得知,他的想法是,理事会在会议上只会听取日本和中国的陈述,除非看到实现和解的途径(这似乎极不可能),否则会将此事提交给

---

①　所提交的副本上的铅笔注释表明,此信函于11月5日被接收。

②　与第32号中的附件相同。

全体大会审议。行动程序将由十九国特别委员会紧急召开会议,开始对此事件进行详细审查。这可能需要一些时间,全体大会可能不会在今年年底或明年年初之前召开。

如果随附的计划草案得到批准,我们应该在十九国特别委员会上努力促进该计划的实施。

谨上

贾德千

资料来源:[F 7890/1/10]

（向明　译　郭昭昭　校）

28. 英国外交事务常务副国务卿范西塔特致英国驻日内瓦领事帕特森（1932 年 3 月 8 日）

第 34 号　范西塔特爵士致帕特森先生（日内瓦）

发报时间:1932 年 3 月 8 日 19:45

外交部,第 283 号国联电报

紧急

以下信息来自范西塔特爵士致外交大臣的电报。

内阁远东委员会今天下午举行了会议,并指示我以电报方式总结他们的观点如下:

1. 他们对您昨天在大会上的发言表示完全且热烈的赞同和祝贺。①

2. 他们认识到哥伦比亚决议草案②可能会引起尴尬,并认为可能以李顿调查团正在审理此问题为由取消其中关于满洲的提议。

---

①　关于 1932 年 3 月 7 日国际联盟大会总务委员会的会议记录,参见《国联公报》,第 101 号,第 58—67 页。

②　参见同上,第 63—64 页。

3. 他们希望提请您关注格雷（Grey）勋爵 3 月 7 日①在阿尔伯特大厅的演讲，特别是他在中国和日本之间立场的表达方式。

4. 他们意识到，由于引入了美国和其他国家无法接受的新议题，上海四国会议召开的希望正在变小。

5. 如果可能，最好将大会的任何决议建立在重申《国际联盟盟约》的原则上。当然，他们认识到日本的态度可能会使这成为不可能，而且可能会提出更强硬的决议。

6. 在后一种情况下，他们希望您尽可能避免激怒日本，不要使用比"非常遗憾"更严厉的言辞。

7. 他们确信，对日本实施制裁是不可能的，而且这种做法不会得到本国的支持。②

资料来源：[F 2453/1/10]

（向明　译　郭昭昭　校）

---

①　关于 1905 年至 1916 年担任外交大臣的格雷勋爵讲话的报告，参见 3 月 8 日《泰晤士报》，第 16 页。据报道，格雷勋爵特别指出："当国联成立时，预计这将是两国之间发生不可让步的纠纷时维持和平的手段。那些在过去几年里一直关注中国事务的人都知道，没有任何一届中国政府真正掌握了领土上的实权。有时它与满洲交战，有时与其他省份交战，还有一些时候，满洲的军队是公然独立于南京政府的。虽然我们不能确定，但从最后一场争论中发生的事情来看，似乎日本有一个不服从政府的军事派别独立行事。"

②　3 月 9 日，内阁审议了约翰·西蒙爵士的第九卷第 636 号备忘录以及上述远东委员会的意见。在简短讨论的过程中，还谈及了第九卷第 614 号，注 2 和第 636 号，注 8 中提到的文件。其中提到的一些问题是，远东严重局势蔓延而国联找不到解决的办法，这至少让国联受到了批评、丧失了威望。然而，人们普遍认识到，更糟糕的做法是威胁或实施不能生效的制裁。有观点认为，在国联目前所处的极端情况下，与仅仅重申《国际联盟盟约》原则相比，如果有事实支持，国联可能会采取一种中间方法来清晰地表达其观点，即日本的行动是应受谴责的，动员世界舆论是国联能够采用的最强有力的武器，这可能隐藏在小国代表在日内瓦强有力的发言之中。外交大臣坚持首先确定事实的行为得到了普遍的赞扬。在讨论过程中，有人建议，除非政府决定采取这样的态度，否则对一方当事人采取谴责的态度是有危险的。毫无疑问，谴责之后会有某种类型的制裁要求，而且不知道何时可以叫停。还有观点认为，《国际联盟盟约》第十六条规定的制裁一直对国联构成障碍，尤其是对那些可能被要求执行这些规定的国家而言。这主要是指那些不需要作出重大牺牲、希望实施制裁的小国。内阁被提醒说，制裁的弱点是美国没有加入国联，这与起草第 16 条时的期望相反。目前不能指望美国提供任何形式的积极合作。基于这些讨论，内阁总体上同意远东委员会的观点。

29. 英国驻北平领事馆代办英格拉姆致英国外交大臣西蒙（1932 年 11 月 4 日）

第 35 号 英格拉姆先生（北平）致西蒙爵士

发报时间：1932 年 11 月 4 日（无线电）

收报时间：1932 年 11 月 4 日 18：00

北平，第 819 号电报

我的第 614 号电报。①

关于路透社 10 月 24 日英国下议院讨论中日紧张局势问题的报道②，英国驻上海总领事报告说上海没有任何官方或非官方的类似于当地"日本防卫队"的组织。

当地的抵制情况仍然没有变化。恐吓涉嫌贩卖日本商品的店铺的活动仍在继续，所以在零售商店里几乎没有公开摆放日本商品，尽管有时可能会秘密进行销售，但中国方面正在积极阻挠这种恐吓活动。

资料来源：[F 7891/1/10]

（向明　译　郭昭昭　校）

30. 英国外交部远东司官员韦尔斯利与法国大使弗勒里奥的谈话记录（1932 年 11 月 7 日）

第 36 号 韦尔斯利爵士与弗勒里奥（de Fleuriau）先生的谈话记录

外交部，1932 年 11 月 7 日

法国大使今天下午来电，为我提供了有关满洲问题的备忘录③（已随函附

---

① 第十卷，第 641 号。

② 参见《英国下议院辩论记录》第 5 辑，第 269 卷，第 581 栏。

③ 未印。

上）。他表示，埃里克·德拉蒙德先生最近提出的建议引起了法国外交部的注意，但他们还没有就埃里克先生提出的各种观点做出决定。他们非常希望与我们保持密切联系，而且很高兴能知道我们对埃里克先生的建议的看法。他向我宣读了来自贝特洛（Berthelot）①先生的一封私人信函，贝特洛先生在信中倾向于认为，最好的解决办法是理事会完全接受《李顿调查团报告书》并将其提交给九国委员会和苏联。至于埃里克先生提出的在大国协助下在中国设立中央政府的建议，在他看来完全不可行。

我告诉大使，我确信内阁大臣非常愿意在此问题上与法国政府保持密切联系。我补充道，内阁大臣正在审议埃里克·德拉蒙德先生的建议。我向他简要介绍了我们对形势的看法，并强调了玩"时间游戏"的必要性。不过，我暂时无法告诉他更多信息，因为尚未做出决定。

我认为，让法国同意我们在这个问题上的看法没有什么困难，这么做是完全有益的。

维克托·韦尔斯利

资料来源：[F 7870/1/10]

（向明　译　郭昭昭　校）

31. 国际联盟秘书长德拉蒙德的备忘录（1932 年 11 月 7 日）

第 37 号　德拉蒙德爵士的备忘录②

伦敦，1932 年 11 月 7 日

基于《李顿调查团报告书》远东地区未来的可能行动方案

12 月或明年 1 月举行全体大会？

---

① 法国外交部秘书长。

② 参见第 32 号。范西塔特爵士在文件的注释中写道："德拉蒙德爵士留给我的是他的最终修改结果。范西塔特"这是另一版本的日期"11 月 7 日"，德拉蒙德爵士当时正在伦敦。

1. 采纳《李顿调查团报告书》前八章。
2. 宣布不承认"满洲国"且不与"满洲国政府"合作。①

《李顿调查团报告书》的第 9 章和第 10 章

全体大会邀请特别关注满洲的国际联盟成员国,关注满洲且非国际联盟成员国的《白里安-凯洛格条约》签署国(美国、苏联政府),以及签署并遵守《九国公约》的国家,举行会议来审查第 9 和第 10 章提出的建议,并努力就问题的解决达成协议,审议结果将向全体大会通报。

本会议的审议内容可能仅限于满洲问题。关于中国内部重建的国际合作(参见《李顿调查团报告书》第 10 章),全体大会在所附文件中已给出了令人满意且充分的声明。

在会议结果公布后,全体大会将再次举行会议,根据《国际联盟盟约》第十五条确定最终报告,为此目的,该条款规定的时限将无限期延长。

资料来源:[F 7903/1/10]

(向明 译 郭昭昭 校)

附件

大会:

鉴于南京国民政府在重建工作中遇到的困难,而且自 1931 年 9 月 18 日以来发生的事件加剧了重建的难度,全体大会宣布坚定决心继续向中国提供其所要求的技术援助,并认为如果中国政府在世界经济会议②之前通过其他方式将中国重建问题升级为国际问题,该问题应该被视为具有国际意义的紧迫问题。

资料来源:[F 7903/1/10]

(向明 译 郭昭昭 校)

---

① 记录的文件内容如下:"有关不承认声明的反对意见已在另一份文件中提出[参见第 17 号,注 9]。关于对中国的技术援助,我认为我们的政策不应该反对这个,而是要用我们的影响力把它控制在合理的范围内,并且使用正确的(即非政治的)方法。普拉特 10 月 11 日""我同意。奥德 10 月 11 日""我也同意。范西塔特 1932 年 11 月 11 日"

② 世界经济与货币会议将于 1933 年 6 月 12 日在伦敦开幕;参见第 506 号,注 1。

32. 英国驻莫斯科大使伊斯特·奥维致英国外交大臣西蒙(1932 年 11 月 8 日)

第 38 号　奥维(E. Ovey)爵士(莫斯科)致西蒙爵士

发报时间:1932 年 11 月 8 日

收报时间:1932 年 11 月 12 日

莫斯科,第 633 号

先生:

1. 我荣幸地向您报告,松冈洋右先生和日本代表团的其他成员在日本记者团的陪同下,日前从莫斯科前往日内瓦参加国际联盟大会。他们于 11 月 7 日晚离开莫斯科。

2. 11 月 4 日,日本代办处举行了一次盛大招待会,邀请了苏联的知名人士和外国使团团长参加。

3. 由于代表团在莫斯科停留,以及日内瓦会议日期的推迟,他们在莫斯科的停留时间比最初计划的要长,这引起了驻莫斯科的一些美国记者的兴趣,他们痴迷地关注着苏日和解的迹象。其中一名记者沿着西伯利亚铁路走了两天与代表团会面,以便获取第一手信息。

4. 最近,日本代办在回答有关苏日关系调查的问题时对我说的话可能值得记录,即"苏联对日本的关系是好的,但日本对苏联的关系则不那么好"。

此致

奥维

资料来源:[F 7956/369/23]

(向明　译　郭昭昭　校)

33. 国际联盟秘书长德拉蒙德致英国外交事务常务副国务卿范西塔特(1932 年 11 月 8 日)

第 39 号 德拉蒙德爵士(伦敦)致范西塔特爵士的信函

发信时间:1932 年 11 月 8 日

收信时间:1932 年 11 月 9 日

伦敦

亲爱的范西塔特:

您可能不知道,美国政府经常向我提供有关远东事件的一些机密资料,我将这些资料发送给理事会的各国政府成员,您也会收到一份。不过,他们几天前提出能否互惠互利,如果您拥有中日两国政府及两国新闻界对《李顿调查团报告书》的反映的相关资料,能否向我发送一份摘要,以便满足他们的要求。如果可行,我可以通过保密方式将其传递给在日内瓦的美国代表,以保证他们持续向我提供资料,我认为这样总的来说是有用的。我希望能够从法国得到类似的摘要。①

谨上

埃里克·德拉蒙德

资料来源:[F 7886/1/10]

(向明 译 郭昭昭 校)

———————

① 范西塔特爵士的一则注释是:"我认为概要很可能已经准备好了。我们可以选择材料。范西塔特"参见下面的第 46 号。

34. 英国驻国际联盟代表塞西尔致国际联盟秘书长德拉蒙德(1931 年 12 月 31 日)

第 40 号　塞西尔(Cecil)子爵致德拉蒙德爵士(日内瓦)的信函

伦敦市中心南伊顿广场 16 号,威斯敏斯特区,1931 年 12 月 31 日

亲爱的埃里克:

非常感谢您的来信。① 我们必须接受不同的意见,但我认为,在日内瓦,保持公众知情度的重要性并没有也从未得到足够的重视。不能过分强调谈判成功和公众舆论支持之间的区别,因为没有公众舆论,最终就不可能取得成功。我并不完全相信东京方面关于日本公众对此漠不关心的所有宣称。如果公众舆论足够强大,日本迟早会妥协。当然,我同意您的观点,即由于此处的政治环境,理事会的政策缺乏连续性,英国代表团也是如此。

至于您关于裁军的说法,这想法太简单了!国联是否成功的试金石就在于是否解决了裁军问题。真正的失误是几年前当形势处于有利局面时,我们没能把这个问题解决。随着时间的推移,形势肯定会变得越来越不利。

谨上②

附:我刚刚听说李顿最终还是会前往,③所以没事了。

资料来源:[机密/一般/430/6]

(向明　译　郭昭昭　校)

---

① 第 34 号

② 提交的副本上缺少签名。

③ 出于个人原因,直到第二次被请求后,李顿爵士才同意担任国联调查团的成员。

35. 英国外交大臣西蒙致英国驻北平领事馆代办英格拉姆（1932 年 11 月 9 日）

第 40 号　西蒙爵士致英格拉姆先生（北平）

发报时间：1932 年 11 月 9 日 22：30

外交部，第 273 号电报

您的第 806 号电报①（关于上海中日冲突引起的索赔）。

所提到的 4 起案件中，涉及的公司虽然是英国公司，但是中国人所持有的股份占据了绝大多数，因此不应与日本政府沟通。

转发至东京。

资料来源：[F 7717/1108/10]

（向明　译　郭昭昭　校）

36. 英国驻东京大使林德利致英国外交大臣西蒙（1932 年 11 月 9 日）

第 41 号　林德利爵士（东京）致西蒙爵士

发报时间：1932 年 11 月 9 日

收报时间：1932 年 12 月 6 日

东京，第 598 号

先生：

1. 我荣幸地在 11 月 5 日收到您 9 月 29 日发出的第 623 号电报②（F 6615/1/10），指示我向日本政府申请"特惠"款项，用以补偿去年二月份在上海

---

① 第 29 号。

② 未印。

炮击中不幸遇难的两名英国海员的亲属。① 在执行这些指示之前，我觉得我有责任向您提出以下的考虑。

2. 毫无疑问，导致这两名海员死亡的炮弹是由中国人发射的②；我认为日本政府不太可能同意向亲属支付"特惠金"。我不认为在类似的情况下，英国政府会欣然接受此类要求。因此，我的提议极有可能以失败告终。

3. 我想说的是，为了支持我们的请求而提及我们在促成上海停战方面所做的贡献，这并不符合我们国家的价值观。更重要的是，这种做法会被日本人视为极不诚实，他们认为，我们作为调解人所作出的努力，是出于对英国利益的关注，而不是出于对他们自身有所帮助的愿望，尽管他们曾经以最慷慨的方式③表达了对我们的感激之情。我不得不报告的是，就我自己多次向芳泽谦吉先生提出的请求而言，这些怀疑不仅是正确的，而且可能可以通过我的谈话记录，在外务省的档案中得到证明。因为我从未假装我对尽一切可能尽快结束战斗的渴望，是出于对英国人的生命和财产的关注。

4. 最后，我谨慎地建议，我们应避免在向日本政府提出因上海战斗造成的损害赔偿时，请求或接受任何恩惠。我们即将被授权提出的索赔必然会受到强烈的反驳；如果我刚刚代表英国政府收到一笔并非自愿的慈善捐款，那么我将对必须争取这些索赔的前景感到沮丧。

5. 基于以上考虑，我非常不情愿地提出这些观点，并真诚地希望您能撤回您回复中的指示。我已经在今天的私人信函中向维克托·韦尔斯利爵士提出了一种方法④，以便在绝对必要的情况下可以帮助这两名不幸的海员的亲属。

此致
林德利
资料来源：[F 8442/1/10]
（向明　译　郭昭昭　校）

---

① 参见第九卷，第 484 号。
② 此处有一个页边注释："这只是一个概率。奥德"
③ 参见第十卷，第 327 号。
④ 旁注写道："这是林德利爵士的朋友们的私人捐款。奥德"参见下文 44 号。

37. 英国驻北平领事馆代办英格拉姆致英国外交大臣西蒙(1932 年 11 月 9 日)

第 42 号 英格拉姆先生(北平)致西蒙爵士

发报时间:1932 年 11 月 9 日

收报时间:1932 年 1 月 6 日

北平,第 1458 号

先生:

1. 关于您于 10 月 19 日在南京发给我的第 86 号电报①,谨随函附上英商纶昌漂染印花公司要求编写的一份报告,报告内容是关于抗日抵制的现状及其对公司业务的影响。"长江流域以北地区没有抵制活动"的声明当然只是与该行业有关。

2. 根据该报告,该公司的贸易受到抵制运动的严重影响,但我们很难知道除我们目前所做的以外还能为他们做什么。我感觉我已经做得够多了。在我的第 146 号访问辑电报(已印)②中,即于 10 月 14 日,我附上了布莱克本先生在我访问南京期间提交给国民政府外交部欧美司司长刘师舜先生的备忘录③,其中涉及反日抵制运动扩及英国货物,特别是加拿大鱼和英商纶昌漂染印花公司的产品。在这份备忘录中,我指出该公司使用的灰布不再来自日本纺织厂,而改为从英国进口。该公司已采取一切可能的措施维护英国贸易的纯洁性,以克服抵制组织的怀疑和反对,现在我只能期待中国政府采取有效措施以阻止非法干扰英国贸易。遗憾的是,该公司虽曾一度只使用英国灰布,但现已重新使用日本灰布。因此,我的声明主旨是尽可能稳固公司的立场,但可能会产生相反的效果。

3. 南京国民政府外交部已经回复并确认收到了上述备忘录,并称已经向

---

① 未印。这份电报要求提交一份"关于抵制现状的报告及其对中国印刷和整理公司在上海和其他地方的商品的影响"。

② 未保存在外交部档案中。

③ 未保存在外交部档案中。

有关地方政府重新提出了提供保护的请求。① 然而,由于抵制组织的存在,这些指示可能不太会受到重视。尽管这种态度极不公正,但抵制组织仍认为英商纶昌漂染印花公司的产品存在瑕疵。即使该公司现在完全与日本工厂断绝关系,要摆脱这种瑕疵也是非常困难的,只要他们使用日本布料就无法改变这种情况。

此致

英格拉姆

附:自撰写上述内容以来,我已收到 11 月 3 日来自上海的第 390 号电报②,并附上其副本。该电报非常清楚地显示了英国领事官员在试图协助该公司时面临的困难。

资料来源:[F 142/70/10]

(向明　译　郭昭昭　校)

第 42 号附件

关于当前抵制立场的报告

上海,1932 年 10 月 25 日

我们公司的业务主要在长江流域、中国沿海省份与长江以南地区。这些地区的抗日抵制最为严重,长江流域以北地区除外。

在上海,我们的货物没有被扣押,但最近在以下几个主要分销中心发生了我们的货物被缉获的事件:

---

① 　中文备忘录(未印)日期为 10 月 27 日,由英格拉姆先生在 11 月 15 日发送的第 1484 号电报(1933 年 1 月 4 日收到,未印)转发给外交部(F 70/70/10)。

② 　在这份电报(未印)中,约翰·白利南爵士汇报了阿什顿(总裁)的解释,由于日本人大幅削减价格,英商纶昌漂染印花公司无法与其竞争,除非他们也使用日本灰布。尽管日本货品同样可能被扣押,但他认为"由于低廉的价格,许多中国商家现在冒险承担风险",或者在希望抵制结束的情况下储存货物。11 月 3 日,约翰·白利南爵士致信上海市市长,询问该公司货物被扣押是否被视为非法行为。12 月 2 日,市长的回信忽略了这个问题,但表明已下令"不再允许任何扣押"。

重庆,四川	徐州,江苏
长沙,湖南	宁波,浙江
衡阳,湖南	杭州,浙江
郴州,湖南	温州,浙江
南昌,江西	绍兴,浙江
九江,江西	嘉兴,浙江
芜湖,安徽	厦门,福建
镇江,江苏	汕头,广东
常州,江苏	广州,广东
	贵阳,贵州

我们的商品遭到严重抵制,局势日益恶化。除了南昌、九江和汕头外,上述提及的地区均已停止与我们的贸易,即我们产品通常的消费区域中有 70% 至 80% 目前已关闭贸易。另外还存在进一步的风险,即我们目前仍可进行贸易的地区可能很快也会关闭贸易。

抵制活动对我们的贸易造成极其严重的影响,若情况不迅速改善,我们可能不得不关闭工厂,这将导致巨大损失。

有关所有货物被没收的情况,我们已向英国领事机构提出申诉。他们一直尽最大努力使我们被没收的货物归还,并保护我们的贸易不受干扰,但迄今为止成效不佳。

我们认为,目前针对在广袤领土上分散出现的每个查封案件采取的政策是缓慢、费力且无效的。

因此,我们希望英国临时代办能将此问题提交给南京国民政府,或者如果可能的话,通过外交部转交给中央党部处理。

詹姆斯·阿什顿(James Ashton)

常务董事

英商纶昌漂染印花公司

资料来源:[F 142/70/10]

(向明 译 郭昭昭 校)

38. 英国驻北平领事馆代办英格拉姆致英国外交大臣西蒙(1932 年 11 月 11 日)

第 43 号　英格拉姆先生(北平)致西蒙爵士

发报时间:1932 年 11 月 11 日(无线电)

收报时间:1932 年 11 月 11 日 16:50

北平,第 835 号电报

您的第 259 号电报。①

1. 请参阅我于 10 月 2 日发送的第 1266 号电报②以及 10 月 12 日奉天的第 159 号电报③。

2. 与这些索赔相关的所有文件已从奉天转移到长春,"满洲国政府"提议在"总理"监督下成立一个委员会来研究解决这些问题。

3. 因此,与六个月前相比,此事实际上没有任何进展,不仅因为上述行动,还因为武藤(Muto)将军的总部④转移到长春,使在奉天施加个人压力的可能性已不存在。

4. 是否应在东京施加压力以达成任何目的,这是一个政策问题,但日本政府会回应说,他们在满洲的商人是不会影响"新国家"的内部事务的……⑤而他们在满洲的商人在这件事上的处境与我们大致相同。⑥

―――――――――――

①　11 月 3 日,未印。这封电报要求报告针对奉天省未偿还商业债务的问题,调整委员会提出的索赔的当前情况。1932 年 2 月 3 日,奉天省未偿还商业债务,调整委员会邀请英国及其他驻奉天领事提出索赔。参见《英国下议院辩论记录》第 5 辑,第 269 卷,第 1422 栏。

②　11 月 23 日收到,未印。这封邮件中附有三份备忘录,阐述了针对英国索赔所采取的行动。英格拉姆先生写道:"从这些备忘录中可以看出,我们已采取一切可能的办法,以促使长春的政府认识到他们在此问题上的责任,并在当地解决这些问题。"

③　11 月 26 日,外交部在 10 月 12 日的奉天第 156 号电报中收到了这份寄往北平的邮件(未保存在外交部档案中)。

④　武藤将军是日本在满洲的行政长官;参见第十卷,第 576 号。

⑤　此处文本不确定。

⑥　外交部在 11 月 16 日的第 145 号电报中指示林德利爵士,如果他认为有可能而"不会直接遭到拒绝"的话,那就报告。

5. 最近媒体上出现了一个传闻，称"满洲国政府"已同意解决德国方面的 300 万美元索赔，但德国驻奉天的领事说这一报道是不真实的。

转发至奉天、南京公使馆和东京。

资料来源：[F 7962/51/10]

（向明　译　郭昭昭　校）

39. 英国驻东京大使林德利致英国外交部远东司官员韦尔斯利（1932 年 11 月 11 日）

第 44 号　林德利爵士（东京）致韦尔斯利爵士的信函（12 月 9 日收到）

东京，1932 年 11 月 11 日

亲爱的韦尔斯利：

几年前，我曾与泰瑞尔（Tyrrell）①有过一次言辞激烈的信函交流，他主张当外交部收到其他部门的请求，要求我们的代表采取行动时，仅扮演信使的角色。我尽可能强烈地反对这种荒谬的主张，并希望这个想法已经被抛弃了。但在我看来，9 月 29 日外交部发出的第 623 号电报②（F 6615/1/10）显示这种情况并未改变。

现在，海军部中的一些胆大妄为之人自然想到了向"日本人"索取 100 英镑，以帮助去年 2 月在上海被杀害的两名水手的家属。但我认为，外交部在收到这一建议③后，不应直接指示我提出这样的要求。在我 9 日的第 598 号电报中④，我已经解释了为什么我认为我被指示要做的代表是完全不适时的，并且我认为任何不带偏见的人都不会反对我的意见。私下说，我的一些经验丰

---

① 威廉·泰瑞尔爵士（1929 年被封为男爵）曾在 1925—1928 年担任英国外交事务常务次官。

② 参见第 41 号，第 1 段。

③ 此处有一个页边注释："'建议'是我们的措辞。奥德"

④ 第 41 号。

富的工作人员在看到外交部的电报后,感到非常震惊。我认为远东司应该想到我的反对意见,而不是让我去提出这些反对意见。这是一项非常讨厌的任务,不是因为它必须经常执行,就不那么讨厌了。作为代表,不得不反对执行自己所接到的指示,这是极其棘手的事情。我上次这样做是在收到您 7 月 13 日的第 109 号电报①之后;关于我在 7 月 21 日的第 378 号电报②中解释的理由是否足够,我尚未得知。

总之,回到当下的问题,要求日本政府支出这 100 英镑对我来说很不是滋味,如果海军坚持要这笔钱,我就在这里和我的朋友们私下募捐,然后寄回去。其实我现在要保证这笔款项,而不是做这些可恶的陈述。

此致

林德利

资料来源:[F 8554/1/10]

（向明　译　郭昭昭　校）

40. 英国驻北平领事馆代办英格拉姆致英国外交大臣西蒙(1932 年 11 月 12 日)

第 45 号　英格拉姆先生(北平)致西蒙爵士

发报时间:1932 年 11 月 12 日(无线电)

收报时间:1932 年 11 月 12 日 16:05

北平,第 841 号电报

1. 香港汇丰银行上海分行的代表哈伯德(Hubbard)通过商务参赞向英国政府咨询意见,他所询问的是关于中国铁道部部长提出的一个机密方案,即发行一项 250 万英镑的贷款,以 1937 年至 1946 年义和团给英国赔款总额的

---

① 第十卷,第 525 号。

② 同上,第 545 号,参见下文第 119 号。

三分之二作为担保。①

这笔贷款的收益,加上 1933 年至 1936 年的三分之二金额(约合 150 万英镑)将用于 1933 年至 1937 年期间建成广汉铁路。在支付了当年发行的债券的当期利息后,建设部长希望通过这些方式筹集到大约 350 万英镑的资金来完成这条线路。商定的原则是,在当前分期付款的情况下,应该用一半的资金在英国购买材料。由于南京政府决定把英国赔款的三分之一用于非铁路用途,只有三分之二用于铁路建设。

2. 根据哈伯德先生的估计,目前尚不清楚这种年金是否足以支付如此规模贷款的利息和摊销,或者即使如此,提议筹集的 350 万英镑是否足以完成这条线路。但是他希望了解的是,中国政府是否可以自由地对付给采购委员会和董事会中任一方或两方的部分作出保证,而无需征求英国政府的意见,或者英国政府是否会对保证这部分设置任何条件。

3. 关于支付给董事会的部分,我认为只需得到受托人的同意,就无需以建议的方式向政府咨询。另外,我对是否可以通过借款的方式来筹集用于支付给采购委员会的部分表示怀疑。

4. 然而,我不太确定后一个难题是否无法克服,中国政府是否也允许将这一部分用作担保,只要给予必要的比例(即采购委员会处理的一半),整笔贷款的收益将在英国使用。这部分贷款的实际目的,可能正如哈伯德先生所建议,在 1933 年至 1936 年的建设期间,通过英国采购委员会在英国购买材料的长期信用条款来实现(即 1937 年到期的分期付款)。

5. 请尽早表明您对哈伯德先生的这个问题的答复,我将不胜感激。

6. 根据湖广铁路贷款协议②的规定,在完成铁路的各个部门的收入之外,难以调和董事会所要求的安全性的问题仍然存在,但这是一个单独的问题,主要涉及原始建设贷款的银行。

资料来源:[F 7976/82/10]

(向明　译　郭昭昭　校)

---

① 1930 年 9 月 19 日至 22 日,英国和中国就 1901 年中国(义和团)赔款的英国份额和 1931 年《中国赔款(应用)法案》进行了笔录交换,以落实这些建议,分别参见《英国和外国国家文件集》,第 132 卷,第 230—236 页和第 134 卷,第 20—21 页;另请参见 1930 年英国政府第 3715 号命令文书,以及本系列第八卷,第 1 号,第 20—22 页。

② 1911 年 5 月 20 日的这一协议印在麦克默里(John V. A. MacMurray)编辑的《列国对华约章汇编(1894—1919)》中,第五卷,第 866—879 页。

41. 国际联盟副秘书长爱文诺致英国外交大臣西蒙(1932 年 1 月 2 日)

第 46 号　爱文诺(Avenol)①(日内瓦)致西蒙爵士

发报时间:1932 年 1 月 2 日 16:04

收报时间:1932 年 1 月 2 日 17:40

日内瓦,电报编号未知

理事会主席感谢并接受了有关任命李顿爵士②的建议,调查团的名单现已确定。在得到中国和日本的接受以及其他理事会成员的批准后,我将向调查团成员发送正式通知并提供必要信息。

资料来源:[F 33/1/10]

(向明　译　郭昭昭　校)

42. 英国外交事务常务副国务卿范西塔特致国际联盟秘书长德拉蒙德(1932 年 11 月 16 日)

第 46 号　范西塔特爵士致德拉蒙德爵士(日内瓦)的信函

外交部,1932 年 11 月 16 日

亲爱的埃里克:

您在 11 月 8 日的来信③中询问,我们是否可以向您提供一份关于中日两国政府和媒体对《李顿调查团报告书》反应的摘要,以便机密转交给驻日内瓦的美国代表。

———————————

①　国际联盟副秘书长,德拉蒙德爵士缺席期间代理秘书长。

②　参见第 40 号。

③　第 39 号。

我随信附上了一份摘要，该摘要部分内容需要保密，因此它本身也应被视为机密文件。

谨上

范西塔特

资料来源：[F 7886/1/10]

（向明　译　郭昭昭　校）

第 46 号附件

中国和日本对《李顿调查团报告书》的反应

来自中国的报道大意是，虽然中国政界认为国联机构针对实际问题派遣公正的顾问对中国很有用，但他们实际上已对国际联盟在解决满洲争端方面取得具体成果不抱希望，而且认为如果华盛顿会议召开，中国将从中获得的好处比国际联盟带来的更多。如果不太过纠结于《李顿调查团报告书》建议的字面意思，留出谈判的余地，可以认为这份报告适合作为谈判的基础，但中国非常不愿意单独参与此类谈判。中立国或国际联盟应该在这些谈判中充当观察员，或者日本应该事先接受最终解决问题的基本原则细节。据信，尽管中国将强烈表明如果国际联盟不采取有效行动，和平将会受到威胁，但中国在日内瓦的主要努力将是确保在华盛顿召开新的会议。

据称，汪精卫在媒体上发表的声明代表中国政府所考虑的政策。① 该声明的大意是，如果中国人决心实现和平，将发动战争来通过武力寻求正义；"最重要的一步是接受国际联盟对我们表达的同情，但要设法取长补短，我们才能取得最后的胜利"。我们还未收到有关中国新闻界对《李顿调查团报告书》的评价的官方报道。

来自日本的报道大意是，日本新闻界在赞扬《李顿调查团报告书》中有关历史的章节的同时，一致反对按照建议的路线而提出的解决方案。具体来讲，报告中的两项调查结果受到强烈反对，即（1）日本军事当局的行动不能被视为合法的自卫行为；（2）现在的政权（即独立的"满洲国"）不能被认为是通过

---

① 参见第 20 号。

真诚且自发的独立运动建立起来的。调查团被指责没有正确理解这一情况，而"满洲国"的独立被认为已成为既定事实，不受任何国际监督。官方一致认为，"满洲国"的完全独立已成为既定事实，必须成为日本政策的基础。

资料来源：[F 7886/1/10]

（向明　译　郭昭昭　校）

43. 英国驻北平领事馆代办英格拉姆致英国外交大臣西蒙(1932 年 11 月 17 日)

第 47 号　英格拉姆先生(北平)致西蒙爵士

发报时间：1932 年 11 月 17 日(无线电)

收报时间：1932 年 11 月 17 日 21：00

北平，第 856 号电报

以下信息来自韦尔斯利爵士的电报。

1. 我在 10 月 24 日发给您的信函①中附上了我 10 月 21 日写给舰队司令的信函副本。②

在我发给您的信函③中，我正式提出了关于空军的请求。

2. 似乎有明显的迹象表明，中国空军在不久的将来会做出明确的发展努力。从我的信中所记录的谈话可以看出，这是财政部部长和代理行政院院长的目标。④ 此外，担任航空部门负责人的黄将军⑤现已受蒋介石之命前往欧

---

① 在英格拉姆 11 月 29 日收到的这封信函(未印)中，他提到了他在 10 月 20 日与财政部部长宋子文的谈话，其中他对中国整体的军事政策进行了单方面的沟通。在信中他得出的结论是："至于空军方面，我一直认为，如果我们在这里有空军，我们可以做得比现在多得多，也不会没有航空使团。"参见第十卷，第 732 号。

② 未印。

③ 下文第 97 号。

④ 参见第 15 号

⑤ 军事委员会主席黄秉衡(Ping Hung Huang)将军。

洲视察当地的航空发展情况——详情请参阅我 11 月 17 日给您的信函。①

3. 尽管英国公司在这里做出了值得称赞的努力，但我认为我们并没有精确地抓住机会，而是让其他国家，尤其是美国（参考杭州新建的飞行学校），走在了我们前面。法国人和意大利人都有"空军"，而美国人也有航空专家隶属于他们的使馆。

4. 商务参赞同意我的观点，也认为我们不断落后，他还表示空军是非常有用的。他认为，为了正确的竞争，我们必须有一个拥有必要的技术知识的人进入政界。

5. 我发电报的目的是让您及时咨询部长，因为他可能在信函到达之前离开英国。②

资料来源：[F 8092/6/10]

（向明　译　郭昭昭　校）

44. 汇丰银行董事长阿迪斯致英国外交部远东司官员韦尔斯利（1932 年 11 月 17 日）

第 48 号　阿迪斯（C. Addis）爵士③致韦尔斯利爵士的信函

中国财团中央代理处，伦敦，1932 年 11 月 17 日

亲爱的韦尔斯利：

满洲贷款

11 月 8 日，我收到了中国财团中的日本集团在伦敦的代表野原（Nohara）

---

① 未印。似乎在 12 月 25 日收到。

② 11 月 23 日在信函中咨询了兰普森爵士。在同一天给奥德先生的一封信函中，兰普森爵士答复道："我一直赞成这一提案。我之前没有这样做的唯一理由是国家经济。"

③ 香港上海汇丰银行伦敦分行董事长。

先生的来信:①

"我刚刚收到了日本首相的电报,要求我通知您,'满洲国政府'已经与日本的一个联合会开始谈判,以期获得三千万日元的贷款。

"这笔贷款的收益旨在用于加快恢复满洲和平和秩序所急需的道路和设备,以及修复'满洲国'北部因洪水造成的破坏。

"我们银行②有意参与这个联合会,如果您有意了解这个联合会的成员,您可以采取必要措施,我的委托人将不胜感激。"

应我的请求,野原先生于 11 月 10 日致电我,就我对他信函提出的一些问题,希望获得更多信息。

在回答我的问题时,野原先生告诉我,这笔贷款是日元并在日本发放。

这笔贷款不用于偿还以前的 2 000 万日元的预付款。(这是您在 6 月 16 日的信中提到的预付款。)③

在 11 月 11 日,野原先生再次打电话给我,提供了他从东京的委托人那里获得的更多详细信息。

他奉命告诉我,横滨银行将参与的贷款联合会是一个独立于财团中的日本集团的机构,并不打算向中国财团的其他集团提供参与机会。

贷款按 5 % 发放,公开发行价格可能为 96.5 日元。

我对野原先生提供的信息表示感谢,但我坦率地告诉他,我不明白如何将不提供贷款参与机会与财团协议中日本集团承诺的同等分享相协调。野原先生同意就这个问题向东京发电报请求解释。

我现在收到了来自野原先生的 11 月 16 日的信函:

"我谨就本月 8 日致您的信函以及与您的会面事宜进行说明,并确认该信函的发送仅出于传递信息的目的。同时,我告知您,我了解到发行价格将为 96.5 日元,且该贷款将向公众募集。

"关于您方提出的关于财团协议第 4 条的问题,我很高兴在星期六④上午

---

① 有关这个财团以及 1920 年 10 月 15 日的协议的信函,参见 1921 年英国政府第 1214 号命令文书;参见第八卷第 95 号附件,第一辑第六卷第二章,第十四卷第一章和第二章。

② 即横滨银行,参见下文。

③ 未印。关于此事先前的参考资料,参见第十卷,第 217 和 376 号。

④ 11 月 12 日。

拜访巴恩斯(Barnes)先生时请他通知您,考虑到满洲政府宣布独立和日本政府承认这一地位,计划中的贷款被认为不在协议范围内。"

我已将上述信函的副本转发给我的法国和美国的同事,并建议他们,鉴于所涉及的政治考量,他们应该向各自政府咨询如何回应日本方面。答复的实质内容似乎有三个关键点。

首先,关于日本承认满洲独立并因此将贷款排除在财团协议范围之外的争论不应被轻易忽略。该协议体现了四个政府共享某些特定领土内的金融和商业利益的意愿,且其范围不受该领土内的政治变化影响。省级自治的预期在第 2 条中被隐含,该条款声明协议涉及中国省份或任何由中国省级政府控制的公司和企业的贷款。无论四个政府是否承认,东三省的独立在金融和商业上仍属于协议适用的范围。

其次,最好提醒日本方面,当日本加入时,其在满洲的特殊利益将是长期谈判的主题。[①] 这些利益所带来的问题的解决之道在于,虽然满洲的发展是其业务的一个重要领域,而把满洲排除在其范围之外是不可接受的,但日本的特殊利益是政治上的,而不是经济上的,维持这些利益并不妨碍与日本的合作。这个解决方案的唯一例外是将被认为仅对日本具有战略价值的某些铁路排除在联合体的范围之外。这个特殊的例外意味着该国的所有其他经济利益都是开放供国际参与的。

最后,自新满洲"政府"成立以来,日本政治家一再保证该"政府"打算坚持"门户开放"的原则。可以准确地说,财团协议表达了四国政府在金融事务上坚持"门户开放"政策的决心。[②] 但当日本方面拒绝在拟议的贷款中给予财团各集团平等的份额时,我觉得他们实际上是在宣称,就"满洲"财政而言,"门"是封闭的。我并不特别关心贷款的分摊问题,除了剩余的参与程序之外,对于满洲的盐业收入(在日本被视为中国的国家收入)在日本新创造的留置权问题,英国方面并不能完全不担忧。作为一个财团,我们对作为贷款担保的第二个收益来源(即鸦片)并不太关心,但鉴于正在进行的限制该毒品在中国销售的努力,我们只能遗憾地看到鸦片收入被

---

① 参见第一辑,第六卷,第 593、766、768、770、782—786、791—796、802—803 号,以及第十四卷,第 82、90、118 和 208 号。

② 奥德先生在这里的一个页边注释是:"荷兰人会同意吗? 奥德"

作为一项外债的情况。

总结一下：

1. 日本财团的主张是，由于满洲自称独立国家，并且得到了日本的承认，在该领土上的贷款业务不再仅限于中国财团协议的范围。

2. 1920 年联盟成立之前的信函不支持这一论点。相反，它表明，通过从财团活动中排除在满洲的部分特定的日本利益，整个领土无疑在协议的范围内，而协议本身考虑了对中国各省和中央政府贷款的可能性。

3. 因此问题在于，首先，日本是否认为满洲不再是中国领土的一部分，其次，承认这种观点是否会实际影响财团协议的领土范围，因为该协议不仅针对一个政治实体，即中国政府，而且针对一个特定的地理区域。

谨上

阿迪斯

资料来源：[F 8073/3142/10]

（向明　译　郭昭昭　校）

45. 英国驻国际联盟代表（日内瓦）致英国外交部（1932 年 11 月 18 日）

第 49 号　英国驻国际联盟代表（日内瓦）致英国外交部

发报时间：1932 年 11 月 18 日

收报时间：1932 年 11 月 20 日

日内瓦，第 327 号

英国代表向国联致意，并荣幸地传送下述文件的副本。

编号和日期	主题
外交大臣备忘录①	与日本代表的谈话记录
1932 年 11 月 18 日	《李顿调查团报告书》

---

①　约翰·西蒙爵士已于 11 月 14 日抵达日内瓦。与松冈先生和长冈先生这次对话的电报记载于 11 月 18 日在日内瓦的第 403 号电报，已经发给外交部。

第 49 号附件

备忘录

日内瓦,1932 年 11 月 18 日

松冈先生刚从东京抵达日内瓦,并将于周一向国联理事会呈递日本案件[①]。他今日陪同日本驻巴黎大使兼日本驻理事会代表长冈先生访问了我。吉田先生于昨日抵达,带来了日本对《李顿调查团报告书》的意见,这些意见已交付印刷并分发给秘书长。[②] 在理事会周一早上开会审议《李顿调查团报告书》之前,这些资料不太可能散发给理事会成员。松冈先生将在会上公布日本的立场,如果中国代表不准备立即回复(因为他才刚看到该文件),可能休会一天或更长时间。

松冈先生的英语讲得非常好,而且是一个很有个性的人,他此次访问明显是为了给我留下一种印象,即如果国际联盟试图以任何方式挫败日本,那将会出现非常严重的情况。他明确表示,日本在两件事上绝不会做出任何妥协:(a)"满洲国"的存在以及(b)日本对其的承认。如果现在采取的做法让日本认为是在以牵涉日本尊严的方式指控这一立场,他希望让我知道日本除了退出国际联盟之外别无选择。

我询问了正在印刷和散发的日本意见是否包含这方面的声明。松冈先生回答,可能隐含这种观点,但我推测不会明确表达。他接着说,日本常常被西方国家误解,因为即使在被激发出愤怒的情绪时,日本人也会通过保持微笑来掩饰这些情绪,但他们内心确实有这些情绪,在一段时间后,这些被压抑的情绪就会爆发。如果日本对目前的情况表现出非常强烈的情绪,我们其他人可能想知道为什么会这样,那么我们必须注意到背后的情感是根深蒂固的且埋藏了很长时间。他说,日本为世界和平做出贡献的愿望不亚于英国或美国,但是在满洲问题上,日本认为自己在遵循旧的政策路线,而且这是建立和平的唯一正确方法。

我认为最好不要对松冈先生的声明表现出过度的担忧,这显然是精心预

---

① 11 月 21 日。

② 印发为《国联公报》,1932 年第 7 辑,C. 775. M. 366。正文参见《国联公报》,特刊第 111 号,第 88—121 页。

谋的,并且希望给人留下印象,所以我只注意到国际联盟的成员国注重合作和妥协,我们期待日本适度地促进这一过程,即使怀着强烈的不满情绪。正如我上周在下议院所说的①,在研究日本的意见之前,英国政府不会就《李顿调查团报告书》和应采取的相关行动做出任何决定,因为我们打算采取完全公正的行动。但我想我曾经说过,在我看来,《李顿调查团报告书》是怀着公正地考虑双方情况的愿望撰写的,因此受到了司法精神的鼓舞。松冈先生说,日本承认李顿爵士和他的同事们希望保持公正,但他们在某些方面的观点应受到批评。

我询问松冈先生,他是否打算在周一的会议之前与其他国家的代表进行沟通,我推测他没有这样的计划。他说,他经过巴黎时,曾在用午餐时见过赫里欧(Herriot)先生②,但据我所知他并没有认真探讨此话题。我告诉他最好从《九国公约》的立场来看待诺曼·戴维斯先生,因为美国虽然不是国际联盟成员,但对此问题非常关注。松冈先生表示,日本不会接受根据《九国公约》举行会议的提议。日本认为其行为既未违反《国际联盟盟约》,也未违反《凯洛格公约》或《九国公约》。

他的语气非常坚定和明确。

在离开前,他说他希望代表日本政府对迈尔斯·兰普森先生以令人钦佩的方式处理上海局势表示感谢。他称赞了他的耐心和机智,并表示这些服务在东京获得了广泛的赞赏。最后,他对我在理事会就这些问题采取的温和态度表示感激。我说我希望英国在远东问题上的善意不容置疑:我们的愿望是完全公平公正地行事,成为各方的朋友。

约翰·西蒙

资料来源:[F 8088/1/10]

(向明　译　郭昭昭　校)

---

① 参见《英国下议院辩论记录》第5辑,第270卷,第538栏。
② 法国总统兼外交部部长,1932年6—12月。

46. 英国驻东京大使林德利致英国外交大臣西蒙(1932 年 11 月 18 日)

第 50 号 林德利爵士(东京)致西蒙爵士

发报时间:1932 年 11 月 18 日

收报时间:1932 年 12 月 29 日

东京,第 610 号

先生:

1. 我荣幸地向您转交了英国商务参赞①的备忘录副本,内容涉及从本国角度观察远东地区反日抵制运动的现状。

2. 您会注意到,目前来看,上海、菲律宾、海峡殖民地和荷属东印度群岛的反日抵制活动似乎正在减弱。

3. 在华北地区,据我了解,反日抵制运动从未得到严格执行。在最近访问满洲时,加斯科因(Gascoigne)先生②被告知,去年的轻微抵制日货运动现在几乎已完全瓦解。

此致

林德利

资料来源:[F 8880/1/10]

(向明 译 郭昭昭 校)

第 50 号附件

抵制

据悉,从神户、大阪到上海的日本船只现在都装满了货物。广东的抵制活动仍在继续,但在上海已明显减弱,在菲律宾、海峡殖民地、荷属东印度群岛等

---

① 桑瑟姆先生。

② 英国驻东京大使馆二等秘书加斯科因先生于 9 月 26 日至 10 月 12 日已经对满洲进行了私人访问。

地,中国商人似乎不再像之前那样严重抵制日本产品。

中国交易商征收货款的难度仍然存在,但值得注意的是,日本现在能以低价提供其制成品,这正随着时间推移而趋向于打破抵制。与此同时,日本出口商认识到改善可能只是暂时的,抵制行动可能随时恢复。

我从上海获悉,那里的日本商务参赞和横滨银行最近联系了一家名为斯帕克斯的美国制造代理商(他在英国或者美国有着良好的关系),提议他担任日本商品的销售代理,并让另一位外国商人担任进口商;为此,他们希望避免受到抵制组织的关注。当然,他们会在可能的情况下进口没有标记或标签的商品。

桑瑟姆(G. B. Sansom)

资料来源:[F 8880/1/10]

(向明 译 郭昭昭 校)

47. 英国驻日内瓦领事帕特森致英国外交事务常务副国务卿范西塔特(1932 年 11 月 19 日)

第 51 号 帕特森先生(日内瓦)致范西塔特爵士

发报时间:1932 年 11 月 19 日 19:00

收报时间:1932 年 11 月 19 日 20:30

日内瓦,第 405 国联电报

以下信息来自西摩先生致范西塔特爵士的电报。

我的第 403 号电报。①

由于航班延误,记录国务卿与松冈谈话的文件袋将于周日②才抵达伦敦。因此,我电报发送了进一步的摘录,这些内容对考虑兰普森爵士的行动可能有所帮助。③

---

① 参见第 49 号,注 1。

② 11 月 20 日;参见第 49 号。

③ 约翰·西蒙爵士在 11 月 18 日从日内瓦发来的一封电话留言中,要求范西塔特爵士和韦尔斯利爵士就兰普森爵士去日内瓦的问题发表意见。

　　"在离开之前,松冈表达了他的政府对兰普森爵士以令人钦佩的方式处理上海情况的感谢。松冈赞扬了他的耐心和机智,并表示这些服务在东京得到了广泛赞赏。"

资料来源:[F 8090/1/10]

(向明　译　郭昭昭　校)

48. 英国驻华使馆官员霍尔曼致英国外交大臣西蒙(1932年11月19日)

第 52 号　霍尔曼先生①(北平)致西蒙爵士

发报时间:1932 年 11 月 19 日(无线电)

收报时间:1932 年 11 月 19 日 17:00

北平,第 858 号电报

以下信息来自 11 月 17 日收到的哈尔滨第 116 号电报。

开始:

发至北平的第 116 号电报,转发至奉天、牛庄和大连。

11 月 12 日奉天的第 172 号电报②。

　　我收到了大量中文匿名信函,声称在长春方面的指示下,中国学生、商人等被迫签署一份载有"新政府"制度优势的文件,谴责李顿调查团的调查结果。

　　该指控已从特别渠道得到证实。

资料来源:[F 8082/1/10]

(向明　译　郭昭昭　校)

---

　　①　在英格拉姆先生 11 月 19 日至 12 月 19 日访问南京期间,霍尔曼先生负责使馆的工作。

　　②　未印。12 月 8 日在外交部收到了这封寄往北平的邮件,作为 11 月 12 日奉天的第 169 号电报(未保存在外交部档案中)的附件。

49. 英国外交大臣的备忘录(1932 年 11 月 19 日)

第 53 号 外交大臣的备忘录①

日内瓦,1932 年 11 月 19 日

《李顿调查团报告书》,日本和国际联盟

(1) 李顿调查团是由国联理事会于 1931 年 12 月 10 日任命的,调查团于 11 月 21 日向理事会提交了一份无异议的报告。报告由美国、法国、德国和意大利的成员以及主席签署,大家均无异议。报告书共分十章,其中前八章涉及历史与事实,第九章标题为"解决之原则及条件",第十章标题为"考虑及对于行政院之建议"。日本申请并被批准用一段时间就报告书的内容撰写意见,理事会会议前传阅这些意见。这被视为对调查团结论的强烈挑战。另一方面,五国代表在听取了双方的意见并实地调查后,对这份报告达成了一致意见,很难相信理事会将否决它的调查结果。报告的建议是对中国和日本的建议——中国政府给予满洲自治权,商讨一个规定日本特殊利益的中日条约等——而不是明确建议国联理事会应该做什么。但是,考虑到日本的态度,理事会的评议结果不可能造成严重的局面,我觉得应该向内阁提交一些有关此事的信息,并指出可能采取的行动方针。

(2) 我不会让内阁受到程序方面问题的困扰,因为有三个机构使情况变得复杂:(i)理事会,(ii)由大会任命的十九国特别委员会,和(iii)大会本身。他们都有各自的想法。首先要关注报告书,其次理事会可以将此事转交给十九国特别委员会。但在此之前,专程从东京来的日本代表松冈先生将向理事会陈述日本的立场,毫无疑问,中国代表将对此作出回应。之后,一切都是不确定的。由海曼斯(Hymans)先生掌管的十九国特别委员会迟早会处理这个问题,或许会提出一项决议,建议全体大会接受。大多数小国的存在和中国代表非常成功的宣传,导致全体大会上可能出现不利于日本方向发展的条件。

(3) 第一个问题是理事会是否应该批准报告书,或者至少批准包含事实结论的前八章。这些章节令人钦佩地说明了满洲争议的独特性,并强调了中

---

① 这份备忘录已经准备好发给内阁,并于 11 月 23 日进行讨论。

国的缺点,以及没有任何稳定的政府是促成满洲问题的因素。他们也充分认识到日本在满洲的特殊利益,例如,与日本从沙俄处占领的南满铁路有关的问题。但报告书的作者一致认为,日本对于这一年来在满洲的军事活动的动机解释并不充分,即据称中国人炸毁了铁路,的确,报告书对该事件的日方描述表示严重怀疑。此外,报告书还得出这样的结论:"满洲国"的创造不是出于满洲居民的自发行动,而是由于日本的有组织干预。正如我刚才所说,我不清楚除了接受李顿调查团实地调查得出的一致报告以外,国联理事会还采取什么行动,我认为这将是日内瓦首次作出的决定。

(4)尽管这个决定本身很自然,但是它会带来一些非常严重的后果。如果调查团的调查结果被接受,日本可能就要为漠视《九国公约》负责。根据该条约的条款,日本与其他签署国都必须尊重中国的完整。当然,这是史汀生先生①的观点。如果事实是日本有意推动了新"满洲国"的建立,并且承认了这一点,那就会自然而然地认为他违反了公约。理事会的一些人会认为,根据这些调查结果,日本已经无视公约,诉诸战争而没有采取公约中规定的初步措施来解决与中国的争议。报告书的作者们似乎希望通过第九章中的一个重要段落来避免得出后一结论,该段落如下:

"前面章节的每位读者都很清楚,即这场冲突所涉及的问题并不像表面上那样简单。相反,它们是非常复杂的,任何人只有对所有事实以及历史背景进行深入了解,才能表达明确的意见。这不是一个国家向另一个国家宣战而又不用耗尽《国际联盟盟约》规定的调解机会的情况,也不是一个邻国武装部队侵犯国家边界的简单情况,因为满洲的许多特点在世界其他地区没有类似情形。"②

(5)考虑此事的国联机构也将发现,很难不发表谴责日本的言论。然而,这可能导致一些非常尴尬甚至危险的后果,因为日本代表松冈先生最近告诉我,如果国联得出的结论与日本的尊严相冲突,日本将退出国际联盟。③ 除了与日本的关系恶化,这可能还意味着,日本撤军将特别令人遗憾,因为接触和影响日本的机会将大大减少。我暂时不认为日本想离开国联,而且我收到的

---

① 美国国务卿。参见第十卷,第 697 号。
② 原文注:"《李顿调查团报告书》——第 126 页"
③ 参见第 49 号附件。

警告中可能有相当多虚张声势的成分,但这对相当谨慎地采取行动非常有必要。

(6)另一个可能提出的问题是国联是否应声明不承认"满洲国"。去年3月,国联努力使自己与史汀生先生意见一致,通过了一项决议:①"国际联盟成员有义务不承认任何可能违反《国际联盟盟约》或《巴黎公约》情况的条约或协定。"这是一个抽象的声明,但现在有些人则试图将其专门用于《李顿调查团报告书》的调查结果。承认不是任何"新国家"可以要求的权利,而是现有国家可以授予新国的一种特权,但这对双方也是一种便利。我非常犹豫,"满洲国"的起源如果确实成立,尽管其来源不正当(原文如此),我十分犹豫是否要保证英国政府永远不承认这个"新国家"。无论如何,只有所有其他国家都这样做,无限期不承认才是一项切实可行的政策,非国联成员国有兴趣与"满洲国"进行贸易,不会受到国联决议的约束。

(7)最后,还有一个问题,那就是国际联盟是否可以适当采取或建议采取任何措施来促进中日和解或在满洲问题上建立妥协。有人建议,虽然国际联盟不能直接做任何事情,但可以邀请在太平洋拥有特殊利益的大国(包括美国、苏联和德国)组织一次会议,研究满洲的未来。这与《九国公约》所设想的程序非常相似,该公约规定了在涉及中国及太平洋大国的问题出现困难时,应采取何种行动。虽然原则上这种做法可能没有什么问题,但我认为,日本可能会拒绝采取行动,理由是他没有做错任何事情,也没有什么需要调查的问题。我怀疑美国更愿意让国际联盟自行解决问题,以此否认自身的责任,并在国际联盟无法提供解决方案时对其无效性表示哀叹。

(8)在这种困难的情况下,尽管难以兼顾,我认为英国的政策必须牢记以下要求。我们应该表现成国联的一个忠实成员国,尽量避免使自己受到个别或突出的个人行为所带来的谴责。我们不可能仅因日本的意愿就放弃对国际联盟及其原则的忠诚;我们必须向日本解释,我们所采取的路线是支持国际联盟而非反对日本。尽管其他的想法并不强迫有这个过程,我们也必须记住对抗中国的贸易的严重后果。实际上,我们必须努力争取对双方公平。但我们

---

①　1932年3月11日;印刷在《国联公报》上,特刊第101号,第87—88页;参见第十卷。

不应该让自己陷入与日本关系的困境。①

约翰·西蒙

资料来源:[F 8097/1/10]

(向明 译 郭昭昭 校)

50. 英国外交事务常务副国务卿范西塔特致英国驻日内瓦领事帕特森(1932 年 11 月 20 日)

第 54 号　范西塔特爵士致帕特森先生(日内瓦)

发报时间:1932 年 11 月 20 日 13:00

外交部,第 564 号电报

紧急

您的第 405 号电报②和第 327 号电报③

以下信息来自范西塔特爵士致外交大臣的电报。

近日关于迈尔斯·兰普森爵士赴日内瓦的提议,他强烈反对,担心这会严重影响他回到中国后的处境。他认为赴日内瓦后,很难保持中立,很可能不经意间会采取让一方或双方感到冒犯的立场。尽管他愿意按您的意愿前往,但他深信这不是明智之举④,认为自己不应参与那里的任何讨论。

我已经收到您 11 月 18 日的备忘录,⑤但我认为这并不影响前述观点。我们意识到,兰普森爵士在上海的工作受到了双方的认可,此时对他的赞誉不会增加他在中国的影响力。(他预计 12 月 16 日回来。)考虑到松冈在采访中

---

①　基于这份备忘录的备忘录于 11 月 24 日寄到伦敦的澳大利亚驻外公使和新西兰高级专员处;参见下面的第 58 号和第 63 号。

②　第 51 号。

③　第 51 号。

④　这个词是在 11 月 18 日韦尔斯利爵士与迈尔斯·兰普森爵士的谈话记录中提到的。记录最后写道:"迈尔斯爵士的观点有很大的影响力,我个人很认同。"

⑤　第 49 号附件。

的话语,我觉得他试图在最后找到一些正确的说法。所以,在了解到兰普森爵士的确切看法之前,任何轻率的评价都不能动摇您和我先前达成的结论。

资料来源:[F 8090/1/10]

(向明　译　郭昭昭　校)

51. 英国驻日内瓦领事帕特森致英国外交事务常务副国务卿范西塔特(1932 年 11 月 22 日)

第 55 号　帕特森先生(日内瓦)致范西塔特爵士

发报时间:1932 年 11 月 22 日 9:30

收报时间:1932 年 11 月 22 日 9:30①

日内瓦,第 407 号国联电报

以下信息来自贾德干先生。

今天②理事会听取了日本和中国代表的发言。

副本③通过包裹寄给您。

日本人将在 11 月 23 日下午的会议上再次发言。

资料来源:[F 8117/1/10]

(向明　译　郭昭昭　校)

---

①　收发时间与存档副本相同。编者按:收发时间相同,原文如此。

②　也就是这个电报的起草日期 11 月 21 日。

③　未印。关于 11 月 21 日的日本和中国的声明,参见《国联公报》,1932 年 12 月(第一部分),1871—1890 页。参见下面的 75 号附件。

52. 英国驻奉天总领事伊斯特·奥维致英国驻华公使兰普森(1932 年 3 月 10 日)

第 56 号 伊斯特(Eastes)先生(奉天)致兰普森爵士(北平)

发报时间:1932 年 3 月 10 日

奉天,第 30 号①

先生:

1. 继续我 1932 年 3 月 8 日发送的第 28 号电报中的话题②,我荣幸地向您报告,废帝宣统于 3 月 8 日乘专列从汤岗子启程前往长春,途中在奉天停留。在专列最后一节车厢的后平台上,宣统会见了中日两国代表,包括张景惠(Chang Ching-hui)将军、臧式毅(Tsang Shih-i)将军、本庄(Honjo)中将以及我的日本同事等。张将军和臧将军在奉天乘坐专列,前往长春。

2. 3 月 9 日晚,《满洲日报》发布了详细报道,内容是关于废帝宣统于 3 月 8 日下午 3 点抵达长春的情况。黑龙江省政府主席马占山(Ma Chanshan)将军、行政委员会成员蒙古王公、森(Mori)中将、日本铁道卫队指挥官、日本当地领事以及其他人向其致意。一个由 50 多辆汽车组成的游行队伍将宣统皇帝和他的随从送往参议院。"日本人和满洲人,大约 150 名来自吉林的满族旗人。……③所有人都在路旁谦卑地跪下,在队伍过去的时候磕头,这让人感动。……④他们高声欢呼。……⑤还有一群白俄人,非常快乐地跳着舞。"

3. 3 月 9 日下午 3 时正式就职典礼开始,一切顺利。参加这一重大典礼的日本人中,包括本庄将军、关东厅长官山冈(Yamaoka)先生、南满铁路总裁内田伯爵。

4. 同一报纸上的其他文章称,为纪念"新国家"的成立,即将铸造 200 万新银元;"新国家"的内阁、理事会和部委将于 3 月 10 日正式任命;预计耗资一

---

① 此信函的副本已和奉天同日寄给外交部的第 30 号信函一同寄出(3 月 29 日收到)。

② 第 38 号。

③ 标点符号与原引语相同。

④ 标点符号与原引语相同。

⑤ 标点符号与原引语相同。

千万美元的政府大楼建筑工程将会尽快启动。

5. 我的法国同事声称,他获得的消息大约在 3 月 6 日,这里的日本官员接到来自东京的电报指示,要求推迟"新国家"成立的日期。但本庄将军回答,他接到指示的时间太晚,无法执行。在我看来,对本田将军的指示实际上可能已经提到了长春关东军司令部的转移,邓宁(Dening)先生在 3 月 8 日给英国驻东京大使的第 28 号电报①中提到了现在《满洲日报》否认的媒体报道。日本军方在奉天附近仍然有任务,事实证明,在 3 月 7 日和 8 日夜间,日本军队和宪兵已经用机枪和战壕迫击炮攻击了在城市南部、东南部和北部活动的叛乱分子。

6. 3 月 9 日《满洲日报》首页上引人注目的是一篇用异常流利的英语写的长篇文章,显然是《面对满洲的事实》系列文章的第一篇。这篇文章的目的是为李顿爵士和李顿调查团的律师提供咨询意见,以表明他们的政治家风度,承认满洲的既成事实,并意识到"如果铁路干线上没有日本军队,就会出现中国本土某些地区那样的混乱。世界可以指望日本无意放弃对满洲的控制。"

7. 今天,3 月 10 日,为了纪念这个"新国家",满洲各地正在举行正式庆祝活动。我和我的同事们收到了红色和金色的请柬,受邀参加在省政府大楼举行的一个活动,从中午开始,以宴会结束。我目前还不确定我们的苏联同事是否会参加。否则,出席的领事官员只有日本人。

8. 我将把这份报告发送至外交部、英国驻东京大使、南京外交使团以及驻哈尔滨、牛庄和大连的英国领事官员。

此致

伊斯特

资料来源:[F 2882/1/10]

(向明　译　郭昭昭　校)

---

①　这份文件副本(未印)于 4 月 22 日通过东京正式发送的第 150 号电报(3 月 18 日)送达外交部。

53. 英国驻日内瓦领事帕特森致英国外交事务常务副国务卿范西塔特(1932 年 11 月 23 日)

第 56 号　帕特森先生(日内瓦)致范西塔特爵士

发报时间:1932 年 11 月 23 日 11:55

收报时间:1932 年 11 月 23 日 11:45[①]

日内瓦,第 409 号国联电报

以下信息来自范西塔特爵士。

您的第 564 号电报。[②]

非常感激您提出的考虑因素,目前我不会要求兰普森爵士来这里。然而,这里的局势未来可能变得严峻,也许需要动用所有可用的资源。在这种情况下,尽管存在您所提到的不利因素,还是有必要请兰普森爵士到场。不过,在确定兰普森爵士的出发日期之前,我们在伦敦还有机会讨论此事。

资料来源:[F 8230/1/10]

(向明　译　郭昭昭　校)

54. 英国驻东京大使林德利致英国外交大臣西蒙(1932 年 11 月 23 日)

第 57 号　林德利爵士(东京)致西蒙爵士

发报时间:1932 年 11 月 23 日 00:15

收报时间:1932 年 11 月 23 日 9:30

东京,第 395 号电报

绝密

一位长期居住在这里的英国人昨晚联系了一位他信任的熟人(一名军事

---

① 编者按:收发时间原文如此。

② 第 54 号。

随员)①,表示他受到了日本最高层人物的委托,请求英国政府秘密协助,以保护叛乱的苏炳文(Su Ping-wen)将军在满洲里和海拉尔囚禁的 200 名日本人免遭屠杀。②

军事随员③指出,参谋总长对囚犯的安全感到非常担忧,正在推迟对苏炳文的军事行动,希望能达成某种协议。如果希望破灭就会开始军事行动,囚犯的命运将无法保证。

众所周知,苏炳文一直与少帅保持联系,我担心如果俘虏遭到屠杀,少帅就要负起责任,可能会立刻(? 发动攻击)④。因此,除了人道主义考虑,我们关注的是要避免在这里引起真正愤怒的屠杀。

我冒昧地建议,出于纯粹的人道主义考虑,少帅或英国驻哈尔滨总领事可能会与苏炳文将军取得联系。值得回顾的是,日本的军事当局对帕里夫人的案件提供了真正的帮助⑤,现在我们的帮助肯定会产生良好的效果。

如果采取任何措施,重要的是不要公开日本的邀请。

转发至北平。

资料来源:[F 8176/1/10]

（向明　译　郭昭昭　校）

---

①　此处文本不确定。林德利爵士在 12 月 9 日发出的第 657 号电报(1933 年 1 月 6 日收到),作为对第 395 号电报的补充内容,写道:"11 月 22 日下午,一个名叫伯德(Bird)的英国人——他作为早稻田大学的教授,在日本已经居住了大约二十年——拜访了这个使馆的日本秘书戴维斯先生,他们俩相识已久。"

②　9 月 27 日,指挥着中东铁路哈尔滨—满洲里的警察部队的苏炳文将军发动叛乱,囚禁了他所在地区的所有日本人,并宣布效忠于行事代表蒋介石将军的张学良元帅,即南京军事委员会河北分会主席。

③　詹姆斯上校。

④　文件副本上的注释表明,此处应该是"被攻击"。

⑤　参见第 7 号。

55. 英国外交事务常务副国务卿范西塔特致英国驻日内瓦领事帕特森(1932 年 11 月 23 日)

第 58 号 范西塔特爵士致帕特森先生的信函(日内瓦)

第 569 号电报

外交部,1932 年 11 月 23 日,下午 5 时

[以下信息来自外交大臣]

今天在内阁会议上,自治领事务大臣①指出,尽管您可能会让日内瓦自治领代表知晓您对《李顿调查团报告书》的态度,但澳大利亚和新西兰的代表不在日内瓦。内阁授权托马斯(Thomas)先生根据您备忘录②的要点与布鲁斯(Bruce)先生③和威尔福德(T. Wilford)爵士④沟通,但无需向他们展示备忘录或使用确切措辞。托马斯先生希望您知道他正按此行事。

资料来源:[F 8097/1/10]

(向明 译 郭昭昭 校)

---

① 托马斯先生。
② 第 53 号。
③ 澳大利亚常驻伦敦的部长。
④ 新西兰驻伦敦高级专员。

56. 英国驻华使馆官员霍尔曼致英国外交大臣西蒙（1932 年 11 月 23 日）

第 59 号　霍尔曼先生（北平）致西蒙爵士

发报时间：1932 年 11 月 23 日（无线电）

收报时间：1932 年 11 月 24 日 9：30

北平，第 868 和 869 号电报

我的第 1332 号电报。①

最近，汉口外商纳税问题变得更加紧迫。

英国总领事 11 月 17 日报告称，根据南京的指示，当地法院拒绝继续审理一起案件。在这起案件中，一家英国公司正在起诉一名中国公民，但由于该公司未缴纳税款，法院拒绝继续听审。法官表示，南京和上海的所有中国法院都收到了类似的指示。鉴于英国公司作为原告的许多其他案件正在等待处理，英国驻汉口总领事向地方当局提出了强烈的抗议，并按照领事馆的协议②通知了他的同事（请参阅我在信中的附言）。

该使馆和其他使馆已经收到了外交部发来的 10 月 30 日的笔记，要求我们指示国民遵守法规并且纳税（参见我的第 1495 号电报）。③

---

①　外交部直到 12 月 7 日才收到这封 10 月 18 日的电报。英格拉姆先生在电报中报告了湖北省政府当时要求英国臣民立即支付营业税的情况（该税项由国民政府立法院于 1931 年 6 月 6 日采纳），并表示他打算在接到指示后，不阻止任何英国公司根据自身利益自愿支付，前提是这种税收也真正地向中国人征收。修改后的《营业税条例》的译文已随该电报一同寄送。在之前的一封电报（1932 年 8 月 15 日第 1047 号电报，10 月 4 日收到）中，英格拉姆先生曾表示："一般来说，直到前些天，当在汉口的外国人再次受到征税威胁时，中国方面并未真正尝试向外国公司征税超过一年……尽管'条例'的规定在许多细节上模糊不清且不合理，但是该税收最初意图采用一种基于商业资本、利润或营业额的所得税形式，不同行业按照不同的百分比计算。"

②　本协议于 10 月 14 日在汉口领事机构会议上拟定。

③　1933 年 1 月 6 日收到了 11 月 17 日的这份信函（未印）。

　　该通知说明,这项税收旨在弥补废除厘金制度①引起的财政赤字,且已在多地实行,未对中国与外国国民区别对待。由于享受中国法律的保护,在中国从事贸易的外商缴纳税收是公平合理的。

　　在回答美法两国使馆对该使馆处理问题态度的疑问时,我已经告诉他们,一般来说,英国政府认为应该尽可能地抵制这项税收,但如果中国把这个问题推向极端,应该建议我们的国民自愿支付,并尽可能与地方当局达成最好的条件。然而,在收到您的指示之前,我不会透露我们未来的政策,我只是告诉外交部部长一个临时的答复,说汉口条例的问题已经提交给英国政府(这个答复现已发出)。

　　美国人的立场与我们相同,但法国人则准备在汉口问题上作出让步,同时反对向他们的国民或中国人征税,他们希望我们采取更强硬的立场,并明确表示不允许向我们的国民征收此税。他们做出了自己的让步,他们比我们更脆弱。很难说中国人自己在汉口交出了多少钱,但是他们肯定很难受,可能会作出让步。据说汉口已经开始征税了。

　　汉口以外的地方还没有出现该问题,但有迹象表明,为了在各省推行财政紧缩,将试图进行更广泛的征税。中国人有很多方法可以把事情搞砸(就像现在汉口一样)。几乎可以肯定的是,无论我们怎么抗议,我们的商人最终都将出于自身利益而选择妥协。

　　请您尽快指导我来处理这个问题,我将非常高兴。

　　转发至英格拉姆先生、汉口、南京,抄送给商务参赞。

资料来源:[F 8209/283/10]

(向明　译　郭昭昭　校)

---

　　① 归档的副本此处的页边注释是:"比较 1931 年 6 月 6 日 F 3982/2/10 电报中 W. C. P. 的注释。"这里提到的是 1931 年 6 月 6 日来自外交部的关于拟在湖北省征收营业税的说明(本说明的副本于 1931 年 7 月 18 日在外交部收到,作为 1931 年 6 月 27 日北平的第 912 号电报附件)。其中包含以下内容:"这项税收旨在弥补废除厘金所造成的损失,并且符合税收的一般原则;对国家财政和商业界都是方便且有益的,且对中外商人实行平等对待。"从 1931 年 1 月 1 日起,中央国民政府废除了厘金这一内部过境税和其他内部进出口税费。

57. 英国外交事务常务副国务卿范西塔特致英国驻南京领事馆代办英格拉姆(1932 年 11 月 24 日)

第 60 号　范西塔特爵士致英格拉姆先生(南京)

发报时间:1932 年 11 月 24 日 14:10

外交部,第 92 号访问电报

东京第 395 号电报①(11 月 23 日:滞留满洲叛军手中的日本囚犯的安危)。

　　对受害日本人的屠杀可能会对中国产生严重后果,这不仅来自日本本土,还可能影响外部世界对中国的同情。基于这一点·以及我们对整体局势不断恶化的担忧,我们有理由向中方提出此事。因此,我认为您应该就此事向中国官方表示严肃的谴责,并以众所周知的中国内地与满洲叛军之间的接触为依据。我决定将采取何种行动的权力转交给您。如具向南京政府提出足够严肃的抗议,那么这可能会转化为针对实际问题的建议。

　　转发至东京。

资料来源:[F 8176/1/10]

(向明　译　郭昭昭　校)

58. 英国驻日内瓦领事帕特森致英国外交事务常务副国务卿范西塔特(1932 年 11 月 24 日)

第 61 号　帕特森先生(日内瓦)致范西塔特爵士

发报时间:1932 年 11 月 24 日 23:30

收报时间:1932 年 11 月 25 日 9:30

日内瓦,第 421 号国联电报

以下信息来自贾德干先生。

---

① 第 57 号。

今天,理事会进一步听取了中国和日本代表的声明,随后展开了讨论,讨论理事会是否有权听取委员会的意见。①

日方的反对②似乎基于对委员会批评他刚刚在理事会上作出的声明的担忧,最终决定明天向委员会询问,是否有任何内容需要添加到报告中。

资料来源:[F 8225/1/10]

（向明　译　郭昭昭　校）

59. 英国驻东京大使林德利致英国外交大臣西蒙(1932 年 11 月 24 日)

第 62 号　林德利爵士(东京)致西蒙爵士

发报时间:1932 年 11 月 24 日

收报时间:1932 年 12 月 28 日

东京,第 626 号

先生:

我谨此转递由本使馆商务参赞桑瑟姆先生撰写的关于 1933—1934 年度日本预算现状的备忘录。虽然桑瑟姆先生的观察和结论必然带有一定的暂时性和推测性,但我认为它们具有重要意义,值得关注。

此致

林德利

资料来源:[F 8859/39/23]

（向明　译　郭昭昭　校）

---

① 参见《国联公报》,1932 年 12 月(第一部分),第 1901—1909 页。

② 这大概应该写成"日本代表的反对"。

第 62 号附件

日本 1933—1934 年度财政预算

1. 内阁正在讨论下一财政年度的财政预算案,该年度财政预算案将在下届会议上提交给议会,这次讨论解决了财政部与其余部门之间的争论。本月初提交的总额估计接近 30 亿日元,或比上一财政年度的原始工作预算高出约 13 亿日元。这一增幅巨大,因为 1932—1933 年的总预算(包括补充资金)为 19.27 亿日元,这个数额已经比前五年的平均年度预算支出高出约 2.5 亿日元。

2. 财政部门努力将新需求削减到一半,但其他部门的部长们(特别是海军部、战争部和内政部)不愿完全让步。

3. 虽然还没有达成和解,但目前情况表明,1933—1934 年的预算总支出约为 22.30 亿日元,而前几年的相应数字为:

	百万日元
1932—1933	1 927
1931—1932	1 488
1930—1931	1 610
1929—1930	1 736
1928—1929	1 814
1927—1928	1 765

普通来源的预期收入约为 13.40 亿日元,剩余的近 10 亿日元将由其他来源提供——换句话说就是借款。

4. 除了这近 10 亿日元的数额之外,政府还必须在 1933 年 4 月之前筹集大约 7 亿日元,以平衡目前的(1932—1933 年)预算。

5. 这些数字是公认的近似值并且有待修订,但目前内阁仍然设想一项财政政策,即从现在到 1934 年 4 月这期间增加大约 17 亿日元的国债。大多数政党似乎都同意,在目前的情况下,不可能通过税收来增加所需的金额,因此政府会通过发行债券来解决;然而,由于公众几乎不可能或不愿意认购所需的数额,大部分债券将由日本银行认购。

6. 很难预测这种贷款政策对国民经济的影响。一般认为,由于日本银行购买债券将建立对政府有利的信贷,随着政府花钱,可转换票据发行量将增加。有人认为,这将导致通货膨胀,并提高价格,我不敢冒险提出这个意见。我认为会出现通货膨胀,但能兑换票据问题只是其中一个因素,而今年到现在没有通货膨胀,尽管这是可以自由预测的。自 1931 年 3 月以来,内部债务增加了 4.5 亿日元,日元外债增加的幅度也大致相同,但迄今为止没有任何可转换债券或银行存款增加的迹象。事实上,价格上涨,而可转换票据问题只显现了常见的季节性波动。

7. 因此,现在说政府的贷款计划肯定会引致通胀还为时尚早。由于日元汇率下跌,财政部门要求部分贷款收入用于国外支付——该预算草案显示有超过 1 亿日元。在上海和满洲,已经或将花费 4 亿—5 亿日元。对于其他部门(特别是陆军和海军)预计增加的部分无疑是国外采购所需要的。我不确定这种支出会如何影响日本流通中的货币总量,但我认为它的通货膨胀效应会相对较小。再者,从最近的经验来看,债券发行创造的大量新资金有可能不会流通,而会作为闲置的存款回到银行。

8. 这一切都是困难的,但总的来说,我认为目前政府的内部贷款政策不会有很大程度的通胀;日元外部价值的严重下跌可能迫使政府贬值货币,从而扩大货币的发行。目前 49 日元约可兑换 20 美分。这得到横滨货币银行的支持,但该机构不能无限期地"固定"汇率。

9. 无论通胀的情况如何,毫无疑问,目前的金融状况正在引起日本财政部门和日本金融界的焦虑。

10. 正如英国大使在 9 月 16 日发出的第 499 号电报①中所报告的那样,日本负责任的财政当局对 1932 年 9 月的追加预算感到后悔,其中涉及借款 7 亿日元。他们认为这在特殊情况下是合理的,但他们并没有预料到 1933—1934 年将会产生大量需求,他们中的一些人现在毫不掩饰他们的焦虑。然而,另一些人则认为,日本处于紧急状态,需要采取孤注一掷的措施,并以日本的国家财政状况并不比其他大多数国家的情况糟糕安慰自己,日本的外贸蓬勃发展,而别国的贸易处于停滞状态。

11. 媒体报道的各部部长们的需求如下:

———————————

① 未印。

	1 000 日元
宫内厅	4 500
外务省	26 600
内务省	215 630
财政省	474 000
陆军省	447 000
海军省	372 000
法务省	34 680
文部省	150 960
农商厅	117 000
工业省	13 500
交通省	349 610
外务省	27 000
大致总计	2 232 000

这些数据除了不可靠外,还有待进一步修订,但可以通过它们对预算的各个方面有个大致的了解。

桑瑟姆

1932 年 11 月 23 日

资料来源:[F 8859/39/23]

（向明　译　郭昭昭　校）

60. 自治领办公室负责人克拉特巴克致英国外交部远东司司长奥德(1932 年 11 月 24 日)

第 63 号 克拉特巴克(Clutterbuck)先生①致奥德先生的信函

发信时间:1932 年 11 月 24 日

收信时间:1932 年 11 月 26 日

自治领办公室

亲爱的奥德:

我随函附上一份关于满洲的备忘录副本,这份备忘录按照今天上午和您商定的形式,于今天下午递交给谢登(Shedden)②和诺尔斯(Knowles)③。

谨上

克拉特巴克

资料来源:[F 8265/1/10]

(向明 译 郭昭昭 校)

第 63 号附件

备忘录

自治领土办公室,1932 年 11 月 23 日

1. 日方特意派代表向理事会通报其对《李顿调查团报告书》的意见,日本代表在日内瓦的发言表明,日本人既不接受报告书的调查结果,也不接受报告书中的建议,他们认为,"唯一可能的解决办法"是承认满洲的新政体。

2. 另一方面,《李顿调查团报告书》由不少于五个国家的代表一起撰写,也是充分公正的现场调查结果。在这种情况下,很难想象有关机构认为不能

---

① 克拉特巴克先生是自治领办公室的一名负责人。

② 谢登先生(后来成为弗雷德里克爵士和澳大利亚政府国防部部长)曾作为 1932 年 7 月 23 日休会的裁军会议的澳大利亚代表团顾问来到日内瓦(参见本辑第三卷和第四卷)。

③ 诺尔斯先生是出席裁军谈判会议的新西兰代表团成员。

接受它的调查结果,这可能会导致严重局面的出现。

3. 报告前 8 章涉及历史和事实。重点落在把满洲争议的独特性、中国的缺点以及没有稳定的政府作为当前麻烦的促成因素,也承认日本在满洲的特殊利益。但调查团成员们一致认为:(1) 促使中国人向理事会提出上诉的日本军事行动不能被视为合法自卫措施;(2) 新"满洲国"并非真正由满洲自发的独立运动建立,而是由于日本的有组织干预。

4. 如果调查团的事实调查结果被接受,那么会出现这样一个问题,即日本是否应该承担无视了《九国公约》、《国际联盟盟约》和《凯洛格公约》的责任。调查团成员们似乎已经预见到这种情况,报告书第九章的一个重要段落表明,他们担心,就《国际联盟盟约》而言,无法得出这样的结论。该段是这样写的:……①

5. 国联可能很难制定任何决议或建议,以避免宣布实际上会谴责日本的办法。日本代表已经表示,在这种情况下,日本将退出国联。这在某种程度上可能是虚张声势,但是一旦成真,由于接触和影响日本的机会将大大减少,局面将会更困难。

6. 我们还可以预见,会有相当大的压力施加给联盟的成员们,促使他们参与一项决议,承诺拒绝承认"满洲国",理由是其成立不合法。这可能会陷入困境,因为除非所涉及的所有国家共同行动,否则无限期不承认并不是一项可行的政策。而且,有些在满洲地区有利害关系的国家并不在联盟之内,也就不会受到此类决议的约束。

7. 英国政府认为,在这种困难的情况下,最好谨慎行事,同时采取对国际联盟完全忠诚的态度,并努力公平对待双方,避免不必要的对抗,尽可能与理事会其他成员国一道采取行动,并利用他们的影响力创造一个更加平静且不那么沉闷的氛围,而这一氛围本身就会使问题的解决取得进展。由于英国在中日两国均有重要的贸易利益,这种态度就更为必要。

资料来源:[F 8265/1/10]

(向明　译　郭昭昭　校)

---

① 这里省略的段落与第 53 号第 4 段中引用的段落相同。

61. 英国驻东京大使林德利致英国外交部远东司官员韦尔斯利(1932 年 11 月 24 日)

第 64 号 林德利爵士(东京)致韦尔斯利爵士的信函

发信时间:1932 年 11 月 24 日

收信时间:1932 年 12 月 29 日

英国大使馆,东京

亲爱的韦尔斯利先生:

包裹明天就会送出,我真的很遗憾,不能寄出任何对您或日内瓦方面有帮助的东西。我感觉自己已经说了所有能说的话,但最终的结果还是只能听天由命。目前的形势仍旧不见任何转机,日本不会忍受对满洲的干涉,并将承认"满洲国"为独立国家作为其政策之基。①

我在今天上午的文件中看到,松冈明确反对李顿在理事会发表的讲话。这是只有日本代表才会做的那种愚蠢之事。因为这样做对最终结果没有任何益处,反而只会使当前的局势更加恶化。从我们的角度来看,我们再次让一名英国人(李顿)站在战斗的最前线,这是令人遗憾的,因为他并不能代表整个英国政府。在我看来,日本代表团将会在调解进程终止前离开日内瓦。在日本代表团费尽心思但仍旧诉求无望后,我担心如果国联再表示反对他们的行动,日本可能宁愿缺席。我一直在私下谈话中警告他们,就我个人而言,我并不知道如何避免某些看似反对的表达,因为国联必然会接受调查团的报告。我这样做是为了让他们的思想受到触动,因为他们一直沉浸于追求事件的"公平正义",所以根本无法理解除自身观点之外的任何意见。

虽然这也是我们必须考虑的一种可能性,但上述情况并不完全意味着日本必然会退出国联。日本当然不想离开国联,但是鉴于日本军方仍然可以在此引起更大的骚动,其政府将不得不向军方低头。然而,最令大多数日本人恼火的是,在某种程度上,日本的命运居然掌握在那些对远东既不感兴趣也不了

---

① 参见《国联公报》,1932 年 12 月(第一部分),第 1900—1901 页。

解的欧洲小国手上。毫无疑问,在国联议案中,日本最反对的部分也具有合理性。如果日本决定退出国联,国联可能会被迫接受他们的要求。

日本和美国之间的关系并没有真正地改善,双方对彼此的感觉都十分糟糕——尤其是在殖民地的个别美国人中。当然,您比任何人都清楚,这没什么新鲜的。自日俄战争以来,美国就开始在远东地区阻碍日本,而日本也早已彻底意识到了这一点。

接下来的几个月,这样的情况肯定会更令人焦虑,我只希望我能为自己的国家发挥更大的作用。

请原谅速记员所犯的错误。①

林德利

祝圣诞及新年快乐

资料来源:[F 8885/1/10]

（向明 译 郭昭昭 校）

62. 英国驻南京领事馆代办英格拉姆致英国外交大臣西蒙(1932 年 11 月 25 日)

第 65 号 英格拉姆先生(南京)致西蒙爵士

发报时间:1932 年 11 月 25 日(无线电)

收报时间:1932 年 11 月 25 日 15:55

南京,第 400 号访问电报

紧急

（1）行政院代院长今天早上召集我和美国、法国、意大利、德国的同事们会见他和外交部长。

（2）他说日本人正在日内瓦散布消息说,中国和日本在满洲问题上正在进行直接谈判。他要求我们通知我们各自的政府,虽然中国还和日本建交,当

---

① 这里不是再版;印刷的文本体现了林德利爵士对原稿的修改。

然也准备听日本通过这个媒介向中国说的话,但是上述报道中不存在任何事实。中国把满洲的争端提交给了国联,希望并期待在那里找到解决办法。若是另辟蹊径,日内瓦的讨论将失去实际意义,变得纯理论化。中国十分高兴十九国特别委员会处理该问题。

(3) 如果在日内瓦无法找到解决方案,宋博士认为未来的前景将变得黯淡。他认为,满洲当前未宣战的状态不可避免地会像上海发生的那样,在其他地方发展成直接冲突。如果日内瓦谈判失败,他和外交部长都认为,中国通过与日本的直接谈判无法获得任何好处,因为那样日本就没有缓和的余地了。虽然中国派遣大量军队前往满洲是不现实的,但日本由于经济困难和政府受军阀控制,可能会在其他地区采取直接行动,从而在远东引发更严重的冲突,不仅损害中国利益,还可能伤害其他国家利益。最后,任何使国际联盟无法找到迅速解决方案的情况,都会削弱国际联盟在处理其他问题时的能力,例如经济萧条、裁军等。

转发至日内瓦、东京、北平。

资料来源:[F 8257/1/10]

(向明　译　郭昭昭　校)

63. 自治领办公室负责人克拉特巴克致英国外交部远东司司长奥德(1932 年 11 月 25 日)

第 66 号　克拉特巴克先生致奥德先生的信函

发信时间:1932 年 11 月 25 日

收信时间:1932 年 11 月 29 日[1]

自治领土办公室

亲爱的奥德:

关于我昨天的信函[2],我附上了一份谢登和诺尔斯在接受哈丁(Harding)[3]

---

① 外交部归档日期。

② 第 63 号。

③ 自治领办公室副国务卿哈丁爵士。

采访时的记录,采访期间,他递给他们一份关于满洲的备忘录①。

谨上

克拉特巴克

资料来源:[F 8312/1/10]

(向明　译　郭昭昭　校)

第 66 号附件

自治领土办公室,1932 年 11 月 25 日

会议记录

哈丁爵士昨天见到了谢登先生和诺尔斯先生,并解释说,关于理事会对《李顿调查团报告书》的讨论,毫无疑问,在日内瓦,西蒙爵士不仅与德·瓦勒拉先生保持联系,还与加拿大、南非联邦和爱尔兰自由邦的常驻代表进行会谈。但由于澳大利亚和新西兰联邦代表目前不在日内瓦,基于就重要事项进行磋商和合作的原则,两国政府应该告诉布鲁斯先生和威尔福德爵士他们打算在理事会采取的态度,只要他们能够在现阶段确定这一态度。哈丁爵士指出,形势非常严峻,因此有必要谨慎行事。大家一致认为,《李顿调查团报告书》是一份令人钦佩的文件,但是日方表示不会接受调查结果,这个问题需要细致地处理。然后,他给了谢登先生和诺尔斯先生一份备忘录(与外交部合作准备),列出了一些可能出现的困难和需要记住的问题,并要求他们将这些问题告知布鲁斯先生(他曾经要求应该先向谢登先生解释这些),还要将这些问题在威尔福德爵士返回伦敦途中告诉他。

谢登先生和诺尔斯先生都称赞这个备忘录,他们认为这对他们各自的长官来说是有价值的。谢登先生暗示,联邦政府非常理解这些困难,而且就目前而言,他无法看出理事会如何安全掌舵以避开前方的礁石。诺尔斯先生说,威尔福德爵士目前没有得到新西兰的指示,但无疑他在收到这些指示后,大致会让高级专员(如同上海事件一样)尽量与英国政府紧密合作。

诺尔斯先生询问西蒙爵士是否在离开日内瓦之前与日本公使交流过,有人回复他说,据自治领办公室所知,西蒙爵士在这个问题上没有和日本公使进

---

① 第 63 号附件。

行过特别交流,但据了解,西蒙爵士曾在理事会会议前见过日本驻日内瓦的特别代表。

关于以来源不合法为由拒绝承认新"满洲国"的问题,诺尔斯先生询问这一决定是如何做出的。哈丁爵士在答复中向他解释说,这是史汀生的原则,其中的总体声明已被纳入去年 3 月 11 日的大会决议。

在回答诺尔斯先生的进一步调查时,哈丁爵士说,威尔福德爵士可以放心,如果日内瓦的事态发展有需要,他将采取措施用电报同自治州政府联系。无论如何,都会尽力保证布鲁斯先生和威尔福德爵士知晓事情进展,如果他们中的任何一位在看到备忘录后想进一步解释或讨论,都任由他们决定。

资料来源:[F 8312/1/10]

（和明　译　郭昭昭　校）

64. 英国驻东京大使林德利致英国外交大臣西蒙（1932 年 11 月 25 日）

第 67 号　林德利爵士（东京）致西蒙爵士

发报时间:1932 年 11 月 25 日

收报时间:1932 年 12 月 30 日

东京,第 631 号

先生:

1. 在我上个月 13 日发送的第 550 号机密信①中,我尽力报告日本媒体对于《李顿调查团报告书》的反应。现谨随函附上当地媒体最近更新的关于日内瓦会议进程的主要文章②。这些文章基于日本媒体最为关注的大量电报,相当真实地反映了这个国家的民意。

2. 日内瓦各大国小国间的观点存在一定差异,对于这一点,日本人总是

————————

① 第 4 号。

② 未印。

过分强调。这种分歧是日本对正由理事会移交给大会处理的事件抱有敌意的背后动因；而日本人没有意识到，这里存在的分歧并不涉及案件的对错或相关的原则，而体现了那些真正利益攸关的大国的审慎，因为国联提出的任何联合行动，这些大国都必须共同承担责任。并且，日本人强烈反对他们的命运由小国投票决定。他们认为，这些小国的反应实际上局限于该事件可能对他们远在欧洲的本国事务产生的影响。正如我在此前电报的第 11 段末尾所报告的，牧野伯爵提到的事情就是这一方面。

3. 谨随函附上一篇文章①副本，该文章为 11 月发表在东京《当代日本》上的一篇新评。据我所知，这篇文章是由日本外务省的英国顾问巴蒂（Baty）博士撰写的，我认为，这篇文章可以准确地传达日本外务省的观点。这篇文章对这场争论作出了重大贡献，可以看出，它特别强调中国是一个地理表述，而不是一个国家，并认为李顿调查团虽然是由最高权威发起，却从一开始就偏袒中国。

4. 对于日本政府可能在日内瓦奉行的政策，阁下，您比我更有资格做出评判，因为您将会一直与日本代表团保持联系。我只能说，无论大国间对这一政策会有什么反对意见，没有任何迹象表明日本政府将削弱其坚持"满洲国"独立国家政策的决心。虽然他们渴望继续担任国际联盟的成员，但我相信，他们宁愿离开国际联盟，也不愿放弃所采取的路线。

此致

林德利

资料来源：[F 8926/1/10]

（向明　译　郭昭昭　校）

---

① 未印。

65. 英国驻东京大使林德利致英国外交大臣西蒙(1932 年 11 月 26 日)

第 68 号　林德利爵士(东京)致西蒙爵士

发报时间:1932 年 11 月 26 日 12:47

收报时间:1932 年 11 月 26 日 9:00①

东京,第 399 号电报

评估总体情况,我们认为日本的经济困难被夸大了。它的情况虽然困难但并不严重,目前正在享受工业和贸易的繁荣。②

转发至南京。

资料来源:[F 8261/39/23]

(向明　译　郭昭昭　校)

66. 英国驻东京大使林德利致英国外交大臣西蒙(1932 年 11 月 28 日)

第 70 号　林德利爵士(东京)致西蒙爵士

发报时间:1932 年 11 月 28 日 16:50

收报时间:1932 年 11 月 28 日 10:30③

东京,第 400 号电报

机密

美国大使今天告诉我,诺曼·戴维斯先生和松冈先生在日内瓦进行了会

---

① 编者按:收发时间原文如此。

② 参见第 62 号附件。

③ 编者按:收发时间原文如此。

谈,并向我宣读了给华盛顿的电报草稿,表达了与我完全一致的意见。①

资料来源:[F 8270/1/10]

(向明 译 郭昭昭 校)

67. 英国驻华使馆官员霍尔曼致英国外交大臣西蒙(1932年11月28日)

第71号 霍尔曼先生(北平)致西蒙爵士

发报时间:1932年11月28日(无线电)

收报时间:1932年11月28日16:00

北平,第877号电报

以下信息来自11月25日收到的汉口第47号电报。

开始。

寄到北平47号,转发至南京英格拉姆先生。

英国商会11月24日[? 22日]召开专门会议讨论营业税。② 我已被私下通知已形成的决定:

(a)现行税种不能公平地征收,因此应予以强烈反对。

(b)只要不在全中国征收税款,只在汉口征收……③这个港口处于严重不利的地位。

也有观点认为,如果征收这种税在当地遭到反对,可能会导致贸易错

---

① 参见《美国外交关系文件·日本:1931—1941年》,第五卷,第104—105页,以及《美国外交关系文件》1932年,第四卷,第372—373页。

② 提到的似乎是11月22日在汉口举行的英国商会委员会会议。根据1933年2月3日在外交部收到的本次会议记录,总领事许立德(M. Hewlett)爵士于1672年12月16日"要求会议发表意见,并希望知道他可能向部长提出的抗议是否得到英国商人的全力支持"。

③ 此处文本不确定。会议纪要上写道:"只要在全国范围内普遍采用税收,在汉口征收将使得港口贸易处于严重不利的地位。"

位①。因此,希望外交部在这个问题上采取迅速的国际行动。

信息结束。

汉口要求重复最后一段。②

资料来源:[F 8295/283/10]

(向明 译 郭昭昭 校)

68. 英国驻国际联盟代表(日内瓦)致英国外交大臣西蒙 (1932 年 11 月 28 日)

第 72 号 英国驻国际联盟代表(日内瓦)致西蒙爵士

发报时间:1932 年 11 月 28 日

收报时间:1932 年 11 月 30 日

日内瓦,第 335 号

国联英国代表团向您致意,并荣幸地递交下述文件的副本。

编号和日期	主题
11 月 18 日,由德拉蒙德爵士传达	满洲:与松冈先生和长冈先生的谈话记录③

第 72 号附件

日内瓦,1932 年 11 月 18 日

谈话记录

松冈先生和长冈先生今天早上来看我④。

长冈先生说,松冈先生将担任满洲事务的日本代表这一重要角色。

---

① 此处文本不确定。会议纪要上写着:"如果汉口的英国商人反对征税……"

② 该副本未保存在外交部档案中。

③ 参见第 49 号附件。

④ 即德拉蒙德爵士。

相互交谈后,我说,或许我最好还是从程序的角度来解释目前的状况,就像我看到的那样。理事会将审查并审议已经提交给它的《李顿调查团报告书》。因为是理事会决议派遣调查团的,调查团也因此向其所属机构提交了报告。如果理事会如我所希望的那样,发现该报告奠定了双方达成协议和调解的基础,那么理事会就能够将报告提交给大会,并向大会建议报告书所述意见,而且由于大会现在正式处理了《国际联盟盟约》第十五条下的整个问题,大会要确认理事会提出的所有建议。然而,如果理事会认为报告没有提供这样的协议基础,那么我认为它自身不会努力寻求进一步的解决办法,因为如果这样做,会侵犯全体大会的权限,如第十五条所述。因此,它只能将报告和声明转交大会,而且不能自行采取进一步的行动。

松冈先生回答说,这根本不是他的政府对局势所持的看法。他了解到,理事会仍在处理第十一条规定的问题,因此可以在最大程度上行使该条规定的权力,并且基于《李顿调查团报告书》或其他方式以达成双方之间的协议。据我所知,日本人从来没有认识到十九国特别委员会的权限。因此,他在这里是就理事会讨论这个问题。

我回答说,当然这是一个需要考虑的问题,但我确信我的观点是正确的。他必须记得,在中国人要求理事会在第十一条的基础上审议问题后,他们就基于第十五条的内容把这个问题摆在了理事会面前,只是后来他们才提请由全体大会代替理事会。同时我也明白,日本的恐惧是因为他们认为大会的行动只限于中国政府提出的要求,即大会将考虑日本侵略引起的争端。我认为全体大会不会承认这种对其权限的限制,如果将争端提交给一个国联机构,它不能仅仅考虑某个有限的争议方面,而必须处理所有导致它发生的原因,以及它所处的环境。

松冈先生评论说,如果这种观点是正确的,那么日本对大会管辖权的许多反对意见将会消除。

我回答说,我很高兴听到这个消息,但是无论如何,如果我的观点是正确的话,理事会就不能像松冈先生所提出的那样,在不削弱大会权限的情况下,按照《国际联盟盟约》规定的方式行事。

松冈先生答应会考虑这个问题。

然后他说他想对我坦诚相待。日本人民对满洲问题的态度几乎是一致的。他们觉得这是一个生死攸关的问题,有一些要点他们不会屈服。特别是这两个:一是他们不能背弃承认"满洲国",二是不能屈服于任何有损日本民族自豪感和威信的责难。如果发生了这两者之中的任何一件事,日本就一定会离开国联。他说,日本最渴望努力维护远东和其他地区的和平,日本政府认为它没有违反《国际联盟盟约》、《九国公约》或《凯洛格公约》。

我回答说,我很高兴松冈先生能这么坦诚。我也会同样坦诚。我想人们普遍认识到,日本对满洲的中国人非常不满,这也是一个强有力的诉讼理由。但是他们自己采取了行动而没有先将他们的案件提交给国联,只能自己承担错误的后果。如果他们这样做的话,我确信可以达成一个合理的解决办法,而这个解决办法本可以让他们完全满意。例如,当英国政府决定向上海派遣一支军队(我说我以为是上海,但是我有点怀疑确切的地点),他们首先通知国联。① 我只能感到遗憾的是,日本并没有这样做,因为我认为这是支持国联的人批评日本的主要原因。他提出了两个具体的问题,第一点是承认"满洲国"的问题。在这个问题上我不能说什么,因为这是在《李顿调查团报告书》中讨论的问题。但是他必须知道国联成员国和美国不承认武力建国的立场。已经发表声明,国联成员国不承认这样一个国家。

松冈先生打断了我的话,并说他认为,这个国家不是以武力建立起来的。

我说过,这还需要审查。但是,在谈到第二点时,我恳请他记住,全体大会和理事会是众多拥有绝对言论自由的小国所组成的。在小国组成的大会上,我曾经听说过关于我自己的国家和其他国家的非常不愉快的事情,但是日本肯定强大到无视这种言论。

关于这一点,松冈先生评论说,他并不是指讨论中的言论。他非常习惯议会的程序,议会上委员们以最激烈的言辞相互对话。但是他想到的好像是大会对日本指责的表决。

我说我也希望能够避免指责日本的表决,我相信这个讨论会在很高的层面上进行。他谈到了日本离开国联的可能性。我确信这会让所有人感到非常遗憾,并且没人比我更感到遗憾。但我必须坦率地告诉他,国联代表了一些它

---

① 参见《国联公报》,1927年3月,第292—293页上2月8日外交秘书张伯伦爵士致德拉蒙德爵士的信函,通知国联成员国有关英国在中国的政策和英国政府的决定:"作为预防措施,按照他们的建议往中国派遣这样的部队,这对于保护上海的英国社区来说是必需的。"

不可能放弃的原则，即使国联不存在了，也比放弃它的基本原则好。

松冈先生说，他很了解这一点，如果国联的原则和日本的必须要求发生冲突，那将是可悲的。他想重新谈我最初提到的问题，即为什么日本当初没有向国联提出这个问题。他把这个视作心理上的问题，是由于日本人不同于欧美人。日本人比任何白种人保持微笑的时间都要长，但是当这些怨气累积到这样一个程度时，就无法再保持微笑，然后会或多或少无意识地爆发。这就是满洲事件中发生的事情，他认为是因为这种心理上的差异，才产生了这么多的误会。

他说我应该在日本政府发表的意见中对这些原因做出更全面的解释。

我说我理解了这个观点，但并不能以此上诉欧洲小国，它们不由得会感到，如果默默无闻地表决通过日本采取的行动，相对于它们更大的邻国来说，更会危及它们的状况。

松冈先生表示，即使在欧洲也曾发生过这样的爆炸事件，比如纳瓦里诺事件①和导致奥地利大公②遇刺的事件。

我说是这样，但是正是由于这样的事件，国联成立了。

长冈先生说，他说过我曾谈过全体大会的报告。他认为这是第十五条和第十二条的报告。③

我回答说是这样的。

长冈先生说，如果十九国特别委员会立即着手起草这份报告，那么会给他的国家造成一种非常不幸的感觉，根据该报告，第十五条不需要征得双方的同意。他认为，大会仍在按照第十五条第三款进行工作，即调解，直到大会在这方面的努力失败了，才会设想这份报告。

我说，我实质上同意他的观点，即在调解的努力用尽之前，很难做出解决争端的最终建议。但这是一个需要进一步考虑的问题。

埃里克·德拉蒙德

资料来源：[F 8331/1/10]

（向明　译　郭昭昭　校）

---

①　提到了 1827 年的纳瓦里诺战役，当时英国、法国和俄国的舰队摧毁了土耳其和埃及的海军。

②　即 1914 年 6 月 28 日在萨拉热窝的弗朗茨·斐迪南（Francis Ferdinand）大公。

③　这里的文本似乎有误，可能应该是"根据第十五条，这将"等语。

69. 英国驻东京大使林德利致英国外交大臣西蒙（1932 年 3 月 12 日）

第 72 号　林德利爵士（东京）致西蒙爵士

发报时间：1932 年 3 月 12 日

收报时间：1932 年 4 月 12 日

东京，第 144 号

机密

先生：

1. 我今天发出的第 138 号电报①提到了在国联任命的调查中日争端原因的调查团最近访问期间，爱斯托（Astor）先生②曾与日本外务省的成员聊天。

2. 这些谈话其中一次是在本月 7 日举行的非正式会议上与亚洲局局长谷（Tani）先生的谈话，这次会议是应爱斯托先生的要求，由大使馆参赞斯诺

---

① 未印。李顿调查团首次访问日本，参见《李顿调查团报告书》第 10 页。在提到的东京电报中，林德利爵士在结尾进一步报告："在官方活动中的演讲长篇大论地捍卫了日本的观点，有时会在报纸上引起这样的印象，即演讲者的言辞旨在让更具保守倾向的民众认为他的爱国立场是毫不含糊的。"在欢迎代表团的到来时，调查团希望更好地了解远东真正的局势，因此在发言时有时会采取稍有优越感的语气，这可能会使回应代表团发言的李顿爵士处于暂时的困境中。对于日本外务大臣芳泽谦吉先生，李顿爵士指出，由于在争端的实质问题上，代表团处于"接收站，而不是转发站"的位置，他期望未来能够听到中国方面的观点被"以同等能力详细描述"。日本前外务大臣石射猪太郎子爵在从各角度辩护日本的外交政策时，发表了长篇大论的讲话。根据这里转载的塞西尔勋爵最近的一份声明，如果他负责外交政策，他会以一种截然不同的态度执行日本外交政策，李顿爵士简要提醒他，医生不能为自己开药方。"可以说，代表们在访问期间表现出智慧和谨慎。他们与所接触的人成功地建立了友好的关系，我认为，要使他们相信代表团是可靠的、合理的、有组织的，也是权威的，这是一个重要的任务。我没有资格说，鉴于这封信函第二段所述的不幸事件，以及随时有必要围着他们的警察，代表团对他们的访问也同样留有好的印象。"这些不幸的事件是强制取消了新渡户（Nitobe）博士的下午招待会，以及丹（Dan）男爵在工业俱乐部招待了李顿调查团的成员之后，于清晨被暗杀。参见第 63 号。

② 李顿爵士的秘书。

(Snow)先生安排的,随后参加了谷先生的会议。在持续了一个小时的谈话过程中,谷先生大致坦率地回答了爱斯托先生的提问,后者询问日本是否对保证其在满洲充分享有条约权利的安排感到满意,或者是否想要更多。谷先生没有立即答复,爱斯托先生接着说,他问题中的"权利"应该被理解为包括基于条约的权利,以及仅仅基于惯例的权利。谷先生,即使这样也不能使日本完全满意。首先,日本的根本利益是满洲应该得到保护,免受任何军事威胁。例如,绝不能出现沙俄对朝鲜的旧有威胁重演的可能性。其次,日本希望日本臣民可以自由地在北满定居和贸易。我补充一下,爱斯托先生秘密告知斯诺先生,李顿爵士以前曾经问过芳泽谦吉先生同样的问题,后者曾回答日本完全满足于其条约权利。但是,当谈话被送到芳泽谦吉先生处请求确认时,后者的答复被修改为一个声明,他必须花更多的时间来考虑这个问题。开场白说完后,谷先生说,他认为日本在满洲的必要条件是:(1) 保护国家免受任何军事威胁;(2) 确保日本人的居住和贸易自由;(3) 确保满洲和日本之间不间断的运输和贸易。关于(2)和(3),日本打算严格遵守"门户开放"政策下的义务。

3. 可以看出,谷先生陈述的三大主要诉求,在很大程度上与他在去年11月向斯诺先生所作的陈述相同,并在当月 13 日我发来的第 539 号电报[1]的第四段中进行了汇报。这两个陈述之间的差异似乎表明在日本的欲望有所增加。事实上,(1) 涉及日本对满洲边界的保护,似乎意味着满洲必须被视为具有日本保护国性质的东西。(2) 同样重要的是,条约权利被扩大至包括北满的日本人的居住和贸易自由,而此前日本外务省强调的只是所谓的南满洲和内蒙古。

4. 爱斯托先生还询问谷先生,日本的愿望是否包括任何形式的统一满洲的铁路管理。谷先生回答,他认为这个想法很好,但主要问题在于有关铁路当局。就南满洲受到的影响而言,可以认为南满铁路公司今后将自己管理中国借助日本贷款违约建造的线路。日本不会容忍恢复南满洲线路上的任何货运战争。关于北满,很明显有各种各样的观点需要考虑。

5. 关于最近形成的新"满洲国",爱斯托先生建议,公众舆论可能不会接受这样的论点,即"新国家"纯粹是自主发展起来的,在形成过程中日本没有起

---

① 参见第八卷,第 732 号。

到任何作用。谷先生回答,他并不期待公众会相信,但外交部、战争部、日本政府其他部门都没有参与此事。在回答"新政府"有许多日本顾问的意见时,谷先生说,这些人是自己主动争取任职的。我猜,以上可能只是谷先生自己的说法,组建新的"满洲国"的任务完全由那里的日本专家完成(其中情报部门发挥很大的影响力)。

6. 以上部分谈话内容引发了一个问题,这个问题过去几个月里可能在其他场合出现过,即南满和北满组成的"国家"能否被管理到同时满足日本和苏联需要的程度?到目前为止,这个问题在本国几乎没有引起多少担忧,人们普遍认为,在五年计划①完成之前,苏联唯一的利益就是维持和平;同时,就目前而言,对日本来说,强行与苏联发生争端也不符合其利益。然而,有必要警惕未来可能出现的麻烦,且这一麻烦可能已不太远,因为日本几乎没有任何动机等待苏联十年计划的成熟。实际上,外务省②的一位有影响力的成员向我的工作人员公开表达了这种情绪。

7. 在估计这些可能性时,很大程度上需要依赖苏联在满洲的政策性质。这也许不是最适合本大使馆研究的问题。我还想补充的是,我认为,可能从1929 年之后,③莫德惠(Mo-te-Hui)先生④在莫斯科为协商中东铁路地位的永久解决方案所做的努力,可能会对这一问题的解决有所启发,尽管谈判似乎没有结果,据新闻报道,莫德惠先生现已被解除职务。也许值得补充的是,曾任苏联驻哈巴罗夫斯克总领事的斯皮瓦乃克(Spilwanek)先生,现任苏联驻东京大使馆参赞,这位聪明的人给我留下了深刻印象,他最近告诉斯诺先生,苏联在满洲唯一的重要利益是捍卫那里依靠中东铁路生活的三万至四万苏联公民的生计。斯皮瓦乃克先生暗示,苏联在旧政权下享受的满洲的利益(也就是说,苏联在那里有军事和战略利益)现在已不再只有极小的现实性。除了三万至四万公民的生计外,苏联甚至对中东铁路的商业成就都没有兴趣。无论如何,其商业前景并不乐观。我认为,由于作为宣传工具的潜在价值,苏联在满洲的公民利益可能是非常真实和重要的,尽管过去该国可能暂

---

① 英国驻莫斯科大使馆对苏联五年计划的评论参见第七卷,第 52、97、100 号。

② 日本外务省。

③ 参见第八卷,附件一。

④ 中国驻莫斯科代表团团长。

时减少了活动。

此致

林德利

资料来源：[F 3376/1/10]

（向明　译　郭昭昭　校）

70. 英国外交部远东司官员韦尔斯利致汇丰银行董事长阿迪斯（1932 年 11 月 28 日）

第 73 号　韦尔斯利爵士致阿迪斯爵士的信函

发信时间：1932 年 11 月 28 日

外交部

亲爱的阿迪斯：

非常感谢您 11 月 17 日关于日本给予"满洲国政府"贷款一事的来信。①

此事涉及微妙的政治问题，还涉及对"联合协议"解释的技术性问题。虽然我们不得不把这类贷款视为属于"联合协议"范畴内的贷款，但只要我们仍将满洲视为中国的一部分，且不承认"满洲国政府"，很明显，英国政府无法支持英国财团提供贷款给我们眼中的叛乱政府。我认为，我们真正需要关注的是对"联合协议"的严谨解释，我了解到英国财团对此比实际参与贷款更感兴趣。

我必须承认，我对您认为"联合协议"适用于地理区域而非政治实体的观点表示严重怀疑，我认为它更多的是指代被称为中国的政治实体。协议的措辞具有明显的暗示，对于这些"政治实体"，协议将不再适用于该省份。如果我们接受（当然我们并未接受）日本的论点，即满洲不再是中国的一个省份，我倾向于认为我们必须承认"联合协议"并不适用于满洲。

我认为，我们的态度必须是，我们不能承认贷款不属于"联合协议"的范

---

① 第 48 号。

畴,但要避免过分坚持它确实属于该范畴,并避免任何实际参与。

我有兴趣听听其他团体对此事的看法。

谨上

维克托·韦尔斯利

资料来源:[F 8073/3142/10]

(向明　译　郭昭昭　校)

71. 英国外交部远东司司长奥德致英国驻国联代表团团长贾德干(1932 年 11 月 28 日)

第 74 号　奥德先生致贾德干先生(日内瓦)的信函
发信时间:1932 年 11 月 28 日

外交部

绝密

我们①认为让您知道以下情况可能会有帮助。根据我们掌握的信息,松冈先生收到了让他在理事会和大会审议《李顿调查团报告书》时采取行动的指示,这一指示并未提及日本在某些情况下会退出国际联盟。因此,他在日内瓦的第 403 号电报②中就国际问题向国务大臣所作的发言可能有夸大之嫌。

请您在阅读完毕后尽快销毁此信。

奥德

资料来源:[F 8293/1/10]

(向明　译　郭昭昭　校)

---

①　这封信函书面的开头和结尾在提交的副本上丢失。

②　参见第 49 号,注 1。

72. 英国驻中国使馆代理总领事普拉特致英国外交部远东司司长奥德(1932 年 11 月 28 日)

第 75 号　普拉特爵士(日内瓦)致奥德先生的信函

发信时间:1932 年 11 月 28 日

收信时间:1932 年 12 月 3 日①

保里瓦奇酒店,日内瓦

亲爱的奥德:

兹随函附上一份我为今天上午理事会会议准备的简报②,该简报可能有些用处。因为松冈停止了阻挠并保留了自己意见,理事会会议非常枯燥乏味。十九国特别委员会的会议在星期四举行③,特别大会提议在 12 月 6 日星期二举行。目前大家工作的总体想法似乎是大会要求十九国特别委员会委员——加上来自苏联和美国的代表——行使调解委员会的职责。预计明年 1 月份后该委员会才会召开会议。

现在的气氛比今年春天或去年要平静得多。日本人渴望和解,尽管松冈先生一开始愚蠢地咄咄逼人,理事会或大会上没有任何人——即使是马达里亚加领导的极端左翼——希望采取激烈行动。事实上,除了现在表现十分执拗的中国人,所有人都希望和解。然而,现在说出他们究竟是何态度还为时过早。日本人和中国人都不急于摊牌,直到调解委员会辛苦工作几个星期(也许几个月)之后,我们才可能得到最终被证明有实施可能的解决办法的线索。我很幸运,兰普森没有出现。④ 他会一直无所事事,无限期地拖延,而不着手解决这个问题。他出现在这里会给人一种印象,就是我们希望带头解决这个本来就不好的问题,因此这种我们努力过又失败的印象会逐渐蔓延,这将更糟糕。

日本人说的一个问题是,出席的中国代表不能解决问题,因为他们不代表

---

① 外部记录存档的日期。

② 参见《国联公报》,1932 年 12 月,第 1914—1915 页。安东尼·艾登(A. Eden)先生(参见第 23 号,注 1)是国联理事会的英国替补代表。

③ 12 月 1 日。

④ 参见第 54 和 56 号。

任何人——或者说如果他们可以代表,那么即使是和张学良谈判(更不用说和解),也是不可能的。也许是这些言论只针对顾维钧,而非颜惠庆或郭泰祺①,但可能只要顾先生是首席代表,我们就会陷入僵局。

我在这里能做得很少,但是我不知道我能否再次回国。我会和贾德干讨论这个问题,但是我想他可能会反对!

我必须现在就去收拾行李。

谨上
普拉特

附:我刚才听说日本代表团曾经向杉村(Sugimura)②暗示,如果要成立调解委员会,他们希望兰普森担任主席。乍一看这与我上面所说似乎矛盾,但实际上并不是这样。如果人们认为兰普森应该为此等待机会,那么他等待的最后一个地方应该是日内瓦。真正的问题在于,我们不知道杉村在多大程度上反映了日本代表团的意见,以及他在多大程度上被自己的乐观主义带动。无论如何,在我们进入设置专门委员会和任命主席阶段之前,可能需要几个月的时间!

资料来源:[F 8387/1/10]
(向明 译 郭昭昭 校)

第 75 号附件

日内瓦,1932 年 11 月 27 日
中日争端

在 11 月 21 日、23 日、24 日和 25 日召开的五次理事会上仅对《李顿调查团报告书》进行了讨论。就在 11 月 21 日第一次会议之前,松冈先生特地从东京带来了理事会一直等待的日本政府的意见,意见以四十页印刷文件的形式分发。③ 这些意见中的主要观点在 11 月 21 日开幕会上日本代表的演讲中得

---

① 1932 年 10 月 13 日,曾经担任国际联盟调查团中国顾问的顾维钧博士在巴黎递交了他的中国驻法国大使的任命状;颜惠庆博士在华盛顿担任中国驻美国大使,郭泰祺先生是中国驻伦敦大使。

② 国际联盟副秘书长,负责政治部门和办公室。

③ 参见第 49 号,注 3。

到了重述。①

日本代表团抱怨说,这个报告的许多推论和结论并不完整也不恰当,因为对这个问题的长时间研究,会招致对报告中采纳于日本行动有害的观点的批评。然而,如果报告对日本有利,他就会把它看作一个权威文件加以利用。日本代表对调查结果的反应如下:

(a) 他否认 1931 年 9 月 18 日或 19 日晚间发生爆炸事件后的军事行动不是合法的自卫措施,而是在签署《巴黎公约》时交换自卫权的通信信函,来证明这一案件长期存在争议。他特别引用了英国对埃及等国的保留意见,即"……对这些地区的干涉是不能容忍的。他们抵御攻击的保护行为是大英帝国的一种自卫措施"。

(b) 他否认报告中的说法,即日本军政官员构想、组织并贯彻了满洲独立。

(c) 他说,建立"满洲国"是唯一可能的解决办法,至于任何其他解决办法,"我们不能作这样的考虑"。

在整场讨论中,日本代表坚持日本没有违反《国际联盟盟约》或《巴黎公约》或《九国公约》。他并不认为《九国公约》不适用于中国,而在日本政府的"意见"中有一个论点,认为不可能将目前构成的正常"和平机制"适用于中国的争端。"意见"还认为,在中国目前的无政府状态下,以调查团提出的方式无法达成解决办法,故日本迫不及待在中国建立强大的政府来解决满洲问题。日本代表在讨论结束时做了如下强调性的声明:

"日本一直以来都是国联的忠实支持者,如果不存在与日本现状、维护远东和平秩序的伟大政策绝对不相容的情况,日本希望继续忠实地支持国际联盟。"

中国代表在会议开幕时的发言②并没有明确接受或拒绝《李顿调查团报告书》中的事实调查结果,但他强烈反对其中的一个结论,即中国存在排外主义,然而巧妙地将他的矛头指向日本代表而不是反对《李顿调查团报告书》。但是,他在随后的会议③上明确表示,调查团的实际调查结果不容争辩。关于

---

① 　参见第 55 号,注 3。

② 　参见第 55 号,注 3。

③ 　即 11 月 24 日召开的国联理事会第 8 次会议,参见《国联公报》,1932 年 12 月(第一部分),第 1903 页。

报告书中提出的条件和原则，他保留稍后在大会上提出意见的权利。① 然而，他明确接受了一个原则，即解决方案必须符合《国际联盟盟约》、《巴黎公约》和《九国公约》。他进一步宣称，撤出日本军队是从根本上解决问题的先决条件。这可能意味着拒绝接受调查团的意见，即恢复现状不是一种可能的解决办法。

这是双方的态度，团长建议将报告书转交大会，对意见或建议不作任何修改。② 然后，日本代表提到之前对争端适用第十五条的保留意见（已经撰写了一份单独的备忘录），并宣布他必须得到日本政府的指示。③ 理事会休会至 11 月 28 日星期一上午 11 时。

在讨论中，抵制问题是国联必须考虑和处理的一个重要问题。中国代表声明，中国对日本侵略的抵制已经发生并且仍然在进行中，公共机构积极参与；中国政府同情并鼓励抵制，因为这是中国政府不能不支持的合法自卫措施；中国政府对正式引导有组织的抵制日货运动不负有责任，因为任何形式的抵制都是合理的自卫行为；抵制运动中的狂热分子采取了非法的方法，但他们的行为"可能被认为是合理的"；最终是日本的行为使中国不履行其条约义务。④

所有这一切都是为了回应《李顿调查团报告书》第七章所写的抵制运动的客观叙述。报告书指出，"我们希望为了所有国家的利益，早日考虑这个问题，并由国际协议进行管理。"对于松冈先生的建议，国联应该谴责和禁止官方或半官方性质的抵制。⑤

资料来源：[F 8387/1/10]

（向明　译　郭昭昭　校）

---

① 此处原文页边注释为"（第四卷第七页）"。参见《国联公报》，12 月 25 日举行的第 9 次会议纪要，同前，同上，第 1913 页。

② 此处原文页边注释为"（第四卷第 15 页）"。参见同上，第 1911 页。

③ 参见同上，第 1912 页。上述备忘录似乎没有送交外交部；参见第九卷，第 488、494 和 515 号。

④ 此处原文页边注释为"（第五卷第 17—24 页）"。参见国联理事会第六次会议纪要，1932 年 12 月《国联公报》（第一部分），第 1883—1885 页。

⑤ 此处原文页边注释为"（第五卷第 11 页）"。参见《国联公报》第五次会议纪要，同上，第 1872 页。

73. 英国驻南京领事馆代办英格拉姆致英国外交大臣西蒙(1932 年 11 月 29 日)

第 76 号 英格拉姆先生(南京)致西蒙爵士

发报时间:1932 年 11 月 29 日(无线电)

收报时间:1932 年 11 月 29 日 17:00

南京,第 404 号访问电报

您的第 92 号电报。①

我曾通过端纳(Donald)②致电张学良,并已经私下致函③南京国民政府的外交部长,并口头向行政院代院长发表了意见。代院长表示同情,但没有作出任何承诺,因为中国政府正式声称苏联部队是志愿军,并不受其指挥。然而,我仍希望这些陈述可能会产生效果。④

转发至东京、北平和哈尔滨。

资料来源:[F 8345/1/10]

(向明 译 郭昭昭 校)

---

① 第 60 号。

② 澳大利亚公民端纳先生是张学良元帅的顾问。

③ 在 11 月 25 日罗文干博士的致函[作为南京第 160 号电文(11 月 26 日发出)的附件,该副本于 1 月 6 日被外交部收到]中,英格拉姆提到了:苏炳文将军对关押在满洲里和海拉尔的 200 多名日本人进行屠杀或严重虐待的行为将加剧已经严峻的局势,并可能导致"对苏将军所效忠的中国领导人的报复"。

④ 在 11 月 29 日与英格拉姆先生的后续会谈中(会谈记录作为南京第 162 号电文(11 月 29 日发出)的附件于 1 月 17 日收到外交部),罗博士提到日本在满洲犯下了"极为严重地违反国际道德的行为",但表示"他认为他在回复中将能告诉我,中国政府已经电令少帅和苏军,或者将会发电报指示他们在处理这些俘虏的问题上避免采取极端措施"。

74. 新西兰驻英国高级专员威尔福德与英国外交部远东司官员韦尔斯利的谈话记录(1932 年 11 月 29 日)

第 77 号　11 月 28 日威尔福德爵士与韦尔斯利爵士的谈话记录①

伦敦,1932 年 11 月 29 日

　　按照安排,韦尔斯利爵士昨天在外交部见到了威尔福德爵士,奥德先生和我在场。威尔福德爵士首先解释说,他曾与远东地区要人有过私人接触,尽管他从未真正到过满洲,但不止一次访问日本、朝鲜和中国。由于他有过这些旅行经历以及研究过远东问题的背景,他坚信这不仅关系到新西兰的利益,而且关系到在目前与中国的争端中整个帝国支持日本的利益。他的结论基于两个主要考虑的因素:首先,日本是最强大的远东国家,实际上对澳大利亚和新西兰的安全构成了严重的军事威胁。因此,保持倾向日本右翼是有政治意义的(就像英国政治方面一样,考虑到他的地理位置,继续倾向法国右翼)。其次,日本是我们的主要防御力量,它可以抵抗当前世界可能面临的主要危险——即共产主义的蔓延。为了说明这一点,威尔福德爵士提到了这样一个事实,即中国的大片地区现在不再受中央政府控制,且越来越受到共产党的影响。例如,现在可以说江西省是由莫斯科控制的。此外,中国学生和知识分子的活动主要是针对同一个目的,他对这种可能性感到非常震惊:如果将 4 亿中国人加入 1.6 亿苏联人中去,他们将组成一个非常强大的集团,世界上任何一个政府都不能平静地思考这个问题。因此,经过长时间的考虑,他得出结论,基于这两个理由——(a)军事威胁(b)防止共产主义,支持日本符合普遍利益,特别是符合新西兰的利益。

　　韦尔斯利爵士说,虽然他不一定接受威尔福德爵士的观点,但他在某种程度上同情这一观点。他指出仓促做出决定的危险性,还指出,威尔福德爵士在得出他的结论时似乎是出于政治上的理由,与中日之间的特殊争端的特点完全无关。威尔福德爵士承认情况确实如此,但不认为这能反驳他,因为毕竟大

---

①　这个记录由克拉特巴克先生编译。

多数政府都必须实行"理性的利己主义"政策，而且这不会是不公平的，英国过去曾多次这样做过。他询问我们实际上是否考虑过适用于目前争端的任何政策，韦尔斯利爵士回答道，尽管确实有许多期望和要求需要铭记，而目前的态度也十分开放，容易受日内瓦日常事务发展的影响而改变；但他可以坦诚地讲，英国大臣们首要考虑的是维护国联的威望。当然可以这样说，维护国联威望仅仅是一种"理性的利己主义"政策，因为实际上我们最感兴趣的是维护国联的权力，但这真的不是一个基于公平的思考。这场争端是向国联上诉的，我们打算作为国联忠实的成员国，并将维护其威望作为我们首要考虑的政策。威尔福德爵士对此表示惊讶，因为在他看来，国联现在没有声望需要维护。他把《李顿调查团报告书》从头至尾阅读了一遍，但这并不影响他的结论。他认为报告仅仅是"修整"——如此措辞能够使双方进行讨论。

韦尔斯利爵士随后解释说，当然，要预测十九国特别委员会会上发生什么是不可能的，他本人无法看到委员会如何做其他事情，但委员会一定会接受《李顿调查团报告书》作为他们审议和敦促双方就调查团建议的方针进行直接谈判的基础。在他看来，事情不太可能发展到必须在中国和日本之间进行直接投票的地步。各国政府肯定会急于避免这种直接问题，而且这种自然倾向肯定会使其尽可能远离这一复杂争端的细节，并坚持认为强制性解决不会令人满意，而敦促两方为了世界和平的共同利益走到一起。威尔福德爵士表示，他希望会如此，但人们无法确定事情会如何发展。如果大会在不久的将来召开，他必须得到他的政府的明确指示。当然，后者可能会反对接受他的建议，不愿意接受他的建议，反而可能会指示他无论如何都要接受英国的领导。然而，他曾担任新西兰国防部部长①，并因是远东问题专家而声名远扬，因此他认为他的总理②可能会接受他的建议。他来到外交部的唯一目的是确保总理同意支持日本，这会使英国不感到尴尬。韦尔斯利爵士说，如果这个问题是直接向他提出的，他只能说他认为这样一种明确的指示可能会让约翰·西蒙爵士感到尴尬，他指出，虽然他很清楚，并在某种程度上同情威尔福德爵士的动机，我们政策的真正目标必须是找到一些解决办法，既不会对抗任何一方，又同时使国联的威望不受损害。

---

① 在 1928—1929 年，即他被任命为新西兰驻英国高级专员之前的那几年。
② 福布斯（G. W. Forbes）先生。

威尔福德爵士随即指出,一个英联邦自治领,即南非联邦,几乎已经宣布了他将要建议投票的方式,他提到特沃特(te Water)先生去年 3 月在大会的发言①,人们普遍认为这是借南非联邦之手对日本的有计划攻击。当时的讲话引起了一些轰动,而特沃特先生不仅是祝贺的对象,而且是中国及日内瓦和世界其他地方的支持者称赞的对象。事实上,他收到了铺天盖地的各种信件、照片胶卷和公开的称颂,结果是国联不可避免地承诺支持中国。在这种情况下,英国政府实际上可能会欢迎新西兰代表支持日本,因为支持票将中和反对票,英国就可以为所欲为了。韦尔斯利爵士反对这种巧妙的论证,并再次指出他认为直接投票是最不可能的以及仓促决定的危险。在他询问威尔福德爵士对《九国公约》的看法时,后者回答说,《九国公约》并不意味着适用于 1931 年存在的情况。或者,如果的确适用,现在必须将其视为不存在,因为日本已打破《九国公约》,因此它并没有进入现实领域。韦尔斯利爵士指出,该条约是否已经被日本打破,这实际上是一个上诉法院裁决的司法问题,在目前情况下,国联实际上就是这样一个上诉法院。但无论如何,对中国不公平,因为日本已经违背了对中国的义务,所以其他国家也必须被视为已经免除了义务。威尔福德爵士承认这是一个公平的观点,但他表示,所要通缉的不是法律上的,而是现实的立场观点。显而易见的是,除了日本,没有国家能够维持满洲的法律和秩序。韦尔斯利爵士回答说可能是这样,但有关国家并不一定承认"满洲国政府"是独立于中国其他地区的。

在进一步的交谈中,韦尔斯利爵士和奥德先生向威尔福德爵士建议,尽管中国有一定数量的共产主义者,但共产主义运动的潜力被夸大了。共产主义事实上与中国人的思想很相似,毫无疑问,共产主义宣传所取得的成功很大程度上源于农业上的困境。此外,学生和知识分子的活动更多地受到民族主义和反帝情绪的启发,而不是相信共产主义的政治作为拯救一个统一中国的信念。为了说明这个观点,韦尔斯利爵士回顾了苏联与国民党在和北方军国主义斗争中争取权力的历史。经验表明,国民政府实际上仅仅是为了自己的目的利用苏联人,一旦这些目的的实现,就将苏联抛诸脑后。他给威尔福德爵士留下了深刻的印象,在他看来无论如何,对于中国和日本之间的争端并不需要急

---

① 1932 年 3 月 8 日。参见《国联公报》,特刊第 101 号,第 75 页。特沃特先生,伦敦高级专员,是南非联邦代表团参加国联特别会议的代表。

于做出决定,到目前为止,最好的方法是静观其变。他建议威尔福德爵士亲自向约翰·西蒙爵士表达自己的观点,但威尔福德爵士回答,知道西蒙爵士非常忙碌,认为没有必要麻烦他。最后,威尔福德爵士同意,不会像预想的那样立即给新西兰政府发电报,而是会提供一份他的详细观点和当前的情况作为决策背景。当需求出现时,新西兰政府可以据此向他发出最终指示。

资料来源:[F 8338/1/10]

(向明　译　郭昭昭　校)

75. 英国外交部远东司司长奥德的备忘录(1932 年 11 月 29 日)

第 78 号　　奥德先生备忘录①

外交部,1932 年 11 月 29 日

满洲

目前,有关日内瓦会议程序的情况,可以通过随信附上的西蒙爵士昨天在下议院答复的副本②,和今天《泰晤士报》上摘录的附件③得知。我们无法对此信息进行补充。

关于对《李顿调查团报告书》的赞扬,我们无法对海尔斯莫(Hailsham)勋爵 11 月 2 日④在上议院、西蒙爵士 11 月 10 日在下议院的赞扬发表任何意见(附抄件)⑤。事情不太可能按照具体建议的方式实现,因此表达对调查团具

---

①　记载备忘录的档案是 11 月 29 日"与上议院辩论相关的",参见《英国下议院辩论记录》第 5 辑,第 86 卷,第 100 栏及以后部分。

②　未被复制,参见《英国下议院辩论记录》第 5 辑,第 272 卷,第 460 栏。西蒙爵士宣布国际联盟理事会早上决定将《李顿调查团报告书》转交大会审议。

③　未转载。

④　参见《英国下议院辩论记录》第 5 辑,第 85 卷,第 5 栏。黑尔什姆勋爵是负责战争的国务大臣。

⑤　没有转载,参见《英国下议院辩论记录》第 5 辑,第 270 卷,第 535—536 栏。

体提案的赞同是危险的。可以保险地说，这些建议是供国际联盟考虑的有用建议。

奥德

资料来源：[F 8359/1/10]

（向明　译　郭昭昭　校）

76. 英国外交大臣西蒙致英国驻华使馆官员霍尔曼（1932年11月30日）

第 79 号　　西蒙爵士致霍尔曼先生（北平）

发报时间：1932 年 11 月 30 日 18：45

外交部，第 293 号电报

您的第 868 号电报①和第 877 号电报②（11 月 23 日和 11 月 28 日：中国营业税）。

此事本质上是一种权宜之计，所涉及的考虑事项在兰普森爵士于 1931 年 7 月 7 日③致英国驻天津总领事第 66 号电报（F 4673/2/10）中已有详细说明。除了税率和公平性问题外，我们主要的反对理由是，中国人一般不缴纳税款。如果这些条件得到满足，我认为我们不应该鼓励英国的臣民抵制，尽管不能正式放弃对他们免责的法律原则。税收，无论多么令人不满意，都代表着一种改善的尝试，这一点值得考虑。

---

①　第 59 号。

②　第 71 号。

③　1931 年 8 月 27 日在外交部收到的这封邮件的副本是 7 月 20 日在北平寄发的第 1051 号公函的附件，日期为 7 月 16 日。其中包括："最后的办法是企业自己根据自己的利益来决定是以什么形式和多少钱来支付。目前的情况是，英国公司要么抵制，要么自愿支付中国的税收，而这些税收不能合法地加以执行，这可能是不合逻辑的，也是不能令人满意的。但是这是不可避免的，可能会持续下去，直到英国治外法权在中英两国间被修改或取消。同时，各种情况下适用的最佳标准是中国法律规定的税收的合法性或其他方面，以及是否由中国人普遍支付。"

我认为,我们应该强烈反对禁止受理未缴税者的法律诉讼的指示。这二者之间没有任何联系,因此向法院发出这一指示是极不恰当的,是基于完全不相干的理由而蓄意否认正义的,这一程序会使人们放弃治外法权的想法更加坚定。

毫无疑问,你们也会代表中国政府反对税收,因为你们认为他们是有根据的。遭受任意的、不公平或不可行的征税的风险,是反对任何减损我们治外法权地位的另一个因素。最好不要提出这一点,因为它可能被认为暗示着某种承诺,并且在任何情况下都不足以避免征税。但是从各方面来说,中国人最好还是建议弥补汉口英国商会所说的损失。如果征收该税,那么似乎会带来一个严重的附加反对意见,因为它涉及不受中国政府直接命令的人任意进行诉讼的危险,而且获得申诉的机会会更少。

不应在书面文件中提及治外法权问题,否则我必须授权您自行选择策略。您无疑会在一定程度上受到同事施加压力和成功可能性的影响。

您的第 1495 号电报①我还没有收到。

资料来源:[F 8209/283/10]

(向明 译 郭昭昭 校)

---

① 1933 年 1 月 26 日,外交部第 85 号电报发给了驻北平的兰普森爵士,在收到北平第 1332 号和第 1495 号(第 59 号,注 1 和注 3)电报后,确认了第 293 号电报中的指示,"即您应该将此事视为一种权宜之计,原则上应维持对税收的反对,但作为最后手段,应私下建议英国公司与地方税务部门达成某种妥协安排,前提是税款确实是从中国征收的,并且在执行过程中没有歧视"。

77. 英国外交部远东司官员韦尔斯利与法国大使的谈话（1932 年 11 月 30 日）

第 80 号　与法国大使的交流①

法国驻伦敦大使馆，1932 年 11 月 30 日

据说中国方面在伦敦的代表向查尔斯·阿迪斯爵士透露，"满洲国"正在与一家日本集团就一笔三千万日元的贷款展开谈判。据东京方面认为，由于"满洲国政府"的独立性及其得到中国政府的承认，②这笔贷款不属于财团协定的范畴。但对于财团协定的解释并未被认可，因为该协定适用于包括满洲在内的整个中国。法国大使负责向英国政府咨询对此事的看法。

资料来源：[F 8362/3142/10]

（向明　译　郭昭昭　校）

78. 英国驻东京大使林德利致英国外交大臣西蒙（1932 年 12 月 1 日）

第 81 号　林德利爵士（东京）致西蒙爵士

发报时间：1932 年 12 月 1 日 00:55

收报时间：1932 年 12 月 1 日 9:30

东京，第 402 号电报

我的第 423 号电报。③

---

①　韦尔斯利爵士在该副本的一则注释写道："由法国大使给我留下。我已口头回答，无需进一步处理。韦尔斯利　1932 年 11 月 30 日"，参见第 73 号。

②　在副本上有一个铅笔注释写着"？日本"。

③　这封 8 月 15 日的电报（9 月 22 日收到，未印）中，林德利爵士提到了他 8 月 1 日的第 413 号（第 10 卷，第 570 页）电报并报告了 8 月 8 日日本任命武藤将军为特命全权大使的情况。他说："官方公告在第二天的公报上公布，但没有提到满洲或'满洲国'的问题。武藤将同时被任命为关东总督和关东日军的舰队司令。"

官方公报刊登了日本驻"满洲国"大使馆今天起开馆的通知，并任命武藤章将军为特命全权大使。

转发至北平。

资料来源：[F 8348/8348/10]

（向明　译　郭昭昭　校）

79. 英国驻日内瓦领事帕特森致英国外交大臣西蒙（1932年12月1日）

第82号　帕特森先生（日内瓦）致西蒙爵士

发报时间：1932年12月1日16：10

收报时间：1932年12月1日16：20

日内瓦，第427号国联电报

中日争端

十九国特别委员会于今天上午开会①，决定在12月6日召开大会。

委员会审议了中国代表的来信，回顾了10月1日在十九国特别委员会会议上，在收到理事会提出的问题后，立即确定解决争议的时间限制的情况。然而，由于理事会没有对《李顿调查团报告书》或日中两国的声明发表任何意见，委员会决定答复中国代表，在大会就争端实质展开辩论之前，他们没有任何提出时限的依据。

资料来源：[F 8361/1/10]

（向明　译　郭昭昭　校）

①　本次会议记录参见《国联公报》，特刊第111号，第18—21页。

80. 英国外交大臣西蒙致英国驻南京领事馆代办英格拉姆(1932年12月2日)

第83号西蒙爵士致英格拉姆先生(南京)

发报时间：1932年12月2日18：00

外交部，第95号访问电报

我的第216号电报①(9月27日：减少上海驻军)。

由于上海的营房简陋而昂贵，缺乏娱乐设施，并且军人与家庭分离，陆军委员会希望尽早找到合适的时间点，把上海的一个或两个营撤回香港。一座棚屋营地的租约将于1934年到期，除非交极高的租金，否则不得续租，而且市政委员会已经撤回了提供替代场地的建议。在上海保留驻军也存在战略异议，陆军委员会希望能在制定1933年计划之前尽早做出决定，决策内容包括在香港提供适当的住宿设施。

请咨询舰队司令后，将您的意见②通过电报发送。

资料来源：[F 8231/1/10]

(向明　译　郭昭昭　校)

---

① 第十卷，第716号。

② 英格拉姆先生在12月13日的第425号南京访问电报中的回复未保存在外交部档案中。据文件附加的摘要所示，英格拉姆和约翰·白利南爵士都不反对撤出一个营，但认为在中日局势比较稳定之前，不宜就撤回第二支营作出决定。英格拉姆先生已经"非正式地与他的法国和美国同事讨论过此事，两位同事都认为，在没有各自政府磋商的情况下，不能全面撤军"。

81. 英国驻南京领事馆代办英格拉姆致英国外交大臣西蒙(1932 年 12 月 3 日)

第 84 号　英格拉姆先生(上海)①致西蒙爵士

发报时间:1932 年 12 月 3 日②

收报时间:1932 年 12 月 3 日 17:00

上海,第 411 号访问电报

梅乐和(Maze)先生③告诉我,他已经 11 年没有请过假了,他觉得自己必须争取明年回家休息一段时间,他现在打算请求财政部部长批准他在明年回家休息三到四个月。他已经与日本公使的首席助理岸本(Kishimoto)先生商定,后者应同时请假,以避免日方声称代理他行事。

为了度过这段时间,他提议由他的英国和中国秘书赖特(Wright)和丁(Ting)代表他签字,将中国海关总税务司的职责暂时交给委员会来管理。以某些可以追溯到赫德(Hart)时代④的先例为基础,他计划最终的继任者是劳福德(Lawford)⑤,但当我询问他为什么不利用这个机会来试试他时,他回答财政部部长一直在强调……⑥目前必须保持现状,避免引发海关总税务司问题的争议。这可能是真的,因为我们知道日本人正在争取这个职位。

我已向梅乐和先生表达了我的观点,即实施他所考虑的临时方案可能是一个重大失误。因为现在国民政府掌权,这会为邮政和盐业管理等事务开辟双重控制的道路,而这又不可避免地会迅速演变为完全由中国控制。我怀疑中国政府是否已经考虑过这种想法,我认为让他们考虑这种措施是一个错

---

① 英格拉姆先生于 11 月 29 日离开南京去上海,12 月 6 日回国。

② 发件的具体时间未记录。

③ 梅乐和爵士,中国海关总税务司官员。

④ 赫德爵士曾于 1865—1911 年担任总税务司司长;参见第八卷,第 1 号(第 22 页)。

⑤ 上海海关关长。

⑥ 此处文本不确定。

误······①梅乐和先生的建议无法提出······②。我向梅乐和先生阐述了上述观点,并补充说,虽然我完全理解并同情他想要回家休假的愿望,但我希望他能够培养一位合适的英国继任者,并且不要做出任何安排来度过他的离开期,这可能会损害海关总税务司作为英国特权的地位。

财政部部长很可能会拒绝给他休假,但是如果您赞同这些观点,通过沃尔瑟姆(Walsham)③向他传达外交部的意见可能会有用。

转发到北平。

资料来源:[F 8397/451/10]

(向明 译 郭昭昭 校)

82. 英国驻中国使馆代理总领事普拉特关于中日争端的备忘录(1932 年 12 月 3 日)

第 85 号 普拉特爵士关于中日争端的备忘录④

日内瓦,1932 年 12 月 3 日

1. 目前的立场是,大会将于星期二⑤上午 11 时举行。秘书处通知我,颜博士⑥将说明中国的情况,但除此之外,一切都是不确定的。日本代表可能会要求回答相关问题的时间,在这种情况下,星期三之前不会开始真正的讨论。

2. 日本的态度是,大会应该努力运用第十五条第三款的调解方式来解决争端。许多迹象表明,松冈先生首先采取非常强硬的态度,但很大程度上是虚张声势,日本人愿意做出相当大的让步,以便一致同意达成和解。他们非常急于与中国人进行直接的谈判,但并没有表明他们准备做出让步的性质。他们

---

① 此处文本不确定。

② 此处文本不确定。

③ 伦敦驻中国海关秘书沃尔瑟姆先生。

④ 外交部于 12 月 7 日收到了这份备忘录。

⑤ 12 月 6 日。

⑥ 参见第 75 号,注 5。

非常急切地想避免与国联有嫌隙或者最终决裂。然而,如果大会通过决议指责日本或者力求双方和解,那么日本的代表可能退出大会。

3. 大会的总体意见可能赞成通过调解解决问题,理事会和大会左派的意见被认为比六个月前或一年前要温和得多。大会可能希望正式通过《李顿调查团报告书》,因为它包括事实调查结果——前八章,在这方面我们当然必须同意。然而,如果强制要求承认某事,这或许会发生,那么会出现困难。很明显,我们应该抵制任何暗示国联成员国永远不会承认"满洲国"的措辞。我们也应该利用我们的影响力来防止任何关于承认的声明措辞不当以致暗示对日本的责难。我们可以主张,只要我们的目标是和解,那么这个目标只会因为谴责其中一方而受挫。在和解最终失败的情况下,我们才该考虑是否,以及应该采取何种形式对其中一方进行谴责。与此同时,对国联来说承认的问题并不是真正的问题,因为按照国际法的一般原则,"满洲国"实际上并不符合一个"新国家"得到承认之前必须满足的条件。这是根据《李顿调查团报告书》中提出的事实得出的结论。自从李顿调查团完成报告以来,所有向我国政府提交的报告都强化了这一结论。只要这些条件存在,就不存在承认的问题。因此,我们当前的任务并不是就承认问题发表理论性的判断,而是按照《李顿调查团报告书》和此报告的精神,看是否能够从现行制度中演化出一些新的制度,在不损害国联基本原则的情况下予以承认。

4. 关于和解提案采取何种形式或从哪方面提出,仍然存在很大的不确定性。埃里克·德拉蒙德爵士最初的建议①是大会可能通过报告的前八章,然后由于主要关心满洲问题的国家,即苏联和美国,不是国联的成员,大会把《李顿调查团报告书》的建议提交给《九国公约》的签署国和苏联,由它们再召开会议讨论。现在普遍认为日本会反对任何根据《九国公约》召开的会议,现在想到的另一个计划是在十九国特别委员会中增加一名俄国代表和一名美国代表,组成这个机构的和解委员会。然而,除非大会的讨论相当漫长,否则该计划或其他的计划很难定型。

5. 中国人的态度有些模棱两可。在与英格拉姆先生的交谈中,中国人表示有意与日本进行直接谈判——有中立国在场——但是在日内瓦,他们宁愿不插手而是仅保持着应由国联叫停日本的侵略的态度。找到最合适的调解方

---

① 参见第 37 号。

法后,中日双方的复杂心态无疑会在双方进行直接谈判之前导致进一步的困难,但是现阶段预测这些困难并没有用。

6. 关于英国政府应该采取的政策,最好是英国代表避免扮演一个显眼的或是领导的角色。他必须在大会讨论过程中发言,但如果可能的话,最好是直到一些具体的提案成形后再发言,然后再把他的影响力施加在和解方面。例如,现阶段可能可以充分利用上文第3点所写的材料。任何时候,英国代表在大会上的公开发言都应明确地表明英国政府的政策。演讲的要点可能如下:

(1)首先,我国政府竭力成为国联的忠实成员,因此会反对可能来自任何方面的与国联基本原则相抵触的提议。

(2)我国政府赞成国联接受《李顿调查团报告书》中的事实调查结果,尽管发现这些建议本身除非经过大的修改否则不能付诸实践,也赞成国联在寻求解决办法时参考最后两章建议的精神。也就是说国联寻求解决方法应该关注其本身,而不是为了避免将来的纠纷,也不是纠正过去纠纷的责任,应该在调解方面不懈努力。

(3)我国政府准备支持和参与任何在这些讨论过程中可能形成的具有这种性质的提案。只要这些实际的调解措施有成功的可能,我国政府认为避免双方发表苛刻言辞是明智的政策,应当致力于引导他们进行友好谈判。本着《李顿调查团报告书》的精神,要从满洲目前的政权中演变出一个新的政权,应充分考虑远东大国的权利和利益,以及国联的基本原则。就此而言,可能有必要根据上文第3点的说法,就承认的问题谈几句。

(4)最好能够发表一个声明来结束发言,只要我国政府在声明中说在这个问题上,除支持和配合国联,保持与争端双方的传统友谊,尽最大努力恢复远东和谐的国际关系以外,有自己独立的政策即可。

普拉特

资料来源:[F 8494/1/10]

(向明 译 郭昭昭 校)

83. 英国驻莫斯科大使伊斯特·奥维致英国外交大臣西蒙（1932 年 1 月 16 日）

第 86 号　奥维爵士①（莫斯科）致西蒙爵士

发报时间：1932 年 1 月 16 日

收报时间：1932 年 1 月 26 日

莫斯科，第 22 号

先生：

1. 在我本月 14 日发来的第 16 号电报②中，我已经向您报告了我与李维诺夫（Litvinov）先生③ 13 日就满洲问题进行的一次对话。在林德利爵士的第 14 号电报④被收到时，他正在为纪念赫摩特奇（Teymourtache）⑤而举行的晚间赛马会上与李维诺夫先生见面。我借此机会告诉他，我听说苏联大使一直在向日本政府询问撤离满洲的情况。李维诺夫先生的态度表明，确实有人做过这样的事，他回答说："毕竟，我们必须进行一些调查。"然后他补充说，在第二天的新闻会提到此事。在我今天发送的第 21 号电报中⑥，我附上了塔斯社报纸的译文，这是他很可能会关注的。这篇译文首次提到与芳泽谦吉先生

---

①　英国驻莫斯科大使。

②　参见第七卷，第 147 号。

③　苏联外交部部长。

④　在 1932 年 1 月 13 日下午 6 时 35 分的电报中（外交部于中午 12 时 10 分收到），林德利爵士报告说："媒体广泛报道了两天前苏联大使与外交部代理部长进行交流。我从可靠的渠道听说尽管讨论其他问题，但谈话的真正目的是明确地询问日本军队何时可能从北满撤离。"参见第 115 号。

⑤　赫摩特奇王子，波斯宫廷大臣，1932 年 1 月 14 日抵达莫斯科进行短期访问。

⑥　未印。1 月 13 日塔斯社公报，1 月 16 日消息报上提到从东京方面来的报告，关于犬养毅（Inukai）先生与杜洛耶诺夫斯基（Troyanovski）先生的谈话（参见上文注 4），并否认举行任何有关苏日协定的谈判。声明指出，杜洛耶诺夫斯基先生在 1931 年 12 月 31 日访问莫斯科期间，曾询问犬养先生对李维诺夫先生向日本当时的外务大臣芳泽谦吉先生提出的签署《苏日互不侵犯条约》的建议的态度。犬养先生报告说，日本政府尚未研究这个问题，并再次表示日本将尊重苏联在中东铁路的利益。

签署一份互不侵犯条约的可能性,以及在此期间所进行的对话。

2. 同一天晚上,在波斯大使馆举行了招待会,我借此机会询问了日本公使。我告诉他我听到的谣言,并问他是否可以告诉我任何相关情况。他表示完全无视这种"推理方式"。然后,我们继续讨论满洲的事务,在此过程中他询问是否向英国政府提出关于互不侵犯条约的建议,我回答据我所知没有直接询问过。我问:"苏联人提出这样的建议,日本政府对其的态度如何?"他立即回复说这是不能接受的。然后,我询问日本政府明确拒绝这个问题是否会感到尴尬,他单方面回答说"是"。他的观点似乎是,日本应该尽一切努力让自己的双手尽可能的自由,他问这样的协议有什么好处。苏联目前没有采取任何行动,因为他无法采取任何行动。我问苏联方面被动的时间可以维持多久,他回答说五年。然后我问他是否认为在五年后苏联可能不是一个非常强大的国家,他否定了这一点。

3. 最后我问及日本在裁军会上的态度。他回答说,日本将会加强自己的海军,这是惯常的开玩笑方式。①

4. 我非常详细地引用这次访谈,因为在我看来,这表明了两国之间的真实情况。两国之间是否存在某种谅解一直是人们关注和猜测的话题。不过,这种谅解与官方协议并不相同。在与广田先生的对话中,我感觉到,双方目前唯一的共识是:日方认为苏联在现在或不久的将来都无法采取有效行动来维护自己的权益,而苏联则并不愿意接受这一观点。

此致

埃斯莫德·奥维

资料来源:[F 507/1/10]

(向明　译　郭昭昭　校)

---

① 奥维爵士在1月18日给外交部助理副国务大臣奥利芬特(L. Oliphant)爵士的信中(1月22日收到)进一步陈述了日本驻莫斯科大使的谈话:"我接待过日本驻土耳其大使吉田,他是我在伦敦时的老相识。您可能知道他将成为调查团的顾问,并且他渴望得到有关李顿爵士的消息。除了他职业生涯的事实,我只能告诉他,李顿爵士是一位非常杰出和聪明的人,我小时候在伊顿公学的'演讲日'上就很仰慕他。日本行事总是很滑稽,而吉田特别善交际,他提到了他的艰巨任务,他解释说他不知道他的角色会是什么,可能甚至会是一个罪犯的角色。我注意到,每当我与他们见面时,他们总是采取攻守兼备的幽默方式,谈论他们自己的政治行为。然而,他们似乎一直逃避了很多事情。"

84. 英国驻南京领事馆代办英格拉姆致英国外交大臣西蒙(1932年12月5日)

第86号　英格拉姆先生(上海)致西蒙爵士

发报时间:1932年12月5日(无线电)

收报时间:1932年12月6日17:30

上海,第412号访问电报

已收到9月29日的第798号电报①。

1. 请看11月9日东京的第598号电报②。尽管林德利爵士的论点并不完全适用于中国政府,但由于中国几乎肯定会发动致命一击,所以我完全赞同他余下的言论,特别是第4段和第3段第一部分的意见。

2. 我强烈反对卑躬屈膝地向中国政府求情,要求他们在事件发生这么久之后支付特惠赔偿金,以及在向他们提交上海索赔清单的那一刻做出特惠赔偿。特别是在我看来,要求我们担任中介角色是有价值的。这样的说法肯定会受到一些中国人的冷嘲热讽,无论如何,如果它适用于两名水手的情况,那么它应该同样适用于整个索赔要求。但是我想,英国政府不会准备在后者中适用它。

3. 我们不断地向中国政府施压,但取得的成效非常有限,因为这些案件更有价值,法律上也更有力,比如拖欠招商局蒸汽航运公司、中国铁路公司等前雇员的工资。在处理这些案件时,我们不得不要求中国政府赔偿,这削弱了我们在处理这些案件时的能力。

4. 我不禁觉得整个提案是不体面的,应该放弃,但是如果英国政府觉得他们在国际法上对水手的主张是正当的,就应该利用其余的机会像在上海的要求一样,以同样的方式同时提出。

5. 我要求早日提出指示,因为我希望在我返回南京时提出上海的声明。

---

① 未印。这是北平外交部发给东京的第623号电报,参见第41号第1节。

② 第41号。

转发至东京。

资料来源:[F 8482/1/10]

(向明 译 郭昭昭 校)

85. 英国驻南京领事馆代办英格拉姆致英国外交大臣西蒙(1932 年 12 月 5 日)

第 87 号 英格拉姆先生(上海)致西蒙爵士

发报时间:1932 年 12 月 5 日(无线电)

收报时间:1932 年 12 月 6 日 17:30

上海,第 413 号访问电报

1. 我发现这里存在对海关未来的担忧。这部分无疑是由以下原因造成的:(a) 海关总监未来意图的谣言正在流传——请参见我的第 411 号电报①;(b) 人们越来越意识到,在国民政府的统治下,海关总监的地位发生了实质性的变化,虽然他对实际海关资金的控制程度已经大大减少,但这种情况可能还没有被广泛认识——请参见我 10 月 18 日发出的第 1333 号电报②;(c) 由于美国顾问在政府各个部门的数量和影响力,人们担心海关可能落入美国人手中,而人们对美国人的一般标准、理论和方法都是不信任的。

2. 我被允许在最严格的保密条件下查看了今年前 11 个月的海关收入和支出的数字。这些数字显示,在支付所有国内和国外义务以及行政成本之后,有 2 500 万两银元可供财政部部长用于一般目的。③ 因此,尽管发生了上海事变,失去了满洲的收入并增加了关税,但财政状况似乎是健全的,虽然必须承认,由铁路协议谈判引起的某些附带债务(如厘金条款)未能得到偿还。满洲失去的收入几乎被广东恢复的收入抵消。然而,1932 年的总体收入可能会减

---

① 第 84 号。

② 12 月 8 日收到,未印。

③ 这里提交的副本的页边注释是这样写的:"已中止的英美赔款约为 1 300 万两银元。"

少 6 300 万两银元,这主要是由于贸易量的总体下降造成的。然而,增加关税的全面影响尚无法估计。

3. 至于未来,一方面,我们从未对外国控制受到削弱持任何幻想;另一方面,几乎所有有声望的中国人都意识到海关是他们在国外信用的基石,并且意识到任何严重损害海关信用的行动都会带来危险。因此,只要迈斯不采取任何愚蠢的行动来危及未来,我认为没有理由过度悲观。

转发致北平。

资料来源:[F 8484/451/10]

（向明 译 郭昭昭 校）

86. 英国驻中国使馆代理总领事普拉特关于中日争端的备忘录(1932 年 12 月 5 日)

第 88 号 普拉特爵士关于中日争端的备忘录①

日内瓦,1932 年 12 月 5 日

今天上午与日本代表团的矢田(Yada)先生进行谈话,之后又与德·罗西(de Rossi)先生(意大利代表团)和开脱盎格林诺(de Kat Angelino)博士交谈。开脱盎格林诺博士在荷兰殖民服务部门有过杰出的就职经历,隶属于李顿调查团。

今天上午,由贝内斯(Benes)博士②主持召开了十个小国参与的秘密会议,审议即将在全体大会中就中日争端进行讨论的方针。贝内斯博士主张通过《李顿调查团报告书》的前八章,就是否对日本进行谴责和是否永久不承认"满洲国"进行投票表决。这引发了一场漫长而无结果的讨论。西班牙和斯堪的纳维亚两国似乎赞成采取这样的行动,但许多其他国家并不认可这一政策。荷兰代表随后向开脱盎格林诺博士(绝对保密)咨询,开脱盎格林诺博士强烈

---

① 12 月 7 日,外交部收到了这份备忘录的副本。

② 参加国联大会特别会议的捷克斯洛伐克外交部部长和代表。

建议他达成以下认知：

大会应该放弃采纳《李顿调查团报告书》的前八章，并且应该谨慎地避免任何可能被解读为打日本的耳光——任何类似谴责的表决都是纯粹的疯狂。大会应通过一项赞成《李顿调查团报告书》的决议，并表示鉴于报告书中关于"满洲国"的调查结果，他们认为应由中立的观察员进行直接谈判，以期进行一些令人满意的修改，而现在国联的成员国必须放弃承认"满洲国"的想法。

开脱盎格林诺博士认为，荷兰和其他几个大国将支持这一政策，在大会讨论开始之前，贝内斯博士的观点可能会在这个方向上受到影响。似乎有很多人支持这样的想法：不应该在日内瓦而应该在伦敦进行缔约国之间的直接谈判。

中国代表团对顾博士在理事会处理此案的情况有着很大的不满。他想把所有的注意力都集中在自己身上，拒绝去咨询颜博士，并且在策略上犯了可能会犯的错误。他的支持者张学良（少帅）正在走下坡路，顾的职业生涯被认为已经结束了。颜博士将负责参与全体大会，集中关注满洲的事件，特别是两点（当然是中国最强势的要点）：一是满洲独立，二是满洲人民的自发行为是日本幕后操纵，这合法吗？我了解到颜博士的讲话很可能要花一整个上午，松冈先生将在下午做出回应。

开脱盎格林诺博士进一步指出（这从其他信息来源得到了证实）日本代表团现在更加和谐。松冈已被说服，认为坚持"满洲国"独立，拒绝"考虑任何其他因素"是不明智的。相信现在他采取这样的态度，就日本来看，没有其他解决办法，但如果别国能想到任何令人满意的解决办法，日本就会打算考虑。松冈先生已经指出，这将为谈判敞开大门，使那些对日本友好的国家能够支持日本。

普拉特

资料来源：[F 8495/1/10]

（向明　译　郭昭昭　校）

87. 英国驻国际联盟代表普莱斯致自治领办公室负责人克拉特巴克(1932 年 12 月 5 日)

第 89 号 普莱斯(Price)先生①(日内瓦)致克拉特巴克先生的信函②

日内瓦,1932 年 12 月 5 日

亲爱的克拉特巴克:

随函附上我今天下午与卡汉(Cahan)先生谈话的记录③。他的立场并不像我预期的那样极度亲日(因此反美),您可以看到,目前他的观点关于采取何种形式的行动或不作为,似乎与我们的观点非常接近。

恐怕现在没有更多关于这个问题的报告,这个问题目前完全被裁军谈判掩盖。

谨上

普莱斯

资料来源:[F 8577/1/10]

(向明 译 郭昭昭 校)

第 89 号附件

普莱斯先生的交谈记录

1932 年 12 月 5 日

今天下午我与加拿大的卡汉先生举行了一次会谈,他代表加拿大参加特别大会。我察觉到他在整体上完全赞同约翰·西蒙爵士在上次与各自治领代表的会议中所表达的总体立场。他指出,对于加拿大来说,情况是特别困难的,因为其在地理位置上是美国的邻居,而不远处是日本。与后者,他们的关系一直非常友好,他觉得如果大会仓促通过决议谴责任何一方,那将是一个巨大的不幸。他所得到的信息与我们的判断趋同,即中日双方实际上都更倾向

---

① 英国代表团驻国际联盟的自治领办公室代表。

② 这封信的副本于 12 月 9 日由英国自治领办公室发给英国外交部。

③ 参见附件。

于作出让步以期达成解决方案，而不像他们在委员会上发言的态度所表现的那样。

他提到，加拿大总理贝内特将于 12 月 11 日抵达伦敦，但他认为他不太可能访问日内瓦。

普莱斯

资料来源：[F 8577/1/10]

（向明　译　郭昭昭　校）

88. 英国外交事务常务副国务卿范西塔特致英国驻南京领事馆代办英格拉姆（1932 年 12 月 8 日）

第 90 号　范西塔特爵士致英格拉姆先生（南京）

发报时间：1932 年 12 月 8 日 19：00

外交部，第 99 号访问电报

您的第 412 号电报①（12 月 5 日：在上海遇害的两名船员的赔偿）。

问题已经得到重视，后续指示会随后发出。

同时，你们可以先提交上海索赔清单，因为与水手家属的赔偿问题不会包括在清单中。

资料来源：[F 8442/1/10]

（向明　译　郭昭昭　校）

---

① 第 86 号。

89. 1932 年 3 月 15 日上海会议记录(1932 年 3 月 15 日)

第 91 号　1932 年 3 月 15 日上海会议记录①

上海,1932 年 3 月 15 日

机密

同事间日常例会

与会人员:英国公使

　　　　美国公使

　　　　法国公使

　　　　意大利临时代办

　　　　台克满(Teichman)先生

　　　　李顿爵士(国际联盟调查团团长)②

　　　　爱斯托先生(国际联盟调查团秘书)

李顿在大家到达后抵达,并要求兰普森爵士受邀加入会议。

李顿说,虽然在日本,日本政府已经要求调查团尽其所能协助停止上海的敌对行动。自他们抵达后,中国人也说了同样的话。他不知道他们是否可以做些事情,他们最不愿意做的事就是干涉,除非受到邀请。

迈尔斯·兰普森表示,他将解释已经通过的内容和目前的情况,他简要回顾了自 2 月 12 日以来多次尝试调解的历史,导致大会 3 月 4 日的决议以及现在正在尝试在此基础上促进谈判,最终导致前一天的非正式会议和议定原则的议程草案③,希望能在明天 3 月 16 日下午 4 时的会议上进一步讨论以正式通过该草案。然而令人担心的是,他们在这次会议上会遇到更多的困难,这是目前的情况。如果议程正式通过,希望下一阶段是让双方的军事专家从军事

---

①　该记录的抄件在 3 月 16 日第 29 号上海正式访问辑电报中,外交部于 4 月 25 日收到。

②　1932 年 3 月 14 日至 26 日李顿调查团访问上海。关于上海事件报告,参见《李顿调查团报告书》,第五章。

③　参见第 88 号和第 98 号。

方面谈谈细节。

在接下来讨论的过程中,韦礼德(Wilden)先生说,他曾试图让重光葵(Shigemitsu)先生进一步谈谈日本以后的打算,特别是对该地区的警务工作,但没有成功。

李顿说,调查团似乎没有什么可以做的,因为事情进展良好。他接着向会议通报了他和东京外务大臣之间沟通的情况。他试图找出日本撤军的条件,外务大臣起初不太明确他的想法,但最后明显表示,如果日本人撤军,需要有其他部队接替他们的位置,并防止中国军队前进。李顿已经建议安排一系列的中立观察员,以确保中国军队不会前进。然后,就像他所做的那样,他说中国的这个事件,没有理由不让日军撤回租界内并撤回国。为什么他们想要这么多的部队,即使是在租界中?芳泽谦吉先生曾解释说,这是为了保护日本人的生命和财产,而且一些部队将不得不驻扎在租界之外。然而,芳泽谦吉先生最终承认,最终目标应该是恢复原状。李顿现在了解到中国已经同意部分日本军队驻扎在租界之外,这一切都很好。在东京得到的印象是,日本的主要目标是阻止中国军队的进攻。李顿自前一天晚上抵达上海后,逐渐领悟了中国人的态度:他们渴望的是敌对行动的停止及日军的撤退,而对于任何政治条件,他们均拒绝讨论。他们中国人坚持认为,除军队停战和撤军外,上海问题本身没有其他方面,只能作为包括满洲在内的一般问题的一部分进行讨论;任命调查团主要是处理满洲时局,这是他们任命时的主要工作,没有任命他们在上海进行任何特别任务,他们在任命后上海才发生了麻烦。中国认为,除停战和撤军外,上海问题只能作为综合性整体的一部分来处理,调查团也有权力调查综合性整体问题。不可能有两个机构来调查,一个在满洲,一个在上海。调查团也不可能一直待在满洲,而对上海的麻烦置之不理。因此,他们不能去满洲,除非至少可以公平地解决上海问题。

迈尔斯·兰普森解释了双方如何使用上海会议平台来达到自己的目的,以及他们各自对待它的态度是如何完全不同。日本人寻求当地解决,非军事化,扩大在外国的权利,防范抵制运动,等等。而中国人在没有同意议程的情况下不会参加任何会议,也不会讨论扩大租界等问题,并可能会坚持在满洲问题上磨蹭。

李顿爵士说,他认为在圣诞节前召开上海会议的计划可能仍然悬而未决。

同事们完全同意。迈尔斯·兰普森爵士补充说,在当时的氛围下,在上海举行会议的想法以及所有相关人士的情绪都使他感到恐惧,这种观点得到了同事们的支持。

李顿解释了在调查团访问期间,日本人在东京的态度是如何变好的。当时日本人已经意识到调查团并不是来审判他们的,而是来成为争端双方的朋友并公正地寻求解决办法的,最后日本人似乎更愿意将他们的案件交由调查团处理,他希望中国人也能以同样的面貌迎接调查团。

李顿补充说,调查团特别担心,除了被邀请去做什么之外,不要"闯入"或做任何事情。但如果有事要做的话,他们想尽快知道他们可以做些什么。媒体一直在打扰他们,他们目前所建议的是在解决眼前的上海问题后再前往满洲。

迈尔斯·兰普森爵士建议他们在第二天的会议之后看清前景,然后决定调查团如何提供最佳帮助,同事们都同意。

李顿说,如果调查团参加地方谈判,除了中国政府,可能有必要从东京得到日本政府的正式同意,调查团也可能必须从日内瓦获得授权。在回答迈尔斯·兰普森爵士的询问时,李顿说,调查团成员能够独立开展工作,他曾在东京为他们做过几次这样的事。他们没有必要一直在一起工作。

李顿爵士和爱斯托先生随后离开了会议。

李顿离开时,迈尔斯·兰普森说,他曾想过,他们可以邀请李顿作为调查团团长并代表他的同僚参加他们与中国和日本代表的会议,这对他们大有好处。他们几乎不可能让调查团的所有成员都参与其中,这会使他们一行人太过不便。詹森先生和韦礼德先生热烈支持这一建议。但是,齐亚诺(Ciano)先生认为这不会得到调查团中意大利成员的同意。①

---

① 以下是第二天3月16日每日例会的摘要:"兰普森爵士提到他们最后一次讨论所做的建议是,李顿作为调查团团长,应该参加与中国和日本代表的会谈。兰普森当时提到他给重光先生提的建议,并没有被全盘接受。李顿一听到这个,就说重光先生似乎不理解现在的情况,因为日本外务省实际上已经请求调查团在讨论和平条款方面提供帮助。然而,兰普森表示,这件事现在将被搁置。詹森先生表示赞同,并认为最好将调查团留作最后的备选资源。他补充说,麦考益(McCoy)将军(李顿调查团美国成员)的理论是最好将他们排除在外,因为他们有自己的工作,作为最后的上诉法院,他们可能更有帮助;此外,根据3月11日的决议,国联已经成立了一个新的调查团来处理上海的事情;麦考益补充说,无论如何调查团在采取任何行动之前都必须获得日内瓦的授权。"

审议并通过了第 7 号联合情况报告。

台克满

1932 年 3 月 15 日

资料来源:[F 3689/1/10]

(向明 译 郭昭昭 校)

90. 英国驻日内瓦领事帕特森致英国外交事务常务副国务卿范西塔特(1932 年 12 月 8 日)

第 91 号 帕特森先生(日内瓦)致范西塔特爵士

发报时间:1932 年 12 月 8 日 19:45

收报时间:1932 年 12 月 8 日 20:45

日内瓦,第 439 国联电报

以下信息来自外交大臣:

在今天上午和下午的特别大会之间,我依次会见了中国代表(顾维钧先生、郭泰祺先生和颜惠庆先生)和日本代表(松冈洋右先生和松平恒雄先生),我跟他们都说了一样的话。我说过,我们英国政府在满洲争端方面有明确的立场。在这一阶段,我们首先致力于促进气氛和解。我们不希望偏袒任何一方,而是希望促进协议达成。我提醒他们在上海发生的事情,英国采取的是同样的做法,通过兰普森爵士的力量和其他大国的力量并肩作用,一起帮助解决了这个问题。① 但是,不能认为我们正在追求调解的道路,是漠视日本违反《国际联盟盟约》的行为。我昨天在我的发言②中宣布,我们将与其他国家一

---

① 西蒙爵士相信在意大利休假的兰普森爵士可能需要在日内瓦帮助中日两国友好相处(参见第 51 号,注 3 和第 56 号)。12 月 8 日下午二时十五分外交部致电兰普森爵士,要求他支持西蒙爵士在日内瓦的指示。随后,12 月 15 日,兰普森爵士被告知西蒙爵士不会留他,于是他在 12 月 16 日乘海轮前往远东。

② 12 月 7 日国际联盟大会特别会议第 12 次全体会议上西蒙爵士的发言,参见《国联公报》,特刊第 111 号,第 49—51 页。

起作为国联的忠实成员,支持《国际联盟盟约》。我们没有放弃这个立场,我们应该这样做的假定没有任何错误。

中日两国代表对我所说的话都表示感谢。我把我和每个代表的对话都告诉了对方。①

转发至东京、南京和华盛顿。

资料来源:[F 8521/1/10]

(向明 译 郭昭昭 校)

91. 英国驻日内瓦领事帕特森致英国外交事务常务副国务卿范西塔特(1932 年 12 月 9 日)

第 92 号 帕特森先生(日内瓦)致范西塔特爵士

发报时间:1932 年 12 月 9 日 03:00

收报时间:1932 年 12 月 9 日 09:30

日内瓦,第 441 号国联电报

以下信息来自外交大臣:

诺曼·戴维斯先生今天②在谈话中提到了我昨天发言中提到的一个建议:如果美国和苏联的代表加入十九国特别委员会,就可以改善满洲的和解前景。(他之前曾私下告诉我,他已经对史汀生先生有了百分之百的信心,他会赞成这个建议。)他表示,他现在已经和外交大臣进行了深入的交流,并且提出我们不承认"满洲国"的具体声明是美国加入委员会的先决条件。

---

① 奥德先生和韦尔斯利爵士写下这封电报,并由范西塔特爵士草签:"这是我们第一次承认我们实际上违反了《国际联盟盟约》。从《李顿调查团报告书》中得出的明确的结论,我并不那么肯定。我认为可以肯定的是,如果接受这个报告,那么华盛顿条约已经被打破了。奥德 12 月 9 日""我同意。韦尔斯利 1932 年 12 月 9 日 范西塔特 12 月 10 日"

② 这份电报是在 12 月 8 日起草的。参见《美国外交关系文件》1932 年,第四卷,第 404 页。

我说我们的愿望是一如既往地尽可能与美国一起行动,我们希望能够保证他们达成目的。我授权他告诉史汀生先生,我们认为"满洲国"在任何情况下都不会满足在被承认之前必须履行的条件,所以这个问题才是真正值得研究的。

我说过我要告诉日本人和中国人,我们决心作为一个忠诚的国联成员国,竭尽全力维护这个《国际联盟盟约》,而且我们从未在此立场上有任何退缩。

机密。

当然,英国政府不能永远限制其继任者在行使行政裁量权时的自由。但我们的直接目标是通过和解来避免被排斥的威胁……①

转发至东京、南京、华盛顿。

资料来源:[F 8524/1/10]

(向明　译　郭昭昭　校)

92. 英国驻东京大使林德利致英国外交大臣西蒙(1932 年 12 月 9 日)

第 94 号　林德利爵士(东京)致西蒙爵士

发报时间:1932 年 12 月 9 日 13:35

收报时间:1932 年 12 月 9 日 09:30②

东京,第 411 号电报

我的上一封电报。③

我故意在日内瓦会议期间避免在外交场合提出任何引导性问题,以免使问题复杂化。我从一个可靠的新闻记者那里得知,日本政府十分不喜欢提及十九国特别委员会,理由是第十五条④不应该用于争端,他们更反对美国和苏

---

①　此处文本不确定。

②　编者按:收发时间原文如此。

③　第 93 号。

④　《国际联盟盟约》的第十五条。

联的加入。但是他们不相信美国和苏联会接受，也没有决定采取什么态度。

没有迹象表明日本政府会在"满洲国"的独立问题上退缩，他们可能会寻求某种解决方案，其中包括长时间的延迟。

转发至北平。请外交部转发到日内瓦。

资料来源：[F 8539/1/10]

（向明　译　郭昭昭　校）

93. 英国驻南京领事馆代办英格拉姆致英国外交大臣西蒙(1932 年 12 月 9 日)

第 97 号　英格拉姆先生(南京)致西蒙爵士

发报时间：1932 年 12 月 9 日

收报时间：1933 年 1 月 25 日

南京，第 163 号访问辑

先生：

1. 在我 11 月 17 日的第 856 号电报①中，我建议在适当时候向您提出任命一个空军随员的请求，我现在将努力在这份调查中阐明导致我目前相信这种任命非常必要的原因。

2. 由于中国国土辽阔，目前缺乏良好的组织和充分的通信手段，特别适合航空业的发展。中国政府正从政治、经济和军事角度，迅速认识到航空运输和通信的重要性和优势。在目前的中国财政状况下，建设和维护铁路和公路都是必要且昂贵的计划，并且在任何时候都可能面临地方军阀或不法分子攻击的危险。另外，飞机快速可靠，相对容易建立和维护，现在被视为连接主要商业中心和其他中心与首都的最快最实用的方法，因此不仅有利于贸易，而且可以促进该国各地之间的政治关系。从军事角度来看，飞机是一种进攻或防御的武器，由于这里的条件特别适宜，飞机越来越受欢迎，向中央和省政府出

---

① 第 47 号。

售飞机的市场也逐渐扩大。它甚至成为中国杰出人物的一种时尚,如蒋介石、张学良等人购买了私人飞机。还有一些迹象表明私人航空开始使用。在 10 月 20 日我与财政部部长的对话中,他表示自己强烈支持将航空器和中国航空服务作为国防手段发展(参见我去年 10 月 24 日写给维克托·韦尔斯利爵士的信函)。①

3. 从上述简要的介绍可以看出,虽然目前还没有发展到可观的程度,但建立航空服务、培训中国飞行员和提供航空材料正在成为这个国家未来一个极其重要的趋势。正是出于这个原因,我强烈主张在这个使馆内有一名空军随员。航空通信,无论是客运、邮政还是其他商业用途,仍然可以说还处于起步阶段,仅限于中国国家航空公司和欧亚航空公司的活动,其中美国和德国的利益有很强的代表性(参见 11 月 14 日商务随员发至海外贸易部的第 247 号电报②)。因此,就这些公司而言,英国物资在公开市场上竞争的可能性很小。而空中航线的探索在进一步发展,英国的人员或材料可能占据显著位置,并且从当地的情况和要求以及个人接触的角度来看,活跃的航空公司无疑将有许多机会促进英国航空业在这一领域的利益。杭州最近成立的先进的航空学校配备了美国教官,而且自然主要在使用美国航天材料。中国飞行员在经历了培训期后,本能地会使用美国设备,但似乎没有理由不及时在中国其他地区也建立航空培训中心,英国教员和材料可能会参与其中。目前,财政紧急状况可能会阻碍这方面的进展,但是一个具有自由行动权限的空军联络官将始终能够查明是否有此类计划正在被考虑中,并在这一事件中确保英国飞机工业的优势。向中央和省政府供应航空材料可能是最能体现航空随员有即时价值的。诚然,远东航空公司和阿恩霍尔德(Arnhold)先生在出售英国航空材料方面做得非常出色,但我觉得在面对日益增长的国外竞争时,通过航空随员办公室支持他们,可以获得更好的结果。法国和意大利使馆都有他们的航空随员,而美国航空专家则隶属于美国使馆。英国航空公司与英国在中国的代表保持密切联系,不仅能够在中国宣传英国飞机的优势,而且能保持英国政府对中国买家特殊要求的了解。此外,由于他的官方立场,他可以比英国航空公司的代表有更多机会获得政府和地方航空界在推动和担保英国公司的订单方面

———————

① 参见第 47 号,注 1。

② 未印。

的支持。商务使节于 11 月 15 日向海外贸易部发出的第 249 电报①中充分说明了其他国家为获得订单而准备施加官方压力的程度。②

4. 我曾向商务随员咨询过此事,他同意我的看法,即鉴于国外的激烈竞争和不允许英国资本失去航空器市场的必要性,任命航空随员具有一定的优势。虽然这样的官员的职责主要是商业性质的,但是被任命的官员应该具有足够的地位并具有最新的技术知识和个人经验,以使他能够与中国有关当局讨论和处理航空问题。因此这一人选需要仔细斟酌。

5. 鉴于上述考虑,我冒昧地建议,我的意见可以提交给英国政府主管部门审查。

此致

英格拉姆

资料来源:[F 552/90/10]

(向明　译　郭昭昭　校)

94. 英国驻日内瓦领事帕特森致英国外交大臣西蒙(1932 年 3 月 18 日)

第 106 号　帕特森先生(日内瓦)致西蒙爵士

发报时间:1932 年 3 月 18 日 12:20

收报时间:1932 年 3 月 18 日 13:05

日内瓦,第 145 号国联电报

以下信息来自贾德干先生。

今天下午③大会委员会与各方公开举行会议。

---

①　未保存在外交部档案中。据案卷报告:"7 月底宋子文先生与意大利驻南京代表齐亚诺伯爵和洛迪上校签订了一份关于向中国供应 24 架飞机和借人员前去指导的合同。"

②　奥德先生在一则页边注释中写道:"F 190 中没有关于其中压力的内容。奥德"

③　这份电报于 3 月 17 日起草。有关这次会议的正式记录,参见《国联公报》,特刊第 101 号,第一卷,第 90—95 页。

日本代表说，从上海地区撤军的人数约为 14 000 人。① 关于谈判，3 月 14 日在兰普森爵士的家中进行了非正式会议②，他希望明天将举行正式会议。大家一致认为应该保守秘密，因此他不能说明讨论的基础是什么。

中国代表说，他不知道任何保密协议，并认为其没有必要。事实上，他已向委员会分发会议议程草案。③ 虽然距召开首次会议已过去 3 天，但日本驻沪领事馆还没有收到接受议程的指示。中国政府提出两个意见，首先，完全反对吴市长对日本 1 月 28 日的最后通牒所做的抵制声明。其次，日本驻华公使提议修改议程草案中关于混合委员会的第 2[3] 点，规定应密切注意疏散区的事态。④ 根据委员会[？大会的]的决议，后续职责已被保留给那些在上海有特殊利益的各国代表，而不包括有争端的中日双方。因此他反对日本人参与这项任务。

委员会主席认为，关于第 2[3] 点，这两个文本之间没有真正的区别，他不认为日本的修正案违反了大会的决议。至于抵制方面，日本要求重申吴的信函，这乍看起来似乎是一种政治条件，因此与大会决议相抵触。

日本代表团满意地接受了主席关于混合委员会问题的声明。他宣称，有关抵制的单独说明并非撤军的一个条件，且日本政府准备推迟几天再讨论，但这是他们极为重视的问题。然后，他询问委员会打算如何执行其谈判后的任务。他认为委员会的直接干预将超出其任务范围。

主席说，委员会不能试图干涉谈判的细节，其明确责任是监督谈判的主要内容，并确保它们不与大会决议中规定的内容产生任何冲突。如果有重大进展，即使在休假期间委员会也可能再次开会。

中国代表说，他的政府将对撤销联合抵制委员会的条件和混合委员会主席的解释感到满意。然后他试图争辩抵制运动超出上海会议的权限范围，但

① 兰普森爵士在 3 月 18 日发来的第 205 号访问电报（当天下午 6 时收到）中，向英国驻北平领事馆转交了军事随员的报告（日期为 3 月 18 日下午 4 时），报告中巴德姆-桑希尔上校特别说道，总部和第二十四混合旅大约 900 名男子白天已经离开上海前往日本的门司港。

② 参见第 88 号。

③ 参见第 98 号，或者《国联公报》第 236 页。在兰普森爵士 3 月 22 日发来的第 61 号访问电报中，他提及："事后发现，由于外交部副部长在发送给上海颜博士的电报中，无意中未标注'机密'，导致了某种信息传递错误，因此这份文件由中国代表提交给了大会。"

④ 参见第 99 号。

主席对这一观点的有效性表示怀疑，并指出目前这个问题尚未讨论。

日本代表最后强调，他的政府尚未明确接受议程草案。

如上所述，如有重大事态发展，那么委员会将休会至 4 月 11 日以后。

在随后的非公开会议上，中日代表退出后，委员会考虑了中国代表的书面请求，决定：(a)邀请双方提供信息以执行理事会 9 月 30 日和 12 月 10 日的决议，①(b)要求理事会主席请求李顿调查团迅速完成关于满洲局势的报告。

西班牙代表试图让委员会对满洲新成立的政府表示疑虑，但包括英国代表在内的若干成员反对这一问题，理由是必须由李顿调查团处理这个问题，并且在调查团报告之前不应该做任何事情。

转发至兰普森爵士第 26 号电报和东京第 23 号电报。

资料来源：[F 2647/1/10]

（向明　译　郭昭昭　校）

95. 英国驻华公使兰普森致英国外交大臣西蒙（1932 年 3 月 18 日）

第 110 号　　兰普森爵士（上海）致西蒙爵士

发报时间：1932 年 3 月 18 日（无线电）

收报时间：1932 年 3 月 18 日 18：00

上海，第 203 号访问电报

有关李顿调查团可能介入的情况如下：

2.②我和我的同事首先想到邀请李顿爵士代表调查团参加我们与中日两国的会议。李顿表示，只要两国政府同意并经国联秘书长批准，这将是非常合适的。③

---

①　印在《国联公报》上，1931 年 12 月，分别在第 2307—2308 页和第 2374—2375 页。参见第八卷，第九到十二章。

②　编者按：序号原文如此。

③　参见第 91 号。

3. 不久后,日本方面对这个想法有异议(据我所知,这个想法没有跟中国方面说),于是我通知了李顿爵士和我的同事们,建议这个想法应该保留。①

4. 随后,我的三位同事表示他们已经与调查团的成员商讨了这个问题,他们都认为,除非我们和中日双方出现困难,否则最好不要让调查团介入讨论。目前情况就是这样。

5. 另见我的第204号电报②,这份备忘录已经得到李顿爵士的认可,并且得到了我同事们的认可,除了法国大使因病无法参与,但他的观点与我们一致,我们也已向他展示了备忘录的副本。

转发至北平,南京公使馆和东京。

资料来源:[F 2681/1/10]

(向明　译　郭昭昭　校)

96. 英国驻华公使兰普森致英国外交大臣西蒙(1932年3月18日)

第111号　兰普森爵士(上海)致西蒙爵士的信函

发报时间:1932年3月18日(无线电)

收报时间:1932年3月18日17:00

上海,第204号访问电报

1. 我和我的同事很想知道,如果我们认为时机已到,并在得到双方同意的情况下,根据3月11日决议成立的特别委员会是否准备授权调查团延迟离开上海,以便在我们认为适当的任何时候,以任何适当的方式协助当前有关停止敌对行动和撤出日本军队的谈判。

2. 能否通过国际联盟秘书长确认此事?

---

①　参见同上,注4。

②　下文111号。

转发至北平和南京公使馆。①

资料来源：[F 2682/2/10]

（向明　译　郭昭昭　校）

97. 英国驻日内瓦领事帕特森致英国外交大臣西蒙（1932 年 3 月 19 日）

第 113 号　帕特森先生（日内瓦）致西蒙爵士

发报时间：1932 年 3 月 19 日 17:00

收报时间：1932 年 3 月 19 日 17:20

日内瓦，第 4 号电报

以下信息来自德拉蒙德爵士致贾德干先生的电报：

据我所知，兰普森先生已经以自己的名义发出通知，要求指示李顿调查团留在上海，以便处理与停战协议有关的事。② 您当然明白，调查团只对理事会负责。虽然理事会决定调查团应该对该计划放手，但我认为理事会仍然可以向调查团发出指示或至少向调查团提出建议。最近，十九国特别委员会③讨论表明，强烈希望调查团尽早进入满洲。如果两国政府要求调查团在上海进行斡旋，情况当然会有所不同，但我了解中国政府急于让他们尽快前往满洲。④ 我个人认为，现在已被告知 19 日调查团要提交关于满洲总体局势的初期报告，应完全酌情决定是否自行决定这些问题。

资料来源：[F 2707/1/10]

（向明　译　郭昭昭　校）

---

①　该文件已由詹森先生转呈华盛顿，参见《美国外交关系文件》1932 年，第三卷，第 599 页。

②　参见第 111 号。

③　参见第 67 号，注 8。

④　参见《国联公报》，特刊第 101 号，第 206—207 页。

98. 英国外交大臣西蒙致英国驻日内瓦领事帕特森(1932 年 3 月 20 日)

第 115 号西蒙爵士致帕特森先生(日内瓦)

发报时间:1932 年 3 月 20 日 02:00

外交部,第 328 号电报

上海的第 203 和 204 号电报。①

请把上海的第 204 号电报传达给德拉蒙德爵士,并向他保密发送第 203 号电报。目前我本人观点如下。

当务之急是使上海的撤军谈判迅速而圆满地结束,这对国联及各方来说都是非常有价值的成就。如果李顿能帮助特别委员会,我认为对这个过程来说是有利的而不是无利的。李顿调查团无论如何都必须在上海进行调查和观察,我建议李顿应该被授权参与上海的谈判,因为这似乎非常有利,并且经过双方同意后,兰普森和他的同事们也会这么做。

转发上海访问辑第 43 号电报②至东京第 65 号电报。

资料来源:[F 2682/1/10]

(向明 译 郭昭昭 校)

---

① 分别是第 110 号和第 111 号。

② 这份电报被外交部转发给了东京,编号为 65。

99. 英国外交大臣西蒙致英国驻日内瓦领事帕特森（1932年3月21日）

第124号　西蒙爵士致帕特森先生（日内瓦）

发报时间：1932 年 3 月 21 日

外交部，第 6 号存档电报

以下信息来自贾德干先生致德拉蒙德爵士的电报。

昨日外交大臣的第 328 号电报①在他看到日内瓦第 4 号电报②之前就已经发送了。他完全同意，李顿调查团仅对理事会负有法律责任，在这个基础上，将处理十九国特别委员会提交给理事会的信息——参见第 4 号电报的最后一句话。但真实情况是，像印度法定委员会一样，③拥有自己的程序，应该在自己的责任下执行其艰巨的任务。李顿调查团已经到达上海，有望获得快速而明确的结果，因此放弃在那里的工作而前往不同问题的现场似乎很奇怪。但是，约翰·西蒙爵士同意李顿调查团应该拥有全面的自主权，不应被争端各方的要求干扰，而应该自行决定做最有用的事情。④

资料来源：[F 2707/1/10]

（向明　译　郭昭昭　校）

---

① 第 115 号。

② 第 113 号。

③ 西蒙爵士任主席的委员会报告（1927—1930 年）已作为 1930 年英国政府第 3568 号命令文书和 3569 号命令文书出版。

④ 电报草稿上的一项说明解释说，这封电报已于 3 月 21 日发送日内瓦，收件人是德拉蒙德爵士。帕特森先生在同日的第 5 号电报中说，德拉蒙德爵士目前没有必要采取进一步行动。

100. 1932 年 3 月 21 日上海会议记录(1932 年 3 月 21 日)

第 126 号   1932 年 3 月 21 日上海会议记录①

上海,1932 年 3 月 21 日

机密

同事间日常例会

与会人员:英国公使

美国公使

意大利临时代办

台克满先生

(法国公使因病缺席)

兰普森爵士在回答代表他本人及其同事就调查团的作用所作的询问时,说了他收到的一封电报,有关键内容(外交部致日内瓦第 328 号)②——这相当于英国外交大臣支持他们的建议。詹森先生提到他的政府发来的一份电报,表示他们认为调查团在满洲的工作非常重要,不应该在上海浪费太长时间。

审议并通过了当天情况的报告,寄了一份副本给法国公使。

兰普森爵士把 3 月 19 日外交部第 38 号电报③的重要内容告诉了他的同事们,从内容看似乎仍然需要联合情况报告。这回应了兰普森爵士代表自己和其同事对此事的询问。

兰普森爵士提出了一个问题:如果通过协议,他们四位团长应该以什么形式签署该协议。他认为,他们应该以见证人的身份签署;一方面他们不希望在任何方面过度承诺;另一方面,协议中有一些他们涉及的点,例如联合委员会;因此,最好是以见证人的身份签署。他进一步建议,他们可以按照以下形式签署:独立签名并在主要签字人之后签署。

同事们都同意,兰普森爵士继续说,他会将上述建议④告知他的政府,相

---

① 该记录的抄件在 3 月 22 日第 43 号上海正式访问辑电报中,外交部于 5 月 10 日收到。

② 第 115 号。

③ 未印。

④ 参见第 122 号。

反,并建议,或者说假设,他将被允许在一定程度上采取上述条款的某种形式。

兰普森爵士提到他前一天晚上在海军上将泰勒(Taylor)①的晚宴上与日本部长进行的一次谈话。重光先生指出,谈判和协议主要与停战相关,而且日本军事当局必须成为主角。但他也曾发电报给东京,让他们允许他签字。无论如何,日本军人必须先签署。重光先生也提到了文件的序言,他建议在下一次讨论中省略这部分,之后当军方介入时,再恢复原状。到目前为止,他们只处理议程。他,重光先生,在谈判中仅为军事当局代言。因此,如果让他看起来像是有军队主导进行的实质性谈判,那对他来说就容易多了。他们不一定会在商定的文本中改变任何内容。兰普森爵士已经认定这完全是一个程序问题,但是军事当局不应该把文本弄得一团糟。兰普森也曾向重光先生建议,在下次会议上,如果就文本达成一致,"中国将确定其立场"应改为"这些立场在本协定附件一中作了规定"。对应的修改也应用于有关定义日本"地点"的句子中。

詹森先生指出,在草案第 3 款中,"中立成员"应改为"包括代表参与国的友好势力的成员"。② 兰普森认为这是一个疏忽而导致的错误。

兰普森询问他的同事是否从他们的军事随员那里得到了与他从巴德姆-桑希尔(Badham-Thornhill)上校处获得的有关日本人提议采取态度的相同信息,并补充说他已将这些信息通过电报发给了他的政府(参见发至外交部的第241 号电报)。③ 詹森先生说,他从他的军事随员处收到了大致相同的信息。

兰普森说,他前一天晚上还在晚宴上和顾博士谈话。顾博士提出了两点看法,一是关于日本拒绝提出最后撤军的日期。兰普森认同这一点,但他说这并不是因为没有催促,他非常怀疑是否能让他们这样做,因为这引发了一个关于中国人应该如何坚定立场的讨论。兰普森已经提到了第 2 款的第一句话,他指出,这是日方为中国人做出的非常宝贵的承诺。二是顾博士提到特别警察只应该是一个临时安排。兰普森告诉他,如果过于密切地强调这一点或提出这一提案将会是一个很大的错误,他和他的同事们都认为这个提议非常明智且具有政治家风范。如果像他们都希望的那样,它应该会被证明是成功

---

① 美国亚洲舰队司令。

② 参见第 118 号,注 2。

③ 第 119 号。

的,那么它应该被扩展开来而不是被撤回。兰普森将试图让他的总领事作为英国文职代表担任联合委员会成员。用这种方式,英国总领事将引出特别警察的问题。然后中国方面可能会发现他们达到了"一石数鸟"的目的,包括关于外部道路的争议。

詹森先生暗示说,他同意兰普森对顾博士所说的观点。他补充说,他认为只要大家缄口不言,外面道路上的公用事业等问题就会在适当的时候解决,兰普森爵士表示同意。

兰普森在谈到他一直在讨论的问题时说,在那天下午的会议上,①郭泰祺先生可能再次提出将特别警察局作为临时措施的问题。他认为,外国同事应竭力劝阻他不要再纠结于此,詹森先生完全同意。

台克满

资料来源:[F 4084/1/10]

（向明　译　郭昭昭　校）

101. 英国外交大臣西蒙致格雷厄姆(1932 年 11 月 9 日)

第 169 号　西蒙爵士致格雷厄姆(R. Graham)爵士(罗马)②

发报时间:1932 年 11 月 9 日

外交部,第 1087 号

先生:

马梅利(Mameli)先生今天应我的要求来访,我指出,下议院的反对党要求立即就宣布德国的地位平等申请的议案③提出批评。在我们议会制度的框

---

① 参见第 123 号。

② 巴黎第 2280 号电报和布鲁塞尔第 647 号电报,都经过适当修改。

③ 这项动议的内容是:"本院认为,英国政府必须明确支持立即、全面、大幅度地在平等基础上减少军备,这是即将召开的世界经济会议成功的基本前提;同时,应通过支持李顿调查团关于中日争端的调查结果,维护《国际联盟盟约》的原则。"(参见《英国下议院辩论记录》第 5 辑,第 270 卷,第 525 栏)

架下,政府应当允许这样的辩论,辩论将在明天也就是周四举行。因此,政府不得不对原来的主张作出一般性的陈述,同时指出应该给予的条件。同时,我觉得这个原则的详细实施必须在日内瓦与在场的德国人讨论。我想补充的是,政府有详细的建议说明如何在实践中应用这项原则,但我们不打算在辩论中提出。我希望星期天能到达日内瓦,并有机会就此事进行交谈。

此致

约翰·西蒙

资料来源:[W 12490/1466/98]

(向明 译 郭昭昭 校)

102. 英国驻华公使兰普森致英国外交大臣西蒙(1932 年 4 月 5 日)

第 178 号 兰普森爵士(上海)致西蒙爵士

发报时间:1932 年 4 月 5 日

收报时间:1932 年 5 月 23 日

上海,第 72 号访问电报

机密

先生:

1. 我已经根据最近关于满洲海关地位的事件及时发了电报报告,并已将我就此事与海关负责人及其他人通信的副本定期发送回国。然而,为了方便将来做参考,简要记录下主要事实可能是有用的。

2. 2 月 21 日,弗雷德里克·梅乐和爵士要求我讨论在日本影响下成立的新政权干涉满洲海关的可能性。[①] 众所周知,中央政府控制海关的问题,过去在中国其他地区出现过,独立的地方政府一直垂涎于海关的收入。十月份,日本对满洲的盐业资金进行了突击检查。自从日本人开始建立与南京政府分离

---

① 参见第 49 号。

的地方"自治政府机关"的关系以来，他们企图接管海关的冲动是显而易见的。二月份，日本宣布为整个满洲建立一个独立的行政机构。很明显，我们迟早会面临这个问题，即新政权会不可避免地挑战中国政府在自己土地上征收关税的权利。

3. 一直目睹着这一危险的弗雷德里克·梅乐和急于通过某种方案，至少保证海关的行政统一，并维持税务司在满洲海关的权威。他从以前地方反抗南京的案例中获得经验来寻找他想要的这种方案。事实上，到目前为止，满洲海关危机的发展与 1930 年夏天在天津发生的事件①非常相似，当税务司努力通过一项安排维持对天津海关的控制权时，即将 5％的税款收益作为对外债和赔款服务的抵押汇至上海后，由阎锡山（Yen Hsi-shan）②保留剩余收入。当时的财政部部长拒绝同意这样的妥协行为，这促使阎锡山夺取天津海关，并在已故的辛博森（Lennox ［Lenox］ Simpson）先生名下建立了一个独立的海关管理机构。弗雷德里克·梅乐和坚决反对任何妥协，在满洲，对海关这样的处理会造成灾难性后果，这是他得到宋子文许可来征询我的意见的原因之一。

4. 我非常理解弗雷德里克·梅乐和的反对意见，在对这个问题进行充分讨论后，我授权他向宋博士引述我的观点，大意是满洲海关问题的唯一安全且合理的解决方案是参考 1930 年税务司为天津提出的方案，去年实际上也为广州提出了这一方案③，并且考虑到为地方当局保留剩余收入，规定税务司继续控制海关机构。④ 从我的角度来看，这有两个主要考虑因素，即维护海关当局的完整性和外债赔偿的担保。

---

① 参见第八卷，第 281 号和第 295 号。
② 山西督军。
③ 参见第九卷，第 1 号。
④ 在 1932 年 3 月 30 日的备忘录中，普拉特爵士写道："在条约限制中国海关关税为 5％期间，整个海关收入已抵押了某些外债（贷款和庚子赔款等）。还担保了一些国内贷款：(a) 偿还外债后的剩余收入，以及 (b) 退还的庚子赔款。根据已经制定的制度，整个收入以税务司（英国主体）的名义汇往上海的外国银行，并分配到负责履行各项义务的不同银行中。自 1929 年以来，关税不再被限制在 5％（参见第八卷，第 11—12 页的介绍）。中国政府认为，只有 5％的关税所得是针对外债的担保，并且鉴于已按时偿还这些外债，这一立场没有受到质疑。当广州去年宣布独立并声称其在境内征收海关收入的权利时，这些权利被视为一项已妥善履行的安排，在此安排下，5％的关税收益汇往上海，用于支付外债，其余的收入则由广州保留。中央政府发放的国内贷款因此受到偏见，这一事实并不是外国人关注的问题。"

5. 另外，弗雷德里克·梅乐和急于想知道，我和我的美国同事是否不愿意提前向日本方面提出一些警告，即日方不宜干涉海关。但是我告诉他，我反对这样做，理由是常有预料不到的事件发生，而且这种表述仅仅是对日本人进行单方面的思想灌输。

6. 自那时起，从税务司一直以来让我提供的信函副本以及转发到国内的副本中可以看出，弗雷德里克·梅乐和一直在努力与"满洲国政府"达成一些类似广州先例中的安排。然而，他未能获得财政部部长对相关原则的批准。

7. 正如我在 3 月 10 日的第 167 号访问辑电报①中所报告的那样，弗雷德里克·梅乐和跟我说了海关监督从丹东发来的电报副本的内容，其中表明"新政府"打算接管海关。根据这些电报，海关税务司已经收到了来自东北政务委员会的指示，海关将被其控制，并且日本顾问将协助海关监督。日本领事私下通知专员，他必须准备好应监督的要求移交权力；他还表示海关现在的雇员可以选择加入"新政府"，但是不会继续沿用旧的薪水和条件。随后日本顾问将参与丹东、牛庄、奉天、哈尔滨和山海关的海关管理，但暂时没有采取进一步的行动。可能是害怕引起外交上的麻烦或行政上的困难，所以满洲当局没有过于仓促行事。

8. 事态的发展表明，"满洲国政府"威胁要将满洲海关从税务司的控制中解放出来，从而破坏中国海关的行政统一，并砍掉一部分中国通过条约保障的对外义务的收入，这是不可能被无视的。然而，关于可能干预的理由和渠道，引发了一个微妙的问题：怎样才能避免这种不幸。

9. 英国在海关的直接利益仅限于海关收入作为海外债务担保，所涉及的利益可以通过一个合理方案来满足，即依照其他独立省份的先例，把中国政府这一外交上的义务转交给"新政府"。"满洲国政府"已经多次表明，特别是在 3 月 1 日宣布"满洲国"独立的声明②中，他们愿意承认外国的权利，并承担分担外交义务的责任。但自海关成立以来，海关的稳定已经成为英国在华政策的一个基点，英国政府过去曾对任何可能削弱总税务司权威的先例感到震惊和不满。在中国，任何形式的中央财政控制一旦放松，都可能会因为政府的威望受到轻微的打击而崩溃。海关除了为国外贷款偿还提供担保，还是中国的

---

① 第 49 号。

② 参见第九卷，第 666 号和本卷第 66 号，注 3。

经济支柱,统一的海关行政和关税收入是外贸的重要基础,海关也在中国履行了许多其他重要职能,如保护和管理照明、港口和水路。这些因素可能不会使我们在考虑由一个独立政府接管中国任何一个地区海关的问题上走得更远,但我们不应该放弃传统政策,且要尽我们的努力来挽救中国海关的完整性。因为它看起来没有问题,无论如何也不会用它来向英国政府尚未承认的新"满洲国政府"提出交涉,而且最近的一些声明是由美国国务院发布的,特别是史汀生给博拉(Borah)参议员的信函①,大意是美国拒绝承认日本在满洲的新方案,这一方案导致美国利益受损,这表明我们可以在海关问题上合理地提醒日本政府,我斗胆在上文提到的 3 月 10 日第 167 号电报中提出了这个建议,可能会在东京与美国政府就此问题进行协商。然而,英国大使在 3 月 11 日的第162 号电报②中认为,英美交涉可能会引起日本的不安情绪,他后来建议不应采取任何官方行动,③尽管我明白他与外务大臣④私下讨论过这个问题。(分别参见 3 月 14 日和 17 日的东京第 77 号和 82 号电报)。⑤

10. 与此同时,弗雷德里克·梅乐和正在通过满洲的密使采取行动,以确定是否有可能达成一种暂时妥协。3 月 12 日,日本驻大连海关的福本(Fukumoto)先生访问了奉天,表明当地政府的意图,并尽可能使他们支持妥协。关于福本先生访问的详细情况,载于代理英国驻大连领事发至英国驻东京大使的电报(3 月 16 日第 34 号电报)⑥中以及弗雷德里克·梅乐和 3 月 24日给我的信函附件⑦(副本在 3 月 26 日同我的第 55 号访问辑电报一并转交),⑧这两份报告的一个有趣特点是,它们揭示了新国家行政机构的运作情

---

① 参见外交大臣 2 月 23 日致博拉参议员的电报。参见第 9 号,注 11。

② 第 60 号。

③ 这项建议是 3 月 17 日发至外交部的东京第 192 号电报(F 2601/451/10),是在收到发至东京的大连第 7 号电报后转发至东京外交部的第 171 号电报(F 2600/451/10),总结了福本先生访问奉天的结果(参见下文第 10 段)。

④ 在 3 月 14 日发至外交部的东京第 166 号电报(F 2474/451/10)中,林德利爵士报告说"他正在与外务大臣谈这个问题"。

⑤ 这里提交的副本上有一条用铅笔写下的笔记:"参见 F 2474、F 2600 和 F 2601",即上面注 10 和 11 中提到的电报。

⑥ 未印。参见第 164 号,注 2。

⑦ 未印。

⑧ 未印。

况。很明显,对海关采取的政策实际上是由附件中提到的日本"领事和顾问"会议①决定的。(虽然弗雷德里克·梅乐和爵士的信中没有标明,但实际上这是福本先生本人给总督察的一份秘密报告,因此,我希望对内容保密,因为弗雷德里克·梅乐和要求我尤其要避免泄露任何可能危及福本先生名誉的信息。)根据他自己的说法,福本先生与他在奉天的"朋友"进行了激烈争辩。对满洲和日本来说,任何企图为"新国家"推行关税自治的后果都是灾难性的,并指出随之可能出现的复杂经济和政治问题。他在会上的朋友们支持他的观点,并在很大程度上理解他。

11. 福本先生支持妥协的观点,事实上似乎已经取得了成果。到3月19日为止,海关监督收到他的一封电报②,其中表示,对"满洲国政府"提出的政策,原则上坚持满洲海关独立,并设想其暂时在海关监督的指示下工作,条件是重要的人员变动、关税变化和海关条例变更应该得到"满洲国政府"的批准。部分海关收入将被汇出用于支付部分外债和赔款,余额由"满洲国政府"存留。但是,如果这些条件未得到满足,而是以待解决,"满洲国政府"就会接管海关,并在必要时通过武力持有收入。在这种情况下,大连海关不会受到干扰,但大连税收将被视为"满洲国政府"为外债和赔款服务所做的贡献。〔大连特殊和独有的地位当然是满洲海关问题的一个重要因素。大部分满洲贸易的税收是根据1907年《中日协定》③来订立的,大约占满洲总收入的一半(1931年,总共2 600万中约有1 200万两),"满洲国政府"当然不能干涉在日本行政区域中的大连海关,他们大概不愿采取如此激烈的措施在满洲和租界之间建立关税。如果日本夺取了其他的满洲海关,大连的收入应该继续汇给中国政府作为对外国贷款服务的贡献,这一建议或多或少地受到局势的必要性的影响,这种安排对中国并不是不利的,考虑到所有的情况,如果是这样的话,那么在大连的关税数量得到维持并且贸易没有被有意地转移到其他港口。〕在传递这种信息时,"满洲国政府"很可能会采取福本先生的建议。福本先生强烈建议授权他和由监察长派往满洲的中国海关秘书丁先生,与"满洲国政府"进行私人谈判,

---

① 本次会议于3月12日至14日在奉天举行。

② 梅乐和爵士对这封电报的总结已于3月21日在兰普森爵士的第213号电报中发至外交部,未印。

③ 本协议印在麦克默里编辑的《列国对华约章汇编(1894—1919)》中,第一卷,第634页及后页。

寻求妥协。

12. 弗雷德里克·梅乐和就以上电报致函①财政部部长,他在信中极力主张进行谈判的可能性,指出妥协和接受谅解符合中国的利益。根据 1931 年在广州签订的协议,"满洲国政府"将或多或少按照与协议一致的方式支付他们的赔款和外债的担保份额,而不是冒着查封满洲海关和中断海关服务的危险。他建议,首先应该试图引导满洲当局按比例分担海关担保的所有贷款和赔款。(我从梅乐和爵士处了解到,他认为满洲当局可能会合乎情理地反对为这部分赔款作出贡献,中国政府最后还是会屈服于这种反对意见,在这方面,请参见下文第 19 点提到的梅乐和爵士 3 月 22 日给我的信中附上的备忘录。)梅乐和还提议,海关应同意满洲当局修订关税法规,以及调整除大连外的其他满洲港口人员。他指出,他的提议将提供一种暂时妥协的办法,在所涉及的更大的政治问题出现之前,在很大程度上可以维持海关在满洲的地位。(请参见他 3 月 19 日给我的信函,②其副本已附在 3 月 22 日我发出的第 42 号访问辑电报中。)③

13. 然而,弗雷德里克·梅乐和对于宋博士赞同他提案的可能性表示怀疑,并私下向我表示他希望我给予他支持。然而,他担心我会透露他在此事上接触过我的事实。因为,当时在中日会议上充分讨论,没有找到合适的机会向财政部部长非正式地提出这个问题。因此,我准备了一封信给宋博士,提请他注意英国政府在中国海关一贯的利益,并以普遍的理由敦促双方达成妥协。这封信函(我谨随函附上的一份副本)④尚未传送至目的地。3 月 25 日上午,当人们知道了这件事,宋博士急切地打电话来要求与我讨论这个问题。在谈话时(我在 3 月 25 日的第 224 号电报中报告了此事),⑤我借此机会给他灌输了我以前表达过的意见中的重点,并强烈要求,为此事烦恼可能是默认新制度在满洲干涉海关组织,智慧的表现是中国政府应该视而不见,并允许总税务司制定一项工作方案,以确保海关的诚信。宋博士耐心地听取了我所说的话,但明确表示,他的政府已经决定,任何对海关的干涉都是不容忽视的。他请求我向您陈述情况,并询问能否向东京方面施加压力,从而约束满洲采取行动。尽

---

① 3 月 19 日,未印。5 月 10 日在外交部收到一份副本,作为兰普森爵士 3 月 22 日的第 42 号访问辑电报。

② 未印。

③ 未印。

④ 未印。

⑤ 未印。

管我已经做出了明确表示，但我表达怀疑英国政府是否会采取行动，我知道他们在我从前向他们提出这个问题时就犹豫了。宋博士告诉我，他也和我的美国同事一起协调了此事，他的同事已经致电美国政府，敦促他们做出交涉。[①]事实上，我已经从詹森先生那里了解到此事，但我不知道他的电报在华盛顿会产生什么结果（如果有的话）。[②]我重复了我的观点，多次支持宋博士做出妥协，并将我已经准备好的信函交给他。但是，他不服气地离开了，我在当天晚些时候收到他的来信，他在信函中表示，他"必须坦率地说"他不希望中国政府看到"在销毁其精神和实质内容的同时，保持海关的完整性"这样的结果。（也在此附上这封信函的副本。）[③]

14. 在我与财政部部长面谈之前，我曾收到税务司的一封信函，在信函的副本中税务司向宋博士说了从满洲当地代表处收到的其他电报的内容。简单地说，电报中有一份由"满洲国政府外交部长和财政部部长"非正式传达给税务司的未经签署的备忘录，其中提出如上文第 11 点所述的维持现行海关管理制度的建议，某些条件大致符合福本先生所预期的条件。福本先生和丁先生再次要求授权与"满洲国政府"进行谈判，有人表示后者急于解决问题。由于私下的劝说，备忘录已从他们那里发出，任何不适当的拖延都会引发危机。[④]

15. 由于我整天都在参加会议，我指示斯特林先生（Mr. Stirling）[⑤]拜访税务司，并代表我向税务司通报我与财政部部长的面谈情况以及我所采取的行动。弗雷德里克·梅乐和随后透露，他在前一天已经收到中国政府通过财政部部长传达的明确指示，禁止他与满洲当局达成任何协议或谅解。弗雷德里克·梅乐和说，作为中国政府的公仆，他认为他不能挑战他们的决定，然而他认为这可能是不明智的。这件事情仍在考虑之中，他已经竭尽全力敦促他们做出明智之举，但他现在除了执行指示别无选择。然而，尽管对引导他们这样做，他不是非常乐观，但他建议我可以通过英格拉姆先生在南京进一步表态，尽可能劝说政府重新考虑他们的决定。斯特林先生询问，是否有可能在没

---

① 参见《美国外交关系文件》1932 年，第三卷，第 616—617 页，3 月 22 日詹森先生致外交大臣的电报。

② 美国政府 3 月 23 日的答复参见同上，第 621—622 页。

③ 未印。兰普森爵士的 3 月 25 日第 228 号电报中的一份总结，已转交给外交部，3 月 26 日上午 9 时 30 分收到。

④ 兰普森爵士在 3 月 26 日的第 225 号电报（当天上午 9 时收到）的报告如本段所述。

⑤ 英国驻北平使馆二等秘书。

有任何正式协议或谅解的情况下安排有关事宜，使海关行政当局继续在满洲发挥作用，剩余收入由满洲当局武力保留。弗雷德里克·梅乐和似乎认为这有可能，他不能肯定地说出中国政府的态度会如何，但他至今没有收到关于撤离海关人员的指示。他问是否可以在东京进行交涉，以确保满洲当局不会采取任何激烈行动。（在此附上上述对话的记录。）①

16. 3月30日的243号访问辑电报②中报告了英格拉姆先生根据我的指示进行交涉的结果，结果并没有特别令人鼓舞。南京政府的成员争辩说与"满洲国政府"达成的谅解会暗含对新国家的承认，这会危及他们的立场，他们似乎了解了所涉及的问题，这表明对于整个问题他们倾向于采取沙文主义不作为的态度，南京方面似乎已经准备好通过分裂满洲海关管理局，做一些损人不利己的事。我怀疑在这方面他们可能多多少少正在发挥作用，并希望通过威胁彻底颠覆满洲海关，迫使外国势力在东京为他们辩护。我知道，我向税务司建议过这一点，他与我观点一致。

17. 3月26日左右，被任命协助海关税务司的日本顾问在丹东、牛庄和哈尔滨向中国银行的当地分行汇款，并指示他们立即将所有的收入，包括截至当日和所有未来的收入，交给满洲当局指定的银行。银行提出异议，并表示，他们必须参考海关的指示。

18. 与此同时，英国驻东京大使对维护海关完整的重要性印象深刻，这符合共同利益，并敦促他利用其对"满洲国政府"的影响力与中国政府可以接受的税务司达成某些协议。③

19. 同时，一些有利于促使中国政府采取温和政策的因素正在发挥作用。我非常机密地了解到，税务司一直在与中国银行家进行私下协商，它完全赞同宋博士寻求冲突的愚蠢政策。应中国银行家中某些人的要求，弗雷德里克·梅乐和爵士起草了一份简短备忘录④，其中列出了赞成妥协的观点和应该寻求的路径（请参见他3月22日的信函，其中随同发送了该副本）。⑤ 据我所知，这

———————

① 未印。这份电报3月25日在兰普森爵士的第229号电报中，已转交给外交部，于3月26日上午9时30分收到。

② 未印。

③ 有关芳泽谦吉先生的这次采访在3月28日的第184号电报（未印）中。参见第164号第1和第2段。

④ 即下文的附件。

⑤ 未印。

一备忘录的解释,是由有关银行家向宋博士传达的,代表了他们自己的观点。梅乐和并不知道他们与宋博士之间可能传递信息的细节,并且显而易见地渴望他们之间没有关联。然而,他告诉我,刚刚从南京回来的这位部长迄今表现出一种不那么好战的面貌,甚至在特定情况下更为如此。在一些反对意见出现后,直接指示"不要强迫对方对此事做出决定或表态"。

20. 另外,弗雷德里克·梅乐和告诉我,银行的收入问题尚未解决,但满洲当局迄今没有企图干涉海关或禁止汇款。因此,似乎可能的是,在各方面施加的合理性建议可能已经取得成果,并且即使没有达成任何正式方案,各方也可能至少默认同意不分裂海关机构,其中双方及外国列强利益都是紧密相连的。事实上这个问题目前很大程度上是根据税务司原来建议的方式解决的,即由于不可抗力,满洲当局保留剩余收入。

此致

迈尔斯·兰普森

资料来源:[F 4358/451/10]

(向明 译 郭昭昭 校)

第 178 号附件

梅乐和爵士的备忘录

1932 年 3 月 22 日

满洲海关问题

如果我们要清楚地认识这一事件,并保持海关的完整性,就必须清楚地认识和理解与满洲海关相关的一切。

很明显,满洲的海关不能独立于"满洲国政府"单独运作,如果任命海关人员并引入新的关税,需要"满洲国政府"确认。"满洲国政府"不大可能同意与中国签订更优惠的条款,除了承诺清算中国海关担保的赔偿和外国贷款。如果明确承认上述事实,谈判就有可能顺利进行,但如果海关税务司有权要求另外按比例支付国内贷款,那么当然不会造成损害。据了解,中国政府只允许税务司在有不可抗力的情况下采取这样的局部行动,不能影响"占领满洲"这一更大问题的最终解决。上海商业机构和债券持有者协会向日内瓦和李顿调查团抗议当地干涉满洲海关,这可能是有用的。应该记住的是,目前在满洲有数以百计的求职者渴望在海关获得职位,无论是海关官员还是顾问,因此,每一个诱因都使新"满洲国政府"想要直接控制满洲的所有海关。最后，还应该记住，苏联、德国和奥地利的赔款目前由中国以某些国内贷款等服务的名义吸纳，而且如果"满洲国政府"同意清算其在海关担保的所有赔款和外国贷款，实际上也将为某些国内贷款提供服务。因此，他们不可能清偿赔偿金中不直接影响外国利益的部分。因此，如果能达成任何协议，既能维护海关的完整，又能增进信用，这对中国都是非常有利的。应该充分认识到，如果满洲的海关完整性受到损害，将会开启一个非常危险的先例。

资料来源：[F 4358/451/10]

（向明 译 郭昭昭 校）

103. 英国驻华公使兰普森致英国外交大臣西蒙（1932 年 4 月 11 日）

第 197 号 兰普森爵士（上海）致西蒙爵士

发报时间：1932 年 4 月 11 日（无线电）

收报时间：1932 年 4 月 11 日 19:00

上海，第 276 号访问电报

发给我的北平第 94 号电报①。

我完全赞成在我们的权限范围内协助调查团，并授权霍尔曼先生在他认

---

① 在 4 月 10 日的这封电报中（在 4 月 11 日下午 5 时收到，兰普森爵士第 277 号电报转发至外交部）霍尔曼先生报告了与李顿的交谈，对话如下："昨晚我和李顿进行了长谈。他希望把 9 月 18 日以来使馆档案中关于满洲危机的所有相关信息，以及前几年所引发的有关事件的总体调查交由调查团处理，以便他们可以在到达满洲的前一周内进行研究。其他法庭也会提出类似的要求（参见《国联公报》，特刊 101 号，第 209 页）。他非常了解，某些信息可能只能自己看。他警告我说，调查团在某些情况下可能必须在报告中引用他们的信息来源。"霍尔曼先生补充说，调查团"也急于拿出危机阶段目击证人的证据。在使馆中能找到的人只有洛瓦特·弗雷泽（Lovat Fraser）。他可以提供证据吗？据我所知，英美烟草公司总监肯特（Kent）和北平—奉天铁路运输总监史梯理（Steele）正在这样做。您希望我建议的是外国人还是其他人？……希望您能就这两个问题立即向我提出意见和指示"。

为适当的情况下让李顿爵士个人查阅某些报告(我这里没有档案,因此无法控制他的选择)。不过,我希望的是,英国的官方报告只是写给英国政府的,而不是为了传达给任何国际机构,更不应该被引用到日内瓦或其他地方的委员会报告中。

　　请把这件事情的指示和英国官员霍尔曼先生在调查团面前提出的问题,用电报说明一下。至于我们的报告方面的问题,我的看法与之相同,我一点也不喜欢这种建议。

　　转发至北平。

资料来源:[F 3360/1/10]

(向明　译　郭昭昭　校)

104. 英国驻中国使馆代理总领事普拉特致英国外交部远东司司长奥德(1932 年 4 月 12 日)

第 206 号　普拉特爵士(日内瓦)致奥德先生的信函

发信时间:1932 年 4 月 12 日

收信时间:1932 年 4 月 16 日

日内瓦

亲爱的奥德:

　　我附上 4 月 9 日德拉蒙德的来信副本,①附上与佐藤(Sato)的两次谈话记录,以及与吴②的一次谈话记录。德拉蒙德还提到法国对日本政府最近关于 3 月 11 日大会决议的来函的答复。

　　我相信松平与我们进行了类似的交流,如果有任何关于这次谈话的记录,③如果您能将它发至日内瓦,将会非常方便。

---

①　未印。

②　参见下文附件 1、2、3。吴凯声先生是中国驻伯尔尼代办以及国联代表。

③　参见第 161 号,注 8。

我还附上昨日颜博士和德拉蒙德谈话记录的副本。① 我担心顾维钧博士进入满洲的问题会给我带来很大的麻烦。②

谨上

普拉特

资料来源:[F 3475/1/10]

(向明 译 郭昭昭 校)

第 206 号附件 1

3月19日德拉蒙德爵士与佐藤先生访谈记录

日内瓦,1932年3月19日

我邀请佐藤先生今天早上来见我。

1. 我对他说,我昨晚在无线电里听到的一些消息让我感到非常惊慌。大意是,虽然日本尚未收到关于停战的官方消息,但是半正式地宣布,日本政府已指示接受暂时商定的三点③,并附加了接受的条件,即立即在上海召集一次会议来处理包括抵制运动在内的各种问题,并且必须在日本军队全部撤离之前开始会议。我说这使我感到害怕,因为在我看来,这与大会决议的条款相矛盾,并且在撤退部队方面引入了一个政治条件。

佐藤先生说他非常了解我的当务之急,他本人在当地媒体上看到了一些同样的消息,但他怀疑这是否属实。事实上,日本政府已经接受了三点,第三点稍作修改。④ 日本放弃了这个单独说明的问题,在这种情况下,他不相信日本会接受停战的政治条件。

我感谢佐藤先生提供了我真心希望得到证实的信息,因为这使我如释重负。否则,我应该征询主席的意见,我们可能会发现需要重新召开十九国特别委员会会议,这显然是目前最不可取的方式。

2. 我说我想以纯粹的个人身份向他提出一个有点微妙的问题,即抵制问

---

① 附件 4。

② 参见附件 4。4月10日中国外交部长收到一封"满洲国政府"发来的电报,电报中称拒绝顾博士进入满洲。

③ 提到的三点内容,参见第 98 号。

④ 参见第 99 号。

题。日本人如此自由地使用该词真的很明智吗？在日本当局向上海市长提出的最后通牒中，没有提到抵制运动，而只是使用了"抗日运动"一词。①　当提到抵制运动时，中国人立即回答说他们无法控制国民在购买外国货物方面的意愿。

佐藤先生说，他意识到这一点，但是日本对抵制运动的抱怨是认为中国政府鼓励中国公民不要购买日本商品。

我说我明白了，如果日本人能够更详细地解释这一点，我认为会有一定的好处。

3. 佐藤先生说他收到了我关于 9 月 30 日和 12 月 10 日决议的信函②，对如何回复感到非常困扰。由于理事会已经通过了这些决议，日本依旧保留为满洲申请第十五条的权利，他能否不答复理事会主席？

我对他说，我已经非常仔细地审查了这些保留权利，但我感觉到——而且我期望他会同意——由于大会一致通过 3 月 11 日的决议，情况完全改变了。大会通过该决议宣布自己有能力处理整个争端，该决议获得一致通过，日本代表也参与了其执行。如果日本代表反对这项决议，情况会有所不同，但我不认为现在是公开挑战他们的时机。

佐藤先生说，他个人倾向于同意，但他曾要求他的政府就如何处理满洲问题作出指示。

我对他说，鉴于大会的决议，我曾想过要求日本政府在几天时间内作出关于争端的声明。到目前为止，他们只是发表了关于上海的声明。中国人已经处理了包括满洲在内的整个问题，令人有些遗憾的是，中国的案子竟然单独摆在公众面前。因此，我曾想邀请他就满洲争端问题发表另一份声明。但我想再等一会儿，因为我觉得时机未到。当然，如果日本政府回答说他们不希望发表任何这样的声明，那么没有人会强迫他们这样做，但这又会使中国人独占该领域。

佐藤先生感谢我的发言，并表示他会非常认真地考虑这些问题。③

----

①　参见第九卷，第 143 号，附件 2。

②　3 月 18 日的这封信函，邀请日本政府向十九国特别委员会通报为实施理事会 9 月 30 日和 12 月 10 日的决议而采取或预期采取的措施，印在《国联公报》，特刊第 101 号，第 266 号。

③　参见 1932 年 4 月 8 日日本通信，同上，第 266—272 页。

4. 他向我非常详细解释了日本政府在大会或十九国特别委员会处理满洲问题时犹豫不决的情况。

我回答说,我怀疑这是否能证明这个事实,确实双方已经要求了解理事会是如何执行两项决议的。但是我认为,在收到李顿调查团的报告之前,十九国特别委员会不希望对满洲问题的实质内容发表任何意见。现在,李顿调查团将向理事会报告,佐藤先生将从大会决议中看到理事会可以自由审查这些报告,并向大会提供理事会成员认为适合大会的所有意见。因此,如果《李顿调查团报告书》附有建议,首先可以由理事会进行讨论,如果达成一致意见,理事会可以通知大会。我认为,只有在没有达成协议的情况下,理事会才有义务将这些报告和这种声明转交大会,再由大会讨论该事项的实质内容。

德拉蒙德

资料来源:[F 3475/1/10]

(向明 译 郭昭昭 校)

爱文诺先生①:

第 206 号附件 2

3月21日德拉蒙德爵士与佐藤先生访谈记录

日内瓦,1932年3月21日

佐藤先生今天晚上来看望我,他对我说,他现在从他的政府收到的消息是,我前几天向他表示的担心是毫无根据的。日本政府并不打算在圆桌会议上把讨论抵制的问题作为日军撤军的一个条件,关于撤军的协议进展顺利。实际上,他现在希望尽快达成协议。日本政府目前希望稍作改动,但他认为这种改动毫无用处。

我认为这很好地说明了我所收到的关于协议的信息。

据我所知,佐藤先生似乎颇为吃惊,并说他收到严格的指示,不向日内瓦的任何人提及这些条款,但我告诉他的话大致上是正确的。日本政府有两点不太高兴——第一点是由中国警察部队来接管撤离区。日本政府对该警察部

---

① 国联副秘书长。

队并不了解,不能确保它足够可靠,并且他们认为无论如何,都应该对该部队有一些中立的控制。①

我说我之前了解到,该地区的警务工作将由中方警察队伍接管并受联合委员会控制。

佐藤先生似乎很怀疑情况是否的确如此,但我们承认这些都是小问题,只能在现场解决。他说,有一个问题引发了他的政府相当大的担忧,即召开圆桌会议,他们希望在会议上讨论抗日运动。他的政府认为,一旦为日本撤军作出充分的安排,而且这些安排正在执行中,那么在指定日期召开圆桌会议是合理的。

我提醒他中国代表对理事会3月4日决议做出保留意见,即必须在同意参加圆桌会议之前达成并执行停战协议。但是,我个人认为,如果撤离工作已经取得充分进展并且预计出部队撤离的最后日期,那么会议应该在该日期前后召开,这是非常合理的。

佐藤先生说,他的政府担心一旦撤军,中国政府会就召开会议制造种种困难,并会以某种借口或其他方式来拒绝达成这一目的。

在我看来,如果中国政府这样行事,就没有履行对理事会和大会所作的承诺,我不相信他们的政策会是如此。

然后,我们就有关满洲情况的程序进行了一些深入交谈,我向佐藤先生重复了我之前说过的话,并警告他,虽然我认为我的推测实质上是正确的,但可能会在细节上有一些调整。

德拉蒙德

资料来源:[F 3475/1/10]

(向明　译　郭昭昭　校)

---

① 编者按:此处原文无"第二点"相关内容。

爱文诺先生：

杉村①：

第 206 号附件 3

4 月 9 日德拉蒙德爵士与吴凯声(Wu Kai-seng)先生的访谈记录

日内瓦，1932 年 4 月 9 日

吴凯声先生今天下午来看我，并告诉我他的政府已经召他回中国报告情况。他需要大约一个月的时间才能到达那里，他非常乐意接受我的建议，他知道了应该向中国政府说些什么。他说，代表团在这里最担心的是满洲问题和上海问题会被作为一个整体来处理，他认为中国政府完全同意这一观点。事实是，目前对日本商品的暴力抵制是由于日本军队占领中国领土，一旦停止，抵制运动将自动停止。因此他们希望国联能够相互依存地处理这两件事情。

我回答说我很理解这个观点，然而，在我看来，该事件有两个不同方面——第一个是总体方面，其中包括抵制问题。在这里，我很清楚，涉及中日两国总体关系的问题不能单独从满洲方面来处理。第二个是局部方面，这涉及上海及其租界中的日本军队的安全问题和日本居民的生命问题。这个局部问题似乎可以在主要的政治问题之外独立解决，并且可以在我们大家急切希望达成的停战协议的框架下处理。

吴先生说，当他见到中国外交部长时，他肯定会向他的政府转述这些情况。

我表示希望当他到达时，上海方面的问题已经解决了。

吴先生说，中国政府非常感谢国联为中国所做的一切，特别是在行政合作方面。他希望合作能够继续下去，他还非常赞赏大会通过的决议，最后他说他相信我会在不久之后来到中国。

我感谢他的邀请，并表示我一直期待在未来能够访问中国。

德拉蒙德

资料来源：[F 3475/1/10]

（向明　译　郭昭昭　校）

---

① 国联副秘书长，一个日本人。

爱文诺先生：

维吉尔先生①：

第 206 号附件 4

4 月 11 日德拉蒙德爵士与颜博士的访谈记录

日内瓦,1932 年 4 月 11 日

颜博士今天早上来看我,并给我这份附件②(另行处理)。他解释了目前谈判的立场,并表示,日本现在的态度是,他们准备宣布一旦恢复正常情况,他们会将军队撤到租界内,他们希望在六个月内恢复正常。中国政府显然不接受这种情况,因为日本人要判断情况何时正常,其次是因为日方只表达了希望。在这种情况下,中国政府不得不要求十九国特别委员会早日开会。

我对他说,如果他能告诉我在圆桌会议上是何立场,我会相当感激。这次撤军和圆桌会议是否不太矛盾? 例如,中国人是否准备在圆桌会议上讨论租界中的日本居民的生命安全问题?

颜博士回答说,谈判没有谈到圆桌会议。会议的提案由列强提出,中国希望大国提出议程草案,提交给其批准,同时显然将会讨论居民的安全。然而,现在发生的情况是,日本人在上海采用了与满洲相同的方法,对此中国政府不同意。

我对他说,我对他在十九国特别委员会早期会议的要求感到有点惊慌。目前的情况是什么? 根据我的理解,大国仍在尽一切努力使谈判成功,我从他们那里得到的所有信息都表明现已彻底形成僵局。如果知道中国政府已决定在日内瓦提出整个问题,这难道不是为了让大国的代表们停止到目前为止最有价值的努力吗?

颜博士说,他看到了这一点,但事实上已经陷入僵局,任何会议都毫无用处。但是,鉴于我所说的话,他会建议在上海再次开会,并且他完全不希望十九国特别委员会在本周末之前开会。

然后,我们讨论了关于"满洲国政府"不允许顾维钧博士随李顿调查团一同前往满洲的情况。

我对他说,我认为让这个问题由李顿调查团来处理会好得多,李顿爵士在

---

① 国联秘书处政治科法国成员。

② 未附上归档副本。

这个问题上采取了非常强硬的态度。他说,如果不允许顾维钧博士进入满洲,他将不得不将整个问题提交给日内瓦方面。① 但是,在他这样做之前,我认为中国政府提出这个问题是一个严重的错误。如果在这里发送了这样的报告,我预料理事会会面临以下三种可能性:

(1)建议调查团在没有任何一位顾问陪同的情况下前往满洲,这样可能需要中国和日本代表的同意,因为它可能被认为调查团的组成背离了原本理事会的决议。

(2)调查团完全拒绝进入满洲。但在我看来,这是一件非常严肃的事情,对于最终解决争端完全无济于事。

(3)理事会应该坚持让"满洲国政府"允许顾维钧博士随同进入满洲。我认为这最后一个想法是最令人反感的,因为它在相当程度上承认了"满洲国政府"为事实上的政权。

因此,如果这个问题确实当着理事会的面发生了,我希望得到第一个解决办法。但我仍然相信李顿调查团能够以令人满意的方式解决问题。

德拉蒙德

资料来源:[F 3475/1/10]

(向明　译　郭昭昭　校)

105. 英国驻东京大使林德利致英国外交大臣西蒙(1932年4月13日)

第 207 号　林德利爵士(东京)致西蒙爵士

发报时间:1932 年 4 月 13 日 00:05

收报时间:1932 年 4 月 13 日 09:30

东京,第 190 号电报

我昨天质疑外务省次长将顾先生赶出满洲,外务省次长回答,"满洲国政

---

① 参见《国联公报》,特刊第 101 号,第 209 页。

府"似乎没有考虑到这一不正当行为的含义。① 在铁路区内,日本政府通过他们的部队独自负责治安,他无法想象顾先生会遇到什么困难或者他能否得到保护。虽然是在铁路以外的地区,日本军队的目的是保护生命和财产,并有望履行其职责。

外务省次长补充说,日本政府已经对"满洲国政府"进行了调查,预计今天晚上会有答复。我会努力明天再次进行报告。②

转发至北平、上海。

资料来源:[F 3397/1/10]

(向明 译 郭昭昭 校)

106. 英国驻日内瓦领事帕特森致英国驻华公使兰普森(1932 年 4 月 13 日)

第 208 号 帕特森先生(日内瓦)致兰普森爵士(上海)

发报时间:1932 年 4 月 13 日 17:22③

日内瓦,第 28 号电报

您发至外交部的第 276 号电报。④

我⑤赞同您给霍尔曼先生的态度和指示。李顿爵士不应携带任何官方报

---

① 参见第 206 号,注 5。

② 参见下文第 218 号。霍尔曼先生在 4 月 13 日北平第 100 号电报致兰普森爵士(上海),正如转发至外交部的第 194 号电报说的那样,他从李顿调查团了解到,他们并不打算关注"满洲国政府"的电报。霍尔曼先生再次发了一封电报,是 4 月 13 日给外交部的第 195 号电报(晚上 9 时收到),转发了 4 月 12 日南京第 199 号电报,向北平报告说,中国驻东京临时代办被指示告诉日本政府,如果不允许顾博士有完全的行动自由,或有任何事件发生,整个责任将由日本政府承担。

③ 转发的时间和发至外交部的第 152 号国联电报一样(4 月 13 日下午 5 时 45 分收到)。

④ 第 197 号。

⑤ 即约翰·西蒙爵士。随后的指示是根据外交部在 4 月 12 日下午 2 时 20 分发至日内瓦的第 339 号公报提出的建议。

告的副本,但应允许他自由查阅任何可能对调查团有价值的报告等,以表明信息来源或对从其他来源获得的信息进行核查。尽管如此,官方的报告不应该被调查团引用或提及,英国官员也不应该提供正式的证据,尽管李顿爵士可以采用他们对信息来源的建议。如果李顿爵士要求更多的信息,您可以自行决定向他提供个人使用和机密的备忘录。

作为第 152 号电报转发外交部。

资料来源:[F 3431/1/10]

(向明　译　郭昭昭　校)

107. 英国驻日内瓦领事帕特森致英国驻华公使兰普森(1932 年 4 月 13 日)

第 209 号　帕特森先生(日内瓦)致兰普森爵士(上海)

发报时间:1932 年 4 月 13 日 18:25[①]

日内瓦,第 29 和 30 号电报

以下信息来自贾德干先生:

在昨天的理事会会议[②]中,主席宣读了李顿爵士的来信,回顾说,在 11 月 21 日举行的理事会会议上,意大利代表说:"将把所有需要的设施交给调查团,现场所有意大利人都会对调查作出贡献,并希望理事会其他成员国也同样地促进调查团完成任务,并向北平和满洲的领事馆发出必要的指示。"

主席说,法国政府已经采取了必要的步骤,在没有任何意见的情况下,他认为其他成员也会这样做。

英国官员当场应该向调查团提供一切合理的设施,但在提供信息和提供

---

① 与国联发给英国外交部的第 153 号和 154 号电报时间重复(电报于 4 月 13 日晚上 6 时 40 分被接收)。

② 有关下文摘要的国联理事会会议记录,参见《国联公报》,1932 年 5 月,第 1020—1021 页。

正式的证据方面,我必须坚持我在第 28 号电报中作出的应该给予的设施的程度的规定。①

转发至外交部。

资料来源:[F 3432/1/10]

（向明　译　郭昭昭　校）

108. 英国外交事务常务副国务卿范西塔特致英国驻日内瓦领事帕特森(1932 年 4 月 13 日)

第 211 号　范西塔特爵士致帕特森先生(日内瓦)

发报时间:1932 年 4 月 13 日

收报时间:1932 年 4 月 15 日

外交部,第 8 号存档电报

以下信息来自外交大臣。

满洲。

昨天我邮寄给您 4 月 11 日(12 日)与美国代办处的交流记录②。他没有说什么来澄清其中所表现出的思想混乱,也没有解释美国政府的真正目的是什么。预计史汀生先生会和您讨论这个问题。

无论是为了保护外国的物质或普遍利益(例如条约的神圣性),还是为了积极履行《九国公约》所规定的义务,以维护中国的完整性,抑或为了避免被指责支持中国的分裂,或者仅仅是为了确立某种法律立场(人们可能认为美国 1 月 7 日的照会和 3 月 11 日的大会决议已经充分明确了这一立场),都很难理解建议声明的实际推动作用。

---

①　第 208 号。外交部于 4 月 29 日保存的日内瓦第 40 号电报(上海第 41 号电报)提到日内瓦给上海的第 28、29 和 30 号电报,并称西蒙爵士认为,并不反对这些指示的解释,就是允许李顿自行决定使用领事和其他英国官员可能给予他的信息,从而使我们(英国政府)的行动严格符合美国的要求。

②　参见第 198 号,注 7。

在海关问题上,美国政府采取了和中国政府同样不切实际的态度,出于纯粹理论上的原因反对唯一可行的行动,即中国和"满洲国政府"之间的妥协,以维护海关的统一。然而,鉴于兰普森爵士的第 273 号电报①,现在看来,再追问这一点似乎也没有什么收获。

如果美国政府的意思是满洲独立本身会与其他大国的立场、政策、权力和利益相冲突,且违背国际联盟的决议,那么这种说法似乎就超越了事实。关于日本对满洲分裂的责任,他们没有提出任何证据,虽然我们和美国政府可能有自己的意见,但似乎需要确凿的证据来证明在《李顿调查团报告书》公布之前,在 3 月 11 日的大会决议之外采取进一步行动。就满洲运动可能是自发的而言,很难有任何反对的理由,也很难批评"满洲国政府"在海关问题上的行动,因为"满洲国政府"表现出顾及外国利益的合理态度;对这些利益的威胁源于中国政府的态度,而美国政府实际上也持同样态度。

除非史汀生先生能提出更有说服力的理由,否则我倾向于建议的答案是:尽管我们渴望与美国政府合作,但在我们看来,就目前能够或应该明确的法律立场而言,我们认为没有任何实质性事项需要提出抗议,除非我们的实质利益受到明确的威胁。因此,公开发表可能存在一定风险,甚至可能显得不庄重,并且只会给其作者带来一种拒绝的回应。

尽管由于上述原因,我们在原则上难以达成一致,但邀请史汀生先生提交他的建议草案供我们审议或许是一种合适的政治手段。②

---

① 第 194 号。

② 普拉特爵士记录道:"在附上的外交部第 8 号电报中,我只有三个意见要补充。(1)我完全不认同《美国备忘录》(原文如此)倒数第二页的观点,即保持中国海关收入的完整性比保持其征收机制的完整性更为重要。在中国,诸多自称政府的派系相互争斗,谁掌握这些收入对我们而言并不重要。从对外贸易的角度来看,真正重要的是,中国应该有一个统一的海关管理机构,执行统一的规章制度,并以统一的税率征收关税。如果中国被划分为不同的关税区域,其后果将与中欧类似的情况一样严重。(2)刚刚提到的声明上面的段落表明,从根本上说,国务院总体赞成我们的观点,即如果需要采取行动,应该着眼于更广泛的目标,即保持中国国家的完整性。(3)在 3 月 17 日的大会委员会非公开会议上(参考第 106 号),西班牙代表试图促使委员会对新成立的"满洲国政府"表示担忧,但遭到包括英国代表在内的多个成员反对,他们的理由是这个问题必须由李顿调查团处理,在该调查团报告之前不应采取任何行动。"

普拉特

日内瓦,1932 年 4 月 15 日

资料来源:[F 3362/451/10]

(向明　译　郭昭昭　校)

109. 英国外交大臣西蒙致英国驻东京大使林德利(1932 年 4 月 14 日)

第 215 号　西蒙爵士致林德利爵士(东京)

发报时间:1932 年 4 月 14 日

外交部,第 283 号

先生:

听说我从日内瓦回到外交部的日期后,日本公使打来电话,询问我是否可以告诉他,在星期六①即将召开的十九国特别委员会上,关于颜博士的要求可能会发生什么事。我告诉松平先生,据我从埃里克·德拉蒙德爵士处获悉,颜博士打算代表中国政府,以日本提出的条款为由,对在上海未能达成协议表示不满。我认为颜博士的看法是,如果问题已解决,日本军队提出在数月后撤离的计划实际上等同于日本自封为决定撤军时间的裁判。另外,我明白协议已经差不多达成,只剩下撤军时间是在六个月后还是四个月后的争议。我对公使说,昨天在日内瓦我遇到了他的巴黎同事长冈先生,长冈先生认为问题的症结在于中国政府缺乏勇气签署任何协议条款。

松平先生指出,如果现场人士以这种方式将情况传达给日内瓦,那么上海问题的解决就变得极为困难。我同意他的观点,并补充说,在这种情况下,难以想象迈尔斯·兰普森爵士及其同事如何能助力达成和解。我询问公使,针对上周六在日内瓦可能提出的投诉,日本是否考虑主动采取行动,即鉴于争端本质上仅是四至六个月的时间差,为了证明自己不是反对方,接受四个月的时间。难道这不会有助于就上海问题尽快达成一个协议吗?我相信这个问题与

———————————

①　4 月 16 日。

日本的利益密切相关,并且同时向中国施加了签约的压力。如果未能如愿,那就要明确谁对这个问题负责?英国没有任何其他的目的,而是毫不迟疑地采取公平的安排,我们期待日本从中协助。松平先生在听闻我昨天提到的长冈先生的建议后,告诉我他们已经向东京发出了一封电报。

松平先生说,他不打算自己到日内瓦参加星期六的会议,因为长冈先生和佐藤先生可以参加,但他很可能下周去日内瓦。

我借此机会问松平先生,为何拒绝顾维钧博士作为"满洲国政府"在李顿调查团中的评估人员,并告诉他我们从东京了解到,日本外务省次长认为这个决策是不明智的且未考虑后果。[1] 松平先生回应说,日本政府正在与满洲当局进行交涉,要求他们承认顾博士的地位,日本驻满洲的军事当局也持有相同立场。他指出,日本并未控制满洲当局,也无法让他们按日本的意愿行事,但他们已经就此提出了意见。

此致

(代表外交大臣)

奥德

资料来源:[F 3458/1/10]

(向明　译　郭昭昭　校)

110. 英国驻日内瓦领事帕特森致英国外交大臣西蒙(1932年2月4日)

第 229 号　帕特森先生(日内瓦)致西蒙爵士

发报时间:1932 年 2 月 4 日[2]

收报时间:1932 年 2 月 4 日 13:45

日内瓦,第 41 号电报

以下信息来自托马斯(Thomas)先生。

---

① 参见第 207 号。

② 具体发件时间未记录。

以下是给您的信息。

我得知日本代表正在向本国政府发电报，就如何解决让日本政府接受中立观察员参与谈判的问题提出建议。日本政府对于接纳中立观察员参与谈判表示担忧。他提到，日本已接受 12 月的理事会决议，并同意由李顿调查团进行情况调查。该调查团的报告最终将由理事会审议，理事会之前的程序将相当于中立者参与谈判。那么，为何不同意让李顿调查团立即参与谈判，以预先实施这一程序呢？

有人向我透露，除非中国根据《国际联盟公约》第十五条撤回其申请，否则日本是否会接受这一提议仍然非常不确定。

发至外交部的 2 月 4 日第 41 号电报转发至南京第 5 号电报和东京第 5 号电报。（请南京转至东京）。

资料来源：[F 932/1/10]

（向明 译 郭昭昭 校）

111. 英国驻日内瓦领事帕特森致英国驻东京大使林德利（1932 年 4 月 20 日）

第 244 号 帕特森先生（日内瓦）致林德利爵士（东京）

发报时间：1932 年 4 月 20 日 23：10①

日内瓦，第 26 号电报

以下信息来自外交大臣：

根据在日内瓦收到的消息，在从北平前往满洲的途中，李顿调查团遭遇了日本人设置的诸多困难和障碍，②这些困难包括调查团及其顾问团队在满洲

---

① 转发的时间和第 170 号电报发送到外交部的时间一样（4 月 21 日上午 9 时 30 分）。

② 这一消息是在 4 月 18 日上海电报中，由李顿调查团秘书长哈斯先生发送给国联秘书长的。埃里克·德拉蒙德爵士在 4 月 19 日给贾德干先生的信函中附上了哈斯的电报副本，他说他完全可以确定东京右翼的一句话能够解决所有的困难。他补充说，他正在写与马西格利（Massigli）（国际联盟代表团法国成员）和威尔逊（Wilson）（参见第 9 号）相同的观点，但在同一天的另一封信函中说："在重新考虑之后，我认为最好不要向威尔逊建议，代表由东京方面决定，因为这是李顿调查团，美国虽然赞成，但并没有正式参与其建立。"

的自由活动受到限制,这些困难和障碍与目前的满洲地方当局相关。调查团希望避免在原则问题上直面即将发生的危机,因为这些危机可能完全阻碍他们进入满洲。因此,调查团正竭尽全力推迟处理这一问题,以便能够将这些困难视作地方性问题在当地解决。最重要的是,不应以任何方式阻止李顿调查团在满洲履行它的重要职能。我确信,日本政府同意这一观点,并且他们在满洲有足够的影响力,可以防止调查团遇到不必要的障碍。

如果您能以您认为有效的任何形式向日本政府提出抗议,我将非常高兴。我希望也能向您的法国同事提出类似的建议,这样的话,您就可以和他一起处理这个问题。①

转发至上海和外交部。

资料来源:[F 3593/1/10]

(向明　译　郭昭昭　校)

112. 英国驻东京大使林德利致英国外交大臣西蒙(1932年4月21日)

第247号　林德利爵士(东京)致西蒙爵士(日内瓦)

发报时间:1932年4月21日15:30②

东京,第63号电报

机密

日内瓦的第26号电报。③

今天下午,外交部长向我报告,我在第193号电报④中提到的尝试并未成

---

① 埃里克·德拉蒙德爵士当日询问李维诺夫先生(驻满洲的苏联官员)是否能向调查团提供证据。对此,李维诺夫先生在4月22日予以拒绝,参见《美国外交关系文件》1932年,第四卷,第7—8页。

② 和第201号电报发送到外交部的时间一样(4月21日下午5时收到)。

③ 第244号。

④ 参见第218号。

功。日本政府已决定亲自负责代表团的保护工作。昨天，他本人和日本参谋本部已分别向驻满洲的日本领事官员和军队下达指令，要求他们在代表团于奉天进行调查期间提供全面的便利和保护。外务大臣要求对这些已发布的指令严格保密。因此，我未转发此电报，因为代表团本身将会知晓这些安排。

今天晚上我将会见法国大使。①

作为第 201 号电报转发至外交部。

资料来源：[F 3612/1/10]

（向明　译　郭昭昭　校）

113. 英国驻华使馆官员霍尔曼致英国外交大臣西蒙（1932 年 4 月 23 日）

第 254 号　霍尔曼先生（北平）致西蒙爵士

发报时间：1932 年 4 月 23 日（无线电）

收报时间：1932 年 4 月 24 日 09：30

北平，第 211 号电报

哈尔滨的第 47 号电报。②

英国驻哈尔滨总领事报告称，在日本军队撤离中东铁路东段后，③吉林部队偶尔在一面坡镇活动。

根据日本驻哈尔滨总领事的报告，马将军近日离开齐齐哈尔前往黑河。他最近向日本在哈尔滨的军方发电报称，他将很快返回齐齐哈尔，但同时他似乎已经通过中国驻布拉戈维申斯克的领事向李顿调查团和国际联盟发送了电

---

①　4 月 23 日第 65 号电报发给日内瓦西蒙爵士（作为第 204 号电报转发至外交部，当天下午 1 时 30 分收到）。林德利爵士在他的第 63 号电报中报告，法国大使昨天提出的意见也收到了同样的回复。外务大臣补充说，他相信困难已经解决了。

②　参见第 216 号，注 4。

③　此处文本不确定。

报……①日本的侵略。②

转发至英国大臣。

资料来源:[F 3667/1/10]

(向明　译　郭昭昭　校)

114. 英国驻日内瓦领事帕特森致英国外交大臣西蒙(1932年2月3日)

第283号　帕特森先生(日内瓦)致西蒙爵士

发报时间:1932年2月3日16:15

收报时间:1932年2月3日16:30

日内瓦,第38号国联电报

东京的第55号电报。③

以下信息来自塞西尔勋爵:

如果没有有效手段来解决中日之间当前的困境,并在25日之前使日本军队撤退到其占领前的位置,局势将进一步复杂化。建议派遣一个可靠的李顿调查团,迫切要求他们尽快提交报告。两国之间还存在其他更深远和重大的分歧,这些问题将留给李顿调查团来裁决。

目前局势的极端危险无疑是您所了解的。我认为,上海的第10号电报④远没有异想天开而是显得有些保守。这里的杰出法官认为,日本的目的是在中国获得主导地位,几乎与其在满洲的地位相似,但是这样的筹划不大可能成功,且这样的尝试对我们的利益和世界的和平来说是灾难性的。我冒昧地认为,约束日本可能颇有难度,因此我们应当让日本明白我们对其在上海的行动

---

① 此处文本不确定。外交部认为此处应该是"谴责"。参见第230号。

② 参见马占山将军4月14日致日内瓦中国代表团电报,在《美国外交关系文件》1932年,第三卷,第741—747页。

③ 第261号。

④ 外交部表明这个参考文献应该是11,即第281号(同上,注1)。

持何种态度,并且应该继续尽最大努力来保证和保留美国和国联的帮助,这是至关重要的。

资料来源:[F 892/1/10]
(向明　译　郭昭昭　校)

115. 英国驻华使馆官员霍尔曼致英国外交大臣西蒙(1932年4月30日)

第 299 号　霍尔曼先生(北平)致西蒙爵士

发报时间:1932 年 4 月 30 日(无线电)
收报时间:1932 年 4 月 30 日 21:30
北平,第 230 号电报

以下信息来自 4 月 29 日收到的奉天第 35 号电报。

开始。

发给英国大臣(位于上海)的电报已转发至北平第 35 号电报,并同时邮寄到哈尔滨和大连。

李顿爵士已从日本当局获得保证,表示顾维钧①所遇到的困难已得到解决,但这一消息尚未得到"新国家政府"的确认。

调查团计划于 5 月 2 日上午离开此地,前往长春。

资料来源:[F 3845/1/10]
(向明　译　郭昭昭　校)

---

① 参见第 207 号和第 218 号。

116. 英国驻日内瓦领事帕特森致英国外交大臣西蒙 (1932 年 2 月 5 日)

第 314 号 帕特森先生(日内瓦)致西蒙爵士

发报时间:1932 年 2 月 5 日 00:12

收报时间:1932 年 2 月 5 日 09:00

日内瓦,第 34 号电报

以下信息来自托马斯先生。

我的第 41 号电报。①

我刚得知,日本副秘书长②提出的建议还没有通过电报传至东京。日本代表团对此存在尖锐的意见分歧。主要的反对意见是,依据《国际联盟盟约》第十五条的规定,中国不能撤回其申请。

如果谈判触及第五个要点,应当牢记这些建议。如果认为这些建议有助于解决困难,我们便有理由考虑在适当时机提出它们作为一种可能的解决方案。

抄送 2 月 4 日第 43 号电报至外交部,同时转发第 6 号电报至南京、东京。

资料来源:[F 952/1/10]

(向明 译 郭昭昭 校)

---

① 第 299 号。

② 杉村阳太郎先生,国联副秘书长。

117. 英国驻中国使馆代理总领事普拉特致英国驻日内瓦代表团成员卡尔（1932 年 5 月 12 日）

第 338 号　普拉特爵士致卡尔先生（日内瓦）的信函①

外交部，1932 年 5 月 12 日

亲爱的卡尔：

对于未能及时回复您 5 月 2 日的来信②，我深表歉意，信中附有十九国特别委员会会议的报告草案③。它一直压在我的文件夹底部，直到最近才被我发现。

这个报告看起来相当温和。十九国特别委员会建议推迟关于满洲的讨论，直到李顿调查团的报告完成。这是一个明智的决定，似乎是避免与日本产生严重冲突的最佳途径。

普拉特

资料来源：[F 4171/1/10]

（向明　译　郭昭昭　校）

---

① 国联事务助理顾问卡尔先生是英国驻日内瓦代表团成员。

② 未印。

③ 未印。这份日期为 1932 年 4 月 29 日的日内瓦法国报告草稿，与《国联公报》特刊第 102 号，第 34—35 页印刷的 5 月 11 日报告相吻合。

118. 英国驻华公使兰普森致英国外交大臣西蒙（1932 年 5 月 19 日）

第 356 号　兰普森爵士（北平）致西蒙爵士

发报时间：1932 年 5 月 19 日（无线电）

收报时间：1932 年 5 月 20 日 09：30

北平，第 269 号电报

您的第 91 号电报。①

我依然坚持在第 251 号电报②中提出的观点，即自 1928 年中国政府违反重组贷款协议条款以来，我们对中国盐政的命运已不再关心，而且由于其过于脆弱，我们不应干预。如果是为了抗议干扰中国政府公正的行为，那么，我认为按照您在发给上海的第 55 号电报③中的建议，全面反对日本人在满洲建立或纵容的整体结构，将是更明智的举动。

同时，我完全赞同与美国保持一致，这可能远远超过了上述纯粹的地方观点。但是，如果在东京就协调一致或在其他方面做出表示，我认为他们的陈述应客观且笼统，以避免我们面对明显不负责任且虽不诚实却难以反驳的声明。

以上是在收到东京第 235 号电报④前起草的，在发往外交部的内容中，我的观点依然如此。⑤

---

①　第 344 号。

②　第 166 号。

③　第 171 号。

④　第 354 号。

⑤　在 5 月 20 日，普拉特爵士在评论这份电报时说："日本在满洲建立的机构会继续存在，我们无法阻止，但可以通过强烈抗议我们反对的特定细节，减少它对我们利益的影响。从这个角度来看，我们可以提出一项抗议——尽管它可能是不合逻辑的——反对干扰盐业征收，因为这样的抗议将使我们更容易进一步反对侵犯门户开放政策的行为。因此，我建议我们要为我们的决策做好准备，以便当美国再次就此问题与我们接触时，我们可以立即同意向东京提出抗议。"范西塔特爵士则持有不同意见。他说："目前在东京提出抗议的时机几乎再糟糕不过了，美国驻东京代表以及我们在东京和北平的代表都反对此举。我们选择的立场也不好。我们不应该只是为了取悦美国而在边缘走动。我（转下页）

转发至东京大使馆和南京公使馆。

资料来源：[F 4300/451/10]

（向明　译　郭昭昭　校）

119. 英国外交部远东司官员韦尔斯利关于远东问题的备忘录（1932 年 2 月 6 日）

第 356 号　韦尔斯利爵士关于远东问题的备忘录

外交部，1932 年 2 月 6 日[①]

远东问题的根源（与大多数国际问题一样）在于经济因素。这包括日本不断增长的人口、工业化的提升、对中国市场的需求、满洲（中国）人口的增加、中国提高关税、日本对华贸易的减少，以及经济危机和中国抵制运动加剧的影响。

日本和中国之间的经济不平衡正在加剧。目前所有的麻烦都只是表面的症状，仅处理这些症状是不可能找到解决问题的办法的。必须消除的是造成麻烦的根源，而这些根源来源于经济问题。一方面，中国这样的大国，几乎相当于一个大陆，拥有四亿人口和丰富的自然资源，却受困于政府的腐败、无能和阻碍。另一方面，像日本这样的小岛国，地理位置与英国在欧洲的地理位置相似，人口约 6 000 万，民众节俭、勤劳、有进取心，严格遵循普鲁士模式，政府具有完全权威和有效控制（陆军和海军除外），但自然资源贫乏，其主要资产几乎完全是廉价劳动力。在短短 50 年的时间里，日本成功地从一个半野蛮的国

（接上页）和任何人一样都非常渴望尽可能地与他们一起走，但当他们考虑采取不明智的举措时，我们应该试图说服他们考虑当地专家意见。我本以为，正如我向诺曼·戴维斯先生所暗示的那样，我们不应该在《李顿调查团报告书》发布之前就抗议，因为在这个时候我们不会站在稳妥和有成效的基础上。当然，我们的介入也许是被迫的，但这似乎不是强迫性的情况。范西塔特　5 月 23 日"西蒙爵士记录："好吧，不管怎样，我们可以等待美国再次就此事与我们接洽。F 4173/451/10[第 344 号]的论点给我留下了深刻印象，但是兰普森爵士的观点有所不同。约翰·西蒙　5 月 28 日"

①　不过，该备忘录在其后几天内仍在修订；参见下文附注 5 和附注 11。

家转变为世界大国之一。这种快速进步是因为作为文明国家的日本，其经济需求的大幅扩张。如同大不列颠一样，日本越来越依赖外部世界的原材料供应和制成品市场。但与大不列颠不同的是，日本没有一个大的殖民帝国，韩国和台湾地区是较小的市场，生产的原材料范围更有限。日本的人民受到一些国家，如澳大利亚、加拿大和美利坚合众国的移民法的阻碍。

早在 1921 年，时任英国驻日本公使埃略特（C. Eliot）爵士写道（1921 年 11 月 18 日东京第 612 号电报①）：

"与农业相比，人们更倾向于工业就业，如果国家的工业化和荒地开发……②能够与人口的增长相匹配，那么国家未来一段时间的需求容易被满足。然而，我们可以合理地认为，日本工业的发展受到其本国严重缺乏原材料的阻碍，人们经常担心日本获取国外必要供应的途径可能被切断，从而失去其合法的工业扩张权利。③ 当前人口为 5 600 万，日本本土的稻田最终能够养活 6 900 万人。按照目前每年每千人增长 13 人的速度，人口将在 1937 年达到饱和。"

这些话写完以后，我们收到了林德利爵士于 1931 年 12 月 23 日发出的第 601 号电报。他在电报中写道：……④

近期出版物强调了日本在 1931 年灾难性事件之前所面临的经济困境。日本农民（约占人口的 50%）的处境日益恶化，大米售价长期低于生产成本，导致农民无力支付税款，更别提偿还抵押贷款的利息了。四年间，土地价值下跌了 50%，战后的几年里积累的大量抵押债务几乎无法偿还。在这些问题之上，又出现了日本对美利坚合众国的丝绸出口价显著下降的情况，而农村的繁荣在很大程度上依赖于丝绸出口。

高利率给经济结构带来了沉重负担。去年年底，预算赤字的威胁日益临近。除非进一步削减军事支出和公共债务利息，否则实现预算平衡将极为困难。因此，日本放弃了金本位制度。如今税收征收更为便捷，国家支出可以在一段时间内继续维持国家的发展。

1931 年 9 月，恰逢国内危机日益加剧之时，日本在外交政策上迈出了重

---

① 未印，参见第一辑第十四卷，第 413 号，注 7。
② 标点符号原文如此。
③ 标点符号原文如此。
④ 原文与第 24 号电报的内容重复，此处省略。

要一步。选择这个时机可能是出于各大国的紧迫需求,但这也与日本国内的经济危机紧密相关。日本并未宣传其内部困难,这一重要因素在西方国家普遍没有被注意到。这场危机引发了一系列反应,包括在满洲实施扩张政策、日元贬值、自由民主党政府垮台、重新实施黄金禁运、试图武力阻止中国的抵制运动(上海事件),以及针对通货紧缩论者、前财政大臣井上(Inouyé)的暗杀[①]等。

过去,日本的政策一直是在市场稳步扩大的前提下加速工业化进程。然而,这一前提受到了世界经济危机的冲击,而且 1930 年的这场危机对日本的影响超过了其他任何国家,例如:

日本	出口下降 31%	相对于 1929 年,进口下降 30%
英国	出口下降 21.8%	相对于 1929 年,进口下降 14.5%
德国	出口下降 11%	相对于 1929 年,进口下降 22%
美国	出口下降 26.5%	相对于 1929 年,进口下降 30%
(1930)		

在日本的贸易总额中,大约 40% 来自与美国之间的贸易,大约 20% 来自与中国之间的贸易。日本是中国的主要商品供应国之一。

过去三年间,日本与中国的贸易额有所减少,如下所示:

(百万日元)	1929	1930	1931(预估值)
从日本到中国的出口额	346	260	187
从中国到日本的进口额	209	161	153
从日本到关东的出口额	124	86	66
从关东到日本的进口额	166	121	90
总计	845	628	496

贸易额减少不仅体现在价值上,还反映在数量上。因此,我们应当比较 1 月至 10 月的十个月期间的棉布出口数据。结果如下:

(百万平方码)			(实际)
从日本到中国的出口额	464	383	234
从日本到关东的出口额	51	42	30

---

① 1932 年 2 月 9 日。

1931 年日本和中国(包括关东)的贸易总额实际数据已经公布。如下所示:

从日本到中国的出口额	258 百万日元
从中国到日本的进口额	237 百万日元
总计	495 百万日元

据日本官方数据,这些结果显示与去年相比,出口下降了 36%,进口下降了 16%。对满洲、蒙古和关东的出口下降了 37%,而对其他地区的出口下降了 34% 到 36%。因此,截至去年年底,满洲市场对日本的不利影响甚至超过了中国的其他地区。

为方便统计,日本对中国进口贸易(主要是纺织品)分为四个地区:满洲、华北(即天津和青岛)、华中(即上海和长江流域)和华南。

满洲的份额近年来一直是:

	1928	1929	1930
向日本出口	47%	44%	46%
从日本进口	20%	25%	23%

以上是满洲的进出口贸易在日本与中国的整体贸易中所占的百分比。(这些百分比数据来源于大阪商会最近出版的一本小册子。)

满洲贸易所占的巨大比例是当前争端中的一个重要事实。

1931 年初,中国实施了新的关税政策,提高了包括棉织品在内的、对日本贸易影响较大的商品的关税。

因此,在经济危机的背景下,中国提高了关税,而在关税提高的背后是抵制行为,这一事件发生在 1931 年 9 月的满洲。目前尚未有完整的数据,但据英国驻上海总领事的报告(11 月 27 日北平第 1744 号电报[①]),1931 年下半年,日本与华中地区(以上海为中心)的贸易额相比 1930 年同期(已经是萧条的一年)将大幅减少。日本的出口预计下降 63%,进口预计下降 43%。价值 1 300 万至 1 500 万英镑的日本商品合同原计划于 1932 年 4 月交付,但已被中国商人拒绝接收(1931 年 9 月至 11 月)。抵制行动对日本在中国的工厂、企

---

① 未印,参见下文。

业、航运和银行等方面也造成了严重影响。

这些损失不仅影响了日本，还波及与日本进行贸易的中国商人和银行。在上海的农历新年（即2月）期间，结算几乎是不可能的，并且对于与外国利益紧密相关的本地银行的影响尤为严重。

来自东京的一份电报（12月24日第607号①）清楚地揭示了抵制运动对日本及与日本相关的贸易造成了极其严重的影响。

日本和中国出口额（以百万日元计）

1929	9月	38
	10月	32
	11月	24
	12月	20
1930	9月	22
	10月	26
	11月	21
	12月	21
1931	9月	13
	10月	9
	11月	4.7

林德利爵士在电报中提到，中国在主要贸易市场（如香港地区、海峡殖民地、菲律宾群岛）的出口均出现了相应下降。抵制活动甚至影响了日本对加拿大的橙子出口。

中日两国经济互补性强，这是日本的观点。中国的立场是，日本在合作关系中获得了过多的优势份额，特别是出口到日本的煤和铁原本应该留在中国，而不是用于日本的重工业。中国认为，从日本出口到中国的纺织品（大部分）同样可以在中国本地生产，并得到保护，促进中国纺织业的进一步发展。日本担心其贸易可能被逐出中国本土，因此转而将关注点放在满洲，那里不仅提供了一个巨大的（且不断增长的）市场，而且能满足他们对大量煤和铁的需求。因此，他们的经济目标可能是使满洲从中国政府中独立出来，并与日本结

---

① 未印，参见下文。

盟①。在这种情况下，我们可能面临另一个"德国"问题。②

那么中国的情况又如何呢？同样地，以农业为主的人口极度贫困，不断遭受洪水、饥荒和内战的困扰。

张心一（Tchang Tsoentsi）为国际联盟最近出版的一本关于农业危机的小册子做出了贡献（1931 年 C. 239. M. 105.）。③ 他提出了一个问题：中国农业衰落的原因是什么？

"原因包括：人口过剩、生产技术落后、政治不稳定、农村高利贷、过高的税收和其他费用、沉重的租金负担等。但我们认为，主要原因是西方经济的渗透正在打破中国经济的平衡。手工制品正在被机器制品取代。由于西方国家引进棉织品，旧中国的织布机和纺车在农村已逐渐停止使用，农民因此失去了一项重要的收入来源。此外，由于与西方经济的接触，生活成本上升了，新的需求产生了，支出增加，收入减少。那么，农业如何能保持自己的地位呢？农业和整个中国经济的不景气是由于难以适应这种新形势。"

张先生继续列举了一些针对这种危机情况的补救措施。其中最重要的一项，他提到了有组织地前往满洲的移民，这反映出"中国经济的一种新趋势"。这种移民始于 1900 年。目前，该地区 90％的居民是中国人……④满洲的特产大豆（黄豆）现在已经取代了茶叶和丝绸的地位，在中国出口产品中位居首位……⑤在过去的 68 年间，满洲的对外贸易增长了超过 80 倍。满洲已经成为中国经济体系的重要基石。1872—1926 年满洲对外贸易占中国贸易总额的比例如下：

1872	0.5％
1888	4.6％
1898	8.7％
1908	14.5％
1918	11.5％
1926	22.3％

---

① 关税同盟。
② 关于奥地利可能与德国结盟的问题，参见第五卷和第六卷。
③ 参见《国际联盟经济委员会：农业危机》（日内瓦，1931 年），第二卷，第 25—34 页。
④ 标点符号原文如此。
⑤ 标点符号原文如此。

满洲的成功开发展示了经济发展向内地甚至偏远地区扩张的趋势。长江流域不再是中国唯一富裕的地区,中国在满洲建立了第二个重要的经济中心。

然而,最后一句有一个重要的遗漏。满洲的发展只能在日本的控制和影响下才可能实现相对的和平与秩序,是日本人资助和组织了大豆贸易的巨大发展。

因此,在这里,我们可以对日内瓦会议上被如此大声提出的关于"条约权利"的抗议背后的现实有所了解。两个人口过剩的国家,在绝望的经济困境中,正在争夺这片富饶的地区的控制权,每个国家都认为这对其作为一个国家的未来至关重要。我们在这里面临着一场土地和人民力量的冲突,这些力量很容易突破条约书面上的限制。

日本对中国市场的依赖是其外交政策的主要因素之一(甚至可能是最主要的因素)。这是关乎日本国家利益的大事,日本的存亡也岌岌可危。

在这种情况下,就不难理解为什么日本不希望看到一个秩序井然、统一的中国,也不希望看到一个完全混乱的中国,而是希望看到一个介于两者之间的中国。因为前者可能导致中国在政治上强大到足以支配日本,而后者则会严重干扰日本的经济繁荣。这种心态很容易被理解,例如,英国会如何看待一个在人口和面积上都与中国相当且呈统一而敌对态势的欧洲呢?

正因为这些原因(同时也因为毗邻苏联),日本始终将满洲政策视为神圣且不容侵犯的,不允许任何外国干涉。满洲是日本唯一可能扩张的领域,在30年的时间里,日本将满洲从一片经济萧条的荒地转化为一个繁荣兴旺的"国家"。不幸的是,日本人民并不适应在满洲生活,无法承受极端寒冷或炎热的天气。在满洲,日本农民难以与中国人竞争。因此,尽管日本未能将满洲完全殖民、化为自己的领土,但其所创造的繁荣反而吸引了越来越多的中国人前往。目前,满洲的总人口约为3 000万,而1900年时只有1 700万人。目前的总人口中约有2 900万人是中国人,23万人是日本人,其余的是朝鲜人。因此,中国现在不遗余力地破坏日本在满洲的地位。在这场斗争中,中国对抗日本的唯一真正有效的手段就是实行抵制。

我引用了上述数据,这些数据几乎足以让最持怀疑态度的人相信抵制运动给日本带来了巨大的冲击。这不仅影响了日本在中国的利益,还影响了整个太平洋地区的利益。在全球普遍的经济萧条中,日本已经陷入了绝境。我还了解到,自从中国获得关税自主权以来,高关税壁垒背后的快速工业化也严重影响了日本的利益。采取严厉措施阻止抵制的理由是很容易理解的。事实上,当香港在 1925 年遭受广东抵制时①,我们自己也在考虑采取严厉措施,只是因为这些措施不切实际,会给我们自己带来不利影响。尽管香港遭受了巨大的经济损失,但它对我们的影响远不及目前抵制运动对日本所造成的严重影响。中国的抵制运动是由政府或地方当局组织的,这已是一个公认的事实。因此,向中国政府发出最后通牒,并威胁如果不遵守,将采取严厉行动,这是日本希望阻止抵制运动的唯一手段。与此同时,在当前情况下,人们的情绪如此高涨,以至于抵制运动很可能超出了政府的控制,已成为个人和民族情绪的问题。然而,尽管日本可能无法迫使中国政府取消抵制运动,但抵制运动对中国利益的伤害可能与对日本利益的伤害同样大。因此,在我看来,这种情况并不可能无限期持续下去,而是会在达成普遍解决方案或不久后结束。

我一直认为,如果中国在经济上对日本关闭大门,日本将不得不为生存而战。在这方面,我 1930 年 12 月 1 日备忘录②中的两段话(关于建立一个政治经济情报部门的建议)可能值得关注。

日本

"虽然目前没有理由担心,但我们过去曾有理由怀疑日本对华政策的帝国主义目的。著名的'二十一条'就是一个显著的例子。这些帝国主义倾向是该国经济需求的体现。直到最近,日本的外交政策仍然表现出强烈的沙文主义色彩,但目前几乎没有迹象表明其意图是为了政治统治而占领外国。日本是一个资源贫乏的国家,依赖进口原材料和出口制成品为生。因此,它的未来本质上取决于该国的工业化水平,它的外交政策旨在确保轻松获得原材料来源(尤其是从中国),并为它的制成品提供自由市场,不仅是在中国,而且是在全世界。这对于日本来说是生死攸关的事,十有八九,他的工业化路线将遵循其他国家最成功的合理化范例进行。接着,我们可以预见,通常的和平时期经济渗透政策将随之而来,伴随着各种措施和反措施的潜在危险。日本经济已经开始渗透到中国,随之而来的可能是那些历史上曾导致战争的常见因素:人口过剩、对市场和客户的极端追求,以及帝国主义精神的潜在复兴。工业主义和帝国主义常常携手并进,如果中国对日本制造商关闭大门,限制原材料供应,

---

① 参见第八卷,第 1 号。

② 未印,参见下文。

日本将被迫为自己的生存而战，这并非不可能，对吗？我并不是说这些事情一定会发生，但这表明从政治角度关注经济发展是多么重要。"

中国

"我们今天中国所面临的所有复杂的政治问题，都源于过去列强在中国的经济争夺。19 世纪后期对中国的经济渗透，赤裸裸地展示了可能是现代世界所见过的最为强硬和无节制的帝国主义行为。列强之间的经济竞争曾数次将他们推向战争的边缘。事实上，也确实引发了三次大规模的暴力冲突——1895 年的中日甲午战争、1900 年的义和团运动和 1904 年的日俄战争。我们今天中国政策的全部目标是确保同样的经济争夺不会再次导致以前同样的灾难。然而，许多有见地的观察家认为，尽管我们付出了种种努力，满洲的经济争夺似乎注定会使该地区成为下一场大战的爆发地。"

以上可能不是对目前远东危机的一个完全准确的预测，但它足以为我的论点提供一个足够具体的例证：（1）如果任何一个控制着地球表面大部分地区的国家在经济上对其邻国关闭大门，就可能引发一场爆炸。（2）只有先消除冲突的根源，才能实现真正的裁军——换言之，经济裁军必须先行，或至少与军事裁军同步进行。松平先生在日内瓦会议的开幕演讲①清楚地表明了这一点。当中国的民族主义空前高涨，并对中国发动一场实际上构成抵制贸易的战争时，日本是否可能同意裁军？因此，在处理暂时的军事局势中是找不到解决远东问题的永久办法的，因为这只是更深层次原因的表象，这些问题基本上是经济上的。我确信，如果有任何永久性的补救办法——我不是说有——那也只能通过探索在远东建立更好的经济均衡的方向来找到。本质上，这与困扰欧洲的问题性质相同。

只要日本感到其国家面临严重和紧迫的危险，它就不会解除武装。直到最近，它的担忧似乎被夸大了。然而，最近的事件（即危机和抵制的影响）表明，这个国家无疑处于危险之中，尽管用军事力量解决其困难是否可行还非常值得怀疑。然而，这正是日本现任统治者的观点。林德利在最近的一份电报

---

① 1932 年 2 月 10 日，在裁军会议第 6 次全体会议上，参见《国际联盟：裁减和限制军备会议记录》，A 辑，第一卷，第 74—76 页。

(1931 年 12 月 26 日东京第 612 号电报①)中写道:"在一个由拥有领土和主权的国家组成的世界上,也就是说,由强国和弱国组成的世界上,可以指望日本采取任何可能的措施来确保在强国中占据首要地位。因此,如果日本控制了满洲的资源,它在满洲的行动,将在未来一段时间内为维持其迅速增长的人口提供实质性的保证。我们还必须记住,在日本特殊的宪法下,处于统治地位的阶层,特别是军队,可以制定比民主国家通常情况下更长远的计划,虽然这些计划未必更明智。"

我非常确定,仅仅根据司法原则,不可能找到这一问题的永久解决办法。灾难正沿着这条路走来,我们必须超越理论上的主权权利概念,面对现实。日本目前在满洲的条约权利发展可能难以从法律上得到证明。但是,从道德和物质的角度来看,我倾向于质疑,在一个从未与中国划等号的边疆地区,像中国这样规模庞大、财富丰厚的国家是否合理地阻碍了更具野心的邻国为了其所谓全球利益所采取的"经济发展"举措? 在我们所处的时代,任何国家都不再容忍这种态度。我们应该记住,这与我们自己的殖民发展,例如在马来亚,是相似的。我特别指出的是日本在满洲的经济地位,这应与日本与中国的一般关系和在上海的特殊问题区别开来。后两个问题在性质上也主要是经济问题,但在本质上有所不同。

正是出于这个原因,我认为我们应该率先引导国联从经济角度全面审查远东问题。因为经济视角提供了唯一的希望——如果存在的话——这是一种永久的解决途径。②

远东目前的局势与战后近东的局势有相似之处,《经济学人》(2 月 13 日)最近发表的一篇文章引起人们的关注。希腊同日本一样,侵略了邻国(土耳其),以扩大其经济和领土范围。结果是激起了土耳其民族主义者的反抗,最

---

① 第 29 号。

② 范西塔特爵士在 1932 年 2 月 18 日的一份备忘录上的批注中表示:"这是一份非常有趣且真实的备忘录。它全面地分析了问题,但正如韦尔斯利爵士在第 15 页上所指出的,是否存在解决方案仍是个疑问。我担心备忘录第 17 页[第 382—383 页]提出的建议,即国际联盟应该从经济角度审查这个问题,可能不会产生太大效果,因为国际联盟在处理更关键的欧洲问题上也已显示出其局限性。目前国际联盟实际上难以处理这样的问题,更不用说解决一个更为重大的问题。但是,在日内瓦会议上我们提倡从这个角度来考虑这个问题并无坏处。"西蒙爵士于 3 月 1 日签署了这份文件。

终希腊人无法忍受,被驱逐出境。他们的撤退导致了士麦那的毁灭,以及对那个伟大城市的国际贸易利益的侵犯,这些利益至今仍未恢复。这个类比的警示是,上海可能成为另一个士麦那。

维克托·韦尔斯利①

资料来源:[F 1033/1/10]

(向明 译 郭昭昭 校)

---

① 韦尔斯利爵士于 3 月 15 日将这份备忘录的副本寄给了兰普森爵士。韦尔斯利爵士在信中写道:"显然,我们不应冒险让这份备忘录被误解为对英国政府亲日立场的指责,这种情况可能会在向国际联盟调查团报告时发生。但是,这份备忘录不会有这样的反对意见,让李顿爵士阅读它是可以的,您可以找个机会让他严格保密地阅读此份备忘录,仅供他个人参考。"此前,兰普森爵士曾在 2 月 20 日从上海发出的一份编号不详的电报(4 月 11 日在外交部收到)中,简要回顾了日本自"九一八"事变以来的政策,内容如下:"毫无疑问,日本希望效仿俄国在 1929 年的行动(参见第八卷,附件 1),在满洲进行几次迅猛的军事打击,以在不涉及中国其他地区的情况下解决其在东三省的困境。然而,虽然日本轻易取得了军事上的胜利,但未能完全实现其目标——在满洲建立一个稳固的据点。并且日本已经激起了整个中国使用唯一的抵抗武器——抵制日货,从北平到广州都是如此。日本对满洲的军事占领和中国对日货的抵制,这两个据点就这样形成了相互对抗的局面,双方都不让步。随后的事态发展,最终以进一步地爆发告终,这是注定的。日本为了追求其最初的目标,不得不一步又一步地采取行动,每一步都使他在侵略和违反国际和平的泥潭中越陷越深。随着日本的进一步行动,抵制运动的压力日益增大,其目标必将扩大,直至试图通过武力恢复友好关系。抵制运动的主要阵地是长江流域和上海,后者是中国的商业中心。当机会出现时,绝望的日本试图在上海捣毁抵制运动。手法和其他案件一样,先制造一个事件,提出要求,然后迅速打击,目的是争取在当地解决问题。因为日本的一贯政策是,根据中国只是一个地理实体而不是一个'有组织的国家'的方便理论,寻求在地区上同中国打交道,尽量不考虑中央政府的存在。中国的稳定性和团结程度成为日本统治中国和中国人民的主要障碍。"

120. 英国驻上海总领事白利南致英国外交大臣西蒙 (1932 年 2 月 7 日)

第 375 号 白利南先生(上海)致西蒙爵士

发报时间:1932 年 2 月 7 日

收报时间:1932 年 3 月 16 日

上海,第 11 号

英国驻上海总领事向英国外交大臣致意,并荣幸地向他转达下述文件。

名称和日期	主题
上海致英国驻北平外交大臣的第 39 号电报,1932 年 2 月 7 日。	中日冲突:起源和责任方

资料来源:[F 2569/1/10]

(向明 译 郭昭昭 校)

第 375 号附件 1

白利南先生(上海)致兰普森爵士

发报时间:1932 年 2 月 7 日

上海,第 39 号

先生:

我荣幸地提及您的第 31 号电报①,以及我的第 64 号电报和第 65 号电报,②这些电报均涉及上海当前局势的责任问题。在接到您的电报之前,我已经意识到,需要更深入考虑此次危机的起因,以及日本人在 1 月 28 日夜晚采取行动的理由(若有的话),这已超出了我报告中现有的描述。

---

① 参见第 416 号。

② 这两封电报(未印)已于 1932 年 2 月 10 日作为第 3 号和第 4 号电报分别从北平转往外交部,外交部于 3 月 1 日收到。这些答复第 416 号信函的电报,简要介绍了当前信函的情况:参见下面的注 8 和注 14。

2.①上海危机的背景简要汇报如下：由于万宝山事件和朝鲜暴乱②，自 7 月起，抗日抵制运动因日本占领满洲而愈演愈烈，给日本贸易带来巨大损失。抵制运动是由中国各商业机构组成的抗日抵制协会推动的，包括检查店铺、扣押日本货物、对使用或处理这些货物的中国人罚款和监禁等一系列法院难以干预的违法行为。因此，当地的日本社区对中国人充满敌意，学生们对日宣战的表现和诉求加剧了中国人的反日情绪。在这种紧张局势下，暴力事件频繁发生。此外，中国媒体对日本天皇的贬低言论激起了日本人的愤怒，促使他们要求政府采取直接措施，结束这一长期难以忍受的局势。

3. 接下来是对日本僧侣的袭击事件，以及随之而来的日本暴徒的报复行为，这些情况我已在早先的电报中进行了详细报告。

4. 日本驻上海总领事于 1 月 20 日向上海市市长提出了五项要求，这是日本可能采取直接行动的第一个迹象。紧接着，1 月 21 日，日本海军大将发布了一份公告，声明如果市长不能给出令人满意的答复，日本将采取适当措施以保护其帝国的权力和利益。

5. 日本海军的增援部队于 1 月 24 日抵达上海。1 月 25 日，日本总领事通知上海市长，希望在 1 月 28 日之前得到对其要求的初步回应。到了 1 月 27 日，他再次通知市长，必须在 28 日下午 6 时之前给出满意的答复，否则日本将采取必要措施以强迫他们作出答复。

6. 1 月 28 日上午 7 时 30 分，日本指挥官通知其他国防部队的指挥官，由于未收到满意的中方回复，他计划在次日采取行动，但具体行动内容并未透露。在 27 日的国防委员会会议上，日本海军登陆部队的指挥官在回答问题时表示，若中方不满足日方要求，盐泽上将会提前 24 小时通知采取严厉措施。他进一步指出，若日本不得不采取行动，盐泽希望上海市政府宣布进入紧急状态。国防委员会认为形势极为严峻，因此立即安排了全线布防的电报。

7. 同样在 28 日上午，工部局主席请求防务委员会就宣布进入紧急状态的必要性提供意见，并得知委员会认为应立即宣布进入紧急状态。此次会议并未邀请日本海军登陆部队司令参加。

8. 为了解当时的情况以及促使工部局宣布进入紧急状态的动机，有必要

---

① 编者按：序号原文如此。

② 参见第八卷，第八章。

了解作出这一决定时的背景。自日本发出最后通牒的那一刻起,大量难民开始涌入租界,引发了混乱和恐慌,警方难以控制局面。此外,日本官方宣传机构"新闻联合公报"发表了煽动性言论,声称中国人不打算履行承诺,即中国军队正在积极准备攻击日本。日本海军被诱骗进无用的外交谈判中,一旦发生实际冲突,延迟行动的每一分钟都可能带来无法估量的损失。我随函附上 1 月 27 日和 28 日的公告①中的摘录,这些摘录将说明日本的态度。

9. 日本在闸北及其周边地区集结了一支约三千人的登陆部队,而中国在闸北附近有一支约四千人的激烈抗日的部队,连同志愿者、武装警察,以及上海其他地区的大量部队。众所周知,双方都在增派援军。此外,无论是官方还是非官方人员,都相信无论中国方面如何回应日本的要求,日本海军都决心采取行动。在此情况下,我恳请您注意费信惇(Stirling Fessenden)先生的附件(附件 2)②,这是在 1 月 28 日我与市长会谈后立即撰写的(附件 3)备忘录,③以及我于 1 月 28 日发送的第 30 号电报④的最后一段。总之,当前出现了最危险的局面⑤,工部局不仅有理由,而且我认为绝对有必要宣布进入紧急状态。我并没有直接咨询有关这一行动的必要性,但我会跟进了解做决策的全过程。我的美国同事也是如此。

10. 1 月 28 日下午的早些时候,上海市市长向日本总领事传达了无条件接受日本要求的答复。下午 4 时,日本总领事向领事机构通报了这一答复,表示答复非常令人满意。他补充道,尽管还需观察市长是否能执行这些接受的条款,但他承认这些要求已经在很大程度上得到了满足,因此暂时不会采取进一步行动。然而,依然有印象认为日本海军无论如何都会采取行动。理事会认为,在观察到事态的进一步发展之前,不宣布紧急状态的立场是合理的。

11. 在这个问题上,重要的是要考虑宣布紧急状态的影响以及相关人员

---

① 未印。

② 下文附件 2。

③ 未印。这次采访参见第 158 号和本文件第 30—31 段。

④ 似乎这个当地电报没有转发至外交部。

⑤ 关于这方面,白利南先生在发给北平的第 64 号电报中说过(参见上文注 2):"当时存在这样一个危险,即某些中国社区的部分民众可能会反对市长的完全投降并引发暴乱。"

因此承担的职责。我在这里附上了所谓的"上海防卫计划"①中的摘录,这是一项由负责保卫外国地区的各方协议起草的计划。值得注意的是,对中国而言,这是一份秘密文件。中国在文件的构成上没有发言权,而且据推测,也不了解内容。

12. 根据该方案,国际租界防卫委员会由以下人员组成:外国军队指挥官、上海工部局主席、上海市警察局局长以及上海援军司令,驻军高级指挥官担任主席。尽管法国军队指挥官并非该委员会的常任成员,但他有权根据个人意愿参加委员会会议。委员会简单划分了各部门职责,由各可调度部队负责防御工作,这有利于协调各指挥官的行动并确立防御的基本原则。但委员会无权对各指挥官发出具体指令,告知他们应如何保卫其所负责区域,或在他们认为必须遵循本国上级命令时,委员会同样无权阻止他们采取独立行动。然而,在采取独立行动的情况下,个别指挥官应通知防卫委员会主席。

13. 1 月 28 日,驻军高级指挥官,即国防委员会主席一职,由英国司令布莱吉莱·弗莱明(Brigadier Fleming)担任。

14. 一旦发现形势严峻,英美部队便开始为各自部门的防御做好准备。例如,他们负责的周边暴露区域的布线已经准备就绪,因此紧急状态宣布后不久,这些部门便进入了防卫状态。上海志愿军的外围则由永久性防御设施提供保护,几乎与此同时也做好了防卫准备。

15. 现在有必要提及日本部门的情况。根据附件4②中的参考文献,日本部门(称为 A 部门)负责整个租界的东北区域,西边界线至河南路(不包括河南路),还包括西至北江西路和吴淞铁路线、北至虹口公园北面、东至沿槟榔路和狄思威路延伸至租界边界的路线。

16. 这个越界筑路区(我建议称之为突出区)由北四川路这条主干道和狄思威路这条辅路组成,在该地区的北部,有大量由上海工部局或外国业主拥有道路权的外国房产,其中居住非常多的(大约七千)日本人和其他非中国居民。这个外籍人口居住区域与租界边界之间的中间区域,有众多与主干道垂直的小巷,那里居住着极为拥挤的中国底层社会居民。

---

① 未印。这些摘录在第 12 和 15 点中进行了概述。
② 未印。这些摘录在第 12 和 15 点中进行了概述。

17. 如果参考附件中的概图①，可以更清楚地了解这一情况，从图中可以看出，外国占领区就像一个带柄的苹果附着在租界上。两条市政道路及其向外延伸的房屋由国际租界的市政警察负责巡逻，该区域内还设有警察局以维护治安。其他地区则由公安局管理的中国警方巡逻，他们在上海工部局道路以外的其他道路上设立警察局。

18. 日本海军陆战队总部也位于这个突出的区域，并且与租界的距离之远在概图上非常明显。它实际上处于该区域的核心位置，这个区域主要居住着日本人和其他外籍人员。在正常情况下，日本海军陆战队不会在道路上巡逻，即使需要巡逻，也只是出于保护目的，而这种保护通常由警察负责。但在过去三个月的动荡时期中，日本海上巡逻队一直在增援他们认为必要的由警方提供的保护措施。

19. 另外，在动乱时期，警察也得到了宪兵或部队的增援。因此，在正常情况下，"苹果"和"果柄"部分由市政警察巡逻，而周边地区则由中国城市警察负责；而在动乱时期，"苹果"和"果柄"由市政警察和日本海军陆战队队员巡逻，周边地区则由中国城市警察加上中国宪兵或军队巡逻。

20. 1 月 28 日，日本海军陆战队司令通知市警察，称已登陆了一批新人员，并且中国警方的出现可能导致误解，因此已经撤回了所有中国警察。在28 日之前的几天里，随着日本人决心直接采取行动的意图日益明显，毗邻的中国军队得到了增援，并进行了大量的防御准备。因此，1 月 28 日，日本海军陆战队以及少数隶属工部局的非中国警察巡逻"苹果"和"果柄"，而周边地区则被中国警方和具有强烈反日倾向的强大粤军占领。

21. 现在回到我们的主要内容。日本人在下午 4 时并没有试图占据突出区的边界。他们也没有表明他们打算这么做。然而，上午 7 时 30 分，他们确实通知了其他指挥官，计划在第二天早上采取行动。下午 6 时，日本陆战队司令告知弗莱明准将，由于中国方面已经同意日方的要求，除非中国未履行承诺，否则日方无需采取激烈行动。他补充说，无论如何，当晚都不会采取任何行动(参见弗莱明准将的叙述——附件 7)。② 下午 10 时 5 分，弗莱明准将收到志愿兵团的消息，称日本公司的一名成员报告说，陆战队正在准备做一些他们

---

① 未印。参见《国际联盟:中国政府的上诉:调查团的报告》附带的第 11 号地图。

② 未印。这段发表于 1932 年 2 月 5 日的声明正如此处所概述。

急于隐瞒的事情,并预计他们会从北面和东面攻击闸北。几分钟后,晚上 9 时 15 分发布的新闻联合公报引起了弗莱明的注意。报道称,盐泽海军大将于晚上 8 时 30 分发表声明,宣布他决定在闸北采取必要的军事行动,以维护该地区的和平与秩序。附于信后的副本(附件 6)①是日本人当晚行动意图的最早暗示。晚上 11 时 30 分,日本司令员告知弗莱明,日军即将进行"小规模行动",目的是扩大其占领区域,连接闸北与他们所在区域及虹口公园之间的边界。

22. 日本海军大将实际上发布了两项宣言,但直到晚上 11 时左右才公布出来,并向上海市市长递交了副本,市长说晚上 11 时 25 分才收到这些副本。其中一份副本提及紧急状态,表明日本帝国海军对闸北住有众多日本国民的情况感到非常焦虑,决定派遣部队前往该区域维护治安。在这种情况下,他希望中国迅速将位于闸北的部队撤至铁路西面,并解除该地区的所有敌对防御。另一份声明指出,在由日本人维护治安的租界区域内,将采取任何在紧急状态中被认为执行任务所必须的措施。

23. 日本海军陆战队和预备役军人,也就是武装好的日本人穿着一身绅士风格的便服,大约 11 时 50 分于海军陆战队总部开始集结。在同胞们的极大热情中,军队每次都要到前线去,沿北四川路向租界边界走,然后沿靶子路向西行走到河南路。沿途,他们的小队分头行动,最后一支小队伴随一辆装甲车在午夜前向河南北路的大门方向前进,前往火车站,之后我会重提这支小队。当所有小队就位时,就发出信号,他们从北四川路和靶子路向铁路方向移动。中国军事当局没有遵守日本海军大将撤军的要求。实际上,即便他们已决定遵守这一要求,也不可能在短时间内实施。在这种情况下,除了通知当地部队指挥官即将发生的事件,他们无法采取其他措施。

24. 然而,中国人无意撤军。他们几天来一直在做反抗的准备。日本海军陆战队的行动无疑向他们发出了即将进攻的明显警告,所以当日本人渗透进中国时,遭遇激烈的机关枪和步枪火力并不奇怪。不论日本人的目标是什么(我稍后会再提到这点),他们显然低估了中国方面的抵抗,不得不为前进的

---

①　未印。本新闻公报如下:"日本第一海外中队指挥官盐泽少将上午 9 时 30 分发布公告。宣布他决定在日本人居住的柴培采取必要的军事行动,以维护该地区的和平与秩序。以下是英文版的宣言……"这一宣言如本段和第 148 号中所述。这份宣言和盐泽海军大将的第二篇(参见下文第 22 点)载于《1932 年国际事务概览》第 480—481 页。

每一步进行激烈斗争。战斗的实际细节不得知,但是如果日本人完全穿越铁路线,他们将被迫撤军。因为到了第二天早上,他们的防线沿着铁路向南延伸至宝兴路,从那里开始,防线向东偏离铁路一段距离,直至与租界边界相接。

25. 现在我们来谈谈关键问题:日本人在1月28日晚上想要做什么?他们是仅仅试图占据防卫委员会界定的边界,还是试图进一步发动攻击,并且超出了防御计划的范围,采取了一种不是防御而是侵略的行为? 这是一个非常难以回答的问题。但是,有一个经过充分验证的关键点,它可以给我们一个正确答案的线索。我在此附上一份由上海志愿军"A"连的布朗(Brown)上尉和塔克斯福德(Tuxford)中尉所作的报告①,从中可以看出,大约在午夜12点,一辆装甲车伴随着日本海军陆战队沿着公路向华北路的路障靠近,企图从租界方向进入中国领土,目的是攻击火车站。但上海志愿兵团队的成员拒绝他们通过河南北路大门所在之处。这一情况由路透社远东代表张雪楼(Chancellor)先生证实,他目睹了日本海军陆战队在总部集结,跟随他们沿四川北路行进,并看到装甲车上的最后一支小队。如上所述,他们前往河南北路,这表明日本外围的火车站遭到袭击,这是该计划在当天付诸实践的一部分。

26. 路透社还报道,日本人在第一次袭击中顺利进入了闸北北部和铁路西侧,囚禁了这些区域与租界边界之间的中国人。但他们遭遇到了激烈的抵抗,最终被迫退回原地。但是,这些信息来自东京联合社(日本新闻社)的记者,其可靠性不及张雪楼先生和布朗上尉所提供的信息。

27. 除此之外,关于日本的目的,我能获得的唯一直接证据载于日本陆战队指挥官向理事会主席发表的声明,以及上海工部局日本成员之一福岛(Fukushima)先生的发言(参见费信惇先生的声明)②。但这些也仅仅是暗示。不管真相如何,几乎所有普通民众和权威人士,不论是中国人、日本人还是中立国公民,都坚信日本人计划在某天采取行动(虽然当时还不知道袭击何时会降临)。但这并非为了防守他们的防线,而是作为占领闸北或上海其他地区的战争行为。在这方面,我想再次提醒注意上文第9点中的评论。

---

① 未印。
② 下文附件2。

28. 另外，我们有日本官方的解释，我谨附上一份副本（附件 9）。① 在这份声明中，村井先生表示，日本的目标是占领北四川路和吴淞铁路线之间的区域，这条线路根据上海防御计划被指派给了日本进行防卫。他还提供了日本采取行动的其他理由，由于各种谣言甚嚣尘上，以及中国当地无法控制局势，使局势在晚上变成了一场危机。难民从各个方向涌入租界，便衣队秘密进入的谣言广泛传播，所有的中国警察都从闸北地区撤离。

29. 但是，关于这一发言，我想提请注意以下几点：

（1）张雪楼先生说，他一收到日本袭击事件即将发生的消息（大约晚上 10时）就出去了解情况。他参观了火车站，甚至购买了站台票进入站台，还在铁路站场周围来回走动。一切都非常安静祥和，没有一个士兵。包括北四川路在内的道路一直很平静，直到日本海军陆战队开始调度。

（2）袭击发生时，大多数非日本籍外国人仍在睡觉，这表明该地区并未像村井先生声明的那样动荡。

（3）如果有关中国警察逃离的声明指的是上海市政警察的警员，那一定是不对的，因为上述警察已经根据日本陆战队指挥官的请求撤退了。如果指的是中国城市警察，警察局将否认此事，他们表示在袭击发生时警察仍在岗位上。并且据新闻联盟报道称，向日本开火的中国警察很快被缴械。因此，这一说法并不完全可靠。

30. 如果日本人打算仅仅占领防卫计划规定的范围，那么正常程序就是他们通知中国，并要求中国撤出警察。村井先生在发言中说，他特别要求大上海市市长秘书长俞先生从有关部门撤出中国军队，俞先生表示愿意做并保证会做好。俞先生之后坚决否认了这一点，这在当时的情况下似乎不太可能。然而，没有发现有人打算占领这个地区，也没有给中国军队撤退的合理机会。这与在西边发生的事情相比，同样是远离租界边界，在 28 日上午，在紧急状态生效之前，我通知市长该部门将由英军接管，并要求向驻军指挥官解释，这是为了防止难民和士兵无序进入该地区的防御措施，绝不是针对中国政府的。

31. 值得注意的是，市长在同一次谈话中告诉我，应其要求，一支宪兵部队已从南京调至日军和中国军队之间，目的是防止冲突发生。

---

① 未印。1932 年 1 月 29 日村井先生的这一声明印在国联官方公报，1932 年 3 月，第 415 页。

32. 证据指出,日本人打算在 1 月 28 日晚上做比他们根据防御计划有权做的更多的事情,但他们的尝试失败了,然后试图掩盖自己,说他们只是试图履行该计划下的义务。然而,若他们的目标仅是保持在防卫计划规定的范围内,那么他们的行动几乎是有预谋且计算过的——尤其是领事几小时之前刚刚保证——这样做无疑会造成极大的不信任、不和谐和不稳定。

33. 还有一点是必须要做的,这是整个问题的根源。防卫计划是参照一个完全不同于 1 月 28 日的情况制定的。正如日本人所知道的那样,它是为了在两个敌对的中国派系之间发动战争或攻击租界时,保持租界的豁免权。这一计划并非为了应对这样一种情况而设计,即任何防御租界的成员无论出于何种意图和目的实际在与中国人交战。

34. 然而,日本人成功地将防卫计划的存在转化为自己的利益。由于他们威胁要采取直接行动,工部局被迫宣布进入紧急状态。宣布进入紧急状态使得日本人在决定对其周边的中国军队采取直接行动时,可以声称获得了理事会的授权。正如在满洲的情况,他们为自己制造危机的行为进行辩解。

35. 我要重申的是,我认为无论总领事谈判的结果如何,日本海军都打算在闸北采取行动。他们已经制定了完整的计划,并希望自己向中国人提出的要求不被接受,因为这些要求实际上无法执行。然而,当要求被接受时,他们必须找到采取行动的理由。日本新闻联盟随即发布了一份报告,声称中国人无意履行这些要求并准备袭击日本人。①

36. 最后,我要提请您注意日本海军大将和日本总领事于 1 月 31 日在我家举行的会议上向中国代表发表的声明,我在 2 月 2 日发来的第 34 号电报②中对此做了报告。盐泽和村井都强调,这一重要夜晚的行动责任完全在日本,且他们不打算与任何人共同承担这一责任。

此致

约翰·菲茨杰拉德·白利南

资料来源:[F 2569/1/10]

(向明 译 郭昭昭 校)

---

① 白利南先生在给北平的第 65 号电报中进一步评论说(参见上文注 2):"日本陆军在日本获得了所有的荣耀,海军决心分一杯羹。结果他们搞得一团糟,陆军必须帮助他们。"

② 未印,参见第 205 号和第 213 号。

第 375 号附件 2

上海工部局总裁费信惇先生的发言

在宣布紧急状态的几天前，弗莱明准将在我出席的防卫委员会会议上宣布，如果吴将军对日方要求的答复不满意，日本高级指挥官将提前 24 小时通知弗莱明准将日方打算采取的行动。

在宣布紧急状态的那天早上，弗莱明准将在另一次防卫委员会会议上表示，日本司令已收到通知，表示他将在第二天早上采取措施。这一声明导致防卫委员会向理事会建议，应在当天下午 4 时宣布紧急状态。理事会全体成员于午夜 12 时召开会议，并根据国际防务部队司令官的建议，正式批准宣布紧急状态。

晚上约 6 时 30 分，鲛岛（Samejima）男爵①在一位翻译的陪同下给我打电话，地点是市政大楼的私人办公室。他说海军大将派他来见我，但因为他的英语不太流利，希望通过翻译向我发表声明。然后，他对翻译做了一个非常谨慎的陈述。随后翻译将他的声明转述给我，内容如下。

他说，司令希望说明日本海军大将已经收到了吴将军的报告，而且对此非常令人满意，因此将不会采取海军大将原定于第二天早上实施的直接措施。翻译员特别强调了"直接"这一词语。

然后，我问翻译员，鲛岛是否想让我明白第二天早上可能会采取间接措施的性质。我未得到回答，鲛岛男爵随即离开了我的办公室。

然后，我立即致电高级领事坎宁安先生，②询问他有没有从日本总领事馆处获得任何表明吴将军回复日本要求的说明是否令日本当局满意的官方消息。这位高级领事告诉我，他从日本总领事那里得到了吴将军答复令人满意的消息，并且预计日本人不会在第二天早上采取任何措施。我对坎宁安表示，我对于第二天早上日本人可能不会采取任何措施的说法感到不满意，并且详细告诉了他我刚刚通过翻译员与鲛岛男爵的谈话。我告诉坎宁安，我认为这些飞机将在第二天早上在上海起飞。

在宣布紧急状态当晚 9 时到 9 时 30 分之间，理事会的一名日本成员福岛先生打我家私人住宅的电话，说日本防卫军即将占领闸北。我询问福岛为何

---

① 日本海军陆战队指挥官。
② 美国驻上海总领事。

作此决定,因为据我所知,根据紧急状态的整体方案,日军只应将其分配的部门置于总体防线之内。我还问福岛为什么日本人立即决定占领闸北。他回答说,闸北发生了严重的动乱,日本居民非常不安,日本当局认为有必要占领闸北。(我认为福岛先生的意思是说日本人对闸北的占领不会局限于防御计划中分配给日本的部门。)

于是我向福岛建议,这是一个非常重要的问题,我认为他应该做到让一些负责任的日本军官立即通知弗莱明。福岛含糊其辞地回答了几句,然后挂断了电话。

然后,我立即往警察总监的私人住宅打电话,他的妻子告诉我他不在,她会让他回家后立即回我电话。

10 时到 10 时 30 分之间,警察局长打电话给我,我向他说了福岛先生对我说的话。警察局局长表示,一定是有些误解,因为他刚巡视完闸北回来,那里一切都十分平静。假设警察局局长的说法是正确的,福岛的声明可能并非官方立场,因此我没有采取任何进一步的行动。

费信惇

1932 年 2 月 5 日

资料来源:[F 2569/1/10]

(向明　译　郭昭昭　校)

121. 英国驻东京大使林德利致英国外交大臣西蒙(1932 年 5 月 27 日)

第 380 号　林德利爵士(东京)致西蒙爵士

发报时间:1932 年 5 月 27 日

收报时间:1932 年 6 月 23 日

东京,第 284 号

先生:

1. 关于 5 月 5 日我的第 245 号电报[①],谨随函附上大使馆参赞斯诺先生

---

① 未印。

与外务省亚洲局局长谷先生谈话的备忘录,内容涉及中国共产主义运动及满洲的未来前景。在昨日发出的第 278 号电报①的第 10 段中,我提及后一个问题可能带来的失望结果。还附有一本外务省撰写的关于中国共产党和苏联活动的小册子②。

2. 我和法国的同事都对谦吉先生在过去一两个月内频繁提到的共产主义在中国的传播感到震惊。德·马特尔(de Martel)伯爵告诉我,福建省的状况似乎是日本外务省担忧的主要原因。据您所知,日本过去对这个省份有过相当大的野心,这些野心可能至今仍未被日本放弃。

此致

林德利

资料来原:[F 5002/27/10]

（向明　译　郭昭昭　校）

第 380 号附件

日本外务省最近两次谈话的备忘录

东京,1932 年 5 月 27 日

绝密

日本和苏联

5 月 5 日,我见到日本外务省亚洲局局长谷先生,谈了其他一些事情,谷先生在谈到厦门局势时说,共产主义在中国的发展造成了日本政府的严重焦虑。他接着谈到迈尔斯·兰普森爵士为解决上海争端所做的努力,并表示希望这只是英日合作的前奏。然后他说,他认为整个世界可以分成布尔什维克和反布尔什维克。这次谈话似乎暗示,若日本发起某种反布尔什维克运动,谷先生希望至少能获得英国的同情。我向谷先生询问了中国共产党的活动情况,他表示他正在编写一本关于此问题的小册子(内容包含李顿调查团的信息),并答应我提前给我一份副本。这本小册子③的副本附

---

① 第 374 号。

② 这个小册子(34 页)是一个证明副本,日期为"东京,1932 年 2 月",中国共产主义文件附件 A3,是日本政府为李顿调查团准备的,命名为"中国现状"。

③ 同上。

后。可以看出,无论出于何种原因,日本政府在准备这件事上付出了相当大的努力。

5 月 18 日,也就是犬养先生遇刺三天后,我再次拜访了谷先生,他在主动谈到满洲问题后,说日本政府从田中(Tanaka)先生处收到了关于日本前景的令人失望的报告,他于 3 月 23 日离开东京前往满洲,进行了为期两个月的巡视(正如去年 3 月 31 日的东京第 175 号电报①所述)。谷先生询问我是否听说过这份报告,说他非常担心这一时刻的发生,即日本公众普遍知道满洲的前景远不如军界之前所说的那样有希望。他说,他担心在这种情况下,他们很快就要承认他们以前的行动最终以失败告终,那么就不可能阻止军事狂热分子对苏联发动一些希望获得成功的冒险活动,借此在公众面前证明自己。此外,任何承认日本近期在满洲的政策失败的事情也会在朝鲜产生反应,因此最好避免。谷先生随后再次强调,他希望加强英日合作。谷先生在估计先进的军事集团可能采取的行动在多大程度上是对还是错,这可能是一个假设性问题——只有在后者完全掌控事务时才能知道答案。自从谷先生对我说话以来,发生这种情况的可能性已经减退(5 月 27 日)。尽管如此,我仍认为上述对话值得记录下来。

我想补充一点,尽管在过去的六个月中,我曾与谷先生进行过多次对话,但 5 月 18 日是他首次公开对军方所采取的策略的明智性提出质疑。关于谷先生传达这些疑虑的动机,可以提出三个理由:首先,谷先生和许多其他人一样,无疑对于军方团体暗杀总理的事件感到震惊,并对可能的后果感到不确定。其次,他的面前有田中先生的报告。田中先生最近担任日本驻莫斯科大使,之前曾是外交部商业局局长,他在外交界被视为一个精明、务实的人物。毫无疑问,他的报告必定会给谷先生留下相当深刻的印象。最后,我猜想,谷先生可能是急于验证关于反对布尔什维主义的英美统一战线的想法。关于后一点,我需要补充的是,在回应时,我表示希望谷先生的预感是被过分夸大了。我还暗示说,对于英国人的同情,只要日本继续采取最近对肖(Shaw)先生②的那种待遇,并容忍像丹东③这样的走私活动,那么英国人只会疏远日本。在

---

① 未印。1923 年 7 月至 8 月 30 日,田中都吉先生曾任日本驻莫斯科大使。参见下一段。

② 肖先生,英国居住在丹东的一名商人和船主(参见第一辑,第十四卷,例如第 98、145、157、210 号),最近抗议朝鲜的日本政府干涉其船只在鸭绿江上航行。

③ 参见第 204 号,注 6。

告诉谷先生我没有听说过田中的报告的同时，我提到我曾听说一群大阪商人（正如 5 月 18 日东京第 266 号电报中的附件所报告的那样）①从满洲的调查之旅返回，对于那个国家提供的机会感到相当沮丧。我说过，假设满洲实际上是个富裕的国家，可能仍然存在某些困难。如果日本目标完全实现，韩国人和日本人完全可以自由地定居满洲，种植大米和谷物，从事采矿和建立工业企业，那么会发生什么？ 在满洲著名的抚顺煤矿的历史上，也许可以找到答案的一些迹象，日本对此已经完全实施了控制。② 结果是什么？ 煤矿每年生产 500万到 1 000 万吨廉价优质煤。但九州煤矿的业主已抗议其进入日本，他们表示这将让他们陷入破产。因此，目前每年有 550 万吨的定额可以输入日本。日本工业竞争对手以低廉的价格获得了平衡。同样，日本农民的利益是军事派系特别关注的问题，他们已经同样强烈地抱怨来自韩国和台湾地区的稻米竞争。同时，出于同样的原因，在日本一些地区建立雇用满洲劳工的工厂也遭到了强烈的反对。谷先生似乎完全认同这些观点，伹他表示，公开表达这些意见是不安全的，因为这会让人感到"极度失望"。

斯诺

资料来源：[F 5002/27/10]

（向明　译　郭昭昭　校）

122. 英国外交大臣西蒙致英国外交事务常务副国务卿范西塔特（1932 年 2 月 8 日）

第 389 号　西蒙爵士（日内瓦）致范西塔特爵士

发报时间：1932 年 2 月 8 日

收报时间：1932 年 2 月 10 日

日内瓦，第 6 号

英国驻国际联盟代表团致敬，并谨此转发以下文件的副本。

---

① 未印。

② 参见第 204 号，附件，第 24 款。

编号和日期	主题
2 月 3 日与德拉蒙德爵士谈话记录	中日：与杉村发生谈话的记录。

资料来源：[F 1180/1/10]

（向明　译　郭昭昭　校）

第 389 号附件

会见记录①

非常机密

杉村先生今天下午来拜访我,他说:关于英美提案中的第五点,维吉尔(Vigier)先生向他提出了一个非常有趣的建议。第五点内容如下:

"(5)在接受这些条件的基础上,本着《巴黎公约》精神以及国联理事会 12 月 9[10]日决议精神,双方在没有其他事先要求或保留意见的情况下,在中立观察员或参与者的帮助下,应该迅速推进谈判以便解决两国之间的突出争议问题。"②

杉村认为,如果将李顿调查团的成员视为中立观察员,日本代表可能会建议东京接受这一方案。该调查团的任命得到了双方的同意,因而其地位特殊。他的论点基于 12 月 10 日的决议,即国联将在适当的时候处理两国之间的所有争议,包括满洲问题。显然,处理这些问题最好是在远东而不是日内瓦进行。因此,他提议在远东地区进行谈判,并邀请李顿调查团的成员以观察员身份参与。但是,如果这可以接受,日本政府就必须得到一些回报。四大国是否会根据第十五条③向中国政府提议撤回其提出的争端呢?

我回答道,我不知道是否有这个可能性;但是如果日本政府提出这样的要求,他是可以这么做的。因为在我看来,在当前的特殊情势下,考虑到有关问题错综复杂且极其重要,根据第十二条规定④,为国联理事会报告书预留的六个月时间根本不够。如果完全因为这一实际理由,我想可能会成功促动中国

---

① 在这个记录的开头有以下注释:"供塞西尔勋爵查阅。抄送至外交部贾德干。
1932 年 2 月 4 日　塞西尔"

② 法国国际联盟秘书处政治部门成员。

③ 《国际联盟盟约》。

④ 《国际联盟盟约》。

政府,但我当然不能做出任何保证。

杉村对形势非常悲观,但他认为这一建议也许能提供一种可能的解决办法。

德拉蒙德

1932 年 2 月 3 日

爱文诺

维吉尔

资料来源：[F 1180/1/10]

（向明　译　郭昭昭　校）

123. 英国驻北平领事馆代办英格拉姆致英国外交大臣西蒙(1932 年 6 月 7 日)

第 401 号　英格拉姆先生(北平)致西蒙爵士

发报时间：1932 年 6 月 7 日(无线电)

收报时间：1932 年 6 月 7 日 20：30

北平,第 321 号电报

李顿爵士①对在山海关发现的情况感到不安,他认为中国和日本的军事动态随时都可能引发严重事件。中国声称,日本军队(名义上根据《辛丑条约》来保护铁路)以最挑衅的方式行事,在不事先通知中国方面的情况下进行夜间演习,甚至移除了某些边界线上的标记。日本方面声称,中国人在满洲一侧参与树立军事分界线②……③。应该注意的是,这条界线并不是河北④和东三省间的正式边界。

他向我表示,他不希望将此事提交给国联,因为国联仅仅要求调查团进行

---

① 6 月 5 日,李顿调查团成员从满洲赶到北平。

② 此处文本不确定,但后来修改为"军事上的位置"。

③ 即中国的长城。

④ 在提交的副本上修改为"冀(前称直隶)"。

调查并提交报告,而目前他们已经全力投入在满洲报告的准备工作中了。他曾建议顾维钧,中国政府应积极直接解决与日本的相关问题。如果这一努力未能成功,他想了解是否有必要向《辛丑条约》的签字国提出上诉,或者是否存在其他可能涉及国联介入的行动。他还询问是否有可能派遣观察员。

日本和中国的报道我没有确认过,美国的同事也没有进行确认。我们都未掌握任何证据显示山海关的紧张局势近期有所加剧,但我仍然请求军事随员派遣一名翻译官来进行调查并汇报具体情况。①

转发至天津总司令、东京大使馆和南京公使馆。

资料来源:[F 4699/1/10]

(向明 译 郭昭昭 校)

124. 英国驻北平领事馆代办英格拉姆致英国外交大臣西蒙(1932 年 6 月 7 日)

第 402 号 英格拉姆先生(北平)致西蒙爵士

发报时间:1932 年 6 月 7 日(无线电)

收报时间:1932 年 6 月 8 日 18:15

北平,第 322 号电报

应李顿爵士的要求,我严格保密地向他概述了圆桌会议近期的预计进展情况。他表示,调查团在调查报告中无法忽视上海事件及其产生的问题,但他

---

① 英格拉姆先生在六月十二日(即下午八时五十分)通过第 331 号电报,向外交部转发了 6 月 9 日天津发出的第 22 号电报副本,发送至北平,内容是:"山海关的英军直至六月六日都表示那里的情况完全正常且安静。李顿指出日本军队一直驻扎在山海关,且他们的人数近期未有增加……目前我认为没有任何理由需要对山海关的情况保持警惕,也没有迹象预示日本人和中国人之间将发生冲突,但后者不应被轻视。至少可以肯定的是,在日本人可能在山海关策划事件的同时,现场有数十名训练有素的军事观察员进行观察和报道。"在另一封第 347 号电报中,(6 月 17 日起草,6 月 23 日下午 1 时 15 分发出,同一天上午 9 时 30 分送达),英格拉姆先生提到:"语言官员的报告(原文如此)表明情况有所改善。目前没有什么特别的理由参与此冲突。"

们也不打算在未进行长期彻底研究的情况下就对上海问题提出建议,因为这样做会耽误他们解决最关键问题的时间。他们的报告必须涵盖历史上导致中日关系紧张的所有领域,其中包括"九一八"事变在内,①同时他们必须对上海事件的相关事实和责任提出自己的看法。② 但关于满洲问题,调查团表明他们不会提出与解决上海事件相同的方案。③

我告诉李顿,这符合英国和其他国家的想法和计划。然而,李顿④对此深感焦虑,在实施这些计划和想法的过程中,必须谨慎行事……⑤以免让日本察觉各大国正试图回避举行任何圆桌会议。因为日本人曾表示,他们在上海撤军与否取决于各大国是否承诺将召开圆桌会议。他强调,如果日本人对圆桌会议感到失望并认为自己受到欺骗,那将会对调查团在满洲问题上的工作造成巨大损害。我告诉他,没有任何外交技巧可以完全超越国家利益,以避免留下这样的印象。

转发至南京公使馆、东京和上海。

资料来源:[F 4718/1/10]

(向明　译　郭昭昭　校)

---

①　6 月 16 日,北平的一封未编号的电报中重复了这句话,用语是"9 月 18 日之后的事件"。

②　这句话重复"上海事件的责任"。

③　布莱克本先生在这次访谈中补充了以下内容:"他们认为应该保持上海问题的开放状态,直至他们的报告完成,之后再基于该报告举行圆桌会议。他(李顿爵士)询问目前各国政府提出的建议是否与这一计划相符合。"并据此在 6 月 11 日通过北平第 684 号电报(7 月 25 日收到)向外交部发出。

④　布莱克本先生在笔记上写着"英美政府"。

⑤　此处文本不确定。

125. 英国外交大臣西蒙致英国驻华盛顿大使林赛（1932年6月8日）

第 409 号　西蒙爵士致林赛（R. Lindsay）爵士（华盛顿）

发报时间：1932 年 6 月 8 日

外交部，第 809 号

先生：

阿瑟顿（Atherton）先生今天给我看了史汀生先生的一封信函①，信中提到日本对新成立的"满洲国政府"的责任。信中也提及我向史汀生先生表达的担忧，即如果向日本提出抗议，可能得到的回复是日本否认对此负责。② 史汀生先生认为，他掌握了日本在建立和实际控制新的独立"满洲国"方面的确凿证据，并且阿瑟顿先生向我提交了包含这些证据材料的文件③。我承诺会对这些文件进行审查，并认为日本公民在此事中的大量参与是毫无疑问的，但我认为很难证明日本政府的串通。④

此致

----

① 参见《美国外交关系文件》1932 年，第四卷，第 44 页。

② 参见第 228 号。

③ 未印；参见《美国外交关系文件》同上。第 44 页，注 32。

④ 西蒙爵士的这份文件草案曾包含这样一句现已删除的话："阿瑟顿先生在离别时说了一句话，这显示他至少已充分意识到这个区别。"这份文件已被发送给国王、内阁和自治领供其查阅。文件的记录包括以下内容："文件分为两部分：A. 日本煽动在满洲建立'新政府'的证据。B. 日本控制满洲'新政府'的证据。""这份文件并没有增加我们对这个问题的了解。可以证明，张学良（少帅）政府因受到满洲日本军队的反对而不再存在。同样显而易见的是，任何试图替代张学良政府的政府，如果其性质也遭到日本军队反对，同样无法成立或维持。日本政府可能承认这一点，但会辩称这并不与他们的立场相悖：(a)独立于中国政府的新自治政府是满洲人民自发成立的；(b)'新政府'并非处于日本政府的控制之下。美国文件中的 B 部分特别无效，未能证明什么事情……普拉特　6 月 13 日""我认为这个通讯的重要性在于，美国政府认为证据证明了某个结论，并形成了这个结论。这是一个重要的政治事实，其潜在后果可能是李顿调查团的建议在被日本政府视为合理的情况下遭到美国政府的反对。我们希望在整个中日问题上作为国联和美国政府之间的纽带，如果美国政府否认李顿调查团的报告……麦基洛普（MacKillop）　6 月 13 日"

约翰·西蒙

资料来源:[F 4720/1/10]

(向明 译 郭昭昭 校)

126. 英国驻国际联盟代表(日内瓦)致英国外交大臣西蒙 (1932 年 6 月 8 日)

第 410 号 英国驻国际联盟代表(日内瓦)致西蒙爵士

发报时间:1932 年 6 月 8 日

收报时间:1932 年 6 月 11 日

日内瓦,第 168 号

英国驻国际联盟代表团致敬,并谨此转发以下文件的副本。

编号和日期	主题
德拉蒙德爵士致贾德干先生,6 月 6 日。	中国和日本:发给海曼斯先生信函的副本

资料来源:[F 4768/1/10]

(向明 译 郭昭昭 校)

第 410 号附件 1

德拉蒙德爵士致贾德干先生的信函

国际联盟,日内瓦,1932 年 6 月 6 日

亲爱的亚历克:

我寄给您一封信,这封信函刚刚也同样寄给了海曼斯,因为我希望它能够相当清楚地阐明目前的困难。

我告诉外交大臣,当他来到这里时我想跟他谈谈这个问题。

谨上

埃里克·德拉蒙德

资料来源：(F 4768/1/10)

（向明 译 郭昭昭 校）

第 410 号附件 2

德拉蒙德爵士致海曼斯先生的信函
日内瓦，1932 年 6 月 6 日

亲爱的主席：

虽然我不确定您具体的安排，但我相信您可能会在本周末或下周一抵达日内瓦。届时，我有一个非常重要的问题想和您私下进行讨论。

大会正依照《国际联盟盟约》第 15 条处理中日争端。该条款下的第 12 条规定适用于大会的程序。因此，大会必须在将争端提交至大会后的六个月内提出报告。我认为截止日期应是 8 月 19 日，因为这六个月的期限是从理事会决定提交此事至大会的那日计算。

目前来看，李顿调查团的最终报告不太可能在 9 月 15 日之前提交，[①]即使能够及时提交，理事会成员、十九国特别委员会和国联大会的成员还需要足够的时间来审议和讨论该报告。就此而言，我认为大会的报告最终会以此为基础。以上这些都表明，由于本案特别困难，第 12 条所规定的六个月时间是不够的。因此，我们应当努力争取中日双方同意延长这一期限。如果我们能再获得三个月的保障，这可能就足够了。然而，日本人可能很难接受这种时间的延长，因为这需要他们承认《国际联盟盟约》第 15 条适用于满洲。但到目前为止，他们还是对这种理论充满抵触。如果他们不同意，我们可以将日本的反对意见提交至国际法院，[②]而国际法院自然会裁定他们的反对意见无效。而且面对这种抉择时，日本人很可能会同意延长时间期限。[③]

然而，正如您将看到的那样，这并非易事。我不知道在没有十九国特别委

---

① 参见《国联公报》，特刊第 102 号，第 40 页，调查团为此写了一封电报，日期为"北平，1932 年 6 月 14 日"。

② 即按照《国际联盟盟约》第 14 条设立的常设国际法院。

③ 英国驻日内瓦代表于 6 月 15 日将第 174 号电报发给外交部（6 月 17 日收到），介绍了德拉蒙德爵士与日本驻巴黎大使、国联理事会代表长冈先生于 6 月 13 日的一次会谈，长冈先生问道："如果日本表示不反对将他已经提出的保留条款第 12 条规定的六个月延长一下，那会怎样？"大使补充说他非常担心特别提及第 15 条。德拉蒙德爵士这一提议在他看来完全合适。他认为大使在提出这一提议时明确地代表了日本政府的立场。

员会授权的情况下,我们是否可以承担起这种试图通过协商延长期限的责任。但若十九国特别委员会介入,我相信日本方面会更难拒绝。所以,也许未来的出路是在您来时私下会见委员会里某些有影响力的成员。①

相信我,亲爱的主席

谨上

埃里克·德拉蒙德

资料来源:[F 4768/1/10]

(向明 译 郭昭昭 校)

127. 英国外交部远东司代理司长麦基洛普与美国驻东京大使馆参赞杜曼的谈话记录(1932 年 6 月 13 日)

第 417 号 麦基洛普先生与杜曼(Dooman)先生的谈话记录

外交部,1932 年 6 月 13 日

今天下午,美国大使馆的杜曼先生致电并留下了附件。② 他提到,西蒙爵士和史汀生先生已经达成协议,就中日争端问题,英美两国政府应进行全面信息交换。他交给我的信函可能本身并不重要,但这表明美国政府目前没有更多信息可提供。他问我们是否有任何重要或不重要的东西交流。

我回答,自我上次见到他③以来,我们并未采取任何重大行动,只是就我们与美国政府的立场区别作了补充,因为我们与其他同盟国家以及与美国共同研究了中日争端问题。然而,我们却认为告知美国政府我们认为适当采取的步骤,并且告知任何集体决定或行动才是最重要的。李顿调查团的报告作出决定之前,我们必须在中日争端方面谨慎行事。在这方面,杜曼指出,国务

---

① 6 月 17 日第 176 号电报从英国驻日内瓦代表处发至外交部(6 月 20 日收到),详细介绍了 6 月 16 日的谈话内容,其中德拉蒙德爵士向颜博士建议"弹性延长六个月期限",他说他期望南京政府"已经准备好接受所提出的建议"。

② 未印。这封信函是 1932 年 6 月 13 日,正在执行史汀生先生给梅隆先生的指示。印在《美国外交关系文件》1932 年,第四卷,第 74—75 页。

③ 6 月 6 日,参见第 398 号,注 3。

院已收到从奉天发来的报告,报告称调查团的一名秘书说,该调查团将建议为满洲设计未来,使满洲和中国之间的关系类似于土耳其和埃及以前的关系,并且该调查团只会将中国名义上的宗主权视为可能。我表示,我们并未得知报告可能包含的具体条款。杜曼补充说,如果调查团的报告确实沿着这个方向,美国政府的反应将会很有趣。我表示同意。

最后,杜曼问我关于他的上级正在等待的盐税文件的情况。① 我说,国务卿在前往日内瓦之前已审阅了这个文件的草案,②并质疑该文件是否应包含美国大使馆随后准备的备忘录中提出的问题。③ 这件事目前仍在考虑中,无论最终的文件仅涉及我们反对单独向日本政府提出盐业问题的理由,还是包括日本在创建和实际控制"满洲国"方面的更广泛倡议,我希望能尽快向梅隆（Mellon）先生回复。

麦基洛普
资料来源：[F 4841/451/10]
（向明　译　郭昭昭　校）

128. 英国驻北平领事馆代办英格拉姆致英国外交大臣西蒙（1932 年 6 月 15 日）

第 419 号　英格拉姆先生（北平）致西蒙爵士

发报时间：1932 年 6 月 15 日④（无线电）
收报时间：1932 年 7 月 5 日 09:30
北平,第 333 号电报

机密

李顿爵士向我透露,5 月 26 日在大连时,内田伯爵给他看了一个备忘录,

---

① 　参见第 384 号。

② 　6 月 11 日,出席与裁军会议有关的会议,参见第三卷,第五章。

③ 　麦基洛普先生在这里的一个页边注释是"（即美国政府认为他们已经收集了有力的证据,证明日本对新成立的国家负有责任并对其进行控制）"；参见第 409 号。

④ 　这封电报是 6 月 13 日起草的。

从中内田得出这样的结论:解决满洲问题的唯一办法是承认"满洲国"是一个自治国家。虽然内田礼貌地听取了李顿关于这种政策可能给日本带来不利后果的论述,但他似乎并未对李顿的看法作出任何反应。

转发至东京和南京公使馆。

资料来源:[F 4848/1/10]

(向明 译 郭昭昭 校)

129. 英国驻国际联盟代表(日内瓦)致英国外交大臣西蒙(1932 年 6 月 19 日)

第 428 号 英国驻国际联盟代表(日内瓦)致西蒙爵士

发报时间:1932 年 6 月 19 日

收报时间:1932 年 6 月 22 日

日内瓦,第 179 号

英国驻国际联盟代表团致敬,并谨此转发以下文件的副本。

编号和日期	主题
埃里克·德拉蒙德爵士	采访颜博士关于可能延长六个月期限的记录,以及日本承认"满洲国政府"。①

资料来源:[F 4974/1/10]

(向明 译 郭昭昭 校)

第 428 号附件

采访记录

日内瓦,1932 年 6 月 18 日

今天早上,颜博士来访,他告诉我,尽管中国政府没有反对延期六个月,但

---

① 关于德拉蒙德爵士和颜博士之间就这个问题的较早谈话,参见第 410 号,注 4。

对延长期限的必要性感到失望并有些惊慌。他们尤其担心日本可能会承认"满洲国政府"并接管海关。颜博士强调,这两件事情是非常严重的。事实上,他认为,如果这些情况中的任何一个发生,可能应该由十九国特别委员会在下周的会议中进行审议。他还询问如果我有关于这件事的信息,可以发电报给南京安抚他的政府吗?

我回答,虽然我没有特别的信息,但我充分理解他所提到的可能性的严重性。事实上,我私下采取行动是为了尽可能地阻止承认"满洲国政府",但我当然不能说所采取的步骤是否有效。无论如何,这两件事如果发生的话,都不能改变延长六个月的必要性。很明显,大会在收到《李顿调查团报告书》之前不能审议这个问题。

颜博士表示,他意识到延长期限的必要性,但他急切希望能尽可能缩短这个期限,哪怕是几个月甚至几周,因为时间长了会让日本人有更多机会巩固其在满洲的地位。他本人并不认为目前为止这个合并是非常成功的。

我回答,我完全同意延期的决定是合理的。我再次向颜博士说明,建议在十九国特别委员会审议《李顿调查团报告书》时,同时决定延期的具体时长。我确信他可以信赖十九国特别委员会,以达到不过分延期的目的。

颜博士问我大会是否会考虑报告书?我回答,我确信大会可以在十一月审议这份报告。事实上,我曾经建议,如他所知,延长的期限应该是四个月。

颜博士然后问我是否有可能在十一月召集特别大会。我回答,应该没有什么困难,特别是几乎可以肯定的是,裁军谈判会议将在秋季以某种形式进行。

颜博士承诺今天晚上再次发电报给他的政府,并希望星期一能收到我的明确答复。① 鉴于我们之前的谈话,他没有预料到会有更大的困难。

[F 4974/1/10]

(向明　译　郭昭昭　校)

---

① 6月20日。

130. 英国驻北平领事馆代办英格拉姆致英国外交大臣西蒙（1932 年 6 月 20 日）

第 430 号 英格拉姆先生（北平）致西蒙爵士

发报时间：1932 年 6 月 20 日（无线电）

收报时间：1932 年 6 月 20 日 21：00

北平，第 353 号电报

财政部部长在一般性交谈中乐观地谈到了南京政府的现状。南京政府最近在上海危机中取得的外交成功，以及汪精卫和蒋介石两派在党内的持续合作，进一步提升了政府的声望。他本人在不进行更多内部借贷的情况下成功平衡了预算，而且他最近宣布辞职，①这也是一项重大策略，表明必须进行裁员和停止内战。那么，他是否试图引导政府集中力量发展长江流域，并且减少对边远省份事务的干涉（他表示南京不干涉广州陈济棠将军②的斗争）呢？通过减少他们的责任，如果不增加他们的实力，他们就会保存实力。如果不受干涉，比如在大连所面临的威胁情况（请参见我上一封电报）③，当世界其他国家摆脱当前的经济萧条时，中国可能会是为数不多的拥有平衡预算和未受损信用的国家之一，能够以优惠条件（原文如此）④借用世界市场来发展其重建和防务资源。而不是现在的 200 万军队，他应该瞄准这个规模的四分之一，且训练有素、装备精良的部队。

至于满洲问题，他直言不讳地表达了悲观态度。只有当日本发生变化，预言将出现一场革命时，才会看出没有任何解决办法。在此之前，无论国联的报告以何种形式出现，无论是通过直接谈判还是其他途径，达成和解的希望都非常渺茫。

---

① 对于这个 6 月 11 日的声明，参见《中国年鉴》，1933 年，第 472 页。

② 前面的一段话后来被修改为"陈策（Chan Chak）将军与陈济棠元帅之间"，即海军指挥官与广州第一集团军之间的关系。参见注 1，第 546 条。

③ 第 429 号。

④ 因此提交副本。

上述谈话是当着李顿爵士的面进行的。①

转发至南京公使馆和东京。

资料来源:[F 4967/27/10]

(向明　译　郭昭昭　校)

131. 英国外交大臣西蒙致美国驻英国大使梅隆(1932 年 6 月 21 日)

第 437 号　西蒙爵士(日内瓦)致驻英国公使梅隆先生的笔记

日内瓦,1932 年 6 月 21 日

亲爱的公使先生:

在我们 5 月 30 日的会谈中②,我承诺给您发送一份备忘录,阐述我对满洲盐税问题的最新发展与日本在《九国公约》下的义务的考量。

您会记得,3 月 12 日,美国政府提出了中国海关总署的信誉问题,并建议我们依据《九国公约》第 2 条提出反对和保留意见,他们认为这将禁止日本政府在满洲建立或煽动建立独立的海关总署。③ 4 月 4 日,阿瑟顿先生致电外交部,询问了英国政府放弃所建议行动的原因。④ 简而言之,实际上,日本并未在满洲建立或煽动建立独立的海关总署,如果要进行交涉,似乎更合理的理由是日本煽动建立独立的"满洲国"。

当史汀生先生于 4 月底在日内瓦与我再次讨论这个问题时,海关的立场保持不变。但最近收到的电报显示,盐税实际上已遭到破坏,我们发布的信息似乎直接涉及满洲盐运办公室的日本顾问的职责。因此,我在 4 月 30 日致史

------

① 普拉特爵士记录道:"在中国人看来,形象比实际情况更重要。只要他们能在持续 5 到 10 分钟的戏剧性情景中表现出勇敢,其他一切都显得不那么重要。从字里行间可以看出,中国政府实际控制的领域正迅速缩减。普拉特　6 月 22 日"

② 参见第 384 号。

③ 参见第 170 号,第一段。

④ 参见第 170 号和第 171 号。

汀生先生的信函中，①向他建议满洲对盐税方面的举措可能为交涉提供更好的理由，并答应在我回到伦敦后，会仔细考虑进行交涉的可能性。

中国盐税涉及的外国利益始于1913年，当时的一项协议规定，将盐业收入作为国际大额贷款的担保。基于贷款银行集团对整个盐税收入的监管权和留置权，该协议规定了外籍副总监的职责。1928年，在国民政府的单方面行为下，该协议被废除，银行集团和外籍副总监的职责随之终止，同时实行新的省级贷款配额制度。这导致有关政府②发表联合声明，抗议国民政府采取单方面行动改变国际协定的条款，并指出无论新方案是否成功，该政府都负全部责任，以清偿盐税收入担保的所有贷款。因此，自1928年以来，这样的外国利益已经不复存在，因为它支持反对干涉盐税的立场，任何可能提出的抗议都必定基于以下原因。正如我在4月30日致史汀生先生的信函中所述，盐务局的瓦解构成了《九国公约》第1条所预料的破坏中国行政完整性的严重违约。

在咨询我们驻东京的大使和驻北平的部长时，我发现他们都独立形成了这样一种观点，即提出涉及盐税法案这类附属问题的《九国公约》是不明智的。他们认为，如果对日本采取任何代表性行动，应当涉及其在满洲建立的整个机构，但他们怀疑现在是否是采取行动的正确时机。我了解到，美国驻东京的代表持基本相同的看法。③

在面对这些论点时(我承认它们的力量)，我深切感受到我之前的建议正面临着越来越多的反对意见。我已经改变观点，如果我们要就日本在《九国公约》下的义务提出抗议，有必要要求其他缔约方，特别是法国和意大利，加入我们的行动。我相信他们会认同这样一种观点：关注诸如盐业税收这类次要问题不会带来任何好处，而应该在适当的时候针对导致这些次要问题的主要问题，即建立一个独立的"满洲国"，采取行动。

至于应该何时采取行动，对于那些同时也是国际联盟成员国的国家来说，在《李顿调查团报告书》发布之前，很难对这个问题作出预判。该调查团还包括一名美国成员，尽管这个困难可能没有同样程度地影响到贵国政府，但您似

---

① 第301号。

② 11月19日英国、法国、日本政府的抗议和11月16日国民政府财政部部长发表的声明，参见《泰晤士报》，分别在1928年11月20日(第16页)和11月17日(第11页)。

③ 参见第344号，第354号和第356号。

乎也存在类似的问题。

　　总而言之,一切似乎都表明,最明智的做法是推迟基于《九国公约》的交涉,直到李顿调查团提交报告。该报告可能包含有助于进行陈述的材料,也将为协调国联与美国的行动提供令人难以置信的机会,并深刻证明世界舆论支持的力量。我认为,如果在时机成熟之前半途而废,那将很可惜。

　　我希望史汀生先生能够认同这些观点。①

相信我,此致

约翰·西蒙

资料来源:[F 4628/451/10]

(向明　译　郭昭昭　校)

132. 英国驻华公使兰普森致英国外交大臣西蒙(1932 年 2 月 12 日)

第 437 号　兰普森爵士(上海)致西蒙爵士

发报时间:1932 年 2 月 12 日 23:30

收报时间:1932 年 2 月 12 日 17:30②

上海,第 54 号访问电报

我的第 52 号电报。③

　　1. 当天晚上,我遇到了顾博士、宋博士、郭泰祺④和上海市长,我们逐渐就一些纯粹非正式的建议达成一致,这些建议在第 51 号电报⑤中提出,并未包含任何具体的文本或细节,并且我们建议撤离上海市政区。

　　2. 中国方面对此较为谨慎,并未作承诺,但也没有拒绝。他们答应将我

---

　　① 这封信函也印在《美国外交关系文件》1932 年,第四卷,第 108—110 页。

　　② 编者按:收发时间原文如此。

　　③ 第 436 号。

　　④ 国民政府外交部政务次长。

　　⑤ 第 435 号。

的建议与同事进行讨论。

3. 我认为，如果这一安排能在李顿调查团到达之前进行，应该没有问题，并且没有听到反对意见。中国人表达了极度的担忧，他们想知道李顿调查团在上海问题上具体的职能是什么。您能提供这些信息吗？我只能参考……①在致外交部的日内瓦第15号电报②中的内容。

寄给外交部，转发至北平、南京、日内瓦、东京等，抄件送至上海舰队司令。

资料来源：[F 1296/1/10]

（向明　译　郭昭昭　校）

133. 英国驻东京大使林德利致英国外交大臣西蒙（1932年6月22日）

第441号　林德利爵士（东京）致西蒙爵士

发报时间：1932年6月22日19:58
收报时间：1932年6月22日14:55③
东京，第265号电报

英格拉姆先生的第358号电报。④

虽然我不能确定，但我倾向于认为李顿爵士的怀疑态度可能不正确。我相信，日本希望推迟李顿的访问是因为即将出任外相的内田伯爵无法在7月5日之前就职，因为他仍需要在满洲完成一些工作。无论如何，事实上，首相确实不愿意在内田就职之前处理任何严肃的外交政策事务。

转发至北平。

资料来源：[F 5024/1/10]

（向明　译　郭昭昭　校）

---

① 此处文本不确定。

② 第150号。

③ 编者按：收发时间原文如此。

④ 第443号。

134. 英国外交事务常务副国务卿范西塔特致英国驻东京大使林德利（1932 年 6 月 22 日）

第 442 号 范西塔特爵士致林德利爵士（东京）

发报时间：1932 年 6 月 22 日 22：00

外交部，第 100 号电报

1. 中国代办于 6 月 17 日发出通知，重申对日本在满洲设立傀儡政府的抗议，这一行为违反了《九国公约》，以及国际联盟理事会和大会的各项决议。承认所谓的"新国家"（特别是在日本国会正在审议中日争端的情况下，他所说的日本国会通过的决议预示了这一点）将是对这些决议的进一步违反。因此，中国政府希望询问英国政府是否能与其他国家共同发出警告，阻止日本采取这样的措施。代办相信在华盛顿①、巴黎和罗马也有类似的沟通。

2. 为了提供信息，李顿调查团在 6 月 14 日②致电德拉蒙德爵士，提到了日本可能立即承认的情况，并询问主要成员是否已经收到关于这个问题的信息，以及是否可以采取有效行动阻止日本采取这一措施。调查团的信息是非官方且保密的，他们认为难以参与协调日本的任何行动"以避免局势进一步恶化"③，这将减少尽早友好解决满洲问题的希望。

3. 我同意，日本的承认将是一个最不幸且不受欢迎的复杂局面。如果您能确定您所认可的政府在这件事上的真实意图，这将是一件令人欣慰的事情。请详细报告 6 月 14 日日本国会通过的决议内容。

4. 您应该让外务大臣明白，《九国公约》并不禁止满洲宣布独立，但它确实对签署国施加了一个义务，即不鼓励这种行动。如果日本政府希望避免给人留下违反条约义务的印象，那么它需要特别小心。

---

① 参见《美国外交关系文件》1932 年，第四卷，第 81—82 页。

② 参见同上，第 79 页，德拉蒙德爵士于 6 月 15 日写给瑞士的这位美国公使的信函，他也发了一封类似的信函给贾德干先生（联合国日内瓦裁军谈判会议代表团）。他在 6 月 23 日的一封外交信函中指示，把这封电报的内容作为给德拉蒙德爵士的初步答复。

③ 引用国联理事会 1931 年 12 月 10 日决议第 2 条；参见《国联公报》，1931 年 12 月，第 2374—2375 页。

转发至巴黎第 83 号(存档)、罗马第 22 号(存档)、①华盛顿第 9 号(存档)。

请转发至北平。

资料来源：[F 4920/1/10]

（向明　译　郭昭昭　校）

135. 英国外交事务常务副国务卿范西塔特致英国驻华公使兰普森(1932 年 2 月 13 日)

第 442 号　范西塔特爵士致兰普森爵士(上海)

发报时间：1932 年 2 月 13 日 17：10

外交部，第 12 号访问电报

您的第 54 号电报。②

关于上海问题，国际联盟调查团的职能。

国联理事会主席在关于决议案的声明③中说：

"原则上，任何可能影响中日国际关系并威胁两国之间和谐与和平的问题，都不会被排除在研究范围之外。两国政府均有权要求调查团考虑它们特别希望审查的问题。调查团将自行决定向理事会报告哪些问题。"

决议案本身规定，如果双方启动任何谈判，这些谈判将不在调查团的议题范围内，也不在调查团干涉任何一方的军事安排的职责之内。

鉴于文件可能尚未送达，特发电报向您通报情况。

资料来源：[F 1296/1/10]

（向明　译　郭昭昭　校）

---

①　格雷厄姆爵士在 6 月 28 日的罗马第 59 号电报(7 月 1 日收到)中说，意大利外交部已经告知他们完全同意上述第 3 和第 4 段的观点。

②　第 437 号。

③　1931 年 12 月 9 日的这一声明，印在《国联公报》，1931 年 12 月，第 2375 页。

136. 英国驻北平领事馆代办英格拉姆致英国外交大臣西蒙(1932 年 6 月 22 日)

第 443 号　英格拉姆先生(北平)致西蒙爵士

发报时间:1932 年 6 月 22 日(无线电)

收报时间:1932 年 6 月 22 日 21:30

北平,第 358 号电报

　　国际联盟调查团在即将访问日本的计划上遇到了巨大困难。日本顾问已经通知他们,日本政府成员无法在 7 月 7 日之前与调查团进行正式会谈,如果调查团在此之前到达日本,日本政府将安排他们进行观光。因此,原计划今日启程前往日本的调查团不得不推迟了行程。

　　李顿爵士担心这可能是一种策略,旨在争取时间,在调查团抵达日本之前,为承认"满洲国"做出最终安排。这种可能性可能导致调查团报告中关于东三省未来局势的部分内容变得过时。

　　转发至南京公使馆和东京。

资料来源:[F 5020/1/10]

(向明　译　郭昭昭　校)

137. 罗纳德致国际联盟秘书长德拉蒙德（1932 年 6 月 23 日）

第 449 号　罗纳德（Ronald）先生①致德拉蒙德爵士（日内瓦）的信函

1932 年 6 月 23 日②

机密

亲爱的埃里克爵士：

几天前，外交大臣收到贝蒂·巴尔弗（Betty Balfour）女士的一封信③，信中附有她哥哥李顿爵士的一封信，这封信是由迈尔斯·兰普森带回来的。此信引起了外交大臣的兴趣，他推测史汀生先生可能会对信中附带的摘录感兴趣，因此，他已经将信件寄给了史汀生④，并让我也给您看一下。鉴于这封信的重要性，我们只复印了几份，希望您读完后能把这封信归还给我。

李顿在信中清晰且富有启发性地描绘了满洲的情况，外交大臣认为信中表达的观点似乎是合理且恰当的。但是，在我们看到调查团的报告之前，是没有办法提出深思熟虑的意见的。

奈吉尔·罗纳德

资料来源：[F 5030/1/10]

（向明　译　郭昭昭　校）

---

① 约翰·西蒙爵士的私人秘书。

② 看来这封信函是从洛桑寄来的；约翰·西蒙爵士于 6 月 22 日离开日内瓦前往伦敦。

③ 6 月 15 日的信函（未印）。

④ 外交部档案中有一封约翰·西蒙爵士致史汀生先生的信件，日期不详，内容与本函相似，但并未被打印出来。在 6 月 20 日致巴蒂·巴尔弗夫人的一封信中，约翰·西蒙爵士请求她允许将李顿爵士的信函副本"发送给我在华盛顿的朋友史汀生先生。您会理解，在我们的外交政策中，我们始终将美国放在心上，而且他所说的与我所形成的观点非常相似，以至于我认为让史汀生先生看到您的哥哥所写的内容是非常有价值和有益的。自从我担任外交大臣以来，处理这件事对我来说一直是一件困难和令人焦虑的事情，回过头来看，我认为我们选择的路线是符合国际和国家利益的唯一可能路线"。巴蒂夫人于 6 月 22 日表示同意。

第 449 号附件

李顿爵士致贝蒂·巴尔弗女士的信函摘录

奉天,1932 年 5 月 23 日星期一

副本

……①日本确实强大到足以对世界产生重大影响,我认为没有任何国家会轻易发动战争来胁迫它。然而,有一种力量可能比日本自身的实力更加强大,那就是它通过自身行为塑造局势的能力。只要国际联盟及其成员国足够明智,避免互相指责或威胁,这种力量就可能是维护和平的最大希望。日本目前正面临国内危机的挑战,这场危机正在动摇其根基。日本首相不久前被陆军和海军中的一些年轻军官暗杀,这些军官随后向军事当局投降。政府显示出妥协的迹象,随后的谈判中,陆军和海军领导人占据了主导地位,并掌控了事态的发展。前任政府代表的是日本的保守党或右翼党派,但陆军大将荒木贞夫在日本军队中享有崇高地位,这使得形势变得复杂。目前,日本自由党的强大势力已经显著减弱,政治家们因政友会领导人被暗杀而感到恐惧。但是,采取这些极端手段的法西斯党在外交政策上表现出比保守党更强的帝国主义和民族主义倾向,而在国内政策上则倾向于社会主义,并反对资本主义金融家的影响力。正因如此,局势变得很复杂,让局外人难以理解。目前正在组建的"新政府"由一位经验丰富的海员领导,他曾担任朝鲜总督。他不属于任何党派,但似乎受到所有人的尊敬和信任。据说,"新政府"将是一个无党派的全国性政府。从我的角度来看,我主要关注的是其外交政策,特别是在满洲问题上,"新政府"可能比前任政府更不愿意妥协。目前日本对这个问题的普遍看法如下:"中国不是一个文明国家,而是一个混乱无序的群体,其政府已无力维持秩序。共产主义在那里蔓延,这个国家成为打压敌对军阀、红色共产主义军队和流浪强盗的牺牲品。只要我们侨民的生命和财产实际上没有受到威胁,我们就对中国的状况漠不关心。但在满洲,我们不能无动于衷,满洲是日本的生命线。我们拥有南满铁路,我们在那里有着重要的经济利益和战略利益。我们有一百万侨民(日本人和朝鲜人)住在那里。我们在那里打过两场代价高昂的战争,并以鲜血和财富的惨重代价换取我们的权益。如果中国华中地区

---

① 此处和末尾的标点符号与文件副本相同。

的混乱蔓延到满洲,俄国就会介入,我们就必须重新打日俄战争。我们无意允许此类事情发生。满洲实际上一直独立于中国。在张学良元帅的统治下,人民遭受了严重的压迫和荒谬的统治。现在我们已把这个国家从这种不当统治中解放出来。满洲已经宣布独立,我们不能容忍世界上任何其他国家对这个地区的干涉。如果国际联盟能够明智地处理这些问题,应该会认识到这些事实并避免干预。但如果国际联盟受到中国宣传和反日情绪的影响,通过更多不理智的决议,日本可能会考虑退出国际联盟,并忽视其报告。如果任何国家向日本提出挑战,日本将准备应对并捍卫自己的立场。如果世界强国对日本实施'经济制裁'、封锁或贸易抵制,日本可能会遭受损失,但不会轻易让步。"

这种思维方式展现了极大的勇气,但是持有这种观点的人似乎没有充分认识到现实情况。如果国际联盟能够被指责或威胁到采取愚蠢行动的程度,或者如果有任何国家选择诉诸战争,日本民族将会团结一致,准备进行战斗。然而,这种行动可能带来的后果对日本来说将是极其严重的。只有当日本的主张基于真实的前提时,日本才能维持现状。否则就是在为未来的发展设置难以克服的障碍。确实,中国目前的政治状况混乱无序,难以与日本进行有效斗争,但中国拥有一种潜在的致命武器——经济抵制,这可能会对日本造成严重伤害。除非日本能与中国和解,否则它将遭受有组织的贸易抵制,这将比它所经历的任何事情都要惨重。的确,日本可以用武力占领满洲,但无法用武力打开中国市场;如果没有中国市场,满洲对它毫无用处。进一步来说,尽管张学良政府腐败且压迫人民,人民乐于见到这样的政府倒台,并期待更好的变化,但他们并未宣布独立。在满洲,如果有百万日本人和朝鲜人,那么中国人就有三千万,并且这些人认为日本人抢了他们的土地。显然,"满洲国政府"不过是个幌子。其中有一些中国人,他们要么被收买,要么被恐吓,实际上并没有实权。真正的政府实际上掌握在许多狂热的下级日本官员手中,他们被荒谬的虚荣心驱使,甚至谈论要抵制来自日本的干涉!那些所谓的"满洲国"军队,并不会与中国的其他军队交战,而且只要有机会,就会选择与中方军队合作。日本人不敢将他们的军官集中安置,因为一旦有机会,这些军官很可能会遭到暗杀。中国人是胆小怕事的,但一旦他们敌视一个人,只要有机会,他们就会极其残忍地屠杀日本人和中国官员里的"汉奸"。散布在战场上的少量中国军人无力抵抗日军,但在游击战争中,他们却能够给敌人带来极大的困扰,而且,当庄稼长高为他们提供掩护时,他们能让日本人感到非常不安。

实际上,日本贪婪无度,如果任其发展,局势将对它极为不利。中国持敌对态度,抵制日货,尤其是满洲人民充满敌意和怨恨,游击战争连绵不断;日本资源日益枯竭,经济地位岌岌可危。面对抵抗,日本人民将会团结一致,任何艰难困苦都能承受;但若是放任不管——虽然会感到耻辱和羞愧,却不会受到挑战——他们的暴行将一无所获,日本的自由党将会开始维护自己的利益,而日本军队也会因为让国家陷入混乱而受到指责。

我们的任务是:(1)向世界揭示事实真相;(2)如果追求和平,就要明确建立和平所需的基本条件;然而,如果放弃和平的努力,那么必须给予时间以发挥其作用,并从历史经验中吸取教训。

此刻,和平对于三个国家来说都是至关重要的。日本渴望和平,因为它无法承受另一场战争的财政负担。中国希望实现外部和平,以便继续进行其庞大的内部改革。俄国希望和平,以便能够顺利完成五年计划,而不必削弱整个防线。显然,存在着一个能够让三方都满意的和平基础,只要它们都能认识到这一点。这是我们的任务,但我无法保证我们能够成功。我们唯一的机会是避免高压政治。您能帮助国内的人们意识到这一点吗?

我还没有在信件或日记中透露过这些信息,因为我一直被忽视,生活在阴影之中,我甚至不信任邮递服务。但是,迈尔斯先生这周将回国,我会把这封信交给他处理。得知他将负责此事,我就能更自在地书写了。

我非常忙碌,除了工作,什么都不想。我在日本和中国度过的时光很愉快,但是自从我们来到这里,我们的生活就变成了一场彻底的噩梦,它开始让我们感到焦虑不安。谢天谢地,现在差不多快结束了,再过一个星期我们就要回到中国了。

看看,我亲手给您写了这么长的信啊!……

资料来源:[F 5030/1/10]

(向明 译 郭昭昭 校)

138. 英国驻上海总领事白利南致英国驻北平领事馆代办英格拉姆(1932 年 6 月 24 日)

第 452 号　白利南爵士(上海)致英格拉姆先生(北平)

发报时间:1932 年 6 月 24 日 19:57①

上海,第 169 号电报

外交部的第 119 号电报。②

海关总税务司报告称,目前的情况是,满洲地区的海关尚未汇出任何海关税收。

海关资金已经被从丹东、牛庄和延吉的银行中没收,海关总税务司司长认为在租界以外的其他港口也存在类似没收情况,但目前尚不能确定。

至于大连的情况,正如我在第 168 号电报③所述样。到目前为止,银行还没有拒绝向上海汇款,但在关东军政府外交部的压力下,税务司司长④拒绝指示银行进行汇款。因此,他被海关总税务司解雇。⑤ 海关总税务司正在准备

---

① 转发时间和第 82 号电报到达外交部的时间一样(6 月 24 日下午 2 时 30 分)。编者按:收发时间原文如此。

② 第 440 号。

③ 未保存在外交部档案中:可参见上海第 166 号电报,即下文的北平第 460 号电报。

④ 福本先生。

⑤ 6 月 25 日的《泰晤士报》(第 12 页)报道如下:"我们的记者于 6 月 24 日在上海发来的报道。在日本海关大臣福本先生拒绝按照中国海关总税务司司长弗雷德里克·梅乐和爵士的要求将海关收入汇到上海后,财政部部长宋子文先生批准了梅乐和爵士明确拒绝福本先生的不服从行为。"报告继续总结了福本先生采取行动的理由。他在英格拉姆 8 月 1 日的第 968 号电报中(参见第 444 号,注 1)引用的话是:"我自己相信,日本当局也警告说,大连海关和'满洲国'之间的破裂会破坏日本的利益。作为日本人,带来这种破裂是我不能容忍的,也挑战了我的良知。因此,我希望总督会意识到我不能承担这样的责任。"

就上述情况发表全面声明,并通过伦敦的路透社发送电报。①

转发至外交部和南京公使馆。

资料来源:[F 5069/451/10]

(向明　译　郭昭昭　校)

139. 英国驻日内瓦领事帕特森致英国外交大臣西蒙 (1932 年 6 月 24 日)

第 453 号　　帕特森先生(日内瓦)致西蒙爵士

发报时间:1932 年 6 月 24 日 22:20

收报时间:1932 年 6 月 25 日 09:30

日内瓦,第 266 号国联电报

以下信息来自贾德干先生。

国际联盟大会远东问题委员会于今天下午召开了会议。

主席在会上解释说,虽然理事会或国联大会需要在六个月内提出报告,且报告的截止日期是 8 月 19 日,但李顿调查团已经表示他们可能无法在 9 月中旬之前收到报告。② 因此,延长期限似乎势在必行。主席表示,根据非正式的调查,双方有可能达成一致。③

委员会授权主席正式致信双方,通报大会决定采取延长时限这一例外措施,并希望双方能够同意。同时,向各方明确表示,他们在时限延长期间对不

---

①　在 6 月 25 日的备忘录中,奥德先生评论道:"大连采取的措施似乎直接违反了 1907 年中日关于该地海关地位的协议,根据该协议,该海关的税收必须汇往上海。"他认为这是"非常愚蠢的举动,因为它使日本直接站在了错误的一方",并建议必须在东京提出这个问题。西蒙爵士写道:"是的,但这让我给史汀生先生的长篇大论[第 437 号]关于没有抗议和等待李顿调查团的报告显得相当愚蠢……西蒙　6 月 25 日"但是,后来他接受了奥德先生的观点,即出现了一个新情况:"这是……第一次明确地对日本进行初步指控。查尔斯·威廉·奥德　1932 年 6 月 27 日"

②　参见第 410 号,注 1。

③　参见《国联公报》,特刊第 102 号,第 45 页。

使情况恶化的承诺仍然有效。由于中国代表向委员会转交了日本政府文件，提到日本国会1月28日的决议①支持承认（？满洲），并要求委员会提醒日本政府履行义务，讨论变得复杂。某些成员希望在给日本代表的信中特别提及这一点，但有人指出这样做更有可能促使日本政府承认（"满洲国"），因此这一提议被否决。

大会将于下周三②召开，通过上述决议。如果中国和日本代表对主席来信③的答复产生任何需要讨论的问题，主席可能需要在下周二再次召集调查团，但这种情况不太可能发生，因为我们通过半官方的消息得知，两位代表很可能会表示同意。

资料来源［F 5089/1/10］

（向明 译 郭昭昭 校）

140. 英国驻东京大使林德利致英国外交大臣西蒙（1932年6月25日）

第 455 号 林德利爵士（东京）致西蒙爵士

发报时间：1932 年 6 月 25 日 00：10

收报时间：1932 年 6 月 25 日 09：00

东京，第 269 号电报

我的第 266 号电报。④

外务次官今天正式表明，日本政府倾向于尊重国会决议所反映的公众意

---

① "1月28日"在提交的副本上更正为：页边写着"日本国会"和"？6月14日"。参见第 445 号。

② 6 月 29 日。

③ 6 月 24 日这封海曼斯先生致长冈先生和颜先生的信函，传达了国际联盟大会决议草案连同日本和中国 6 月 25 日和 26 日的答复，印在《国联公报》，特刊第 102 号，第 35—37 页。

④ 第 445 号。

见。然而,正如首相在同一时间所阐述的,这并不意味着立即承认。外务次官在官方层面无法提供更多细节,但他强烈暗示,除非在李顿调查团离开远东前,十九国特别委员会或全体大会通过任何正式决议反对承认,否则日本政府不会采取承认的行动。在这种情况下,公众舆论可能会促使日本政府考虑立即承认。

转发至北平。

资料来源:[F 5088/1/10]

(向明 译 郭昭昭 校)

141. 英国驻日内瓦领事帕特森致英国外交大臣西蒙 (1932 年 7 月 1 日)

第 492 号 帕特森先生(日内瓦)致西蒙爵士

发报时间:1932 年 7 月 1 日 23:00

收报时间:1932 年 7 月 2 日 09:00

日内瓦,第 272 号国联电报

特别大会今天一致同意①延长审议满洲问题的公约所规定的时间,以便李顿调查团的报告可以在 9 月中旬提交。

此次延长期限并无先例可循,且仅适用于当前这种特殊情况。十九国特别委员会希望在 11 月 1 日之前完成对报告的研究。

本届大会还提供了讨论邀请土耳其加入国际联盟的机会。今天,包括英国在内的多个代表团(以西班牙代表团为首)提出了将此议题纳入大会日程的建议,该建议得到了希腊代表的支持,并获得了大会的通过。② 具体的邀请将在几日后的会议上进一步决定。

资料来源:[F 5265/1/10]

(向明 译 郭昭昭 校)

---

① 参见《国联公报》,第 102 号,第 16 页。

② 同上,第 9—10 页。

142. 英国驻北平领事馆代办英格拉姆致英国外交大臣西蒙(1932 年 7 月 2 日)

第 497 号　英格拉姆先生(北平)致西蒙爵士

发报时间:1932 年 7 月 2 日(无线电)

收报时间:1932 年 7 月 2 日 20:00

北平,第 423 号电报

日内瓦给上海的第 41 号电报①。

李顿爵士向我传达指示,他认为我需要征得英国政府的同意,向负责编辑调查团历史部分的荷兰专家开脱盖格林诺②介绍 1920—1925 和 1927—1930 年度报告的大约 200 篇摘录。我尚未能详细理解他们的具体要求,但如果您希望就原则问题迅速作出决定,我将通过电报列出相关内容。同时,我会向正在撰写相关章节的德国专家万考芝(Von Kotze)③展示军事专员关于 9 月 18 日事件的报告(我在第 1594 号发文④中附上了该报告⑤,这是军事专员关于该问题的唯一报告。因此,如果法国和美国的报告也是以同样方式提供,并且来源未在调查团报告中引用,那么可能不会引起异议)。我请求得到您的指示。

资料来源:[F 5292/1/10]

(郭昭昭　译　陈梦玲　校)

---

① 参见第 209 号,注 3。

② 开脱盖格林诺博士,协助李顿调查团的技术专家之一。

③ 很明显,副秘书长兼国际联盟秘书处负责国际局的助理万考芝先生隶属于李顿调查团。

④ 未印。

⑤ 未印。

143. 英国驻东京大使林德利致英国外交大臣西蒙（1932年7月6日）

第 513 号　林德利爵士（东京）致西蒙爵士

发报时间：1932 年 7 月 6 日 15：15

收报时间：1932 年 7 月 7 日 10：00

东京，第 291 号电报

机密

我的上一封电报。①

　　由于李顿爵士的健康状况，我在他抵达后仅与他进行了简短的交谈。他在信中概述了他的意图，即向日本政府表明，调查团此行的目的是协助他们而非谴责他们，并向他们阐明避免与世界对抗的益处。这促使我采用了在与芳泽谦吉私下交谈时所提到的措辞，当时我向外务次官提到了这一细节。我希望在新任外交大臣发表任何公开声明之前，这一信息能传达给他。

资料来源：[F 5417/1/10]

（郭昭昭　译　陈梦玲　校）

---

① 第 511 号。

144. 英国驻奉天总领事伊斯特·奥维致英国驻北平领事馆代办英格拉姆(1932 年 7 月 7 日)

第 519 号　伊斯特先生(奉天)致英格拉姆先生(北平)①

发报时间：1932 年 7 月 7 日

奉天，第 99 号

先生：

1. 关于大连领事 1932 年 7 月 5 日发送给驻东京大使的第 87 号电报②的第一段，我报告如下：几天前的一个下午，我收到了两张名片，分别是"中国北平，《每日电讯报》，戈尔曼(G. W. Gorman)"和"总务局局长、'满洲国外交部部长'，大桥忠一(Chuichi Ohashi)"。

2. 关于戈尔曼先生目前的活动，请参考我 1932 年 3 月 17 日发送的第 37 号电报③。他目前在《满洲日报》上宣传日本在满洲的政策，以及"新国家政府"在"满洲国"的政策。他此次前来是为了向我引荐大桥先生，引荐完成后便离开了。

3. 大桥先生显得有些疲惫，似乎已经有三四天没有刮胡子了。他的开场白说，他正从大连回长春的路上，途中在奉天停留，特来拜访几位朋友。关于李顿调查团访问北满的情况，李顿爵士告诉我，大桥先生在满洲接待调查团时表现出一种傲慢的态度。就我个人而言，我认为他是我在远东 31 年多时间里接触过的极其自负的日本官员之一。例如，他告诉我，1919 年他作为副领事在奉天任职。他接着说："我当时一点也没有想到，13 年后我会达到现在的

---

① 7 月 21 日在外交部收到的复印件中作为奉天 7 月 7 日发送的第 97 号电报的附件。

② 未保存在外交部档案中。

③ 在这份调查中，伊斯特先生(在第 3 节)提到最近在《满洲日报》上发表的关于"面对满洲的事实"的文章，并说："这些文章的作者'P. Ohara'的真实身份仍未被揭示，这一问题继续困扰着日本总领事馆，但这进一步强化了人们的信念，即这些文章实际上是由《每日电讯报》的北平记者戈尔曼先生所写，我相信他目前仍在长春。无论真相如何，毫无疑问，这些文章是关于'新国家'的日本观点的一种有力阐述。"

职位。"

4. 他似乎有意讨论大连海关问题,我回答说,我不认为自己有权与"新国家"的官员讨论这个问题。我换了个话题,询问他是否改变了国籍。他的回答是,"新国家"的《国籍法》还在筹备之中,尚未通过。

5. 我估计谈话持续了不到20分钟。由于大桥先生在回答我的询问时故意含糊其辞,说他就住在"一家日本酒店"。因此我决定不再回电给他,因为奉天有很多日本酒店,他应该很快就回长春了。

6. 我从我的美国、法国和德国的同事那里了解到,他们还没有接到大桥先生的访问。

7. 我将这份文件的复印件寄给外交部、驻东京大使、在哈尔滨和大连的领事官员。

伊斯特

资料来源:[F 5699/1/10]

(郭昭昭　译　陈梦玲　校)

145. 英国外交大臣西蒙致英国驻北平领事馆代办英格拉姆(1932年7月9日)

第 521 号　西蒙爵士致英格拉姆先生(北平)

发报时间:1932 年 7 月 9 日 15:20

外交部,第 136 号电报

您的第 423 号电报①(7 月 1 日,向李顿调查团提供信息)。

之前的信息已授权提供给李顿爵士,他可以自行决定如何使用,但必须严格遵守日内瓦给兰普森爵士的第 28 号电报②中提到的条件。目前的要求更为过分,我不同意,因为这可能会开创一个尴尬的先例,并可能导致人们误认

---

① 第 497 号。这封电报是 7 月 1 日起草的。

② 第 208 号。

为英国政府对报告的内容负有责任。

然而,如果李顿确实希望强调这一点,那么在年度报告方面,如果收到完整的摘录清单,我将准备重新考虑这个问题。但军事随员的报告可能被认为带有偏见,因此绝不能被使用。

资料来源:[F 5292/1/10]

（郭昭昭　译　陈梦玲　校）

146. 英国驻东京大使林德利致英国外交大臣西蒙(1932年7月13日)

第524号　林德利爵士(东京)致西蒙爵士

发报时间:1932年7月13日11:00
收报时间:1932年7月13日C9:30①
东京,第297号电报

绝密

李顿调查团昨日与外交大臣举行了首次正式会议。

我从一个极为机密且可靠的消息来源获悉,外交大臣表态称,日本政府不会考虑任何解决方案,也不打算与《九国公约》的签署国进行协商,仅会承认"满洲国"的存在。

资料来源:[F 5505/1/10]

（郭昭昭　译　陈梦玲　校）

---

① 编者按:收发时间原文如此。

147. 英国驻北平领事馆代办英格拉姆致英国外交大臣西蒙(1932 年 7 月 13 日)

第 527 号　英格拉姆先生(北平)致西蒙爵士

发报时间:1932 年 7 月 13 日

收报时间:1932 年 8 月 18 日

北平,第 870 号

先生:

1. 我荣幸地确认,已收到您 4 月 28 日发出的第 398 号电报①,其中附有梅耶尔斯(S. F. Mayers)先生②关于国际联盟援助中国解决内部困难的备忘录副本,并请求我就梅耶尔斯先生的建议发表意见。

2. 英国相关利益方经常提出这些建议,以期望解决中国提出的各种问题,并将其提交给使馆以征求我们的意见。在提出我对梅耶尔斯当前提案的看法之前,我想先做出一个假设,如果使馆总体上不赞成这一计划,并非因为他们没有进行审查,而是因为我相信,任何计划解决中国问题的方案所面临的实际困难对于那些与这些问题保持密切和持续接触的人来说都更为明显。

3. 梅耶尔斯援助中国的计划建议当然不是我敢于轻易驳回的,中国作为一个巨大的潜在市场对世界至关重要。由于内部动荡,它尚未意识到其在这

---

① 未印。

② 梅耶尔斯先生是英商中华协会主席。他在伦敦的协会年会上的讲话报道出现在 4 月 21 日的《泰晤士报》第 11 页,内容与他的 4 月 4 日备忘录相似,其中最后一段写道:"这些概括性的话,让我们以更具体的形式推导出它们的结论,即国联不应该被动地等待中国求援,而应该让中国知道,如果中国要求国联合作,只要满足以下条件,国联就会毫不犹豫地、充分地给予支持,(1) 中国政府将聘请国际联盟推荐的顾问在关键部门任职(如外交、内政、财务、铁路、教育、司法等),至少在财政和铁路部门,顾问应拥有行政权力;(2) 在这些顾问的协助下,重建的初步需求将变得明确,相关计划将提交给国际联盟进行审议;(3) 中国政府承认在各部门和服务中聘请国际联盟推荐的外援的必要性,直到国际联盟认为不再需要他们;(4) 国际联盟不应试图控制中国,而应指导中国如何实现自我管理。如果中国能够聘用对外国和中国都充满信心的专家,中国的信用将得到恢复,并且能够吸引外国资本进行投资。"

一方面的潜力,它仍然是贸易的不确定因素,也是一贯负债累累的订约国。此外,它的无助混乱是对外国干涉的挑战(例如日本),并因此对世界和平构成威胁。正如最近所表明的那样,它的国联成员国身份是一种异常情况,可能会使国联感到尴尬,甚至会危及正在建立的世界和平集体制度。中国二十多年来完全没有能力把自己的家园治理妥当,可以说,一个明智而富有远见的政策意味着世界其他地方应该介入并帮助中国完成这项工作。此外,尽管这项任务完全超出了任何一个国家,甚至任何国家集团的能力(共同体的历史充分表明这些集团试图联合行动以控制中国的弱点,即使在有限的领域内),世界有一个专门适用于集体干预的国联机构。

4. 到目前为止,梅耶尔斯的备忘录中的观点具有很强的说服力。但是,国联是否有能力解决中国所面临的问题,这是一个至关重要的问题。为了回答这个问题,有必要清楚地识别出问题的本质。

5. 中国所有困难的根源在于完全无力建立一个稳定的政府。中国人民尚未达到民主实践的层面,而且也未能形成一个具有公共精神的统治阶层。因此,在中华民国成立二十年后,它仍然是地区军事当局的牺牲品,与国家政府无关,很大程度上是自私的个人之间的对抗。中国的政治复兴改变了中国人民的政治态度,但不能期望人们在短时间内就彻底改变这种心态,因为这种心态在三千年的时间里几乎没有发生过根本性改变。中国过于庞大,同时中国人对生活和事物的总体看法也阻碍了事情的迅速发展,特别是在国内通信方式如此稀缺和困难的情况下。改变是毫无疑问的,但只会非常缓慢,而且我相信,这种改变将来自内部。虽然外界的帮助可以通过准则和实例对其改变的速度产生渐进和微妙的影响,但很难从外部迫使中国发生改变。

6. 然而,在中国能够为自己建立一个稳定的政府之前,任何试图全面恢复国家的尝试都将是空中楼阁。梅耶尔斯的建议是,国联应该提供人力和财力帮助中国,他希望国联派遣的是技术顾问。但只要中国是内战的牺牲品,世界上的所有专家就都无法使中国保持正常秩序。只要中国继续遭受内战的困扰,就没有明智的投资者会为之提供资金。在当前的情况下,如果国联考虑为中国的复兴计划提供公共贷款,那么必须充分考虑对公众投资者的诚信责任,并确保这种普遍诚信不被忽视。

7. 在关注中日危机之前,南京政府一直表现得越来越倾向于邀请国联技术方面的专家来中国提供服务(关于这一事态发展的报道,梅耶尔斯先生可能不太熟悉,请参见迈尔斯·兰普森爵士去年 1 月 12 日发出的第 57 号电报①)。我担心,我无法详细说明国家经济委员会最近几个月发生的事情,以及上述信函中提到的在国联协助下的各种发展计划。但证据显示,由于中国政府在经济和政治上的困难,这些发展计划目前暂时被搁置,而在中国的政治生活更加稳定之前,这些发展计划很难被重启。当中国政府再次把注意力转向这样的事情时,这种发展可能会继续进行,作为加强国联在中国影响力的手段,这一点当然应该被鼓励。外国专家的参与往往倾向聚焦于落后国家的行为上,这仅仅有助于发展中国的政治道德。但这一运动不一定会因为我们公然要求国联援助中国的关键问题而进一步加剧,年轻的中国对外国势力的怀疑和沙文主义态度以及外国渗透的危险使我认为,我们不应该过于匆忙地采取行动,应该让中国尽可能丧失主动权。无论如何,国联在中国的未来很大程度上取决于"满洲事件"的结果。国联目前正在接受中国舆论的审判,如果中国人认为它在满洲失败了,我担心,任何增加国联在这个国家的影响力的展望都将暂时推迟。然而,如果中国人认为李顿调查团的访问在某种程度上能够使他们避免日本的侵略,那么说服他们让国联在其政治发展中起更大的作用是可能的。但任何具体的计划,如梅耶尔斯先生所主张的国联对中国的更大范围的援助,我认为都必须等待中国出现一个稳定政府。例如,国联承担的任务是通过任命技术顾问来重组中国的铁路或财政,只要大部分省份的财政和大部分铁路掌握在当地军阀手中(当援助符合他们利益时,这些军阀就会拒绝接受中央政府的控制),就只会导致惨败。

8. 因此我认为,考虑到当前局势,国联向中国提出的明确且雄心勃勃的重建计划,如果不带有任何实际目的,将不会有任何效果。例如,梅耶尔斯在其备忘录最后一段提出的建议,尽管应该鼓励中国政府尽可能地与国联合作,并且应该向他们提供他们可能要求的所有技术顾问。对于其他事情,除了让中国实现自我救赎,解决自身困境,我不认为还能做更多的事情。

9. 这可能会被称为"一种随波逐流的政策",但我更愿意称它为一种从容不迫(festina lente)②的方法。对事实视而不见或试图在沙滩上建造一座宏伟的大厦是没有用的。中国局势的基本事实是完全缺乏能够控制国家的稳定因

---

①　未印。
②　慢慢地加速。

素,稳定的政府是建立行政重组的唯一可能的基础。除非中国人能够自己填补这一缺陷,只有当中国的实力足够强大时,才能通过国联来复兴中国。作为集体性世界政策的机构,我们可以介入并为中国政府(在国联的授权下)组织、供应和训练一支军队,必要时以这支军队武力建立对全中国的权力。但是,世界和国联距离这样发展的可行阶段还有很长的路要走。与此同时,当中国要求提供顾问时,国联的援助可能会缓慢发挥作用,但无论如何也是无价之宝,只有这样才能带来心态和方法上的改变,否则政府的稳定就不可能实现。①

此致

英格拉姆

资料来源:[F 6287/3163/10]

（郭昭昭　译　陈梦玲　校）

148. 英国驻东京大使林德利致英国外交大臣西蒙(1932年7月14日)

第 528 号　林德利爵士(东京)致西蒙爵士

发报时间:1932 年 7 月 14 日 18:10

收报时间:1932 年 7 月 14 日 11:45②

东京,第 298 号电报

绝密

我的第 297 号电报。③

　　李顿调查团今天下午完成了对外务大臣的最后一次访谈,明天将启程前往北平。

　　我认为,外务大臣想要传达的是,日本政府不打算利用国联的和平机制来

---

　　①　这封信函备注如下:"这正是我们所期待的。兰普森爵士、英格拉姆先生以及外交部都完全赞成这一点。奥德　8 月 23 日"

　　②　编者按:收发时间原文如此。

　　③　第 524 号。

解决目前的困难。总的来说,他们一直坚持,且从一开始就明确表示不接受外界对满洲的干涉。

资料来源:[F 5553/1/10]

(郭昭昭 译 陈梦玲 校)

149. 英国外交部远东司司长奥德致英国驻国联代表团团长贾德干(1932 年 2 月 20 日)

第 530 号 奥德先生致贾德干先生(日内瓦)的信函

发报时间:1932 年 2 月 20 日

外交部,无编号

秘密

亲爱的贾德干:

随函附上李顿调查团致满洲的通讯副本①,范西塔特是通过秘密渠道得知这一消息的。

虽然我们不希望引发不必要的恐慌,但如果国联以适当的方式要求中日两国政府采取特别预防措施,以确保调查团的安全,这也是可以理解的。当然,不能向这封信的接收者透露附件中警告的来源或性质,但国际联盟所建议的行动可能基于一些普遍性的考虑。

我刚刚得知外务大臣也表达了类似的担忧,并了解到他要求您考虑可以

---

① 未印。提及一份来自日本消息来源的声明,内容是李顿调查团在满洲可能会遭遇某些事故,这些事故很可能发生在受当地土匪影响的地区。关于这一报道,有人提及日本可能发起此类攻击。

采取哪些行动。①

谨上

奥德

资料来源:[F 1511/1/10]

(郭昭昭 译 陈梦玲 校)

150.英国驻东京大使林德利致英国外交大臣西蒙(1932年7月16日)

第533号 林德利爵士(东京)致西蒙爵士

发报时间:1932年7月16日

收报时间:1932年8月17日

东京,第375号

绝密

先生:

1. 参考我7月5日第289号电报②,我荣幸地通知您,调查团已于7月4日抵达东京,李顿爵士和爱斯托先生接受了我的邀请,下榻于大使馆。我们已在大使馆采取了特别的安全措施,在他们逗留期间,安排了13名警卫进行守护,其中一些警卫在大使馆内部值班,我认为有责任确保他们的安全。调查团离开后,媒体报道称几名涉嫌策划暗杀的人被捕,我必须在此报告,这些逮捕是合理的。

---

① 在这个问题上,1932年2月25日,德拉蒙德爵士致信日内瓦的中日两国代表,询问他们是否能够获得各自政府的承诺,"为了保障成员的安全,将采取特别措施确保调查团在远东的安全"。在同一天给佐藤先生的信中,德拉蒙德爵士"对调查团在满洲的安全表示特别担忧……考虑到自九月以来发生的事件,很明显,我无法通过这样一封致中国代表的信件解决这个问题。在这种情况下,调查团的安全必须由日本当局负责"。德拉蒙德总体上对中日两国代表的答复表示满意。

② 未保存在外交部档案中。根据摘要,它报告了李顿爵士到达使馆并详述了他的病情(参见下文第三点)。

2. 在李顿抵达的当天早晨,我与他进行了一次简短的会谈,此事我已在 7 月 6 日的第 291 号电报①中报告。李顿表示,他计划向日本政府表明,他此次前来并非为了指责日本,而是为了提供帮助。他接着说,他将告诉日本政府,如果日本愿意通过调查团寻求和平解决满洲问题的机制,并达成一个为世界所认可和接受的协议,日本将从中受益。如果日本选择忽视其他国家的意见,其政策将无法长期实施,因为不久日本将发现自己陷入困境。他不确定日本是否会对他提出的建议作出回应,但在当前形势下,这是唯一可行的途径。如果日本继续保持顽固态度,他们只能提交报告书,届时日本将不得不考虑其他大国的立场。在我看来,调查团采取这种方法开展工作是恰当的。

3. 不幸的是,李顿在抵达当天的早晨身体不适,到了第二天,他的健康状况让我深感忧虑。然而,令人欣慰的是,第三天他的身体状况开始有所好转,虽然仍有波动,但在离开前,他的身体状况逐渐改善。由于健康原因,李顿直到 7 月 12 日才开始参与调查团的工作,即与日本外务大臣的首次会晤。然而,会晤的推迟并非因为李顿的身体状况不佳,而是因为日本外务大臣内田伯爵(7 月 6 日刚刚就任)此前一直拒绝与调查团会晤。会晤前,双方一致同意不对媒体公开任何内容,因此调查团在看到第二天出现的关于会晤的媒体报道后感到愤怒,我严重怀疑这些不准确的报道源自日本外务省。第二天,李顿私下告诉我,他们的会谈非常不成功。内田坚决表示,日本政府将承认"满洲国",不会考虑其他任何解决方案。并且日本也不会在承认"满洲国"的问题上与《九国公约》的缔约国进行任何协商。我的 7 月 13 日第 297 号电报②主要报告了这次谈话的内容。

4. 调查团与日本外相的第二次也是最后一次会议于 14 日举行。会前,李顿私下告诉我,他这次不打算提出承认"满洲国"的问题,而是会向内田提出,如果日本通过国联的和平机制解决问题,并考虑其他大国的意见,将能够获得的好处。他希望这次会谈能够和谐、友好地进行,尽可能避免冲突。虽然李顿没有告诉我会议的所有内容,但我能感觉到他认为第二次谈话与第一次一样,并不理想。正如我在 7 月 14 日第 298 号电报③中所报告的,内田打算

①　第 513 号。
②　第 524 号。
③　第 528 号。

无视国联。总之,日本政府仍然坚持固有态度,即不允许外界干预满洲问题。内田甚至不打算在内阁会议上提及调查团的意见。但李顿对此表示怀疑,认为其中存在误解,并且他可能真的认为内田不会上报这些意见。第二次谈话后,调查团在日本逗留已无意义,因此李顿于 7 月 15 日经海路离开了日本,其余人员则于 7 月 16 日通过陆路前往神户。①

5. 不得不说,在调查团逗留日本期间,日本媒体没有进行过一次积极报道。我在此提交一些报道摘要的译文。实际上,最后一篇报道中充满了不信任和愤怒,并对调查团没有在日本多待进行了批评。我认为这些批评不仅毫无价值,而且进一步表明了日本对国联的不信任和不友好,可以说整个日本都持这种态度。很不幸,在团长身体不适的情况下,日本还拒绝让他与高层领导会晤。为了尽可能地补救这一情况,在李顿离开前一天,我邀请了日英协会的理事和副主席,包括牧野伯爵、樱井(Sakurai)博士和其他日本领导人共进晚餐。当时,李顿与牧野等人进行了愉快的交谈,但由于第二天需要早起,谈话并未持续很久。

6. 调查团在第二次谈话中比第一次②更冷静的原因,可能是日本方面怀疑自己在满洲的行动得不到支持,并且即将发布的报告中包含了许多对日本不利的内容。确实,我的这种怀疑是正确的。我私下听说,许多间谍人员对"满洲国"官员的傲慢态度感到厌恶,例如大桥先生和驹井(Komai)先生。更严重的是,一些日本顾问还迫使中国官员隐藏证据,以阻碍调查团的调查工作。对于日本驻满洲领事馆官员的行为,调查团基本上也不认同。在调查团看来,所谓的爱国者马将军绑架了一百名"白俄"并将他们卖给了苏维埃,那些人最后被枪杀,这种行为并没有任何益处。

这封邮件的副本将会以安全的方式送到北平的英国代办处。

此致

林德利

资料来源:[F 6215/1/10]

(郭昭昭　译　陈梦玲　校)

---

① 未印。

② 1932 年 2 月 29 日至 3 月 8 日;参见第 72 号,注 1。

151. 英国驻日内瓦外交官克拉克致英国外交部秘书处鲍克(1932 年 7 月 23 日)

第 548 号　克拉克先生(日内瓦)致鲍克(R. J. Bowker)先生①

发报时间:1932 年 7 月 23 日

收报时间:1932 年 7 月 25 日

日内瓦

亲爱的鲍克:

我现将秘书长从北平接收到的有关李顿调查团的消息副本发送给您,此消息已传达到我们这,并附上了保密要求(即绿色②我猜想)……③

谨上

阿什利·克拉克

资料来源:[F 5734/1/10]

(郭昭昭　译　陈梦玲　校)

第 548 号附件

最高机密

北平,1932 年 7 月 22 日

以下为秘书长致辞:

关于调查团与日本外务大臣之间的谈话,我们或日本方面都没有向媒体提供任何关于这方面的信息,发布的信息是没有价值的。相关情况如下。调查团向外务大臣解释了日本采取的孤立行动可能会有损于未来问题的解决,特别是在调查团和国联讨论之前,提到承认"满洲国政府"对日后和平会造成严重后果和危险。这种认识只能基于日方提出的两个主张,一是日本的军事行动是基于自卫,二是满洲人民渴望独立。然而这两个主张尚未被证实。调

---

①　外交部二等秘书处成员。

②　档案分类。

③　另一个行政评论在这里被省略。

查团准备就如何维护日本主要合法利益的其他方法交换意见，调查团充分理解这些意见，但如果日本政府不持开放态度，那么这种交流意见是徒劳的。日本外务大臣的回答首先是日方政府已决定承认"满洲国政府"，其次是日方政府认为可以在不参考任何国际讨论的情况下自由决定。讨论实际上已经结束，调查团已经离开了日本。尽管在首次会谈之前，外务大臣就宣布了调查团提前离开的消息，在日本造成了①不良印象。我们的印象是，日本的情况远没有外务大臣的官方声明所表明得那样清楚。即使纯粹从日本角度来看，并考虑到与"满洲国"日本官员之间不断出现的麻烦，外务部乃至军界的许多有影响力的人都反对过早承认"满洲国政府"。此外，与外务大臣的讨论是原则性的讨论，没有任何迹象表明"满洲国"将在国际讨论之前的某个确切日期得到承认。一切都将取决于内部的发展，内部政治、财政和经济状况都非常严重，思想上异常混乱，可能会出现新的冲突②。

报告和结论会在回到北平后准备好。虽然李顿爵士需在病榻上休息两周，但可能会坚持工作。万考芝③病得很重。

哈斯④

资料来源：[F 5734/1/10]

（郭昭昭　译　陈梦玲　校

---

① 提交的副本建议这个词应该是"已经造成了"。
② 奥德先生在这一点上的页边注释是："在哪里？也许在日本'爆发'？奥德"
③ 参见第 497 号，注 3。
④ 罗伯特·哈斯先生，是李顿调查团的秘书长。

152. 英国驻北平领事馆代办英格拉姆致英国外交大臣西蒙(1932 年 8 月 1 日)

第 572 号 英格拉姆先生(北平)致西蒙爵士

发报时间:1932 年 8 月 1 日

收报时间:1932 年 10 月 4 日

北平,第 1068 号

先生:

1. 关于霍尔曼先生 5 月 3 日第 504 号电报①,我谨报告李顿调查团自 4 月 19 日离开北平前往满洲,至 6 月 28 日离开满洲进行第二次访问东京期间的活动,相关情况如下。

2. 根据奉天 4 月 25 日第 57 号②和 5 月 3 日第 60 号③的报告,调查团于 4 月 21 日抵达。他们原计划在几天内前往满洲和哈尔滨,但因"满洲国"批准逮捕中国顾问顾维钧博士的事件,提出若他不解决日本铁路问题,他们将拒绝让他陪同调查团北上,这导致调查团离开的时间推迟了几天。④ 最终,经过长时间谈判,"满洲国"同意在缩小中国顾问规模的条件下达成了协议,解除了对顾博士的软禁。根据这些条件,由顾博士陪同的调查团在 5 月 2 日前往长春,⑤并利用在奉天的长时间停留起草了关于满洲情况的报告初稿,并将初稿用电报发给日内瓦。

3. 我了解到,访问满洲后,他们采访了现任"满洲帝国"皇帝溥仪和其他著名的"满洲国"官员和日本官员,访问吉林省后,他们于 5 月 9 日到达哈尔滨。到达后,他们发现黑龙江的情况太不安全了,以至于他们不能进行更加深入的调查。正如 5 月 26 日的使馆第 295 号⑥电报所报道的那样,面对日本军

---

① 这封信函(未印)报告了李顿调查团于 4 月 9 日—19 日在北平的活动情况。

② 未印。

③ 未印。

④ 参见第 206,注 5、注 207 和注 218。

⑤ 参见第 299 号。

⑥ 未印。

方的正式警告,经由中东铁路前往齐齐哈尔是不安全的。调查团的大多数成员于 5 月 21 日返回了奉天,有几名成员乘坐飞机飞往齐齐哈尔,短暂停留后,通过平齐铁路(洮南)返回奉天。

4. 调查团飞往大连进行访问,正好给李顿爵士提供了一个和英国公使见面的机会,后者是在返回英国途中于 5 月 26 日途经该处的。正如我 6 月 6 日发的第 320 号电报①所说,调查团于 6 月 4 日离开奉天前往北平,第二天晚上抵达北平。他们在北平期间,李顿和他的秘书爱斯托先生到访了使馆。

5. 正如我在 6 月 7 日的第 321 号电报②中所报告的那样,李顿一到这里就告诉我,当他从奉天出发经过山海关时,他发现那里的情况令他感到不安。驻扎在那里的中日军队相互离得很近,双方都在指责对方采取挑衅行动。李顿认为,这种情况在任何时候都可能引发严重的事件。因此他向顾博士建议,中国政府应该通过和日本达成解决此事关键问题的方案,来努力消除这种危险。据我所知,目前中日在山海关的紧张关系与过去四个月相比并没有更严重,但是鉴于李顿的言论,我指示军事随员派一个翻译官到山海关调查并报告情况。后者的调查结果证实情况最近有所改善,我会在 6 月 17 日的第 347 号电报③中向您报告。虽然确实存在麻烦的可能性,但目前没有什么特别的理由可以预见会发生冲突。

6. 从公开言论中可以看出,调查团返回后不久,李顿和顾博士的调查工作遭到了"满洲国"当局一定程度的阻挠和干涉。李顿在接受路透社记者采访时表示,他们对在访问满洲期间给调查团提供礼遇和便利表示感谢,并指出,虽然"某些人"造成了某些困难,但是"耐心和私人协商使事情得以解决"。而顾博士则在公开声明中表示,由于对中国顾问及其代表团施加了限制,对他们来说不可能接收某些他们希望调查团提交给调查团的中国证人,或是收集尽可能多的他们希望调查团有可能获得的信息。事实是,这一切努力都是为了使顾博士的立场变得困难且不体面。"满洲国"似乎认为他利用陪同调查团的职位,为的是积极宣传反对"新国家",并且负责向东三省的反满洲分子分配资金。顾博士在这种艰难的环境下所表现出来的机智,以及他牺牲个人的便

---

① 未印。
② 第 401 号。
③ 参见同上,注 5。

利——有时甚至是他的安全——以使调查团工作顺利,这使他赢得了调查团的感谢和钦佩。在这方面,我了解到,在调查团访问过的几个"满洲国"的小镇,当地居民无疑受到恐吓不许作证,而且反对新政权的证据被严格保密。在逗留满洲期间,"满洲国"当局都以保护措施为幌子,对调查团的行动、信函和来访者进行间谍活动,这种行为是不受欢迎的,因为其毫无根据。

7. 调查团曾一度考虑从满洲返回北戴河,并在那里编写其最终报告的主要部分。然而,正如我在 6 月 6 日与李顿的采访记录中所描述的一样,其副本已经附在 6 月 9 日的第 673 号电报①中。这个想法并不受到日本人的欢迎,他们反而迫使调查团进入青岛。在从奉天到北平的回程中,调查团视察了北戴河。总的来说,他们认为这不符合他们的目的,他们坚持最好在北平完成报告,因为在北平他们可以随时查阅档案等等。李顿在他的意大利和德国同事以及顾博士的陪同下,于 6 月 9 日至 10 日向青岛进行了一次短暂的访问。回到北平后,6 月 12 日,李顿宣布调查团放弃了在北平以外的其他任何地方完成报告的想法。在这方面,我还要补充一点,就是李顿暗地里告诉我,他和他的同事们对日本人对北戴河方面施加的压力感到非常恼火,以至于他们已经下定决心,绝不会选择前往日本人提供的替代地点——青岛。他们访问实际上只是一种手段,在个人检查了北戴河和青岛之后,他们能够以不符合要求为由拒绝这两个地点。如果没有访问青岛,他们可能难以继续进行调查。

8. 在访问青岛之后,顾博士在济南与李顿分开,并前往牯岭参加那里召开的政治会议。他于 6 月 18 日回到北平,在张学良元帅的私人飞机上,带着行政院院长汪精卫先生、外交部部长罗文干博士、财政部部长宋子文博士、铁道部次长曾仲鸣先生。这些部长们在北平逗留了三天,我了解到,他们在这几天的时间里,行程已经完全被与调查团以及张学良元帅谈论满洲局势占据。然而,正如我在 6 月 19 日第 352 号电报②和 6 月 20 日第 353 号电报③中所报告的那样,宋博士在 6 月 19 日抽出时间与我进行了长时间的谈话,内容涉及满洲海关和中国的总体政治局势等方面的问题。

9. 同时,调查团即将对日本进行的访问也出现了新的困难。正如我在 6

---

① 未印。
② 第 429 号。
③ 第 430 号。

月 21 日的第 358 号电报①中所报道的那样,他们本来是安排在当天前往东京的,但在他们离开前一夜,日本顾问向李顿表示,日本政府将无法在 7 月 7 日前与调查团讨论任何悬而未决的问题。李顿担心,这一新的发展预示着日本政府在未来几天内承认满洲新政权的举动,这可能导致调查团抵达日本时面临这一既成事实。他从 6 月 22 日东京发往外交部的第 265 号电报②中了解到,我与他交谈的实质内容是,此次推迟的真正原因可能是新任外务大臣内田伯爵在 7 月 5 日之前无法就职。

10. 调查团离开日本之前还有一个难题需要解决,即顾博士随同调查团的问题。他暂时被安排随行,但是日本政府现在间接暗示日本不欢迎他的出现。与此同时,在 6 月 16 日的新闻报道中,东京方面发出的一个明显的暗示性消息指出,日本政府不愿他陪同调查团来日本,因为内政部在保护他的问题上受到严重困扰,他在日本境内可能受到狂热反动派的袭击。面对这些清晰的暗示,顾博士很机智地成为流感的受害者,从而排除了他与调查团同行的全部可能,因而调查团能够在没有遇到更多困难的情况下,于 6 月 28 日经奉天和首尔前往日本。

11. 在结束本次信函之前,应该提及让调查团成员或其秘书处能够查阅该使馆档案的棘手问题。李顿前往东京前夕,他请求我向我国政府申请,允许向隶属于调查团的某些外国专家开放许多关于此调查团的各种年度报告的摘录和由前军事随员编辑的奉天附近发生的"九一八"事变的相关报告,这是当前中日争端的起源。我在 7 月 1 日的第 423 号电报③中向您报告了这一问题,不久后我收到了您 7 月 9 日发来的第 136 号④答复电报。电报中您通知我,鉴于可能会造成一个尴尬的先例,并且我国政府可能被视为即将出炉的调查团报告内容的责任方,您不倾向于同意李顿的请求,但如果他真的抓住这个问题不放,您表示在收到所提摘录的完整清单之后,将重新考虑年度报告的问题。然而,前军事随员的报告可能带有偏见,不一定适合在所有情况下作为参考。此时,调查团已经抵达东京,因此我把您的裁决电报给了我国驻东京的大

---

① 第 443 号。
② 第 441 号。
③ 第 497 号。
④ 第 521 号。

使,并请他尽可能妥善地将这一决定传达给李顿。我知道大使已经这样做了,而且我认为李顿并不打算坚持这个问题,因为他至今未再提及此事。

12. 在调查团第二次访问北平的时候,他们的时间部分用于编写报告终稿的框架,部分用于商讨在东京面对新日本政府时应该采取的政策。调查团成员在这两个问题上都保持了谨慎的沉默,但在私下里,李顿已经和我详细地讨论了后一个问题。在我国驻东京大使 7 月 16 日的第 375 号电报①中,他描述了调查团最终在这个问题上所采取的措施,所以我没有必要对此进一步详述。②

此致

英格拉姆

资料来源:[F 7156/1/10]

(郭昭昭　译　陈梦玲　校)

153. 英国外交部备忘录(1932 年 2 月 25 日)

第 576 号　外交部备忘录③

外交部,1932 年 2 月 25 日

满洲宣布独立

科克斯(Cocks)先生于 2 月 24 日获悉满洲已成立行政委员会,④该委员会完全由中国人组成,其中包括两名蒙古王子。该委员会拟制订"新政府"的组织和组织细节。

外交大臣在 2 月 22 日(回答科克斯先生的问题)⑤时说,他没有资料证实

---

①　第 533 号。

②　普拉特爵士在 10 月 12 日的备忘录中评论这一信函:"像往常一样,日本人尽一切可能疏远同情,而中国人表现得很好。"

③　这份备忘录是外交部远东部门为议会发言摘要准备的,由安东尼·艾登先生撰写,参见《英国下议院辩论记录》第 5 辑,第 262 卷,第 917—920 栏。

④　艾登先生对科克斯先生提的议会问题的答复,科克斯先生是布鲁克斯托选区的议会成员,参见同上,第 262 卷,第 361 栏。

⑤　参见同上,第 262 卷,第 17 栏。

这一假设,即该国的形成是否构成对《九国公约》和《国际联盟盟约》的侵犯。

日本已多次正式并明确地表示,他对满洲的领土没有野心①,并且不打算违反门户开放政策或《九国公约》的规定。②(满洲当局)在日本占领③期间宣布满洲的独立这一事实,本身并不足以指责一个友好国家违反条约义务和保证。直到大约一年前,"满洲国政府"实际上是一个长期独立的实体,只是名义上效忠中华民国中央政府。

日本代表于2月19日在国联委员会公开会议上发表声明④,这表明日本代表认为"独立"意味着更广泛的自主权。日本外务省次官的声明与林德利爵士的声明一致,认为自治而非独立才是妥善的解决办法。⑤ 2月19日的《泰晤士报》报道了日本外务省的一项声明,表示除非"满洲国"表明自身是一个拥有独立国家所有属性的政治实体,否则日本不会考虑承认其为独立国家。日本驻日内瓦代表公开承认,日本支持在满洲的自治权。他的声明副本附后。⑥

特别提到科克斯先生2月24日提出的补充质询,⑦(1)中国曾出现过分裂的政府,尤其是在广州,但他们并未声称自己独立于中国的政府;⑧(2)在回答这个补充问题时,艾登上尉可能考虑到"外蒙古多年来一直享有⑨完全独立于其宗主国中国的情况";⑩尽管如此,英国政府仍然承认中国对外蒙古的

---

① 奥德先生的页边注释是:"日本现在对第十二条胜诉的回复中,也放弃了在中国的'政治'野心。目前尚不清楚这是否包括满洲。"参见第504号,注3。

② 艾登先生把备忘录的前面部分搁置一边。在前面的句子中,他注意到"引用"。艾登先生将这一段的其余部分用括弧括起来。

③ 艾登先生对前一部分进行注释:"佐藤确认了。"把2月19日佐藤先生在国联理事会上的发言进行比较:参见《国联公报》,1932年3月,第362—366页。附在本备忘录上的是在上述引言第364页最后两段未修改的记录,以及第365页前两段。

④ 参见上述注6。

⑤ 参见第505号。

⑥ 艾登先生在这里插入了一个闭括号,在这个段落前面没有相应的开括号。关于这段艾登先生指出:"日本没有比任何其他政府更愿意承认的了。"

⑦ 参见《英国下议院辩论记录》第5辑,第262卷,第362栏。

⑧ 前面的条款,从"他们并未"一词开始被艾登先生用括号括起来了。

⑨ 奥德先生在此处的注释是:"在苏俄实际保护下(这在议会上是没有的)"

⑩ 奥德先生在此处的注释是:"下议院用这些词汇(1929年11月11日)"参见同上,第231卷,第1562栏。

宗主权，如同 1924 年《奉俄协定》下苏联所要求的一样。① 但这纯粹是名义上的承认。（但应该指出的是，苏俄并不是 1922 年《九国公约》的签署国。）

许多历史先例表明，尽管祖国将其视为叛乱的省份，大国们仍然承认其脱离国家的独立地位。

例如西班牙南美殖民地（1822 年），巴拿马与哥伦比亚分离（1903 年），② 得克萨斯与墨西哥分离（1836 年）。（参见 E 5893/51/91）（1928 年）③

科克斯先生可能会问我们是否同意史汀生先生所说的："出现了一种情况，无论如何都无法与这两项条约（即《九国公约》和《凯洛格公约》）的义务相调和，如果这些条约得到忠实遵守，这种情况就不可能发生。"④

答案必须是，作为国联成员国，目前中日之间有争端，我们不能预判结果。外交大臣在 2 月 22 日的众议院发言中强调了这一点。⑤ 事实上，我们作为国联的一员，日本政府向我们作了最明确的保证，即他们在满洲没有领土上的野心。李顿调查团在其职权范围下，如果觉得这是一个扰乱中日之间和平所依赖的良好共识的威胁，那么他们将考虑这一问题。⑥

外交部远东部门

资料来源：[F 1960/1/10]

（郭昭昭　译　陈梦玲　校）

---

① 参见第 55 号，注 4。

② 奥德先生在原文的注释："鉴于美国的敏感性，最好不要公开引用。"

③ 未印。

④ 这段引文出自史汀生先生 2 月 23 日致博拉参议员的信函，具体内容参见《美国外交关系文件·日本：1931—1941 年》第五卷，第 86 页。

⑤ 参见《英国下议院辩论记录》第 5 辑，第 262 卷，第 178—183 栏。

⑥ 这一段被艾登先生搁置一边，他在备忘录的末尾提到："在美国和美国谈的合作将持续下去，直到确定下来。现在看来已经快成功了。"

154. 英国驻东京大使林德利致英国外交大臣西蒙(1932 年 3 月 1 日)

第 629 号　林德利爵士(东京)致西蒙爵士(日内瓦)

发报时间:1932 年 3 月 1 日

东京,第 51 号电报①

发给日内瓦的第 51 号电报,转发至南京。

我的第 49 号电报。②

我昨晚和李顿爵士③讨论过这个问题,他认为现在试图解决这两个问题是疯狂的。他说必须不惜一切代价对此进行阻止。

法国大使指出,这个提案正如我第 16 号电报④中所报道的一个确切的(? 副本)⑤,而且日本政府绝不会接受。

就我个人而言,我感到绝望的是,它甚至被认为是可能的。

转发至外交部。

资料来源:[F 1932/1/10]

(郭昭昭　译　陈梦玲　校)

---

　　① 从日内瓦转发的和 1932 年 3 月 1 日下午 2 时 25 分(于当日下午 2 时 45 分收到)东京给日内瓦的第 150 号电报一样。

　　② 第 620 号。

　　③ 2 月 29 日至 3 月 8 日,李顿调查团正在访问东京。

　　④ 提到给日内瓦副本是不确定的,但可能是第 319 号(参见第 347 号,注 2)。

　　⑤ 此处文本不确定。这一建议来自英国外交部。另一份关于这份电报的文字是"与这份电报完全一致"。

155. 英国驻北平领事馆代办英格拉姆致英国外交大臣西蒙(1932 年 8 月 25 日)

第 631 号　英格拉姆先生(北平)致西蒙爵士

发报时间：1932 年 8 月 25 日

收报时间：1932 年 10 月 4 日

北平，第 1107 号

先生：

1. 关于 8 月 1 日发送的第 1068 号电报①，我荣幸地向您报告，负责调查中日危机的李顿调查团于 7 月 17 日从神户乘坐"秩父丸"号海轮前往青岛，并于 7 月 19 日登陆。

2. 调查团的大部分成员于 7 月 21 日乘火车抵达北平，而李顿爵士的健康状况迫使他需要被担架抬到青岛，他只能乘坐火车到达济南，随后被送上张学良元帅的私人飞机飞往北平，比其他同事早一天抵达。他一抵达北平，便立即被送入德国医院，我遗憾地向您报告，自那时起，他一直被迫留在医院中。我发来的 8 月 11 日的第 557 号电报②中所报告的那段时间内，他的身体才恢复过来，不适的情况稍微有所缓解，但现在他正处于恢复期的最后阶段，他可以再次积极参加调查团的工作，在病房内举行每日会议。

3. 如果日本政府愿意以和解的态度讨论满洲问题，我相信调查团在日本停留的时间会比预期更长。然而，正如 7 月 16 日东京第 375 号电报③所报告的那样，内田伯爵让李顿及其同事在东京等待了一个星期，才开始与他们进行正式讨论，并采取了非常强硬的立场，明确表示延长在日本的停留时间是没有用的。因此，在这种情况下，他们立即返回北平似乎是唯一的途径，这符合调查团的尊严，也是日本方面留给他们的选择。

4. 日本人显然很紧张，为避免中国本土的氛围对李顿及其同事的思想产

---

① 第 572 号。

② 未保存在外交部档案中。

③ 第 533 号。

生恶劣的影响，不断要求调查团在东京起草至少和在北平篇幅相同的报告内容。在日本人的坚持下，调查团在东京逗留期间进行了一些报告的起草工作，但我认为，直到返回这里，他们才能认真完成报告的主要章节。他们现在已经完成了对满洲问题的实际调查，并宣布不再进行采访，将集中精力完成报告，以便在 9 月份的第一周及时赶往欧洲。整个调查团原本计划途经西伯利亚回国，但李顿最近病情复发，他的医疗顾问认为这种安排不合适。他建议，如果李顿充分康复，可以乘坐 9 月 6 日从上海出发的意大利邮船公司"恒河"号轮船，经苏伊士运河回国。如果一切顺利的话，调查团其他成员将同时经西伯利亚离开，同时带走他们的报告书草稿。一到日内瓦，将立即把报告书草稿交由印刷处进行处理，计划在十月中旬前出版。同时，报告终版的两份打印副本将在远东盖章，并将在欧洲公布报告的当天分别提交给日本政府和中国政府。

5. 事实上，调查团几乎完成了工作，报告出版迫在眉睫。至今中国新闻界对此的兴趣不大，对于调查团的调查结果也没有太多公开的猜测。现在，对于中国人来说确实不公平，因为无论调查团的建议是什么，国联都不可能强迫日本撤离满洲。上海和南京最新的新闻评论意识到这一点，并且认为，尽管中国应该以礼貌的态度等待日内瓦发表报告和展开讨论，然后再就满洲问题采取进一步行动，但不要期望从调查团的调查中得到许多实际的满意之处，因此应该做好准备，尽可能地保护中国在满洲的利益。

6. 目前，我无法预测调查团在报告中将采取的方法，但我知道报告将包含对永久解决满洲问题的明确实际建议。我将在适当的时候向您报告所有李顿认为适合告诉我的关于这一问题的信息。我认为，在调查团内部，有时会激烈讨论某些观点，但团长及其美国同事的智慧至今未能阻止这种分歧发展成为需要汇报的问题。我明白，现在大多数有争议的困难已经出现转机，而且根据上文第 4 点提到的时间安排，毫无保留地完成意见一致的报告的希望很大。

7. 我正在把这封信的副本寄给英国驻东京的大使。

此致

英格拉姆

资料来源：[F 7158/1/10]

（郭昭昭　译　陈梦玲　校）

156. 英国驻东京大使林德利致英国外交大臣西蒙(1932年8月26日)

第 632 号　林德利爵士(东京)致西蒙爵士

发报时间:1932 年 8 月 26 日 13:30

收报时间:1932 年 8 月 26 日 09:30①

东京,第 333 号电报

外交大臣在议会上的讲话已经被全文电传到海外,因此我不再发电报。②

资料来源:[F 6369/1/10]

(郭昭昭　译　陈梦玲　校)

157. 英国驻北平领事馆代办英格拉姆致英国外交大臣西蒙(1932年8月26日)

第 633 号　英格拉姆先生(北平)致西蒙爵士

发报时间:1932 年 8 月 26 日(无线电)

收报时间:1932 年 8 月 27 日 09:30

北平,第 593 号电报

东京第 330 号电报③的最后一句。

英国驻上海总领事报告如下。

———————

①　编者按:收发时间原文如此。

②　这篇演讲在《泰晤士报》8 月 25 日和 26 日第 9 版详细刊载,也印在《国联公报》,特刊第 111 号,第 81—83 页。归档副本的记录中包括以下内容:"这篇演讲表明了日本的决心,所有旧的立场都得到了充分维护。但是其中没有什么新内容。奥德　8 月 26 日"韦尔斯利爵士补充说:"看来日本似乎有意向国联提出一个'既成事实'。维克托·韦尔斯利　1932 年 8 月 26 日"

③　第 628 号。

抵制活动的煽动仅限于一些小型恐怖组织,它们向中国商人发出了威胁信件。这些行为已经在媒体上得到了充分报道。没有再次发生对日本的封锁行动或扣押日本货物的情况。中国商人们采取了消极的态度,中国商会已经将恐怖组织的信件转发给其成员,并警告他们不要交易某些类别的商品。这导致日本贸易在一段时间内受到了相当大的影响。日本总领事在8月17日向市长提出了强烈抗议,并获得了保证将打击任何非法活动的承诺。

今天,日本总领事告诉我,日本贸易再次完全停滞,他们的商人对这种情况持严重看法,因为他们面临着被淘汰的威胁,但他的说法似乎有些夸张。他担心的是,随着双方情绪再次被激化,一些偶发事件可能引发更严重的麻烦。

转发至东京。

资料来源:[F 6402/1/10]

(郭昭昭　译　陈梦玲　校)

158. 英国驻北平领事馆代办英格拉姆致英国外交大臣西蒙(1932年8月26日)

第 634 号　英格拉姆先生(北平)致西蒙爵士

发报时间:1932年8月26日(无线电)

收报时间:1932年8月26日18:00

北平,第596号电报

上海的第216号电报①使得道路问题的前景更加黯淡。目前看来,由于日本的强烈反对,中国人显得有些退缩,理事会和社区的反应也不热烈,因此协议很可能会被暂时搁置。

我考虑了前往南京与罗进行谈判的可能性……②但我觉得我很难敦促中国政府批准一项可能会被理事会否决且日本无疑会阻挠的协议。我相信您会支持我的看法。

---

①　参见第630号。

②　此处文本不确定,据推测,应该是"罗文干"。

我与美国同事进行了另一次长时间的讨论,我们一致认为,如果当地谈判继续失败,最终不可避免地需要在某个会议上讨论基于上海停战协议的"进一步安排"……①这样的会议可以仅限于讨论上海问题,也可以随着李顿调查团报告的进展而涉及更广泛的议题。在接下来的几个月中,事态可能会迅速演变。显然,现在不是讨论这些问题的合适时机。但如果时机成熟,我们都认为会议应该如英国驻华公使在第 597 号电报②第 10 段中所述,由英美两国来主导,而不是日本,这样才能有效地遏制日本的侵略行为。

转发至南京公使馆、上海和东京。

资料来源:[F 6405/65/10]

(郭昭昭 译 陈梦玲 校)

159. 英国驻北平领事馆代办英格拉姆致英国外交大臣西蒙(1932 年 8 月 26 日)

第 635 号 英格拉姆先生(北平)致西蒙爵士

发报时间:1932 年 8 月 26 日(无线电)
收报时间:1932 年 8 月 26 日 21:00
北平,第 597 号电报

昨晚,日本评定员办公室的一位有影响力的成员私下向爱斯托③透露,日本对"满洲国"的承认极有可能在 9 月 4 日至 18 日之间完成。此外,武藤将军已着手安排《日满条约》的最后细节,该条约的签订将意味着对"满洲国"的承认。

转发至东京。

资料来源:[F 6399/1/10]

(郭昭昭 译 陈梦玲 校)

---

① 此处文本不确定。
② 参见第 351 号,注 6。
③ 爱斯托先生,李顿爵士的私人秘书。

160. 英国外交大臣西蒙致英国驻东京大使林德利（1932年8月26日）

第 636 号　西蒙爵士致林德利爵士（东京）

发报时间：1932 年 8 月 26 日

外交部，第 578 号

先生：

我阅读了您 7 月 7 日的第 358 号电报①，其中讨论了满洲问题。我完全同意大使阁下对此事的立场。在您与外务省次长谈话的第 6 号②报告中，您所表达的观点是恰当的，我特别高兴您能让您的美国同事全面了解您的行动。

此致

约翰 • 西蒙

资料来源：[F 6122/1/10]

（郭昭昭　译　陈梦玲　校）

161. 英国驻东京大使林德利致英国外交大臣西蒙（1932年8月29日）

第 637 号　林德利爵士（中禅寺）致西蒙爵士

发报时间：1932 年 8 月 29 日

收报时间：1932 年 9 月 29 日

中禅寺，第 451 号

先生：

1. 关于 8 月 26 日第 447 号电报中③提及的日本首相及外务大臣于 25 日

---

① 参见第 511 号，注 3。

② 本款的要点参见第 511 号第 2 段。

③ 未印。内田伯爵的发言参见第 632 号，注 1。

提交给日本国会的发言稿附件,我报告如下:立宪政友会成员森恰先生就政府外交政策提出了重要质询。

2. 提及西田上将(Sai)和内田伯爵关于日本对"满洲国"政策立场时,森恰先生指出政府似乎将承认"新国家"简化为外交程序。他认为这种仅从法律和外交角度的考虑是危险的,我们应深入思考日本此举对世界其他地区可能产生的影响。日本可能会退出国联,中国局势可能会恶化,甚至可能发生新的上海事变。日美关系无疑会恶化。因此,在承认"新国家"前,日本必须做好最坏打算。

3. 森恰表示,除了派特使赴"满洲国"外,斋藤实海军大将和内田伯爵未具体说明他们所提到的准备工作的性质。考虑到日本与中国及他国可能因承认"满洲国"而发生的"关系变化",政府应采取何种措施?舆论的巩固、军备的补给、国家财政的重组与复兴等,均不容忽视。

4. 森恰指出,日本在未考虑他国情况下独立承认"新国家",违反了"模仿外交"这一长期外交政策传统。精英党一直主张"回归亚洲",即日本应与陷入"衰落"的西方"唯物主义文明"划清界限,回归为亚洲带来幸福的"传统东方精神",并向西方提供自救之道。我们应充分认识这一新的神圣使命,并在此基础上承认"满洲国"。

5. 然后森恰向政府提出以下问题:

"(1)政府表示在承认之前,需要作出多项安排。这些安排的确切性质是什么?他们目前已经完成了多少?

"(2)根据政府的观点,日本正式承认'满洲国',对国际形势可能会有什么影响?政府有何计划来处理承认前后的这些事件?

"(3)政府认为对此承认会对日本的国际金融地位造成什么影响?

"(4)政府是否做好充分的准备,以应对因承认'满洲国',日本和其他国家之间而可能出现的危机?"

6. 为了便于记录,《日本通报》上发表的森恰讲话的完整译文将随同此信一同发送。① 这份译文与官方速记报告中的原文相对比,基本上是正确的。森恰的这番讲话多次被观众掌声打断。

---

① 此处未印。

7. 我谨随函附上本使馆准备的全文译本①，其中内田向森恪的讲话作了答复。

此致

林德利

资料来源：[F 7055/1/10]

（郭昭昭　译　陈梦玲　校）

162. 英国驻北平领事馆代办英格拉姆致英国外交大臣西蒙（1932 年 8 月 30 日）

第 638 号　英格拉姆先生（北平）致西蒙爵士

发报时间：1932 年 8 月 30 日（无线电）

收报时间：1932 年 8 月 30 日 21：00

北平，第 607 号电报

以下信息来自 8 月 29 日收到的奉天第 71 号电报。

开始：

8 月 28 日晚上 11 时后，一群武装分子对奉天军用机场发起了协同攻击，其中一座三层机库被成功烧毁。

日本方面的报道承认，在联防军中有超过 10 人伤亡，其中包括两名日本人死亡。据报道，一些新组建的"满洲国军队"加入了攻击部队②。

资料来源：[F 6446/1/10]

（郭昭昭　译　陈梦玲　校）

---

①　此处未印。

②　伊斯特先生于 8 月 30 日致英国驻奉天领事馆的第 137 号电报（密级未标，本部于 10 月 5 日收到，作为同日收到的奉天总领事馆第 133 号电报的附件）称有超过 1 000 名叛军参与了此次进攻，而且作战的噪音"在国际租界内听得相当明显"。

163. 英国驻东京大使林德利致英国外交大臣西蒙(1932年8月30日)

第 639 号　林德利爵士(中禅寺)致西蒙爵士

发报时间:1932 年 8 月 30 日

收报时间:1932 年 10 月 1 日

中禅寺,第 448 号

紧急

先生:

1. 随着《李顿调查团报告书》即将发布,中日争端很快将再次成为全球关注的焦点。在此,我将对驻日公使馆目前对日本的政治立场和态度进行总结。接下来的几个月对日本历史来说将具有重大意义。我认为存在真正的危险,即如果在日内瓦采取了过于纯粹的法律观点,那么英国在远东的利益可能会受到永久性的损害。这些利益与和平和秩序的统治紧密相连,而这些广泛的公正考虑在很多情况下与国际法的字面意义相冲突,因此不能单独评判。我被这些观点吸引,因为正如我过去反复强调的那样,去年秋天在日内瓦未能认识到这些观点的重要性,这似乎是导致遗留问题重现的重要原因。

2. 写信的那天万里无云,我在 1931 年 7 月 23 日的第 392 号电报①中很荣幸地指出,日本因为国际联盟和战争的观念突然改变而迷失了方向,这被西方列强视为屠杀和毁灭性大战的结果而接受。我之所以说"显然",是因为在我看来,我毫不怀疑,如果让其他国家面对涉及其切身利益的考验,它们的行为也会像日本一样,对多边条约与和平理念漠不关心,不仅仅是日本。但是,无论如何,我可以清楚地看到,日本没有完全接纳这些新观念,它对中国政策的摇摆不定,最好的解释是它陷入了一种不确定性——在中国的经济责任与在满洲的政治抱负之间的冲突。在日本人看来,战后的历史只是一个幻灭的

---

① 第八卷,第 495 号。

时期,只有获得太平洋授权才能减轻羞辱,我对此也没有充分关注。日本首先未能在凡尔赛获得种族平等宣言。其次是被两个盎格鲁-撒克逊国家认为是开明外交胜利的华盛顿会议,日本人认为这是一次最大的外交失败,意味着所有可悲的后果。英日联盟的解体对日本人的自豪感和敏感心理造成了一定的打击,但这一事实并未引起广泛的关注和讨论。其后是 1924 年的美国"排亚法案"①,华盛顿政府故意选择通过羞辱日本的方式来取得一个本来可以通过和解方式获得保障的对象,这一点已经得到 1906 年《加拿大移民协议》②的证实,这是我亲自帮助鲁道夫·勒米厄(Rodolphe Lemieux)爵士和约瑟夫·蒲柏(Joseph Pope)爵士进行谈判的。就日本而言,这些似乎是新思想的结果。

3. 在中国,情况大致相同。日本自己摆脱了"不平等条约",彻底整顿内政,经过多年的努力后终于商定了一个协议解决办法,它看到它的权利被公开藐视,它的人民在一个几乎不能说是有政府存在的国家内受到侮辱,而且未受条约保护的外国人比条约修订前的日本的情况更为不利。确实,我们也经历了类似的困境。受到"新思想"的影响,我们虽然满怀希望地接受了这种变化,但我们也必须认识到,正如我们在中国有着深厚的利益一样,日本对其繁荣也有着至关重要的利益,而日本从未真正信仰过"新思想"。在此期间,日本曾尝试与英国驻华政府进行合作,但正如上一份年度报告第 10 段所讨论的原因,这些努力并未取得预期的成果③,他们一无所获。它越来越自暴自弃。与此同时,中国在国际舞台上表现得像是一个被误解的病态个体。虽然没有发生明显的抗争,但可以预见,总有一天,愤怒的力量会挥起拳头。日内瓦的政治智慧认为,除非中国人改变态度,否则将面临严重的警告,预示着潜在的灾难。

---

①　参见惠特尼·格利斯沃德(A. Whitney Griswold),《美国的远东政策》(纽黑文,1962 年),第 370—377 页。参见第九辑,第二卷,附件,注 44。

②　这里提到的是一项由加拿大邮政大臣兼劳工部部长勒米厄先生(后来的鲁道夫爵士)和国务次长(后来的约瑟夫爵士)于 1907 年 11 月—12 月在东京谈判达成的"君子协定",并于 1908 年 1 月 20 日在加拿大议会宣布。日本政府同意限制日本劳务移民加拿大,同时重申他们坚持遵守 1894 年英日条约(参见《英国和外国国家文件集》,第 86 卷,第 39—47 页),加拿大政府在 1896 年没有任何限制地接受了这一条约。见格莱斯布鲁克(G. P. de T. Glazebrook),《加拿大对外关系史》(伦敦,1950 年),第 210 页和《1908 年年鉴》(伦敦,1909 年),第 447—448 页。

③　未印。第 10 段涉及为了确保英日合作修订条约、偿还债务和(在 1931 年)制定未来对华贷款政策而做出的失败努力(1928—1930)。

现在，始作俑者发出的尖锐呼声响彻全球，它请求世界将它从这个由政治愚行和令人难以忍受的自负所导致的困境中解救出来。

4. 毫无疑问，《李顿调查团报告书》明确无误地阐述了满洲的混乱局面。而且去年的"九一八"事变即使起因不明确，本身也不足以证明日本军事当局采取的后续措施的合理性。还有，"满洲国政府"并不代表满洲人民的自由选择。可以肯定的是，日本政府或人民都不会接受这些结论，也不会认为其有效。在过去的几个月里，我在有经验的员工的帮助下，试图形成对日本人民心态的看法。虽然他们对国家的未来非常焦虑，并且被相互矛盾的激情撕裂，但给我的印象是，他们充满活力，以致没有任何东西可以压制。我相信，日本是唯一一个出生率正在上升的国家——这是一个乐观心态根深蒂固且对未来充满信心的文明社会的绝对标志。① 在我看来，西方世界应该感激的是，这种爆炸性的能量和充满生机的生活本应该在遥远的满洲平原上找到一个发泄口，在满洲几乎不存在外国利益。而且在满洲，即使是这些杰出的人，也要尽力尝试去完成任务。

5. 我清楚地意识到，事情总有另一面。自战争以来，许多致力于在世界范围内营造一种让战争变得不可能的氛围的真诚和平人士，受到了日本"军国主义"的干扰。他们认为，除非立即进行挑战，否则日本军国主义可能会威胁到他们辛苦建立的整个体系。对此，我想表达以下三点看法。第一，永久和平的理想不可能在一代人的时间内实现。事实上，除非我们取代了与和平理想传播成正比增长的那种被夸大的国家主权概念，否则任何国家或个人都不应成为邻国无法容忍的负担。第二，目前满洲的企业活动已不再充满活力，在我们看来，目前并没有大的战争风险，不会阻止这种活力的恢复。如果一场新的战争的威胁真的遏制了这种活力，我很难相信由此在日本引发的混乱会对英国的利益产生积极影响。第三，居住在日本的人不可能支持那些本质上信奉军国主义的人。事实上，在战争爆发前，德国绝对没有出现过这种蛮横无理的行为。考虑到人口密集和贫困程度，那里没有暴力犯罪是令人惊讶的。人们之间的礼貌超出了我在其他地方见到的水平。没有一个国家的外国人，甚至是一个独自旅行的年轻女性，能够如此确信自己不仅不会受到骚扰，而且在遇

---

① 奥德先生在这句话旁写下如下的页边注释："这是由于人口的年龄组成在 1868 年之后才开始扩大，并且包含了异常比例的生儿育女者。奥德"

到困难时会得到无偿的热心帮助。我们不应该仅凭上海日本人的粗鲁行为或是满洲军队和冒险家的越轨行为来评价那些为了国家利益而离开祖国的人。如果他们有时间来吸收战后的理念,那么我们有更多理由相信他们的转变会比其他一些离家更近的国家更加顺利。

6. 日内瓦面临的任务无疑是艰巨而复杂的,理事会和大会必须竭尽全力应对这一挑战。我的职责是尽我所能为政府提供建议。英国在远东的利益和影响力远超其他欧洲国家。我将真诚地请求他们对于英国疏远远东最强国所带来的后果深思熟虑,我们的利益在不久前还与他们的紧密相连,这有助于建立一个对双方都有利的联盟。在那种情况受到威胁之前,我会请他们根据过去的经验来评估日本的诚意和那些昙花一现的中国政治人物的相对价值。要仔细研究一下美国所能获得的优势,比如帕尔默斯顿时代的英国坚不可摧,可以在不涉及自身利益的情况下,沉湎于人性最崇高的情感中,完全不受惩罚。如果我向您隐瞒我对此问题的认识,那么我没有尽到我的职责。我深信,以同情的手段处理这个问题,我们将有机会获得与远东唯一一个未来相对有保证的国家的友谊,而且这个国家有能力对我们造成相当大的伤害。这在我看来似乎是一种有形资产,比我们在其他地方可能获得的任何模糊优势更有价值。①

此致

林德利

资料来源:[F 7103/1/10]

(郭昭昭　译　陈梦玲　校)

---

①　范西塔特爵士对这封信 10 月 5 日的记录内提到了林德利爵士 9 月 12 日的第 351 号电报(下文第 674 号)的附言,该电报"说明了我们当前的政策必须是什么"。约翰·西蒙爵士记录道:"是的。让我们在追求所表明的政策的同时,尽量保持联系并与美国保持一致。约翰·西蒙　10 月 7 日"

164. 英国驻东京大使林德利致英国外交大臣西蒙(1932年8月31日)

第640号 林德利爵士(中禅寺)致西蒙爵士

发报时间:1932年8月31日

收报时间:1932年10月3日

中禅寺,第452号

先生:

1. 关于我本月24日的第330号电报①,谨此报告,过去两周内,日本军需库的活动以及据信日本战争部向国外下达的大量战争物资订单,引发了不负责任人士的广泛猜测,他们推测与苏联立即爆发敌对行动的可能性很大。正如我们之前的电报所述,使馆一直认为苏日战争在目前是极不可能发生的,原因很简单,即两国都不愿意开战。目前的行动并没有改变我们的看法,我们认为一部分原因是满洲和上海的敌对行动导致库存枯竭,另一部分原因是希望雇佣尽可能多的人,主要是为了确保日本政府为秋季可能发生的事情做好准备。

2. 今天上午,在与外务次官讨论多个议题时,我提到了东京关于日苏可能敌对的传言,并表达了我方使馆对此事的看法。有田先生坚定地表示,他目前看不到与苏联发生冲突的任何迹象。当然,他私下透露,目前进行的军事准备旨在确保日本政府为可能出现的任何情况做好充分准备。

3. 在讨论了苏联问题之后,有田先生笑着询问日本和美国之间是否也有战争的传言。我回答,虽然两三个月前这种谣言已经司空见惯,但我最近没有听说。我补充说,日美战争在我看来似乎不可能像对苏联的战争那样发生。我无法想象日本或美国攻击对方,尤其是在胡佛先生担任总统的情况下。有田先生再次完全同意我的观点,并对日美之间的恶作剧般的谣言已经平息表示满意。

---

① 第628号。

4. 在离开之前,我曾向有田先生询问有关野村海军中将访问美国的真相。他回答我说,这次访问尚未有明确的决定,如果海军中将前往美国,他将没有官方立场。由于他在美国海军有很多朋友,他很可能会去华盛顿,以便与他们取得联系。您要记住,野村海军中将是在轰炸上海①时失去了一只眼睛,他曾以超凡能力和广阔视野而闻名于外国海军军官和其他人士之中。他担任非官方友谊大使的选择无疑是一个极佳的决定。或许正因为这个,将海军少将送往华盛顿的建议在这里引起了反动分子的愤慨,这些反动分子强烈抗议这一提议,认为它贬低了日本的尊严。如果海军中将最终未能成行,那么无疑是因为这些超级爱国者的反对。

此致

林德利

资料来源:[F 7126/369/23]

(郭昭昭 译 陈梦玲 校)

165. 英国驻北平领事馆代办英格拉姆致英国外交大臣西蒙(1932 年 9 月 2 日)

第 641 号 英格拉姆先生(北平)致西蒙爵士

发报时间:1932 年 9 月 2 日 11:36

收报时间:1932 年 9 月 2 日 09:30②

北平,第 614 号电报

我的第 593 号电报。③

新闻机构正在报道上海发生的令人震惊的情况,似乎预示着中日两国可能即将爆发更大的冲突。

毫无疑问,一些孤立且不协调的恐怖主义团体通过发送威胁性信函而非

---

① 参见第 291 号。

② 编者按:收发时间原文如此。

③ 第 633 号。

公开的非法行为,再次煽动了抵制日本的活动。由于这些团体的总部至今未被查获,中国警方和租界官员发现处理这种情况相当困难。日本人对此事态度非常严肃,显然,日本人和中国人都感到非常紧张。他们的强硬态度①似乎不再有效,因为中国政府正在竭尽全力打击非法抵制活动。尽管日本人有很多激烈的言辞,但目前尚无迹象表明他们打算采取任何强有力的行动。我们的商务参赞告诉我,海关数据显示日本的进口量持续增加,但由于抵制活动再次兴起,大部分货物仍存放在仓库中,商家因担心抵制活动而不敢贸然销售。

转发至东京、上海、南京公使馆。

资料来源:[F 6476/1/10]

(郭昭昭　译　陈梦玲　校)

166. 英国驻东京大使林德利致英国外交大臣西蒙(1932年9月2日)

第 642 号　　林德利爵士(东京)致西蒙爵士

发报时间:1932 年 9 月 2 日 14:50
收报时间:1932 年 9 月 2 日 09:30②
东京,第 339 号电报

机密

我的第 330 号电报③第三段和我的第 429 号电报④。

外务次官今天私下告诉我,苏联大使询问内田伯爵就任外务大臣后,是否会支持签署互不侵犯条约。外务次官回答,外务大臣目前尚未有时间深入研究这一问题,此后苏联大使也未再提起。目前的情况是,日本政府正在考虑这

---

① 根据北平 9 月 3 日第 620 号电报(当天晚上 9 时收到),该词修改为"日语"。
② 编者按:收发时间原文如此。
③ 第 628 号。
④ 第 618 号。

个问题。反对签署该条约的主要理由是，担心共产主义宣传会因此加剧。

转发至北平。

资料来源：[F 6473/369/23]

（郭昭昭　译　陈梦玲　校）

167. 英国驻东京大使林德利致英国外交大臣西蒙（1932年 9 月 2 日）

第 643 号　林德利爵士（东京）致西蒙爵士

发报时间：1932 年 9 月 2 日 16∶25

收报时间：1932 年 9 月 2 日 11∶50①

东京，第 340 号电报

英格拉姆先生的第 614 号电报②。外务次官今天早上通知我，他未从上海收到任何令人担忧的消息……③。尽管汉口地区持续发生严重骚乱，但中国政府正在采取充分措施阻止此类情况的继续发生。

我在呼吁④上海方面保持克制时，外务次官向我保证，日本海军和当局将采取最大限度的谨慎行动，他们最不希望发生的就是另一起上海事件。

今日清晨，军事武官接到参谋本部的通报，参谋本部对上海地区中日之间的紧张局势表示担忧。如果海军无法保护日本人的生命和财产，将不会派遣军队。我们与他们一样，都渴望避免进一步事件的发生。⑤

参谋本部建议，其他大国应协助结束抵制活动。

---

① 编者按：收发时间原文如此。

② 第 641 号。

③ 此处文本不确定。提交的副本的注释表明它应该写作"报告"。

④ 建议在提交的副本中加入这个词。

⑤ 9 月 6 日，军事随员詹姆斯上校的笔记（10 月 13 ヨ在外交部收到的副本，作为林德利爵士 9 月 9 日第 478 号发函的附件）显示，这些言论是由陆军中校丸山（Maruyama）所说，他还说："刚从日内瓦返回的日本军事代表团团长松井将军向参谋总长报告说，英国官员在帮助创造对日本有利的日内瓦氛围方面提供了极大的帮助，日本对此非常感激。"

转发至北平。

资料来源:[F 6478/1/10]

(郭昭昭 译 陈梦玲 校)

168. 英国驻日内瓦领事帕特森致英国驻东京大使林德利 (1932 年 3 月 2 日)

第 644 号 帕特森先生(日内瓦)致林德利爵士(东京)

发报时间:1932 年 3 月 2 日 18:15①

日内瓦,第 19 号电报

发至东京的第 19 号电报。

您的第 51 号电报。②

我③充分理解你们在应对满洲和上海问题上的困难,感受到你们的忧虑。虽然对您的警告表示感激,但如果您指的是英国的政策,我认为您可能有所误解。您肯定会感激国联理事会于星期一④将上海问题从议程中删除并提出了适用于该地区的建议。如果日本在大会开幕前同意在上海停止敌对行动,那么这里的紧张局势将会显著缓解。在日本同意的情况下,满洲问题已经提交给了李顿调查团,尽管我不确定大会的发言者是否会回避提及这个问题。

转发至外交部。

资料来源:[F 1993/1/10]

(郭昭昭 译 陈梦玲 校)

---

① 转发时间和给外交部的第 102 号国联电报一样(1932 年 3 月 2 日下午 6 时 30 分收到)。

② 第 629 号。

③ 约翰·西蒙爵士。编者按:原文如此,可能是转述。

④ 参见第 628 号。

169. 英国外交大臣西蒙致英国驻北平领事馆代办英格拉姆（1932年9月2日）

第644号　西蒙爵士致英格拉姆先生（北平）

发报时间：1932年9月2日 17：30

外交部，第187号电报

您的第596号电报①（越界筑路和圆桌会议）。

我同意，在目前情况下，我们无能为力。我很想听听约翰·白利南爵士关于仅适用于西区的协议可行性的看法。

我认为采取任何可能导致召开会议的行动都是不明智的。

资料来源：[F 6405/65/10]

（郭昭昭　译　陈梦玲　校）

170. 英国驻东京大使林德利致英国外交大臣西蒙（1932年9月2日）

第645号　林德利爵士（东京）致西蒙爵士

发报时间：1932年9月2日②

收报时间：1932年9月2日 10：30

东京，第341号电报

我的上一封电报。③

---

①　第634号。

②　发件具体时间未记录。

③　第643号。

参谋本部今天早上特别友好地表示,如果我国政府希望在汉口①恢复英租界的话,他们会提供支持。军事随员回答说,他不认为这符合英国的政策。

转发至北平。

资料来源:[F 6479/6479/10]

(郭昭昭 译 陈梦玲 校)

171. 英国驻北平领事馆代办英格拉姆致英国外交大臣西蒙(1932年9月2日)

第646号 英格拉姆先生(北平)致西蒙爵士

发报时间:1932年9月2日(无线电)

收报时间:1932年9月2日19:00

北平,第612号电报

我的第596号电报②

英国驻上海总领事馆在8月25日的报告如下。

8月24日的理事会会议讨论了关于公布外部道路协议的事项,日本议员表示,他们不相信大多数纳税人会支持该协议,如果协议在公布前被签署,他们将辞职。中国议员认为,如果市长表示无法同意公布,那么唯一的做法就是先签署协议,再进行公布。经过充分讨论后,最终决定是暂时不采取任何行动。

在与虞洽卿(Yu Ya-ching)先生会面之后得知,他向主席表示,他不同意其他中国议员的看法。如果日本人反对这个协议,那么市长确实不担心中国人的批评。市长应该前往南京,寻求国家政府的支持,然后再回来签署协议。这样,可能在两周内完成签字。他承诺会与市长见面,并敦促市长接受这个方案。

在中国英国居民协会的十二名成员中,有十一人已经听取了关于拟议协议条款的说明,并表达了支持。他们也同意,如果有必要,可以先行签署协议,

---

① 1927年2月19日的收回汉口、九江英租界之协定,该协定将汉口前英国租界的行政权力转交给了中华民国国民政府。详情参见1930年英国政府第2869号命令文书,以及第八卷,第1号(第10页)。

② 第634号。

再对外公布。

日本总领事已经向理事会秘书长表达了他对这一计划的反对意见。

转发至东京。

资料来源：[F 6489/65/10]

（郭昭昭　译　陈梦玲　校）

172. 英国驻哈尔滨总领事康思定致英国驻北平领事馆代办英格拉姆(1932 年 9 月 2 日)

第 649 号　英国驻哈尔滨总领事康思定(Garstin)先生(哈尔滨)致英格拉姆先生(北平)①

发报时间：1932 年 9 月 2 日

哈尔滨,第 71 号

先生：

1. 近期,媒体多次报道称,"满洲国"外交部地方代表向苏联驻哈尔滨总领事抗议,指控苏联军队在满洲附近边界地区的活动。我向我的苏联同事询问了此事,他提供了一份关于他在访问中了解到的真相的文件。

2. 斯拉夫茨基(Slavoutsky)先生回答说,他已经收到哈尔滨外交专员本月 17 日的一封信,信中专员提醒他注意其收到的关于苏联军队在满洲附近中苏边境活动的"可靠报告",报告中提到苏联军队穿越边界,有人看到他们挖掘壕沟和架设铁丝网。专员要求立即停止这些活动。

3. 在"满洲国政府"向苏联政府提出抗议后,斯拉夫茨基接到上级指示,要求他就此做出回应。他回应称这些报告没有根据,并指出苏联军队在满洲里边界附近仍然驻扎在 1929 年中苏冲突结束后撤退的位置。② 他补充说,根据他的了解,苏联军队距离边界至少六公里。

----

① 10 月 4 日,外交部收到了这封信函。未保存在外交部档案中。

② 参见第八卷,第 1024—1025 页。

4. 我还询问了中东铁路与"满洲国政府"河运局之间关于哈尔滨松花江前滨码头和仓库所有权的纠纷现状(请参阅我 7 月 19 日的第 59 号电报①)。斯拉夫茨基说,谈判仍在进行中,但尚未达成协议。运输局曾试图提出一个回避码头和仓库所有权问题的方案,但该方案含糊不清,导致纠纷产生,中东铁路不能再容忍此类纠纷。

此致

康思定

资料来源:[F 7155/1/10]

(郭昭昭 译 陈梦玲 校)

173. 英国驻东京大使林德利致英国外交大臣西蒙(1932年 9 月 3 日)

第 650 号 林德利爵士(东京)致西蒙爵士

发报时间:1932 年 9 月 3 日 13:40

收报时间:1932 年 9 月 3 日 09:00②

东京,第 342 号电报

参考外国记者昨天在国外发表的电报,日本将于 9 月 15 日前与"满洲国"缔结条约③,日本外务省亚洲司司长今天上午向大使馆秘书通报了以下内容:

日本提议在 9 月底之前与"满洲国"缔结条约,该条约的具体细节尚未最终确定,因为条约仍在谈判中,尚未获得枢密院的批准。但条约将包含以下规定:(a) 双方尊重彼此的领土主权;(b) 日本负责"满洲国"的内外防务,条件是日本有权在满洲任何地方驻扎军队。

谷先生说,日本是满洲的保护国丝毫没有什么好处,因为"满洲国"会控制自己的财政和外交事务。

---

① 8 月 2 日外交部收到复印件,未印。参见第 535 号。

② 编者按:收发时间原文如此。

③ 参见 9 月 3 日的《泰晤士报》,第 10 页。

通知他国的事宜尚未确定。

转发至北平。

资料来源:[F 6492/1/10]

(陈梦玲　译　郭昭昭　校)

174. 英国驻北平领事馆代办英格拉姆致英国外交大臣西蒙(1932 年 9 月 3 日)

第 651 号　英格拉姆先生(北平)致西蒙爵士

发报时间:1932 年 9 月 3 日(无线电)

收报时间:1932 年 9 月 3 日 19:10

北平,第 621 号电报

我的 612 号电报。[①]

美国公使告诉我,国务院主张[②]我们应当告知所有在上海的具有代表性的英国和美国协会和机构,通过我们在上海的总领事馆,我们的政府已经批准了协议,并期待其签署。我的美国同事已经按照这一建议向国务院[③]发出了电报。

转发至上海总领事馆、东京大使馆和南京公使馆。

资料来源:[F 6496/65/10]

(陈梦玲　译　郭昭昭　校)

---

①　第 646 号。

②　参见《美国外交关系文件》1932 年,第四卷,第 642 页。

③　这可以参见詹森 9 月 3 日给美国国务卿的电报(参见同上,第 643 页),如同第 646 号,上海市政府 8 月 24 日的会议报告。

175. 英国驻北平领事馆代办英格拉姆致英国外交大臣西蒙(1932年9月3日)

第652号 英格拉姆先生(北平)致西蒙爵士

发报时间:1932年9月3日(无线电)

收报时间:1932年9月3日21:00

北平,第624号电报

美国公使告诉我,他刚刚接到美国驻东京大使的电报,内容大致为:外务次官昨天通知驻东京大使,外务省发言人向记者们发表的声明——参考路透社9月2日的电报①。关于日本与"满洲国"即将签署的议定书,内容基本准确,但他不希望该声明被引用。

转发至东京大使馆、南京公使馆和舰队司令。

资料来源:[F 6499/1/10]

(陈梦玲 译 郭昭昭 校)

176. 国民政府外交部部长罗文干致英国驻北平领事馆代办英格拉姆(1932年9月3日)

第653号 国民政府外交部部长致英格拉姆(北平)先生的信函②

1932年9月3日

翻译

临时代办先生:

我有幸通知您,自去年4月1日③起,日本当局对满洲盐务督察署的强

---

① 参见第650号,注1。

② 这份翻译文件是随着英格拉姆先生于9月17日发出的第1199号电报一起发送给外交部的,收到时间为11月5日。

③ 参见第166号。

占,致使没有任何资金从满洲汇出,用于偿还以中国盐业收入为担保的外债。

在此,我附上以下资料供您参考(1)盐务督察署致日本公使馆的信函副本①,以及(2)中国代表向国际联盟调查团提交的备忘录副本②。

显然,没收这些贷款资金严重影响了以盐业收入为担保的贷款偿还能力,尤其是在九月还有大量还款需要支付的情况下。这一没收行为还削弱了中国政府履行其他承诺的能力。由于英国国民在以盐业收入为担保的贷款中拥有利益,我想就满洲盐务督察署的被没收问题向英国政府发出警示,以便他们考虑采取适当的行动。

尊敬的临时代办先生,我谨借此机会向您致以崇高的敬意。

罗文干

资料来源:[F 7818/2/10]

(陈梦玲　译　郭昭昭　校)

177. 英国驻北平领事馆代办英格拉姆致英国外交大臣西蒙(1932 年 9 月 4 日)

第 654 号　英格拉姆先生(北平)致西蒙爵士

发报时间:1932 年 9 月 4 日 19:30

收报时间:1932 年 9 月 4 日 14:35③

北平,第 626 号电报

今天早上 8 时 30 分左右,国际联盟调查团完成了报告的签署。随后,李顿爵士和爱斯托在上午 10 时左右乘坐飞机离开北平前往上海。明天起,他们将乘"恒河"号轮船前往欧洲,预计 9 月 28 日抵达威尼斯。

---

① 未印。

② 未印。

③ 编者按:收发时间原文如此。

转发至东京、南京公使馆和舰队司令。

资料来源：[F 6501/1/10]

（陈梦玲　译　郭昭昭　校）

178. 英国驻北平领事馆代办英格拉姆致英国外交大臣西蒙（1932 年 9 月 5 日）

第 655 号　英格拉姆先生（北平）致西蒙爵士

发报时间：1932 年 9 月 5 日 17:40

收报时间：1932 年 9 月 5 日 17:05[①]

北平，第 632 号电报

以下信息来自 9 月 3 日收到的奉天电报。

开始。

抄送北平第 72 号电报，转发邮寄到哈尔滨、牛庄、大连。

奉天第 122 号电报，[②]第 9 段。

日本官方报道称，9 月 1 日，"满洲国外交部部长"致电南京外交部部长，抗议张学良的代理人在热河边界地区的活动，同时要求南京政府对"新国家可能被迫采取的任何重大举措"负责。

抗议的副本同时发给了在北平的张学良。

结束。

资料来源：[F 6524/1/10]

（陈梦玲　译　郭昭昭　校）

----

① 编者按：收发时间原文如此。

② 8 月 11 日至北平，未印。9 月 15 日在外交部收到的副本，附在奉天寄往外交部第 119 号的发件中。第 9 段汇报了奉天日本领事馆工作人员三浦先生的一项声明："日本参谋本部已经决定，现在是不择手段地把张学良从北平赶走的时候了，但他们完全找不到令人满意的手段。"

179. 英国驻北平领事馆代办英格拉姆致英国外交大臣西蒙(1932 年 9 月 5 日)

第 656 号　英格拉姆先生(北平)致西蒙爵士

发报时间:1932 年 9 月 5 日(无线电)

收报时间:1932 年 9 月 5 日 18:30

北平,第 628 号电报

绝密

李顿爵士告诉我,日本顾问对日本在热河地区的意图做了正式调查后,给了他书面答复。

"尽管维持热河的秩序是一个'满洲国'内政问题,但日本也不能漠视该地区的局势,因为日本在维持满洲和蒙古的和平与秩序方面发挥了重要作用。热河的混乱将立即在满洲和蒙古全境产生严重影响。"

请满怀信心地对待以上信息。

资料来源:[F 6523/1/10]

(陈梦玲　译　郭昭昭　校)

180. 斯特朗致英国外交大臣西蒙(1932 年 9 月 5 日)

第 657 号　斯特朗(Strang)先生(莫斯科)致西蒙爵士

发报时间:1932 年 9 月 5 日

收报时间:1932 年 9 月 22 日

莫斯科,第 491 号

机密

先生:

1. 谨提交以下记录,内容涉及 9 月 3 日本驻莫斯科大使馆参赞阿莫里

(Amau)先生向我提出的关于苏日关系主题的一些言论。阿莫里像往常一样坦率地说了一些话，我认为他的意见值得尊敬。

2. 他说，他认为，莫斯科的美国记者，特别是《纽约时报》的杜兰蒂(Duranty)先生，正在将苏日关系的主题作为目前美国承认苏联运动的一枚棋子。几个月前，杜兰蒂先生认为苏联和日本处于战争的边缘，这意味着美国承认苏联将加强与美国的联合，共同对抗日本。（结合您 5 月 30 日发来的第357 号电报附件①中第 3 段拉迪克(Radek)的言论。）一两个星期前，杜兰蒂从美国回来后，发现苏联和日本不仅在满洲问题上关系密切，而且在整个中国问题上也是这样。在这种情况下，美国通过承认苏联，能够更好地遏制苏联。杜兰蒂后来意识到，他在报道苏日和解时有些失实，现在已经发表了一篇更正报告，但他和其他美国记者仍然处于一种不合理的兴奋状态，他们的想象力过于丰富。最近两国达成了渔业协定②，但现在两国之间并没有发生什么重要的事情。

3. 关于苏联提出的一项不侵犯条约的提案，其立场如下：当李维诺夫先生建议芳泽谦吉先生结束苏联和日本之间的互不侵犯条约时，苏联当局出现了误判。③ 他们过于关注加拉罕(Karakhan)先生与芳泽谦吉先生（此二人曾谈判并签署 1925 年苏日协议）之间的个人关系，④却较少考虑日本舆论的反应。日本政府到目前为止没有答复李维诺夫的建议。他们的确没有就这个问题下定决心。日本媒体有很多评论，但没有官方的意见陈述。

4. 在阿莫里看来，鉴于苏联与其西方邻国签订的协议，一个不侵略的协议实际上是一个"空头支票"。如果苏联真的意图攻击它们，那些边界国家并不会真正相信与苏联的协议能够保护它们。人们普遍没有意识到，苏联与日本之间的条约关系在某些方面已经超出了常规的不侵略条约范畴。根据《朴茨茅斯条约》⑤，双方都不会在对方的边界驻扎军队。此外，自 1930 年以来，苏联军官一直派驻在日本军队，而日本军官也一直派驻在苏联红军。但是，如

---

① 参见第 270 号，附件和注 1。

② 参见第 608—609 号。

③ 1931 年 12 月 31 日。参见第 262 号。

④ 1925 年 1 月 20 日在北平签名。文本参见《英国和外国国家文件集》，第 22 卷，第894 页及其后。

⑤ 参见第 125 号，注 3。

果通过谈判能够达成一个苏日不侵犯的协议,规定苏联不会攻击满洲,日本也不会攻击外蒙古,那么这样的协议或许具有一定意义。阿莫里并不认为这样的条约具有实际的政治意义,也没有表示日本政府有此规定,或者这个想法是他自己提出的。

5. 鉴于3月12日弗朗西斯·林德利爵士的第144号电报①,我询问阿莫里是否了解苏维埃政府对其在中东铁路上的利益有何看法。他表示这是日本政府非常关注的问题,但双方都难以对此形成明确的态度。中东铁路在苏联和日本之间是一个敏感的问题,双方都尚未冒险就此与对方进行讨论。当然,这个问题主要涉及苏联和中国,日本也没有发言权。

6. 他表示,有一点很明确,即苏联政府并未像俄罗斯帝国政府那样,将铁路视为巩固其在东北亚势力范围的手段。他们对铁路的利益具有双重性:一重是将铁路作为商业利益来追求,另一重是通过在中国各地建立铁路机构来扩大共产主义的影响力。他了解到,莫斯科的中国代表团曾试图确保苏联在铁路问题上满足两项要求,但未能成功——首先,应该限制这些机构或减少其政治活动;其次,苏联人应该更忠实地遵守现有协议,因为在铁路管理上,苏联人占据了主导地位,牺牲了中国人的利益。苏联人已经成功抵制了这两个要求。然而,他认为随着"满洲国政府"的巩固和稳步发展,苏联人将面临日益增大的压力,并可能在这些问题或其他方面作出让步。

7. 从纯粹商业角度来看,铁路已经成为一项负担,而非苏联政府的资产。除了最近因洪水导致的通信中断,这条铁路还面临着来自中日铁路的竞争以及豆类作物普遍衰退的影响。即使在洪水发生之前,这条铁路每月的亏损已达到4万至6万日元,而不是我之前所理解的每年盈利两三百万英镑。在这种情况下,他个人认为,如果苏联人能够为他们在铁路上的利益获得物质补偿,他们不会因为减少损失而感到遗憾。他回忆说,列宁(Lenin)②曾想在1919年放弃对铁路的所有权利,但曾被孙中山(Sun Yat Sen)③劝阻,他建议延期,理由是如果当时苏俄放弃铁路,铁路只会落入张作霖手中。④

---

① 第72号。

② 苏联人民委员会主席(1924年)。

③ 中华民国国民党领导人(1925年)。

④ 参见第390号,注1。

此致

威廉·斯特朗①

资料来源:[F 6894/1/10]

(陈梦玲 译 郭昭昭 校)

181. 英国驻东京大使林德利致英国外交大臣西蒙(1932年9月6日)

第 658 号 林德利爵士(东京)致西蒙爵士

发报时间:1932 年 9 月 6 日 16:17

收报时间:1932 年 9 月 6 日 10:30②

东京,第 343 号电报

英格拉姆先生的第 621 号电报。③

我反对我们在此事上与日本人公开对抗,除非(1) 方案明显有利,我们应该全力以赴推动;(2) 我们确信能够克服日本的反对,或使其无关紧要,且不会引发任何负面后果。我们很难相信第二个条件能够达成,或者说英美的敌对行为除了造成伤害,不会产生任何积极效果。

转发至北平。

资料来源:[F 6532/65/10]

(陈梦玲 译 郭昭昭 校)

---

① 斯特朗先生随后发来的关于苏日关系的电报,编号为 9 月 27 日的第 546 号,印在第七卷,第 161 号。

② 编者按:收发时间原文如此。

③ 第 651 号。

182. 英国驻北平领事馆代办英格拉姆致英国外交大臣西蒙(1932年9月7日)

第660号 英格拉姆先生(北平)致西蒙爵士

发报时间:1932年9月7日(无线电)

收报时间:1932年9月8日10:30

北平,第640号电报

我的第621号电报①

英国上海总领事报告如下。

开始:

日本议员仅在协议公布前签字时才威胁辞职,理由是他们承诺在承担协议之前,日本纳税人应有机会考虑草案。正如英国议员持相同观点,至今还没有出现辞职问题。

尽管如此,日本当局似乎决心尽力阻止协议,而且日本总领事已写信给高级领事,认为应该在结束之前提交给有关国家(? 进一步审议)。② 他提议在领事机构会议上讨论这一问题,高级领事已同意在9月16日返回后召开会议。

我昨天在与矢野(Yano)③私下谈话时讨论了这个问题,最后我问道,尽管日本反对,但如果理事会以多数票决定达成协议,将会发生什么。我建议,如果理事会不愿意在外面的道路上部署警力,日本人不应强迫理事会这么做。他回答说,日本政府认为这个问题非常重要,如果忽视他们的愿望,就会出现严重的局面。当然这可能是虚张声势,李顿爵士昨天告诉我,他不相信日本人想在上海挑起更多的麻烦。尽管如此,通过挑起事件、干扰军队,使得理事会在和解时遇到困难也在他们的预料之内。

理事会成员拒绝在公布前签字,中国人因为害怕自己的极端分子而拒绝签字,所以现在陷入了僵局。

我已经把你们有关西边地区协议的限制的建议提交有关各方,他们都对

---

① 第651号。

② 参见《美国外交关系文件》1932年,第四卷,第645页。

③ 参见第469号,注2。

目前的可能性持怀疑态度。

发送如下。①

结束。

我会在收到白利南先生的信函之后发表评论。

转发至东京。

资料来源:[F 6597/65/10]

(陈梦玲　译　郭昭昭　校)

183. 英国驻北平领事馆代办英格拉姆致英国外交大臣西蒙(1932年9月7日)

第661号　英格拉姆先生(北平)致西蒙爵士

发报时间:1932年9月7日(无线电)

收报时间:1932年9月8日10:30

北平,第642号电报

我猜想,军方将向您展示天津准将9月6日的 J/5250 电报。②

1. 我已经与英国总领事和天津的陆军准将就这一情况进行了讨论,鉴于"满洲国"是自治运动的中心,我们不能排除日本可能企图进攻北平和消灭少帅的可能性。关于"满洲国"给南京和少帅的严厉警告,有必要参见奉天的第72号③电报。如果这样的行动成功,将有助于解决热河问题,但一旦开始,就不知道何时会结束。虽然东京当局可能不赞成这些承诺,但我们的经验表明,当地军方可以轻易地使东京方面表态。

2. 日本本土和我们在当地的军方都在讨论,认为在北平—天津地区采取行动的可能性较以前小了,而日本公使馆卫队最近的行为,特别是坚持实施挑

---

① 参见下文第679号,注3。

② 外交部在9月13日收到军方发来的复印件。报告说,日本参谋总长在9月7日说,不能保证日军不会在长城内行动。但是,如果这位少帅被谋杀或以其他方式被消灭,"一切都将保持和平"。

③ 参见第655号。

衅和开展参谋本部专家们认为不必要的演习……①引起了我们的怀疑和恐惧,公使馆卫队的指挥官正在通过高级指挥官向日本司令部作出交涉。②

当地的日本军队,无论是在这里还是在天津,都开始比以前更加毫无保留地讨论在北平—天津地区采取行动的可能性。而最近日本公使馆卫队的行为,无论是普遍的还是特定的,都引起了我们的怀疑和担忧。

3. 无论如何,在"满洲国"被承认以及高产量作物的产量下降之前,不太可能在本月底之前采取任何行动。目前天津和北平的情况是……③平静。

4. 我的美国同事认为,上述可能性不容忽视。④

5. 我下一封电报中有军事专员对情况的审查。⑤

发至外交部,发至东京和南京公使馆。

资料来源:[F 6605/1/10]

(陈梦玲　译　郭昭昭　校)

184. 英国驻北平领事馆代办英格拉姆致英国外交部远东司司长奥德(1932 年 9 月 7 日)

第 662 号　英格拉姆先生(北平)致奥德先生的信函

发报时间:1932 年 9 月 7 日

收报时间:1932 年 10 月 19 日

北平

亲爱的奥德:

1. 您可能会从我的一些电报中注意到,日本使馆卫队现在的态度及其未

---

①　此处文本不确定。

②　英格拉姆先生 9 月 8 日给外交部的第 645 号电报中说,如果他们的挑衅活动重新开始,指挥官就同意起草申诉书提交给日本政府。

③　此处文本不确定。

④　英格拉姆先生 9 月 8 日给外交部的第 647 号电报上说,法国公使也有类似的意见。

⑤　参见第 665 号。

来的动向引起了我们所有人的担忧。正如我 8 月 10 日的第 547 号电报①所指出的那样，美国公使实际上赞成在东京所做的关于这一切的陈述，而且如果我以前未曾了解，就会被国务院的建议影响。虽然从日本卫队的活动和举止中得出危言耸听的结论是愚蠢的，但我认为您应该了解他们的可笑举动。

2. 在过去的三个星期或更长的时间里，在我们看来，他们在使馆区外军事演习中的挑衅是毫无必要的。随函附上我的工作人员在观看夜间演习时所做的笔记②。除了在城外进行军事演习，还有一份我们指挥官的日本同事提供的名单③，我也一并附上。据我了解，中国方面一直以类似的方式了解情况，并通过在相关地区增加警察等措施进行最大程度的防范。日本人在他们正常行动范围之外的活动持续不断，这只会对中国人民产生不安的影响，也会激怒中国政府。

3. 然而，后来他们开始惹恼了使馆区内的外国人。我们的耳朵受到日本业余乐手最可怕的全天冲击。乐器发出的声音让人不适，他们在街头游行，如同鼓噪战争一般，唱着日文版的《去蒂珀雷里路途遥远》。④ 他们不断地发出噪声以及毛骨悚然的叫声，激起了方圆数里内居民的愤怒。这些也就算了，上个星期六，⑤在使馆入口处，日军哨兵无故强迫行人绕过刺刀旁边的水沟，我认为有必要发出一个友好的警告。由于涉及的人员是英国人，我已经将此事告知我的工作人员，并将考虑采取适当的措施。所以我派我们的武官[普伦德加斯特（Prendergast）少校]去看望日本司令官，并告诉他这是我不能接受的。英国臣民在日本公使馆外的人行道上走路，必须拥有和日本人在我国使馆外走路同样的权力。此外，还附上了普伦德加斯特对日本人的声明，以及要求的道歉。⑥ 以上所有内容当然都是微不足道的，也许您可以放心，我不会允许任何类似性质的事物进一步恶化。

4. 然而，另一个夜晚发生了一件更糟糕的事，此事发生在与日本大院相邻的一所房屋内的一名美国海军军官的花园里。突然间，花园被一群携带刺刀的日本士兵翻墙入侵，他们发出令人讨厌的叫声，并从灌木丛后面攻击——

---

① 第 599 号。
② 未印。
③ 未印。
④ 一战期间流行于英国军队之中的歌曲。
⑤ 9 月 3 日。
⑥ 未印。

甚至都没有说对不起。他们应该尽快道歉。

5. 这件事既滑稽又令人恼火,我只把它告诉您,因为它表明了日本驻北平军队的心态。他们公然暗示,如果遇到麻烦,他们会自行其是,没有人会对他们遵守高级指挥官的指示抱有任何幻想。他们对他们的使团毫不关注(现在只是一个微不足道的秘书),而是认为自己受命于天津的日本将军。此外,他们关于华北未来发展的思路很有意义——参见普伦德加斯特写于 8 月 31 日的与日本同事①在前一天的谈话记录。归结起来,他们随时准备行动,可以说,对当地华人越来越挑衅,对那些生活在他们附近或必须与他们打交道的人越来越粗暴,令人越来越恼怒。

6. 我给林德利爵士发了一份这封信的副本,以备他对此感兴趣。

谨上

英格拉姆

资料来源:[F 7500/5851/10]

(陈梦玲 译 郭昭昭 校)

185. 英国驻东京大使林德利致英国外交大臣西蒙(1932 年 9 月 8 日)

第 663 号 林德利爵士(东京)致西蒙爵士

发报时间:1932 年 9 月 8 日 16:15

收报时间:1932 年 9 月 8 日 1C:30②

东京,第 345 号电报

英格拉姆先生的第 642 号和 643 号电报③

---

① 相原上校。据普伦德加斯特少校记录,在其他事情中,相原上校说"满洲很有可能要求所有中国军队撤退到黄河南部,这个国家应让中国警察和日本军队维持治安",并且"日本军队和飞机可能很容易就被雇来参与电影的制作"。参见《美国外交关系文件》1932 年,第四卷,第 214—215 页。

② 编者按:收发时间原文如此。

③ 分别是第 661 号和第 665 号。

　　我们认为,若没有日本政府的批准,日本军方不太可能采取任何极端行动,而目前日本政府又受到军方的控制。去年秋天情况并非如此。

　　军事参赞认为,日军参谋部已在热河制定了详尽的计划,如果少帅能掌控该省的主动权,日本人将不会从天津发起攻击。我们认为,日本人在处理热河问题之前,会急于摆脱在满洲的困境。军事参赞并未提及他们是否有意利用张的鼓励志愿行动,作为攻击的借口。但如果这种鼓励导致满洲出现混乱,我认为日本人将有可能不顾热河问题而攻击张学良。

　　转发至北平。

资料来源:[F 6606/1/10]

(陈梦玲　译　郭昭昭　校)

186. 英国驻华盛顿大使馆代办奥斯本致英国外交大臣西蒙(1932年9月8日)

第664号　英国驻华盛顿大使馆代办奥斯本(Osborne)先生(华盛顿)致西蒙爵士

发报时间:1932年9月8日19:41

收报时间:1932年9月9日09:30

华盛顿,第364号电报

私人

　　1. 昨日我与史汀生先生进行了长谈,但鉴于他刚回到工作岗位,也不太熟悉当下事务,因此谈话并未取得多大成果。对于近来的德国倡议,这也是我访问的初衷,我已经在第360号电报①中报告了他的看法。

　　2. 在告别时,他让我转达,他始终重视与您在共同利益上建立的密切合作。因此,我认为有必要向您汇报他在其他两项谈话内容上的观点。

　　3. 他表示,对于最近柏林和东京的声明,他感到震惊。随后,我提及委员

---

　　①　第四卷,第74号。

会的报告①及其将带来的潜在结果,因为我想了解他是否会提及英国和美国所谓的分歧,就是我在 8 月 18 日的第 1276 号电报②中提到的与之相关的新闻报道。但他并未对此做出评价,不过我认为,他仍然担忧如何在日内瓦做出回应。我询问他是否曾通过美国驻伦敦大使馆讨论过潜在的发展和政策问题,他暗示并未过,因为他不想给人留下积极表现的印象。他指出这份报告是国联的一项事务,虽然美国也是委员会的成员,但是美国只是间接地关注。③ 基于此,他认为自己处于一种困境中,美国既不能太积极也不能太消极,但是美国的立场已经很明显了。我认为他是希望国际联盟采纳美国的意见,不承认"满洲国"。毫无疑问,美国国务院不太确定英国政府的意见,因此,为了维护双方利益,如果有意见分歧,希望英国政府能提前针对自身意见及意图与美国进行相关解释。

4. 在我询问是否承认智利政府之后,他提出了另外一个问题,即我们是否承认在圣萨尔瓦多④的马丁内斯政府(见第 361 号电报)。⑤ 对于智利政府问题他表示遗憾,他就未承认中美洲国家做出了政策上的解释。⑥ 我还提到,与获得美国承认的政治重要性不同,我们之间的关系更新对于保护共同的商业利益来说是更为必要的。

资料来源:[F 6669/1/10]

(陈梦玲 译 郭昭昭 校)

---

① 建议提交的副本上这个词应该是"调查团"。

② 未印。

③ 建议提交的副本上这个词应该是"调查团"。

④ 1932 年 7 月 23 日,高蒂(R. G. Goldie)先生被提名为英国驻圣萨尔瓦多临时代办,直到 9 月 27 日他才出示证件。

⑤ 9 月 7 日,未印。

⑥ 参见《美国外交关系文件》1932 年,第五卷,第 566—612 页。

187. 英国驻北平领事馆代办英格拉姆致英国外交大臣西蒙(1932 年 9 月 8 日)

第 665 号 英格拉姆先生(北平)致西蒙爵士

发报时间:1932 年 9 月 8 日(无线电)

收报时间:1932 年 9 月 9 日 09:00

北平,第 643 号电报

我的前一封电报。①

以下是军事随员的总结。

9 月 3 日发布的针对南京政府的严厉警告引起了人们的猜测,人们纷纷猜测具体行动将以何种形式展开。事实上,这个警告已经传达给少帅,似乎暗示了在华北地区采取行动以根除武装运动的可能性,这种运动主要由南京政府和军事委员会北平分会的代理机构组织,实际上是在强化少帅的势力。

日本人一直在强调,除掉张学良是平定满洲的必要条件。他们还坚持认为,热河是"新国家"的一部分。因此,他们的目标是(1)从根本上消灭义勇军运动。(2)占领热河省。日本人可以采取的方法包括(a)从朝阳出发,沿着一条 150 英里长的山路进攻热河。然而,喜峰口和冷口关的通信条件极差,容易受到少帅附属部队的侧面袭击,且其主力部队距绥东仅 45 英里。这种攻击方法极为危险且代价巨大。(b)沿着山海关的铁路向大沽进攻,但这根本无法解决热河的问题,除非攻击目标是北平。(c)直接攻击张学良部队的通信,从大沽向北平进攻。中国军队对其后方的威胁非常敏感,对北平的迅速打击可能会使沿着长城的所有部队混乱。他似乎没有保卫天津的计划,只是希望韩复榘能够承担这项任务。然而,有人对后者对日本持友好态度深表怀疑,据说日本人已经通过某种方式收买了[? 他的]中立态度。

转发至东京和南京公使馆。

资料来源[F 6624/1/10]

(陈梦玲 译 郭昭昭 校)

---

① 第 661 号。

188. 英国驻东京大使林德利致英国外交大臣西蒙（1932年9月9日）

第 666 号　林德利爵士（东京）致西蒙爵士

发报时间：1932 年 9 月 9 日 13：30

收报时间：1932 年 9 月 9 日 09：30①

东京，第 346 号电报

据我了解，日本政府已要求国际联盟秘书处在日本政府获得报告后的六周内不要公布调查团报告，因为他们希望能够同时发布他们的意见。

转发至北平。

资料来源：[F 6609/1/10]

（陈梦玲　译　郭昭昭　校）

189. 英国驻北平领事馆代办英格拉姆致英国外交大臣西蒙（1932 年 9 月 9 日）

第 667 号　英格拉姆先生（北平）致西蒙爵士

发报时间：1932 年 9 月 9 日（无线电）

收报时间：1932 年 9 月 9 日 19：30

北平，第 650 号电报

上海的第 224 号电报。②

日本人的行为显得极为霸道，他们声称要求道歉是毫无根据的。因此，我请求您授权理事会在必要时采取行动。同时，英国大使在东京基于事实的一

---

① 编者按：收发时间原文如此。

② 参见下文第 668 号。

句话,可能会使日本人冷静下来。

转发至上海和东京。

资料来源:[F 6639/1/10]

(陈梦玲　译　郭昭昭　校)

190. 英国驻北平领事馆代办英格拉姆致英国外交大臣西蒙(1932 年 9 月 10 日)

第 668 号　英格拉姆先生(北平)致西蒙爵士

收报时间:1932 年 9 月 10 日 12:38

收报时间:1932 年 9 月 10 日 09:30①

北平,第 649 号电报

以下信息来自 8 月[? 9 月]8 日收到的上海发来的第 224 号电报。

开始。

发至北平的第 224 号电报,抄送至南京公使馆。

9 月 2 日晚,日本海军陆战队在虹口消遣完,正坐着卡车回西边日本钢厂的宿舍。当卡车从外滩驶到南京路时,路上一个中国人冲他们喊了一些侮辱性的话。卡车停了下来,六名海军陆战队队员下车追赶那个中国人,将他抓住后扔进卡车,打算带他回大本营。

面对这一状况,王府饭店对面的中国人和外国人情绪愤怒并聚集起来,一平民驾驶汽车挡住了卡车的去路。一名穿制服的英国巡警带领队伍到达,发现一名日军海军上尉被人群从卡车中拖出。巡警插手干预,允许这个上尉回到卡车内。随后,警方要求日方释放被扣押的中国人,并把该人带回了警察局。周围人群的情绪愈发强烈,最终警方成功说服海军陆战队队员,与他们一同到警察局做进一步调查。

日本海军当局已经就这个问题与理事会展开了激烈讨论,坚称海军陆战

---

① 编者按:收发时间原文如此。

队受到了警方的袭击和侮辱。尽管目前还没有提出具体要求,但日本媒体正发出威胁,表示如果受侮辱的日本海军没有得到满意的答复,将采取严厉行动。警方收集了许多独立的第三国人提供的证据,证明警方的行为极为克制,如果海军陆战队受到伤害的话,是在场人群造成的。

委员会进一步指出,海军陆战队队员应对非法逮捕一名中国人的行为负责,警方并未直接参与该行为。因此,委员会将会抵制任何不合理的要求,我希望在必要时英国政府能支持他们。美国总领事已向华盛顿报告,对日本的行动表示强烈谴责。

资料来源:[F 6648/1/10]

(陈梦玲　译　郭昭昭　校)

191. 英国驻东京大使林德利致英国外交大臣西蒙(1932年9月20日)

第 669 号　林德利爵士(东京)致西蒙爵士

发报时间:1932 年 9 月 20 日 13:20

收报时间:1932 年 9 月 10 日 09:00①

东京,第 348 号电报

我的第 342 号电报。②

外务次官今天通知我,与"满洲国"的条约将于 9 月 15 日前签署和发表。这将正式表明日本承认"满洲国"。

转发至北平。

资料来源:[F 6643/1/10]

(陈梦玲　译　郭昭昭　校)

---

① 编者按:收发时间原文如此。

② 第 650 号。

192. 英国驻东京大使林德利致英国外交大臣西蒙(1932年9月10日)

第670号 林德利爵士(东京)致西蒙爵士

发报时间:1932年9月10日13:27

收报时间:1932年9月10日09:00①

东京,第349号电报

英格拉姆先生的第650号电报。②

今天早上我向外务次官解释了上海的第244号电报③中所载的事件,并让他留意了日本水手行动的性质和警察的明确态度。他的说法是那个警察打了一个水手,但他承诺将竭尽全力促进缓和。

转发至北平。

资料来源:[F 6644/1/10]

(陈梦玲 译 郭昭昭 校)

193. 英国驻北平领事馆代办英格拉姆致英国外交大臣西蒙(1932年9月10日)

第672号 英格拉姆先生(北平)致西蒙爵士

发报时间:1932年9月10日(无线电)

收报时间:1932年9月10日22:30

北平,第660号电报

以下信息来自9月8日收到的广州第83号电报。

---

① 编者按:收发时间原文如此。

② 第667号。

③ 这在提交的副本上提到,应该参见上海的第224号电报,即第668号。

开始:

秘密。省政府主席昨天傍晚派出秘书秘密通知我,日本总领事馆的一位会说中文的官员上周一①分别访问了省议会(? 委员会)和西南政务委员会,讨论中国的国情和中日合作的可取性,并暗示了日本未来可能采取的革命性外交手段。主席似乎很重视这次访问,他的秘书告诉我,如果英国企图封锁广东,英国当局应该保证香港和广州之间的通信畅通,以便供应物资能够自由流动。

他们要求我不得将这些信息外泄,但是在广州官场,表达紧张的情绪或许很有趣。②

资料来源:[F 6654/1/10]

(陈梦玲 译 郭昭昭 校)

194. 英国驻北平领事馆代办英格拉姆致英国外交大臣西蒙(1932 年 9 月 11 日)

第 673 号 英格拉姆先生(北平)致西蒙爵士

发报时间:1932 年 9 月 11 日 13:00

收报时间:1932 年 9 月 11 日 09:30③

北平,第 665 号电报

机密

我的第 659 号电报。④

---

① 9 月 5 日。

② 奥德先生在电报中这样写道:"我想这个使者暗示了日本支持广东起义反抗南京。南京封锁广州只不过是纸上谈兵。即使不是,我们也应该拒绝承认,除非我们首先承认南京和广州是国际意义上的交战方。奥德 9 月 12 日"

③ 编者按:收发时间原文如此。

④ 这封 9 月 10 日的电报(未印)向英国驻奉天和牛庄的领事官员提供了指示,要求释放被土匪俘房的两名英国臣民,寇克兰先生和帕里夫人。据 9 月 9 日的北平第 654 号电报报道,他们于 9 月 7 日到达旧牛庄土匪聚集地途经的高坎。参见《泰晤士报》9 月 8 日和 10 日(第 10 页)。

少帅已经承诺尽全力帮助，通过他可使用的一切手段来保证释放俘虏。

当然，出于政治原因，无论是向他提建议或者是他所说的"个人友谊"，任何信息都不能透露。

转发至南京公使馆、奉天、牛庄、舰队司令。

资料来源：[F 6659/561/10]

（陈梦玲　译　郭昭昭　校）

195. 英国驻东京大使林德利致英国外交大臣西蒙（1932年9月12日）

第674号　林德利爵士（东京）致西蒙爵士

发报时间：1932年9月12日01：00

收报时间：1932年9月12日09：00

东京，第351号电报

我的第348号电报。①

英国政府认为有必要抗议，因为条约侵犯了《九国公约》的第2项条款，相信多数《九国公约》的签署者也会对此抗议，一起维护条约。

除了惹恼日本，抗议不会产生任何效果。②

---

①　第669号。

②　奥德先生、维克托·韦尔斯利和约翰·西蒙爵士对这封电报作了如下记录。奥德先生建议说："一旦国联或华盛顿的九大国责备我们，我们就不应该带头反对日本，而应该利用我们的影响力来支持温和而有尊严地表达悲伤，而不是说一些日本不能接受的强硬责备或者要求。"他补充说："为了国联本身的利益，最好的政策仍然存在，无论是强烈抗议条约（但是难免无效，这应该是公正的，同时责备中国漠视《李顿调查团报告书》建立的条约义务）——这可能会使日本离开国联，还是温和地表示遗憾——这样做不会产生这种效果，但从很多方面证明国联有道德上的和客观存在的弱点。很难在这个问题上发表我的意见，但我冒昧地怀疑，让日本离开国联是否会为世界组织的最终利益服务（如果德国也这样做的话，更不用说意大利了，这意味着国联作为一个政治组织的崩溃）；问题似乎是保存现有国联还是有可能通过对国联成员国的进步教育来使之适应现实，以及现在国联的虚拟崩溃使未来某天重建的想法变得清晰——但是何时重建又如何重建呢？（转下页）

转发至北平。

资料来源:[F 6664/1/10]

(陈梦玲 译 郭昭昭 校)

196. 英国驻东京大使林德利致英国外交大臣西蒙(1932年9月12日)

第 675 号　林德利爵士(东京)致西蒙爵士

发报时间:1932 年 9 月 12 日 15:00

收报时间:1932 年 9 月 12 日 09:00①

东京,第 353 号电报

我的第 351 号电报。②

————————————

(接上页)残余分子是否会对持不同政见的国家有足够的吸引力,使他们再次陷入困境?或者是否会有一场又一场大灾难的冲击,让人联想起一个新的冲动,比如 1914—1918 年战争的反应呢?我冒昧地提出,驱逐日本离开国联会带来更大的混乱风险,而不是以牺牲一些妥协条约的神圣性原则为代价。当前情况并非完全对日本不利,尽管主要责任可能在它,也并非没有任何机会通过条约规定的方式来化解它的不满情绪。"当我们还不知道《李顿调查团报告书》的内容时,这些反思可能有些不成熟,但似乎有必要思考所涉及的问题,因为这些问题几乎肯定会出现。奥德　1932 年 9 月 13 日"维克托·韦尔斯利爵士写道:"我总体上同意奥德先生的观点,但首先要做的就是等待《李顿调查团报告书》。维克托·韦尔斯利　1932 年 9 月 14 日"约翰·西蒙爵士记录:"奥德先生的思考非常重要。我同意在做任何事情之前,我们必须'等待《李顿调查团报告书》',但是我们不用等太久,可以利用这个间隔进行思考。我前几天在唐宁街 10 号与里德(Reed)参议员进行了一次谈话——他深得史汀生先生信任——并且得到了史汀生先生几乎没有像危机进一步发展时那样渴望激烈地谴责这样的印象。对于我们自己来说,必须(1)忠实于国联,如果可能的话与大家一起行事;(2)不要带头以一种徒劳无益的态度对待日本;(3)对日本和中国都要公平;(4)使日本留在国联。我们应该欣赏一个事实的文件,这就解释了为什么日本的行动违反《九国公约》,以及日本承认'满洲国'的优缺点。约翰·西蒙　9 月 17 日"艾登先生看到这些会议纪要。

① 编者按:收发时间原文如此。
② 第 674 号。

中国驻日公使 9 月 10 日通知外相,承认"满洲国"将被中国视为不友善的行为,这将使日本政府对在中国可能造成的更多的麻烦承担全部责任。

外相答复说,日本承认("满洲国")的政策没有改变,希望中国驻日公使尽力改善外交关系。

陆军大臣告诉中国驻日公使,中国应该忘记满洲和上海事件。①

转发至北平。

资料来源:[F 6665/1/10]

(陈梦玲　译　郭昭昭　校)

197. 英国驻北平领事馆代办英格拉姆致英国外交大臣西蒙(1932 年 9 月 12 日)

第 676 号　英格拉姆先生(北平)致西蒙爵士

发报时间:1932 年 9 月 12 日

收报时间:1932 年 11 月 8 日

北平,第 1210 号

先生:

1. 以下是关于"新政府"接管满洲邮政管理局的一系列事件的摘要,这些事件已经通过电报和英国领事官员的信函陆续向您报告。

2. 6 月 1 日我发的第 634 号电报②中指出,满洲在 2 月份宣布独立后不久,"新政府"便开始控制中央政府的主要业务,包括海关、盐业和邮政。主要诱因是需要收入,但毫无疑问,"新政府"渴望建立权威,并可能希望列强实际承认"新国家"。对于作为重要公共服务业务的邮政,"新政府"几乎无法独立维护,故而令人钦佩的中国邮政管理局的组织架构不应被干扰。然而,从威望的角度来看,可能有人认为满洲的职位是中国政府的重要利润来源。(根据中

---

① 约翰·西蒙爵士在这句话的边上写了一个惊叹号,并在这封电报上写道:"'事件'这个词用得很好。约翰·西蒙　9 月 17 日"

② 未印。

国政府自己的数据,此前显示满洲的服务业每年有近 300 万美元的盈余。然而,本年度是否真正获得利润仍然存疑,详见下文第 6 点。)满洲当局表示他们急于保留现有邮政人员的服务,然而他们不能让目前的状况继续受上海贸易代表团的控制。与海关情况相似,最终中国政府拒绝接受任何妥协方案,这导致中国邮政管理机构撤离满洲的主要事件集中在奉天。意大利邮政专员波莱蒂(Poletti)先生积极尝试实现一种可以使政府在公共服务方面继续履行其职能的暂时妥协,但他的努力是失败的,因为从长远来看,双方首脑对公共服务的关注度低于对他们自己的政治声望的关注度。

3. 正如上文提到的信函所述,在 4 月 1 日,自称代表满洲国政府的人员要求在奉天和哈尔滨(辽宁、吉林和黑龙江邮政区的总部)担任邮政专员,并出示书面命令,宣布从那天起"新政府"接管邮政管理局。现有员工的地位和薪酬保持不变,业务照旧,直至另行通知。政府专员将对保险箱、邮票等进行检查。而且所有收入将来都应该上交"满洲国库"。有关的邮政专员每次都回复说,他们必须把指示提交给总局,而满洲代表则乐于检查让他们做的账簿和邮票存货。波莱蒂先生还向采访他的代表递交了一份备忘录,考虑到这种发展,他准备出于公共服务目的而采取一项临时安排,其主要条款是在完成有关当局和总局的进一步安排之前,行政部门应继续发挥职能,应允许前者审计和核查收入。

4. 在向上海总局报告情况时,波莱蒂先生收到了指示,需与他的员工保持紧密联系,并运用自身的判断力,以期在中央政府作出涉及政治问题的决策之前,维持现有的邮政服务。由于他与"满洲国"代表之间的进一步谈判的结果,"满洲国"代表未能促使波莱蒂先生宣布效忠"新国家",最终使他根据上述备忘录的内容签署协议。他们后来试图否认协议,日本人拒绝同意,但没有试图干预。

5. 后来,"满洲国"的交通部总长访问奉天,并于 6 月 12 日与波莱蒂先生进行了面谈。根据波莱蒂先生的说法,丁鉴修(Ting Chien-hsiu)先生给他的印象是,受日方影响很深。他表示,计划在不久的将来在满洲重组邮政服务,并由一个名叫藤原的日本人来负责,但他认为不会有任何激进的变化。然而,他告诉我的信息是,7 月 1 日准备发行一套新的"满洲国"邮票。"满洲国外交部"已于 4 月 28 日正式向伯尔尼国际邮政局提交申请,请求承认此事,但未收到答复。波莱蒂先生说服丁先生,努力推迟国际邮政联盟承认"新政府"的系列问题,可以预见,满洲单独发行邮票事实上可能会导致与中国政府的违约问题。

6. 6 月 22 日,藤原先生致电波莱蒂先生,通知他将对这个"新国家"的邮电通信实施最高控制,最终完全接管邮政管理局。波莱蒂先生对此表示强烈反对,认为这将导致公共服务衔接不顺,因此敦促首先与总局达成某种可取的安排。他指出,由于骚乱,满洲已经是在亏损中提供公共服务,采取任何激烈的行动都不可避免地增加亏损。但他说的话似乎并没有成功(满洲当局明显被他们背后的政治家推动,他们似乎希望继续进行这项服务,与其让现有的工作人员继续担任"新政府"的职位,还不如与上海总局达成协议)。藤原先生接着指出,已经考虑了新制度会使波莱蒂先生和史密斯先生(哈尔滨专员)遭到解雇的问题,但他希望能够做出妥协。他还谈到了新的邮票问题,该套邮票已准备好立即投入使用。波莱蒂先生最终使他答应,发行新邮票推迟到 8 月 1 日。

7. 接受采访后不久,6 月 30 日,中国政府宣布与国际邮政联盟进行了沟通,告知他们"满洲国"威胁要夺取这些职位,并表示打算通过封锁满洲邮政来实施报复。随后,中国政府向国内各邮政局发出秘密指示,准备为此采取必要措施。①

8. 7 月初,波莱蒂先生致函上海邮政总局,提出妥协的建议。他指出,如果把中国邮政管理局的工作人员从满洲撤走,他们很难再回来。他认为,可以对现有工作人员进行二次派遣并允许他们暂时服务于"新国家",等待满洲局势明朗。他不赞成拟议的邮政封锁,并暗示最好屈从于不可避免的事情。最后,他提出中国政府应该任命一个委员会与实际上的伪政府讨论邮政问题——或者提名自己为其代表!但是,他答复说,他收到了中国政府不同意与"新国家"当局进行妥协的指示。

9. 7 月 10 日进一步采访时②藤原先生告知波莱蒂先生,已决定在 8 月 1 日发售新的邮票,尽管事实上它没有得到国际邮政局的承认。波莱蒂先生指出,这意味着邮政管理局的分裂。藤原先生并没有反对:但他试图说服波莱蒂先生向总局转交"满洲国"政府提出的接管满洲现有邮政职员的建议,并敦促

---

① 参见 534 号,注 1。

② 参见 534 号。

他在后续谈判中当中间人。但波莱蒂先生回答说,坚持发行新邮票很可能导致所有谈判破裂。他成功地获得了藤原先生的保证,不会企图强迫邮政工作人员留在满洲(正如对当地海关工作人员所做的那样),并且接收的所有邮政财产都应有适当的收据。同时安排日本"检查员"提前到奉天和哈尔滨的邮政总局"研究邮政方法"。

10. 满洲当局明确表示打算走极端,中国政府抓住了这一攻势。7月23日,波莱蒂先生收到指示强烈抗议并拟议夺取邮局,并于7月24日向满洲邮政专员发出指示,暂停邮政业务并撤回全体工作人员。[①] 与此同时,中国邮局发出通知,要求停止从满洲到外地的汇款单和付款。满洲的邮件收不到。而且目前来自中国的邮件不会通过西伯利亚寄出。中国政府还发表正式声明抗议满洲当局采取的措施,他们表示,这使得东三省的邮局不再是中国邮政管理局的分支机构。他们宣布暂停这些省份的邮政服务,并宣布原先通过西伯利亚发送的欧洲邮件将通过太平洋或苏伊士发送,并要求邮联的成员以类似的方式处理给中国的邮件。他们补充说,对未经中国邮政管理局授权在满洲发行的邮票不予承认。

11. 中国政府这一行动的目的当然是尽可能使满洲当局难堪,一旦成功,长春的政府决定接管公共服务,中国人就处于统治地位,因为没有什么可失去的。总局办公室的指示已经得到充分执行,邮政服务现已瘫痪。现在牛庄的邮局(中国代理副专员负责)由警察和日本宪兵队强行开放,但哈尔滨和奉天的办事处业务已暂停。邮件服务的混乱仍在继续,尽管这种混乱在南满铁路区日本邮政服务的存在下,某种程度上(尤其是在日本当局及其社区,毫无疑问地)得到了缓解。截至目前,已经清理了近六十个经常性的办事处,更不用说在全国各地建立了大量与日本军事行动有关的外地办事处。

12. 满洲当局正在努力重建自己的邮政服务。邮政总局已被接管,奉天、哈尔滨和长春任命了新的中国邮政专员,由于当时未能说服两个前任地方外国专员留下来,并利用他们的影响力让中国工作人员留在岗位上,目前主要由日本人组成的骨干人员和被中国政府解雇的前雇员维持服务。新一届政府自然力图诱导旧邮政职员返岗,并向所有在"满洲国政府"领导下工作的人提供奖金。起初,他们也采取了强制手段,藤原先生告诉波莱蒂先生,如他先前所

---

① 参见551号。

承诺的那样，他无法保证为那些想要离开满洲的员工获得通行证。与此同时，中国政府正在为从满洲撤离的邮政雇员提供慷慨的条件：支付他们的票价。他们将前往中国其他一些临时被合并的邮区。总的来说，中国邮政服务部门对员工的支持力度很大，以防大多数人加入"新政府"，而在奉天和哈尔滨，大多数员工都躲起来。满洲当局似乎最终放弃了最初追捕他们并通过威胁强迫他们工作的企图。截至 7 月底 8 月初，据报道，通行证是向希望离开"满洲国"的人免费发放的。尽管起初困难重重，但 8 月 1 日左右，奉天地区大约有四百名员工已经离开，而迄今为止已知只有相对较少的员工服务于满洲当局。据一名邮政官员称，奉天有 10 个，哈尔滨有 20 个。自然，"新政府"在尝试重组邮政服务时面临着几乎无法克服的困难。根据官方统计，辽宁、吉林和黑龙江邮政区拥有九百多个邮局和机构，服务范围扩展两万四千多英里，大部分地区由复杂的邮递系统运营，如果没有经验丰富的人员，就不能保持邮政业务畅通。邮政储蓄银行在两区的交易总额大约为每年 50 万美元，汇票交易大约为 2 000 万美元。根据奉天的最新消息，"新政府"的邮政机构目前仅限于处理铁路沿线的邮件，自然还无法建立可靠的服务，也尚未组织邮政储蓄银行或提供汇票服务。新的满洲邮票已经发售，并且据说有一些印有新邮票的信函已经寄到美国，但目前还不知道美国当局或者其他可能收到信函的政府如何处理。国民政府也收到了来自满洲的一些邮件，贴上新邮票的信函被视为无邮票。直到 8 月底，满洲当局才允许用完之前的邮票。英国驻满洲领事官员通过日本邮政局发送邮件，而寄给这些官员的信函则发给大连，并由此处的英国领事发送。

13. 就可以确定的情况而言，如上所述，无论是出于政策动机（他们可能以牺牲当地邮局为代价加强自己组织的地位），还是因为他们一直忙于应付国民政府崩溃而带来的额外业务，日本邮政行政部门在整个南满铁路区运营，却几乎没有向满洲当局提供重建援助，例如借调训练有素的人员。

14. 满洲邮政系统剧变的附带后果是中断了通过西伯利亚进出欧洲的邮件服务。正如上面提到的通知所预示的，中国已经停止通过西伯利亚渠道发送邮件。然而，中国继续从经由日本领土的路线发送；一定数量的官方信函通过英国驻大连领事转发到伦敦。途经西伯利亚的欧洲邮件似乎被苏联邮政管理局移交给满洲里的满洲当局，由于涉及满洲服务的混乱情况，它们在满洲滞留了一段时间，但逐渐传开来。然而，8 月初，北满的洪水加剧了满洲当局在处理邮件方面遇到的困难,这些洪水中断了哈尔滨与长春之间的铁路线,以及中东铁路西段沿线的城市。据报道,来自欧洲的邮袋已经在哈尔滨、满洲里停滞,情况进一步向南发展,这里好几个星期没有收到西伯利亚的邮件了。伦敦邮政总局通知莫斯科邮政当局,正在安排通过符拉迪沃斯托克重新邮寄邮件,但迄今为止这里没有收到邮件。8月底,英国驻大连领事报告说,西伯利亚的邮件服务再次恢复正常,这意味着日本邮局再次可以经常在这条路线上发送邮件,但尽管后来收到了一两封丢失的西伯利亚邮件,仍没有迹象表明其间邮件服务已得到有效恢复。

15. 有人可能会认为,长期看满洲情况,长春的"满洲国"政府为了满足最大利益,试图建立自己的邮政机构,而不是继续依赖中国政府。中外人士思考问题的逻辑明显不一样,中国人遵循政治的逻辑,但那些受过外国培训的服务人员有着一种思维传统,使他们能够在很大程度上弥合地区分歧。至少在相当长的一段时间里,中国邮政管理局没有开展有效的邮政服务。不容置疑的是,在剥夺中国邮政的服务时,他们一定会明显增加很多实质性困难。中国邮政(尽管最近有人抱怨说,逐渐取消外国控制会导致恶化)是一个相当高效的组织,是在外国人监督下多年积累建立的。它能在最偏远的地区提供服务,并且不受大面积骚乱和灾难的影响,这非常惊人,可以被认为是该国许多地区抵抗混乱的最后一道防线,它确实需要在区域之间往返通信和资金,否则这些区域将因洪水、内战或盗匪而相互断联。在过去一年动荡的环境下,满洲地区中国邮政的工作受到了特别的赞赏,这不仅取决于精心组织和培训,还取决于即使在最偏远的地区依然有非常忠诚的员工。由于失去了大多数工作人员,该组织在很大程度上已经被损毁。即使在日本的援助下,满洲当局也难以指望在一定时间内有效重建。面对当前的混乱状况,他们似乎在边远地区行使的权力非常有限。而没有了邮政,必然会大大增加"新国家"目前的困扰、混乱和不安。

此致

英格拉姆

资料来源:[F 7881/303/10]

(陈梦玲 译 郭昭昭 校)

198. 英国外交部远东司官员韦尔斯利与法国大使对话记录(1932 年 9 月 12 日)

第 677 号　韦尔斯利爵士与法国大使对话记录

外交部,1932 年 9 月 12 日

德·弗勒里奥先生今天下午致电说,他的政府已收到法国驻日本大使的消息,表示日本政府提议在 9 月 14 日签署承认"满洲国"条约,并在一两天之后,通过他们的代表通知各国。

法国大使说,他的政府很高兴知道我们在这种情况下拟采取的态度。

我告诉大使,这是一个需要考虑的问题,但是我们一直以来的态度都是让国联来处理满洲的问题,我相信这样的态度还会继续。①

维克托·韦尔斯利

资料来源:[F 6878/1/10]

(陈梦玲　译　郭昭昭　校)

199. 英国驻东京大使林德利致英国外交大臣西蒙(1932 年 9 月 14 日)

第 678 号　林德利爵士(东京)致西蒙爵士

发报时间:1932 年 9 月 14 日 12:38

收报时间:1932 年 9 月 14 日 09:00②

东京,第 355 号电报

我的第 351 号电报③

---

① 　约翰·西蒙爵士在档案上写道:"我完全同意。约翰·西蒙　9 月 17 日"

② 　编者按:收发时间原文如此。

③ 　第 674 号。

如果抗议被认为是不可避免的,我相信可能会找到让其他国家采取行动的方式。我们失去的远比其他国家要多,因为我们更在意日本的敌意。

转发至北平。

资料来源:[F 6703/1/10]

(陈梦玲 译 郭昭昭 校)

200. 英国驻北平领事馆代办英格拉姆致英国外交大臣西蒙(1932 年 9 月 14 日)

第 679 号　英格拉姆先生(北平)致西蒙爵士

发报时间:1932 年 9 月 14 日 13:10

收报时间:1932 年 9 月 14 日 09:30①

北平,第 671 号电报

我的第 640 号电报②和东京的第 343 号电报③。

1. (约翰·)白利南(爵士)先生现在收到的文件④指出,面对日本的反对意见,协议难以被执行。另外,为了夺回北部日本人居住地区的警察控制权,希望使用协议的中国人是否会同意在西部地区实行部分协议,也令人怀疑。日本代办还向(约翰·)白利南(爵士)先生解释说,日本的反对意见在所有适用的地方都是有效的。

2. 与此同时,谈判各方之间也存在僵局(参见我所引用的上海电报中倒数第二段),鉴于上述情况,企图通过向日本人或中国人或理事会施加压力来

---

① 编者按:收发时间原文如此。

② 第 660 号。

③ 第 658 号。

④ 在这份寄件(9 月 7 日给英格拉姆先生的第 320 号;10 月 24 日在外交部收到的复印件,作为 9 月 14 日北平寄发的第 1188 号电报的附件,未印)中,约翰·白利南爵士提供了 9 月 6 日的给英格拉姆先生的第 223 号电报(即上述第 660 号电报)中对矢野先生的采访详情。

加快进程似乎是不可取的。

3. 我和美国公使讨论过上述问题，我们观点是一致的。

4. 我们同意①授权我们各自的领事在 9 月 16 日的会议上表示，各自的政府对文本和程序没有异议，同时他们应避免参加圆桌会议的决议。他们不应该直接反对日本人认为需要批准中国［日本］②政府的观点，而应该指出，土地规定不适用于我们认为该由理事会内部管理的问题。

转发至东京、南京公使馆和上海。

资料来源：[F 6727/65/10]

（陈梦玲　译　郭昭昭　校）

201. 英国驻北平领事馆代办英格拉姆致英国外交大臣西蒙（1932 年 9 月 14 日）

第 680 号　英格拉姆先生（北平）致西蒙爵士

发报时间：1932 年 9 月 14 日（无线电）

收报时间：1932 年 9 月 14 日 09：30

北平，第 672 号电报

以下信息来自 9 月 13 日收到的代表团第 334 号电报。开始：

我的第 331 号电报③

徐谟今天早上通知我，日本政府一旦承认"满洲国"，中国政府就会对国联提出最强烈的抗议，强调日本不履行国际义务，但不会召开特别大会审议问题。与此同时，中国政府将通知《九国公约》的签署国关于日本违背该公约的规定一事，并要求召开会议。目前从东京撤出的中国代表团是不知道

---

①　参见《美国外交关系文件》1932 年，第四卷，第 645—646 页。

②　《美国外交关系文件》的措辞，同上。

③　这个南京发往北平的电报似乎没有转发给外交部。远东部有人建议考虑日本承认"满洲国"的可能性。

这件事的。

资料来源:[F 6728/1/10]

(陈梦玲 译 郭昭昭 校)

202. 英国驻北平领事馆代办英格拉姆致英国外交大臣西蒙(1932年9月14日)

第681号 英格拉姆先生(北平)致西蒙爵士

发报时间:1932年9月14日(无线电)

收报时间:1932年9月14日09:00

北平,第677号电报

以下信息来自9月13日收到的代表团第336号电报,我的第331号电报。①

今天上午他的日本同事告诉英国领事,他认为在接下来几天内南京不会有什么麻烦,因为中国的警察和宪兵决心维持秩序。他承诺一旦发生了任何影响英国的事就立刻通知英国领事。我仍然觉得日本人在南京闹事是挑衅的结果,海军示威一事可能会被用来向中国政府施加压力,以结束其他地方的骚乱、抵制运动或者非正规的活动,但可能首先会出现这样的示威,我们应该给予适当的警告。今天徐谟告诉我,"满洲国"向南京抗议(参见奉天的第72号电报)②,我们从未收到这样的消息。

三艘英国炮艇将在本周末抵达此处,我相信日本的巡洋舰将在几天后抵达南京,搭载日本第二舰队的海军大将前往汉口。

资料来源:[F 6734/1/10]

(陈梦玲 译 郭昭昭 校)

---

① 参见第680号,注1。

② 参见第655号。

203. 英国驻北平领事馆代办英格拉姆致英国外交大臣西蒙(1932年9月14日)

第682号 英格拉姆先生(北平)致西蒙爵士

发报时间:1932年9月14日(无线电)

收报时间:1932年9月14日21:00

北平,第679号电报

机密

上海的第227号和第228号电报。①

1. 法国公使告诉我说,最近日本的海军军官穿着便衣在法租界搜查了一处韩国人的住宅,并在法国警方介入后将一名中国人从房子里带走。在警方的要求下,中国人被交回,并且日本总领事为此道歉。第二天,另一名日本人进入该住宅,试图拿走一些家具和个人财产。该日本人被当场抓获,日本总领事对此表示歉意,他将尽全力说服海军当局不要采取这种行动,但承认他无法控制他们。

2. 法国公使希望对以上信息保密,因为迄今为止,当局已经做出让步并努力解决此事。

转发至舰队司令、南京公使馆、上海和东京。

资料来源:[F 6748/1/10]

(陈梦玲 译 郭昭昭 校)

---

① 下文的第683号和第684号电报。

204. 英国驻北平领事馆代办英格拉姆致英国外交大臣西蒙（1932 年 9 月 14 日）

第 683 号　英格拉姆先生（北平）致西蒙爵士

发报时间：1932 年 9 月 14 日（无线电）

收报时间：1932 年 9 月 15 日 09：00

北平，第 680 号电报

以下信息来自 9 月 14 日收到的上海电报。

开始。

发至北平的第 227 号电报，转发至舰队司令，抄送给南京公使馆。

东京给外交部的第 349 号电报①。

昨天，日本总领事应外务省的指示拜访了我，此次拜访是在与大使的谈话之后进行的。

他说日本海军当局对事件感到愤怒，他暗示他们如果不满意，可能制造麻烦。不过，他希望友好解决问题，并征求我的意见。

我指出，一方面，海军陆战队的专横和非法行为可能会引发一场严重的骚乱，他们对此负有责任。另一方面，有足够的证据表明，警方的行为十分克制，据称对卡车司机的袭击一定是人群中的人所为。顺便说一句，一部分人群是由不同国籍的外国人组成的，这也表现了外国人对海军行为的态度。

我说委员会对待这个案子十分认真，可以说假设不惩罚有罪方，至少要保证下令防止其再犯。委员会对协议国负责，并且破坏协议国的权利对当地日本人没有好处。

他暂时提出了双方道歉的建议，但我回答说，委员会拒绝道歉，因为他们没有错，应由另一方道歉。但是我说因为我们不想和日本的海军陆战队队员闹不愉快，所以如果日本人也这样做的话，我会请求委员会彻底不管这件事。我认为从日本的角度来看，这是一个不错的选择。他说他会把这个建议转告

---

① 第 670 号。

海军大将。如果海军大将愿意和我讨论这一议题的话,我也会去拜访他。

请看我的下一封电报。①

资料来源:[F 6749/1/10]

(陈梦玲 译 郭昭昭 校)

205. 英国驻北平领事馆代办英格拉姆致英国外交大臣西蒙(1932 年 9 月 14 日)

第 684 号 英格拉姆先生(北平)致西蒙爵士

发报时间:1932 年 9 月 14 日(无线电)

收报时间:1932 年 9 月 14 日 22:00

北平,第 681 号电报

以下信息来自 9 月 14 日收到的上海电报。

发至北平的第 228 号电报,转发至舰队司令,抄送给南京公使馆。

我的上一封电报。②

日本总领事的态度并非同情海军,而是害怕他们。他同意了我的解决办法,并表示他会向海军大将施压,海军官员通常比陆军官员更为理性。我认为日本领导人也理解理事会,坚决反对任何不合理的要求。

资料来源:[F 6737/1/10]

(陈梦玲 译 郭昭昭 校)

---

① 第 684 号。
② 第 683 号。

206. 英国驻东京大使林德利致英国外交大臣西蒙(1932年9月15日)

第 685 号　林德利爵士(东京)致西蒙爵士

发报时间:1932 年 9 月 15 日 10:47

收报时间:1932 年 9 月 15 日 09:30①

东京,第 356 号电报

以下信息是昨晚收到的电报内容,签名为谢介石(Hsieh Chieh-shih),"满洲国外交部部长"。

开始:

"根据他们 7 月 25 日的通知②,'满洲国政府'已将总额 1 104 000③ 日元汇给了上海海关督察,作为国外贷款。按照上述通知,已准备支付其他合理份额的贷款。

"关于牛庄横滨实业银行在海关被占领时所持的 186 000 两白银,'满洲国政府'被告知南京政府现在急需钱,决定将这一笔款项作为满洲的贷款份额,贷给上海海关。'满洲国政府'一旦确定了其在国外的贷款份额,就保留妥善解决这个数额资金的权利。"

结束。

我未回复上述通信。

---

① 编者按:收发时间原文如此。

② 第 556 号。

③ 很可能是"1 140 000"的讹误,参见第 556 号。向美国驻东京大使发送了一封类似的电报,其中引用了"1 140 101 和 95 日元"的数字,参见《美国外交关系文件》1932 年,第四卷,第 247 页。

转发至北平。①

资料来源：[F 6735/451/10]

（陈梦玲　译　郭昭昭　校）

207. 英国驻东京大使林德利致英国外交大臣西蒙（1932年9月15日）

第 686 号　林德利爵士（东京）致西蒙爵士

发报时间：1932 年 9 月 15 日 15：47

收报时间：1932 年 9 月 15 日 10：30②

东京，第 357 号电报

我的第 355 号电报。③

外务省刚刚向我提供了（1）今天下午武藤将军和"满洲国"国务总理在长春签署的议定书，④（2）日本政府的官方声明。⑤

议定书包含两项条款。第一项通过与"满洲国"达成的条约或协议，保证在满洲境内的所有日本人的权利。第二项，双方同意合作维护安全，并允许必要的日本军队进驻满洲。

该声明在提及 3 月 1 日"满洲国"宣布独立和 3 月 10 日"满洲国"给他国

---

①　收到这封电报后，霍尔曼先生通过英国驻上海总领事向梅乐和爵士询问确切的位置。在 9 月 19 日的一份说明中（12 月 6 日外交部收到副本，作为 10 月 13 日北平寄发的第 1318 号附件），梅乐和爵士回答说，不知道"满洲国外交部部长"的言论，中国海关在扣留海关之前收取了满洲的非法关税。他补充说，中国政府已经全部清偿了对外贷款，所以说这些款项是对这些贷款服务的贡献是荒谬的。他认为属于中国政府的"扣押前收入"数额是由"满洲国"集团扣留的，并且洪水救济附加金额也同样如此。

②　编者按：收发时间原文如此。

③　第 678 号。

④　印在《国联公报》，特刊第 111 号，第 79 页，也印在《美国外交关系文件》1932 年，第四卷，第 253—254 页。

⑤　印在《国联公报》，特刊第 111 号，第 80—81 页。

的信函后提到"满洲国政府"为实施其宣布的政策而采取的措施,这些措施导致日本政府承认新国家。日本外务大臣在 8 月 25 日的讲话中解释说,这种承认并不违反任何条约。① 日本真诚希望世界各国人民在平等的基础上继续在满洲开展经济活动,并期待大国不会拖延建立外交关系。

我得知两份文件的全文已经电报发送到伦敦。②

转发至北平。

资料来源:[F 6736/1/10]

(陈梦玲　译　郭昭昭　校)

208. 英国驻北平领事馆代办英格拉姆致英国外交大臣西蒙(1932 年 9 月 15 日)

第 687 号　英格拉姆先生(北平)致西蒙爵士

发报时间:1932 年 9 月 15 日(无线电)

收报时间:1932 年 9 月 15 日 18:00

北平,第 687 号电报

以下信息来自 9 月 15 日收到的上海电报。

开始:

发至北平的第 229 号电报,转发至舰队司令和南京公使馆第 154 号电报。

我的第 227 号电报③

日本总领事私下给我写信说日本海军当局会搁置这件事。

---

① 参见第 632 号。

② 9 月 15 日下午,这些文本由日本驻伦敦大使馆一等秘书泽田先生传达给外交部。由西蒙爵士签署、发起,由芒西先生对这封电报做的记录是:"我们不能就日本的行动提出明确的看法,直到我们收到关于"满洲国"局势的最新和最可靠的证据,毫无疑问《李顿调查团报告书》中就有。与此同时,承诺在国联手中参加任何新的会议是没有用的。芒西1932 年 9 月 15 日""约翰·西蒙　9 月 17 日"

③ 参见第 683 号。

我曾建议理事会主席也这样做。

资料来源:[F 6752/1/10]

(陈梦玲 译 郭昭昭 校)

209. 英国驻东京大使林德利致英国外交大臣西蒙(1932年9月15日)

第 688 号 林德利爵士(东京)致西蒙爵士

发报时间:1932 年 9 月 15 日
收报时间:1932 年 10 月 12 日

东京,第 495 号

先生:

1. 关于今天的第 357 号电报①,记录与"满洲国"签署议定书的程序颇为有趣,这一过程充分展示了日本政府对这份文件的高度重视。9 月 6 日,内阁会议举行,最终确定了签署程序。7 日,首相前往位于御台场的西园寺公望住宅,拜访了这位日本最后一位元老。次日,外务大臣内田伯爵也拜访了西园寺公望。9 日,他访问了枢密院议长和副议长,请求他们协助,以便快速通过该条约。同日,"满洲国政府"顾问板垣(Itagaki)少将携带日本政府给新任特别大使武藤将军的口信前往奉天。

2. 9 月 10 日,枢密院办公室进行了初步调查,参与调查的有枢密院主要秘书和外务省成员。首相和外务大臣接受了天皇的接见,向天皇递交了协议草案,随后将草案提交给枢密院。9 月 11 日,由 9 名成员组成的枢密院特别委员会批准了协议草案,首相和外务大臣向委员会详细解释了草案内容。13 日,在枢密院全体会议上,外务大臣、陆军大臣和石射子爵回答了成员提出的若干关于拟议行动可能造成的国际性后果的问题,之后当着天皇的面,枢密院全体会议一致正式通过该协议。下午在内阁特别委员会的文件上加盖政府代

---

① 第 686 号。

表的签名章,该文件再次提交给枢密院,供天皇作出最后批准。所有流程进行完毕后,外务大臣获悉并立即通过电报向在奉天的武藤将军发出指示。

3. 枢密院在这件事上的迅速行动与他们过去的拖延形成了鲜明对比。以伦敦海军条约①为例,该条约是枢密院审议的最后一个重要国际文件,于1930年4月22日在伦敦签署。枢密院最终在7月25日收到该文件,直至9月底才批准。目前,完成一项批准仅需3天时间,这可能是最短的时间,因为枢密院的既定规则要求,至少在全体会议开会前三天获得文件。这种匆忙批准政府行动的行为不应被视为枢密院履行其职能的迹象,这一点可以通过本月11日枢密院特别委员会在同意条约时通过的决议来体现。该决议如下:

"委员会认为,承认'满洲国'是建立远东地区永久和平的最紧迫和必要的措施。鉴于日本承认'满洲国'后的政策将对帝国的命运产生重大影响,委员会希望政府高度重视并妥善处理这一情况。"

决议的最后一句话带有训诫的意味,这符合枢密院过去对政府发表意见的一贯风格,枢密院经常对内阁的决策发表意见。

4. 今天上午收到了外务省发来的提前准备好的议定书英文译文,随函附上议定书,②这正如本月3日我的第342号电报③所报告,将被视为遵循亚洲部负责人谷先生向加斯科因先生提出的建议。序言提到独立国家是根据居民的自由意志而出现的事实,以证明日本的行动是正当的,并且宣布它打算遵守中国签订的关于"满洲国"的所有国际约定。仅有两项条款——第一条确保日本的权利,第二条赋予日本在"满洲国"驻守可能需要维持国家安全的部队的权利。本使馆代理日本参赞戴维斯先生(Mr. Davies)已将议定书的英文翻译与日文原版进行了比较,确认其在各方面均无误。

5. 在我去年7月7日[21日]发来的第310号电报④中,我荣幸地向您报告,当时刚成为外务大臣的内田伯爵⑤告诉我,日本无意在承认"满洲国"之前咨询他国或正式告知其承认"满洲国"的意图。它可能会在承认之后解释它的

---

① 参见第一卷,第三章。

② 未印。参见第686号,注2。

③ 第650号。

④ 7月21日下午5时35分电报(未印)发出,当天下午1时收到。参见第545号第8段。该内容被复制,同上,第11段。

⑤ 内田伯爵于7月6日担任外务大臣。参见第511号,最后一段。

立场。宣言表明了它的立场,宣言副本已附在今早外务省发来的信函中①。这一宣言是对议定书的重要补充,应与该文书及所谓的"满洲国外交部部长"于去年 3 月 12 日致外交大臣的电报一同解读。② 它依赖于宽松的条约权利和那里的门户开放政策。自即日起,日本政府可能会宣称其承认"新国家"。

6. 鉴于日本深知自己涉嫌领土扩张,"宣言"提醒注意"议定书"的序言,其中声明各方将尊重彼此的领土权利。这种肯定的价值取决于"新国家"所实际拥有的独立程度及高级合伙人的意愿。可以预见,可能会签署一项新的条约来规定两国的统一。但我认为暂时不需要考虑这种意外情况。

7. "满洲国"在上述电报中明确提出了门户开放的政策。并且可以看出,该宣言指出"日本真诚希望世界各国人民能在平等机会的基础上在满洲开展经济活动"。当我第一次读这句话时,我倾向于认为这标志着显著弱化了先前对这个问题的保证。然而,考虑到我的结论,日本政府不可能在不破坏整个事件基础的情况下采取进一步行动,这是"满洲国"独立的基础。给人一种如果门户开放就会使自己变得徒劳无功的感觉。如果期待"议定书"包含一项保护外国商业未来利益的条款,那将太过乐观了。我的观点是,在未来一段时间内,日本人不会歧视外国人。尽管贸易和工业必将逐渐落入日本人手中。

8. 戴维斯先生还对比了外务省提供的这份宣言的英文文本和日文原文,并发现了一个重要的分歧。日文版的宣言开头语"满洲和蒙古"不仅仅是英文版的"满洲"。英文版第一段末尾的"那里的利益"一词在日文版中是"满洲和蒙古的利益"。同样,"满洲"一词后面接着"以及蒙古"这几个字,而在英文版中只出现了前者。我无法判断在英文版中遗漏提及蒙古是故意还是外务省认为模糊的术语"满洲"会被英语使用者自然理解为包括蒙古在内的一个国家。需要指出的是,"蒙古"也是一个模糊的术语,可能会被扩展到包括内蒙古以外的大片区域。

9. 尽管这一协议的最终签署在几个月前就已经确定,但尚无证据表明《九国公约》的签署国对此有何看法。表面看来,该文书第 2 条似乎谴责"议定书"是公然违反条约的行为。我可以为日本人找到的最合理的论据是,如果在条约签署时没有其他国家存在,那么禁止与任何其他国家就某些条款达成协

---

① 未印。参见第 686 号,注 3。

② 参见第 66 号,注 3。

议。也许日本人更可能采取并且更加符合他们心态的方法是该条约从未考虑过此后出现的情况,因此并不适用。我有幸分别在本月 12 日和 14 日的第 351 号和 355 号电报①中提及了《九国公约》的这个问题,其中我冒昧地表示,我希望如果英国政府认为抗议是必要的,那么要尽可能将更多国家牵扯进来,并且我们自己不应该掌握主动权,我们从日本的恶意中丧失了比任何人都要多的东西。无论如何,恐怕抗议的唯一结果就是在这里引起骚乱。但是我很明白,作为一个原则问题,人们可能认为抗议是不可避免的。

10. 除了《九国公约》,我们还有史汀生主义,即不承认因与《凯洛格公约》不一致而带来的任何结果。很明显,这一原则得到了国联大会的赞同。因此,只要"新国家"的建立方式受到怀疑,美国或国联的任何成员国都不能承认"满洲国"。据推测,《李顿调查团报告书》将被视为这个问题方面的权威。

11. 本议定书在多大程度上违反了日本认可的国联理事会的任何决议,这并非我所能决定。毫无疑问,日本人会争辩说,到目前为止还没有恶化局势,它已经澄清并稳定了局势。

12. 最后还需要考虑中国。毫无疑问,对这个心烦意乱的国家来说,最明智的做法是减少损失,并与日本达成合理的友好关系。日本现在很高兴交到朋友,因为它已经得到了它想要的东西。但是,那些去年可以通过及时让步毫不费力地保留失去的省份的主权的人们,现在会倾向于做出最坏的交易吗?在我本月 12 日第 353 号电报②中,我荣幸地报告了中国公使在此采取的行动。这些报纸上满是他与内田伯爵交谈的轰动报道,所以我请大使馆二等秘书加斯科因先生与他熟悉的中国公使的秘书杨先生进行会谈。杨先生说,他的领导告诉伯爵,承认"满洲国"将被认为是不友好的行为,日本将对其在中国可能造成的任何麻烦负责。外务大臣回答说,日本的政策不会改变,他希望日本外相能尽力改善两国之间的关系。荒木(Araki)将军对中国公使表达了更加诚挚的期望,他相信中国会忘记所有与满洲和上海相关的事件。目前,我们仍在这里。直到一阵清风吹过,我们才会离开。

此致

林德利

---

① 分别是第 674 号和 678 号。
② 第 675 号。

资料来源:[F 7343/1/10]

(陈梦玲 译 郭昭昭 校)

210. 英国驻北平领事馆代办英格拉姆致英国外交大臣西蒙(1932 年 9 月 16 日)

第 689 号 英格拉姆先生(北平)致西蒙爵士

发报时间:1932 年 9 月 16 日(无线电)

收报时间:1932 年 9 月 17 日 09:30

北平,第 688 号电报

我的第 665 号电报①

我把所有细节都告诉了张学良,他正在派遣牛庄地区的有关特使。他不愿透露特使的身份,并且不打算与牛庄的英国领事进行任何形式的接触。

特使将直接与少帅的办公室沟通,并将接收到的所有信息转发给使馆。他的指示通常是确认绑架者的身份,并通过当地居民建立联系,同时通过友好的劝说来释放俘虏。

转发至南京公使馆、奉天、舰队司令、牛庄、东京。

资料来源:[F 6790/561/10]

(陈梦玲 译 郭昭昭 校)

---

① 第 673 号。

211. 英国驻北平领事馆代办英格拉姆致英国外交大臣西蒙(1932年9月16日)

第690号　英格拉姆先生(北平)致西蒙爵士

发报时间:1932年9月16日①(无线电)

收报时间:1932年9月19日 16:00

北平,第693号电报

东京的第151号电报。②

我刚刚收到9月3日外交部发布的通知,该通知说明,自海关扣留以来,在满洲(包括大连)收缴的海关税款并未汇至南京用于贷款或其他用途。此外,在夺取海关时扣押的款项(相当于上海的200万元)中,约有三分之二仍留在日本或"满洲国"当局手中。

有人指出,这些缉获严重损害了海关的担保职责,六七月份海关的收入未达到上海应付的200万两白银,而这两个月在满洲的收入估计可能达到上海应付的400万两白银。同日,还收到了外交部关于盐业收入的来函,指出由于日本当局扣押了从满洲汇出、用以支付以盐为担保的外债资金,估计拖欠总额已超过150万美元。

根据您的指示,我仅仅发送这些正式承认的通知。法国和美国的使馆也采取类似的行动。③

转发至东京和上海。

资料来源:[F 6815/2/10]

(陈梦玲　译　郭昭昭　校)

---

① 电报起草日期。直到9月19日才寄出。

② 提交的副本的注释表明,提及的是"F 6735号中的第356号",即上述第685号。

③ 《美国外交关系文件》1932年,第四卷,第247—248页。

212. 英国驻北平领事馆代办英格拉姆致英国外交大臣西蒙（1932 年 9 月 16 日）

第 691 号　英格拉姆先生（北平）致西蒙爵士

发报时间：1932 年 9 月 16 日

收报时间：1932 年 11 月 22 日

北平，第 1240 号

先生：

继续 6 月 1 日发出的第 634 号电报①话题，我谨提交以下关于满洲事件的简要记录。

2.②上述信函中，叙述了新独立的"满洲国（State of Manchuria 或 Manchukuo）"（这是通常的叫法，虽然官方的中文名称"满洲国"实际上是对当前东三省外文名的翻译，以前没有相应的中文名）。接下来的几个月，我们一直关注"新政府"为巩固其独立所作的努力和外界对它的反应。

3. 我几乎没有记录关于"新国家"行政发展状况的信息。有一封单独的信函③描述了"满洲国政府"从接受外国培训的中国服务机构手中接管海关和邮政的方式。其余的，中国内政大多是地方调整的问题，新政权的组建对有关省份的事务都不会立即产生影响。"新政府"颁布的法律表明，其组织者建立了一种表面与现今中华民国非常相似的体制，但是在中国很多地区，立法体制只在理论上重要，而国家的命运则集中在维护地方当局秩序和军事安全的问题上。满洲看起来在目前是中国部分地区中最不幸的地方。

4. 新政的理论形式是孙中山模式的现代行政，立法、司法和监督的组织体系。然而，立法院和司法院还没有根据行政院的建议由立法院颁布立法。行政院（或国务院）同南京方面一样，被划分为各部委，若干专门委员会和办公

---

①　未印。

②　编者按：序号原文如此。

③　英格拉姆先生 9 月 12 日的第 1210 号电报（第 676 号）描述接管邮政管理局；他 8 月 1 日的第 968 号的电报（未印）解决了海关部门的问题（参见第 580 号）。

室,其中最重要的是总务厅。这个由日本人驹井先生为首的机构是日本控制政府内部的主要机关。总务厅下设不同的部门,每个部门都有一个日本长官,据了解,他们制定政策对部门进行总体监督,实际上按照日本政权来建立"行政核心"。然而,最近的报告表明,日本顾问不得不以各种方式允许提高中国人的独立程度,尽管日本可能是政府背后的势力,但他们选择或被迫建立一个中国政府。从长远来看,当他们从对日本合作者的恐惧中恢复,担任实质性职位的中国人的影响力必然会在一定范围内被感觉到。我无法界定日本顾问与本国政府的确切关系,但大多数情况下,他们的任命由建立"新国家"的日本军部而非日本政府负责,而政府人员似乎无法控制"满洲国政府"的行政行为,这在某种程度上是合理的,至少在涉及小问题时是合理的。总的来说,在满洲,掌握实权的是日本军队而非日本政府。至于摄政者,他的身份仍然是个傀儡,是日本人的提线木偶,而且绝不允许他对自己的地位抱有任何幻想。

5. 除了控制海关和邮政,"新政府"最重要的行政措施是建立一个"中央银行",负责重组和稳定货币,从而把满洲从往届政府导致的金融混乱中解救出来。哈尔滨商务秘书已向海外贸易部提交了该银行组织方面的详细信息,但尚未收到有关其工作的报告。

6. 地方行政长官并未给当地政府带来任何实质性变化,根据现有资料,地方行政长官一直在依据自己的智慧和能力以中国的方式调整自身,以适应兴衰往复的军事战争,适应中央的干预,这样的行为非常有必要。然而鉴于过去几个月发生的事,很明显,"满洲国"政府无法对满洲大部分地区进行显著控制。

8.①我引用了"满洲国政府"和日本军事当局的信函,其中提到了在北满尤其是中东铁路沿线的困难,"满洲国政府"和日本军事当局或多或少被公认为负责"新国家"的防务和安全。这些麻烦在哈尔滨西部和南部持续蔓延,现在除交通中断和洪水外,中东铁路连接西伯利亚至欧洲的路段也不再安全。对于日本军队在满洲的正规战中的优越性,确实没有很大争议,到8月底为止,据报马占山、李杜(Li Tu)和丁超(Ting Chao)麾下的主力敌军已经被击破并被赶回了东北(据报道,确实是日本人在8月初发出了马将军死亡的消息,但迄今为止尚未得到证实,有关他目前活动的报道仍在中国报刊上出现)。但

---

① 编者按:序号原文如此。

抵抗日本人的行动没有被削弱,中国军队残部只是根据国家的规模和性质采取了游击战术,日本当局实际上不可能有效地与其部队交战。6月初,军事随员估计北满的反政府势力,不包括土匪,约有15万人。在满洲的日本军队,包括两个驻扎在朝鲜边境的师,同时计算大约有7.5万人。除此之外,"满洲国政府"除了当地的警卫和警察,还有一支约6.5万人的军队可以调动,这支军队由改旗易帜的旧政权部队组成。然而事实证明,这支部队在反政府军的行动中完全不可靠,时机到时一些小分队也很容易联合敌人,日本人现在明白了跟他们一起作战时需谨慎,将有战略重要性的作战都交给日本军队。在整个初夏期间,频频曝出反"满洲国"的部队在哈尔滨东部和北部地区的袭击被日军击退,只得在其他地方再次举事。一些城镇和村庄遭到洗劫,中东铁路东段的交通运输一再被中断。农作物的生长为非正规部队提供了掩护,使日军的飞机无法对付他们。日本军事当局似乎改变了策略,限制了作战的范围。8月初,日本驻哈尔滨总领事馆向本国使馆的斯特布尔上尉表示,他们承认凭借手头的力量来平息事态是不可能的,只能维持其在主要中心和通信线路上的阵地。8月份,北满大范围的洪水使双方部队难以移动,报道的活动也有所减少。他们现在已经重新开始行动。9月1日,英国驻哈尔滨总领事汇报了中东铁路西段安达站逮捕非正规军的情况。9月11日和12日,两列火车在长春和哈尔滨之间脱轨并遭到抢劫。9月14日向英国驻中国领事官员发出总指示,警告有意经西伯利亚前往欧洲的英国人,满洲路线不安全。在过去几天里,媒体报道了在吉林和哈尔滨附近作战的反"满洲国"军队。获得在满洲的军事行动的可靠报道很难,以至于很难把这个问题搞清楚。目前给人的印象是,日本人正在把军力集中在南方,并在一定程度上已经不再干预中东铁路的情况。他们现有的力量不足以维持全国的秩序,我推测目前日本政府不打算在满洲增兵。也许可以猜测,日本或许并不完全不愿让苏联意识到,在没有日本保护的情况下,中国东北铁路可能面临的困境。这样做可能是为了促使苏联要么将其在铁路中的利益出让给日本,要么购买日本的援助来保护它,并承认这个"新国家"。

9. 与此同时,南满出现了混乱。在日本情报人员石本(Ishimoto)先生被捕后,自7月份起,热河边境的北平—奉天铁路沿线发生了小规模冲突,引发了日本对热河的袭击威胁。① 尽管如此,日本军队尚未构成足够威胁,因此恐慌情绪暂时得以平息。(有关这些事件的详尽报道和日本对热河和内蒙的意图,请参阅我 8 月 16 日发出的第 1050 号电报②)。8 月初,牛庄遭到一股人数在 1 000 至 2 000 的土匪的袭击,直到一艘日本巡洋舰和几艘驱逐舰进入港口,这些土匪才被驱散。(最近寇克兰先生和帕里夫人③被土匪在城墙外的赛马场抓走一事,反映了该地区目前仍普遍存在的混乱状况。)同时满洲铁路线上,在奉天和大石桥之间,奉天和安东之间,北平—奉天铁路北部和奉天—海龙铁路线上,发生了一系列袭击,长春也曾两度遭到袭击。这些袭击事件似乎是为了破坏交通秩序而进行的策划,是反满洲部队也就是所谓的义勇军的"杰作",特别是在南满的军队,应该是由长城内的义勇军招募的。其中有多少人实际上是从中国本土北上来打日本人,有多少人像北满的大多数敌对分子一样,是从没有投靠"新政府"的旧中国军队的残部中招募的,究竟他们与长城内中国的关系是怎样的,都说不清。张学良少帅及其支持者对他们的道义和物质支持已成为公开的秘密。日军对铁路的保护挫败了南满的袭击事件,袭击几乎没有造成什么严重破坏。但是这些袭击表明武装分子越来越有勇气,他们无处不在,彼此之间也存在一定程度上的合作。不久前,一支小队多次袭击了奉天,8 月 30 日他们成功摧毁了机场的一个机库。

10. 作为所述具体敌对行动的背景,我们必须设想在内地广泛存在盗匪行为。满洲反政府势力的地位确实与土匪相同,就像中国所有的无组织部队一样。他们生活在乡村,靠抢劫城镇和火车生活。然而,多数团体在一定程度上是因仇视日本而组织和激发的,他们甚至可能获得了来自中国和苏联的外部支持(日本最近抱怨苏联援助他们的敌人)。此外,这些机构的无政府主义活动,加上日本人原本采取的策略,在进军内地时故意轰炸和摧毁敌对势力所据之地,使当地人普遍愿意效仿土匪。6 月份,日本人估计满洲的土匪而不是反"满洲国"的部队有 6 万人左右,现在这一数字可能有所上升。

11. 从日本的角度来看,上述描述的情况足以令人泄气,尤其是考虑到他们干涉满洲所宣称的目标——保护生命和财产,而他们对前一届政府的主要

---

① 参见第 538 号。

② 第 611 号。

③ 参见第 673 号,注 1。

指责之一就是盗匪猖獗。目前没有迹象表明,敌对势力能够进行任何可能威胁到日本军队掌权的大规模战争。同时,日本人似乎放弃了对他们采取任何积极措施的想法。其结果是,据了解,中国内地完全落入了非正规军和土匪的控制。不幸的是,这在中国绝非偶然。由于满洲铁路系统的发达以及日本军队在保护主要城镇和交通线方面的高度可靠性,这未必妨碍维持一个相对稳定的政府,尽管其在内地的影响力有限。然而,这似乎否定了满洲先前所宣称的繁荣和即将复苏的可能性,中国内地的状况从未像今天这样糟糕。除非找到逐步恢复和平与秩序的方法,否则在经济和政治上,满洲对日本而言必将变成一项负担。据悉,日本军方正在训练一支约十万人规模的"新满洲国军",期望能最终依靠这支军队来镇压土匪。但鉴于过去的经验,除非这支军队中有大量的日本军官(目前看来并非如此打算),否则它很可能并不可靠。

12. 在审议李顿调查团编写的报告之前,世界其他地方对"新国家"总体上持一种暂停审判的态度,并且对调查团的工作,以及日本对"满洲国"的承认表示关注。李顿爵士和他同事们的活动情况以及他们对满洲的访问情况,都被记载在该使馆和英国驻东京大使分别发送的信函中。① 他们最近已经离开了北平,完成了十月份提交给国联全体大会讨论的报告。与此同时,日本终于下定决心,通过承认"新政府"来阻止国联的决定。

13. 日本一度支持这一程序,实际上在日本公众看来,这是合理的,只是对现状的默许。因此,如果不是日本政府公然否认日本在组建"新国家"方面的作用,并且否认对"满洲国"政府有任何责任和联系,那么不会引起任何反对意见。尽管调查团正在追查其根源,在这种情况下,若承认后者,将不利于正在审理的事件,并等同于公开挑战国联。实际上,日本政府陷入了进退两难的境地,因为如果把承认"满洲国"推迟到《李顿调查团报告书》的讨论之后,他们可能面临一个抉择,要么公开蔑视国联和世界舆论,要么承认"满洲国"将变得更加困难。

14. 政府决定的早期阶段记录在林德利爵士 7 月 7 日从东京寄发的第358 号电报中②。6 月初,总理在议会上表示,他"正在考虑尽快承认'满洲国'",尽管他提及所涉及的复杂情况以限定这一说法;6 月 14 日,国会一致通

---

① 例如分别参见第 631 号和第 533 号。
② 参见第 511 号,注 3。

过了决议①，敦促迅速承认"满洲国"。与此同时，内田伯爵（尚未就任外务大臣）已经在 5 月 16 日［？26 日］②向正在大连的李顿爵士提交了一份备忘录，表示承认"新国家"是解决满洲问题的唯一途径。一段时间里，调查团担心日本人可能会立即承认"新国家"，导致他们在 7 月拟议的东京访问中面临这一既成事实。中国政府在发表的声明中③和在日内瓦都抗议了日本国会决议表达的意图，并与我国政府交涉，在华盛顿、巴黎和罗马极力主张：承认"满洲国"将违反《九国公约》及国联的决议。因此，我国政府在东京对日本政府的真实意图进行了调查，强调华盛顿《九国公约》禁止签署国鼓励满洲独立运动，并主张应注意避免给人留下日本违反条约义务的印象。存在一个非正式的保证，即李顿调查团在远东期间不太可能承认"新国家"。④ 但是，为了响应英国驻东京大使的这些以及往后的交涉，日本政府一直拒绝承认"新国家"，认为承认满洲独立将违反《九国公约》，并表示他们打算不顾国联和其他国家的意见，不久后公开承认"新国家"，尽管没有提及具体日期。至 8 月底，这一问题似乎已有定论，新闻界宣布⑤，一项维系日满关系的条约将于 9 月 18 日左右达成（即在李顿调查团离开之后，但在报告书发表之前）。

15. 与此同时，在"满洲国"承认运动的同时，为了统一日本在满洲的日常管理机构，即日本的关东军参谋总部、关东厅政府、日本领事组织和南满铁路局。最终决定任命一名在满洲担任日军司令并兼任总领事的高级军官担任满洲的"特别大使"。⑥ 因此，他将担任日本在该国的外交和领事服务的负责人，并且将享有与英国高级专员在埃及极为相似的地位。这个职能集中的主要作用和可能的目的，似乎是规范和巩固军事当局自去年 9 月 18 日以来对日本在满洲的政策所负有的至高无上的责任。目前，除改善协调外，似乎不太可能对现有状况造成任何实质性改变。但是，要避免造成这样一种印象，即通过延续日本在满洲的军事统治地位，阻碍任何可能和平解决满洲问题的路径。

---

① 参见第 445 号。
② 参见第 419 号。
③ 参见第 442 号。
④ 参见第 445 号。
⑤ 参见第 650 号。
⑥ 参见第 576 号。

16. 被选定担任这一新职位的军官武藤将军，于 8 月 8 日在东京就职，8 月 26 日抵达奉天，尚待日本承认"满洲国政府"。最后，于 9 月 14 日宣布，他将于翌日前往长春，签署日本与满洲的关系协议。这一仪式在昨天正式举行，我从林德利爵士 9 月 15 日第 357 号电报①中了解到，议定书的内容以及日本政府为其行动的理由而发表的声明，已经被电传到伦敦。可以看出，议定书提出的要点是满洲承诺确认和尊重现有的日本权益，并规定日本在满洲可以保留维持安全所需的部队。

17. 现在说中国对这个事态发展的反应还为时尚早，关于即将发生的有关承认的报道，伴随着中国可能爆发抗日的传闻，日军准备向南京和汉口派遣军舰。然而，有迹象显示，中国政府不希望引发又一个上海事件，并且慎重地考虑在国联全体大会面前提出这个问题之前，不要再引入更复杂的情况。②据今天上午媒体的报道，中国政府已经向日本政府发出了抗议承认行为的说明③，其中重申了日本违反各项国际义务的行为，并指出中国政府将要求其对所有侵略行为负责。据说中国再次向日内瓦抗议日本政府的行动，并向华盛顿提交说明，指责这一行动违反《九国公约》，不可想象华盛顿方面会允许其继续下去。媒体上也有人说中国政府要提议召开华盛顿《九国公约》缔约国会议，不过，总的来说，似乎任何这样的举动都将推迟到大会开幕之后，中国和其他国家一样，将暂时等待日内瓦讨论的结果。

此致

英格拉姆

资料来源：[F 8140/1/10]

（陈梦玲　译　郭昭昭　校）

---

① 　第 686 号。

② 　参见下文的第 680 号和第 681 号电报。

③ 　这里注释的文字，参见《美国外交关系文件》1932 年，第四卷，第 262—265 页。

213. 英国驻东京大使林德利致英国外交大臣西蒙（1932年9月17日）

第 692 号　林德利爵士（东京）致西蒙爵士

发报时间：1932 年 9 月 17 日① 11：15

收报时间：1932 年 9 月 17 日 09：00②

东京，第 360 号电报

我的上一封电报。③

我刚刚收到了"满洲国外交部部长"发来的又一封很长的电报，其中援引西方国家为了世界和平与国际关系而认可"新国家"，重新确认对外开放政策的理由。

明天邮寄副本。④

转发至北平。

资料来源：[F 6788/1/10]

（陈梦玲　译　郭昭昭　校）

---

① 这封电报是 9 月 16 日起草的。

② 编者按：收发时间原文如此。

③ 在这封电报（9 月 16 日第 359 号，未印）中，林德利爵士总结了 9 月 15 日由"满洲外相"给他的一封电报，称自从日本正式承认"满洲国"以来，在海外关税、商业和航运等所有其他事项上，把中国当作别国对待。在 9 月 25 日之后，将通过海路和陆路与中国进行贸易，征收现行进出口关税。参见《美国外交关系文件》1932 年，第四卷，第 248 页。

④ 未印。

214. 英国驻北平领事馆代办英格拉姆致英国外交大臣西蒙(1932 年 9 月 17 日)

第 693 号　英格拉姆先生(北平)致西蒙爵士

发报时间:1932 年 9 月 17 日(无线电)

收报时间:1932 年 9 月 19 日 09:30

北平,第 694 号电报

我已收到香港汇丰银行上海分行哈伯德的私人信函,信中告知我,过去多年来担任盐务稽核所帮办的皮尔森(Pearson)先生,已被一位名叫盖尔(E. M. Gale)的美国人取代。盖尔先生于 1914 年至 1928 年在盐业公司工作,后来辞职,现已重新加入。皮尔森被允许保留六个月职务,但盖尔已经在工作了,并将在那个时候接受实质性的任命。皮尔森因为直言不讳而与克利夫兰(Cleveland)①对抗,所以他被免职也许是意料之中的。

与皮尔森相比……②,没有任何资格,因此现在将由一个没有出色业绩的退休人员接替在艰难岁月里一直服务着所有外籍员工的领导。盖尔的接任据说是由于美国公使和美国驻上海总领事的影响,现在盐务稽核所帮办和秘书两人都是美国人,虽然他们对保证担保贷款很少或根本没有兴趣。

哈伯德补充说,克利夫兰对重组贷款协议下的这些贷款的优先权似乎没有任何意识,而且怀疑总办目前正在筹集可能用于清算的"贷款额度"安排的资金,为了将这笔钱用作中国银行贷款部门的抵押担保,这是 1929 年财政部部长计划下的逾期贷款业务。他认为,由美国人填补最高职位,绕过英国成员,会对我们的声望造成不好的影响,认为这项业务纯粹是英国创造的。

---

① 美国人克利夫兰先生是盐务稽核会办。根据白利南爵士 9 月 13 日发给英格拉姆先生的第 320 号电报(11 月 11 日外交部收到的副本,作为北平 12 月 22 日第 1222 号发函的附件),皮尔森先生在被派往视察日本干涉满洲里的盐业之后,向李顿调查团提交报告。

② 此处文本不确定。

根据我去年在赫西·斐礼格(Hussey Freke)案第 71 号①电报中所述的原因,并考虑重组贷款协议第 5 条和第 2 条。有关主管稽查机构工作的条例,参见麦克默里编辑的《列国对华约章汇编(1894—1919)》②(第 1009 和 1026 页)——修订条例第 4 条中紧随其后的兰普森爵士第 1500 号第 3 号附件修改的条款——除非皮尔森以不正当的个人待遇为由接近我,否则我不建议在不受任何指示的情况下采取任何行动。与此同时,我下次见他时,会私下提请财政部部长注意这个问题,并指出美国人在服务的最高职位上永久取代英国人,英国政府并未对此置之不理。

转发至南京公使馆。

资料来源:[F 6837/552/10]

(陈梦玲　译　郭昭昭　校)

215. 英国驻东京大使林德利致英国外交大臣西蒙(1932年 9 月 17 日)

第 694 号　林德利爵士(东京)致西蒙爵士

发报时间:1932 年 9 月 17 日

收报时间:1932 年 10 月 14 日

东京,第 501 号

机密

先生:

1. 我荣幸地向您报告,我的一位外国同事昨天通知我说,外务大臣已经非正式地问过苏联大使,谈论他的政府是否打算跟随日本的节奏来承认"满洲

---

① 在 1931 年 2 月 17 日的这封电报中,英格拉姆先生并没有提到赫西·斐礼格先生被克利夫兰先生视为中国盐业总督察的报告,他说唯一抗议中国政府的理由将是稽查机构的解体损害债权持有人的利益,而这个变动是否会对盐务贷款的状况产生不利影响,仍是一个未知数。

② 参见第 166 号,注 4。

国"。杜洛耶诺夫斯基先生回答说,苏联政府还没有时间研究本月 15 日我的第 495 号电报①中所附的议定书和声明,他没有回答的立场。

2. 我在第 339 号电报②中,报告了日本政府收到苏联提出的一项互不侵犯条约后的态度。如果他们试图将接受这一建议与承认问题结合起来,我也不会感到意外。苏联政府对我所说的两件事的关系持何态度,我无法判断;但是一有机会我会尽力从我的苏联同事那里得到一些消息。

此致

林德利

资料来源:[F 7406/1/10]

(陈梦玲 译 郭昭昭 校)

216. 英国外交部远东司司长奥德的备忘录(1932 年 9 月 17 日)

第 695 号 奥德先生的备忘录

外交部,1932 年 9 月 17 日

中国驻英国公使与日本驻英国大使同时发出请求,请求周一约见英国外交大臣。③ 想必是为日本承认"满洲国"一事而来。不知松平先生所为何事,但毫无疑问,郭泰祺先生是为抗议而来,同时请求召开华盛顿大国会议,但对此我们已经发出过警告。

外交大臣已经收到文件,文件里提出在未收到和查看调查团报告书前,我们应该持保留态度。华盛顿条约并未禁止承认一个自发脱离中国而成立的独立国家,虽然日本认为"满洲国"是自发脱离中国而建立起来的,但目前谁都无法预料结果,只有调查团报告书能为这个问题提供主要的依据。

至于在华盛顿召开大国会议,在国联讨论这个问题之前(甚至在此之

---

① 第 688 号。

② 第 642 号。

③ 9 月 19 日。

后),很难看出这样的会议能有什么实质帮助。除美国之外,其他大国均为国联成员国,并且这个问题已经正式在国联内部提出;在这样的情况下,他们很难采用不同的程序提前行动,尤其是在一个关键文件还未公布的情况下。

奥德

资料来源:[F 6877/1/10]

(陈梦玲 译 郭昭昭 校)

217. 英国驻北平领事馆代办英格拉姆致英国外交大臣西蒙(1932 年 9 月 18 日)

第 696 号　英格拉姆先生(北平)致西蒙爵士

发报时间:1932 年 9 月 18 日(无线电)

收报时间:1932 年 9 月 18 日 18:00

北平,第 700 号

以下信息来自 9 月 17 日收到的霍尔曼先生第 338 号电报。我刚刚从外交部接收:

a. 关于 9 月 16 日中国政府给日本政府的关于"满洲国"的备忘录的副本①,详细列举了日本政府的错误行为,抗议日本违反国际义务,并要求其对一切侵略行径负责。

b. 发给您同一主题的记录,日期为 9 月 16 日。后一份记录中,中国政府提请注意由于日本承认"满洲国"而出现的严重情况。中国政府指出这种行为违反《九国公约》,并补充说,由于情况涉及该条约规定的适用,根据第七条,他们正在向签署国发表意见,要求采取适当的措施有效地处理自 1931 年 9 月 18 日以来日本在中国的侵略行为所造成的事态。据我所知,外交部把文本用

---

① 参见第 691 号,注 16。

电报发给伦敦方面。①

记录的文本今天以特快专递发给您。

资料来源：[F 6807/1/10]

（陈梦玲　译　郭昭昭　校）

218. 英国驻华盛顿大使馆代办奥斯本致英国外交大臣西蒙（1932 年 9 月 19 日）

第 697 号　英国驻华盛顿大使馆代办
奥斯本先生（华盛顿）致西蒙爵士

发报时间：1932 年 9 月 19 日 18：45
收报时间：1932 年 9 月 20 日 09：00
华盛顿，第 379 号电报

机密。

我的上一封电报。②

史汀生先生说，德国要求撤销裁军会议条约限制的问题，导致了德国、意大利和日本可能退出国际联盟的危险，在满洲问题上造成了聚焦。很明显，他对德国和日本政府在处理问题上的思维和方法的相似性印象深刻。在这两个案例中，他都看到了世界其他国家，尤其是英国和美国，抵制类似于蔑视条约义务政策的必要性。毫无疑问，他对我们将要接受《李顿调查团报告书》的态度感到焦虑，他告诉我，他最近对法国的态度比对我们的态度满意得多。他对在远东和国内保守的英国元素施加了压力，从实际和当地的角度来看，他们可能有理由主张接受既成事实。但是从政府的角度来看，条约的尊严和声誉以及国联的存在是更为重要的。正如他在 2 月 23 日给博拉参议员的信函中所

---

① 　参见下面第 698 号附件。

② 　第四卷，第 100 号。在这封电报中，奥斯本先生在 9 月 18 日报告了与史汀生先生的谈话。参见本电报最后一段。

说(参见 2 月 25 日的第 347 号)①,华盛顿会议②接受的削减数字依赖于《九国公约》,后者的失败可能要求增加美军的力量,这是裁军事业的悲剧。

对于自己目前的立场和行动能力,他指出,选举前的形势不可避免地在国际事务中造成行动暂停,这无疑是真实的。他还表示,他 8 月份就《巴黎协定》③发表的讲话(参见我 8 月 11 日发送的第 1232 号电报④),是为了加强国联的干预和和平机制。

前面的内容,以及我紧接着的电报,都是为了总结在史汀生先生家中花园里漫长而荒诞不经的谈话。因此,请将其视为个人而不是官方的意见。

资料来源:[F 6828/1/10]

(陈梦玲　译　郭昭昭　校)

219. 英国外交大臣西蒙致英国驻北平领事馆代办英格拉姆(1932 年 9 月 19 日)

第 698 号　西蒙爵士致英格拉姆先生(北平)

收报时间:1932 年 9 月 19 日

外交部,第 775 号

先生:

中国公使今天上午向我转交了声明的附件,并向我解释称,中国正在向《九国公约》的其他签署国(日本除外)和其他表示遵守该文件的国家提交相同的文件。至于日本,中国公使表示他们是以抗议的形式进行沟通的。⑤ 郭泰祺先生特别指出声明的最后一段,中国政府声称其按照《九国公约》第七条的

---

① 第九卷,第 579 号。参见前文第 9 号,注 11,致参议员博拉的信函。

② 提到美国政府在华盛顿会议上签署的条约中同意关岛和菲律宾群岛的海上防御和撤防(参见英国政府第 1627 号命令文书,第 1 号和第 7 号)。

③ 参见第 619 号,注 1。

④ 这份电报(8 月 23 日收到,未印)已经传送了史汀生先生讲话的内容。

⑤ 参见第 691 号,第 17 点。

规定行事和表达意见,并要求共同按照此条款有效应对日本在过去一年中对中国采取的行动所造成的事态状况。我表示,英国的政府无疑将等待国联就《李顿调查团报告书》采取的行动,并提议召开另一次类似华盛顿会议的国际会议。

郭泰祺先生让我注意到,"满洲国"宣布其开放政策仅适用于与其建立完整外交关系的国家。这表明了问题的重要性,无论从中国人的角度来看,还是从英国人的角度来看都是如此。与此同时,中国政府正尽全力控制民众情绪,他认为,日本政府几天前已指示其驻华领事馆,在承认"满洲国"之际,禁止所有的日本庆祝活动。

我向阁下承诺会及时且慎重地审视该文件。在此期间,我未对其发表任何评论,仅表示我们始终希望与中国政府保持最友好的关系。①

此致

约翰·西蒙

资料来源:[F 6819/1/10]

(陈梦玲 译 郭昭昭 校)

第 698 号附件

声明

中国使馆,伦敦,1932 年 9 月 17 日

中国政府荣幸地邀请英国政府关注 1932 年 9 月 15 日日本帝国政府公布其承认所谓"满洲国"的声明所引发的严重局势。"满洲国"是由日本在中华民国的东三省创立、维护和控制的组织。同时,日本还公布了一项所谓的条约,允许日本在这些省份自由驻扎军队,试图建立对该部分中国领土的实质性控制。

日本这一最新侵略行为是其过去 12 个月所构成的国际违约连锁中最具破坏性的新环节,这不仅篡夺了中国的主权,而且持续侵犯了大多数国际条约,包括 1922 年在华盛顿签署的《九国公约》,其中您的国家是签署国。

无需重述日本于 1931 年 9 月 18 日开始侵略满洲的过程,以及它此后如

---

① 该信函的打印副本及其附件于 9 月 22 日发给英国国王、内阁和自治领。

何将军事行动扩展到三千万中国公民居住的领土上，以及它如何通过武力篡夺中国政府的行政权力，并在它非法占领的地区建立一个伪政权。所有这些事实都是众所周知的，无需重述。可以这样说，从 1931 年 9 月 18 日日本军队在沈阳（奉天）发动了预谋的进攻开始，直到现在，日本每一天都在通过各种行动重复其错误的道路。日本所犯下的一系列罪行已经达到了承认所谓的"满洲国"的程度。

日本试图通过荒谬的论点欺骗世界，声称所谓的"满洲国"是由希望脱离中华民国的中国公民建立的。不可辩驳的事实表明，满洲的伪政府完全是日本军事侵略的产物。大批直接对东京政府负责的日本人在傀儡组织中发号施令，而满洲的民众则受到日本军国主义者的持续压迫和恐吓。一旦日本军队撤出满洲，所谓的"满洲国"也将彻底消失。

《九国公约》的第一条规定，除中国外，缔约各国同意尊重中国的主权与独立及领土与行政完整。毫无疑问，日本承认自己的傀儡组织，以及之前以侵略满洲政策为指导所进行的所有有条不紊的行动，都直接侵犯了中国主权及领土与行政的完整。正是为了防止像日本现在所造成的这种局面，各国才签署了上述条约。

日本目前不仅伤害中国，而且故意违背国际舆论，无视其对其他国家的重大义务。日本的行为不该被默许，《九国公约》也不该被那些签署国当作一纸空文。国际条约的神圣性和不可侵犯性原则正岌岌可危。当中华民国四十万平方英里以上的领土被日军占领时，当日本反对友邦的建议和忠告，导致其在该领土建立的非法组织给予正式制裁时，中国要承受痛苦的后果，世界的和平也定将受到严重的威胁。

鉴于以上情况，中国政府认为涉及《九国公约》规定的严重局面已经出现，因此依据该公约第七条之规定，向各缔约国政府表达了全面且坦率的见解，要求采取措施，以便妥善而有效地处理日本自 1931 年 9 月 18 日袭击沈阳（奉天），到最后在 1932 年 9 月 15 日承认其傀儡组织这期间对中国的侵略行为。

资料来源：[F 6819/1/10]

（陈梦玲　译　郭昭昭　校）

220. 英国驻北平领事馆代办英格拉姆致英国外交部远东司司长奥德(1932年9月19日)

第 699 号 英格拉姆先生(北平)致奥德先生

发报时间:1932 年 9 月 19 日

收报时间:1932 年 11 月 5 日

北平

亲爱的奥德:

我在 9 月 7 日发给外交部的第 641 号电报①中告知您,我们的总领事认为关于中日两国在汉口发生冲突的传闻完全没有根据。兹随函附上许立德爵士②的一封信函③,详细介绍了现在日本和中国在汉口的关系。

如您所见,他认为,两国关系非常令人满意,他的美国和法国同事也持相同看法。

我正在给弗朗西斯·林德利爵士发送一封许立德的信函的复印件。

谨上

英格拉姆

资料来源:[F 7803/1/10]

(陈梦玲　译　郭昭昭　校)

---

① 未印。
② 英国驻汉口总领事。
③ 未印。

221. 英国外交大臣西蒙致英国驻塞得港领事赫斯特（1932 年 9 月 20 日）

第 700 号　西蒙爵士致赫斯特(Hurst)先生①(塞得港)

发报时间：1932 年 9 月 20 日 17：35

外交部，第 11 号电报

请把我的个人信息转达给"恒河"号轮船上的乘客李顿爵士，轮船将于 9 月 27 日停泊在塞得港。

开始：

非常感谢您的建议②，即您应该在返程途中于日内瓦会见我。然而，我希望您能同意，最好不要进行此次访问。

结束。

资料来源：[F 6502/1/10]

（陈梦玲　译　郭昭昭　校）

---

① 英国驻塞得港领事。

② 转发 9 月 4 日北平第 627 号电报(未印)。

222. 英国驻北平领事馆代办英格拉姆致英国外交大臣西蒙(1932 年 9 月 20 日)

第 701 号 英格拉姆先生(北平)致西蒙爵士

发报时间:1932 年 9 月 20 日(无线电)

收报时间:1932 年 9 月 20 日 19:00

北平,第 710 号电报

我的第 696 号电报。①

国联秘书②今天下午出发前往上海,在无法做出其他安排的情况下,已经同我交存了五份调查团的报告。在没有您的进一步指示的情况下,我已经接受了保护。③

盒子里是秘书给国联驻南京通讯社的中国记者的钥匙,将在适当时候到北平进行分发。

哈斯(Haas)本人正前往日本,并将安排上海总领事馆使用我们的安全手工机械盒。无论如何,一个类似的装着给调查团团长任务的副本④的密封盒和给外务省的副本将交给东京大使馆,并将把钥匙正式授予国际联盟东京办事处主任。已指示英国驻上海总领事将他和哈斯之间的任何附属安排的细节

---

① 在 9 月 17 日的这封电报中,英格拉姆先生提到了他在 9 月 5 日发给外交部的第 629 号电报中的建议,即分发李顿调查团报告。李顿爵士在德拉蒙德爵士的批准下,建议把这份报告的副本,通过英国驻北平使馆和英国驻东京使馆分别转交给中国和日本政府,而调查团代表的五个国家的大使馆或公使馆的副本应先交存英国驻北平使馆,然后在日内瓦公布当天以电报发行。西蒙爵士在 9 月 8 日的第 192 号电报中认为这个安排"令人尴尬",但是如果找不到替代方案,他愿意同意这个建议。

② 罗伯特·哈斯先生,调查团秘书。

③ 外交部第 207 号电报,下午 12 时 30 分发出。9 月 21 日表示,"不得已而为之""进行安全监管"。

④ 在 9 月 21 日下午 12 时 30 分收到的另一份未编号的电报中,英格拉姆先生要求将"调查团团长……副本"一词写入提交的副本。

用电报通知东京。①

转发至南京公使馆、上海和东京。

资料来源：[F 6880/1/10]

（陈梦玲　译　郭昭昭　校）

223. 英国驻北平领事馆代办英格拉姆致英国外交大臣西蒙（1932 年 9 月 21 日）

第 702 号　英格拉姆先生（北平）致西蒙爵士

发报时间：1932 年 9 月 21 日（无线电）

收报时间：1932 年 9 月 21 日 18：00

北平，第 714 号电报

东京的第 359 号电报。②

上海太古公司已经询问是否应该在牛庄支付吨位税。他们被告知，应该依牛庄的英国领事的建议行事，英国航运可能无法避免在最后的抗议之下付款。

转发至东京。

资料来源：[F 6895/451/10]

（陈梦玲　译　郭昭昭　校）

----

①　根据英格拉姆先生 10 月 4 日第 758 号电报（10 月 6 日下午 12 时 45 分收到）中的报告，9 月 30 日向中国政府递交报告，10 月 1 日递交附件和摘要。国际联盟理事会决定于 10 月 1 日发表报告，参见《国联公报》，1932 年 11 月，第 1735 页。

②　参见第 692 号，注 2。

224. 英国外交大臣西蒙致法国大使的笔记（1932 年 9 月 21 日）

第 703 号　西蒙爵士致法国大使的笔记

外交部，1932 年 9 月 21 日

阁下：

1. 鉴于日本政府即将承认新的"满洲国政府"，您在 9 月 12 日①询问英国政府提议采取何种态度。

2. 在回答这个问题时，我谨通知阁下，英国政府认为中日关于满洲问题的争端主要应由国联解决。他们认为，鉴于日本政府现在采取的行动，这种态度是不需要改变的。

此致

（代表外交大臣）

奥德

资料来源：[F 6878/1/10]

（陈梦玲　译　郭昭昭　校）

---

① 参见第 677 号。

225. 英国外交大臣西蒙致英国驻北平领事馆代办英格拉姆（1932 年 9 月 22 日）

第 704 号　西蒙爵士致英格拉姆先生（北平）

发报时间：1932 年 9 月 22 日 16：00

外交部，第 209 号电报

美国政府已经向英国驻华盛顿大使馆代办转交了备忘录①，分析了长城以南发生敌对行动的可能性，并提出了暂时将北平及其周边十英里区域中立化的建议。美国驻北平领事已被告知，预计将与您讨论此事。请及时通过电报告知我您的意见。

资料来源：[F 6810/5851/10]

（陈梦玲　译　郭昭昭　校）

---

　　①　此备忘录于 9 月 16 日递交给奥斯本先生，印在《美国外交关系文件》1932 年，第四卷，第 250—253 页。奥斯本先生在 9 月 18 日第 377 号电报中对外交部做了总结性汇报，并把一份复印件夹在 9 月 20 日华盛顿寄出的第 1423 号电报（10 月 3 日收到）内，寄给外交部。同时，9 月 19 日，美国驻伦敦临时代办已经阅读了约翰·西蒙爵士的备忘录。这是答复约翰·西蒙爵士在 9 月 13 日的一次谈话中询问美国大使的问题（参见《美国外交关系文件》同上，第 244—245 页）："关于美国政府是否有任何有关日本在长城以南活动的信息，这可能是北平地区闹事的先兆。"

226. 英国驻北平领事馆代办英格拉姆致英国外交大臣西蒙(1932 年 9 月 22 日)

第 705 号 英格拉姆先生(北平)致西蒙爵士

发报时间:1932 年 9 月 22 日(无线电)

收报时间:1932 年 9 月 23 日 09:30

北平,第 722 号电报

东京的第 359 号电报。[①]

这一举措的具体影响尚不明确,但肯定会对中国内地和东北地区之间的贸易产生深远的影响。

但是,英国的直接利益似乎受影响不大,英国从满洲进出口是向"满洲国"而不是向中国缴税。大型分销公司在中国缴纳的统一税大概将不再被"满洲国"承认,但目前烟草公司以其在奉天的工厂供应满洲,石油公司可以直接用船运送。

在满洲口岸(不包括大连)支付额外的吨位费等等可能会严重影响航运,但英国在这些港口的航运份额并不是很大。

日本承认"满洲国"不一定会废除 1907 年关于大连的中日海关协定,"满洲国"政府会声称它是中国在租赁领土的权利的继承人。[②]

我要求上海总领事和商务参赞就上述问题发表他们的意见。[③]

---

① 参见第 692 号,注 2。

② 英格拉姆先生在 9 月 27 日的第 735 号电报中向外交部报告说,中国政府根据海关总税务司的建议,决定把"满洲国"海关看作中国领土内的叛乱,而不是作为外国看待,"就中国而言,唯一的区别就是以前在满洲收税现在在中国收税,但是据推测他们也会在满洲纳税,所以会付出双重税款"。宋先生 9 月 23 日关于海关问题的发言,参见《1933 年中国年鉴》,第 602—603 页。

③ 他们的观察结果已经随 9 月 28 日的上海第 28 号电报发给北平(英格拉姆先生把 9 月 30 日的北平第 747 号电报转发给了外交部)。在分析了各种可能性之后,他们认为,"现有的上海到满洲的转口贸易将转移到香港,从那时起可以通过日本发展到满洲的转口贸易"。他们也认为"在满洲单独执行的任务"可能只是日本商人为获得"未公开的非法优惠"而采取的一种说辞。一般来说,在不久的将来,除了对日本有利,满洲的贸易增长前景并不是很好。

转发至东京,商务参赞和南京公使馆。

资料来源:[F 6952/451/10]

(陈梦玲 译 郭昭昭 校)

227. 英国驻北平领事馆代办英格拉姆致英国外交大臣西蒙(1932 年 9 月 22 日)

第 706 号 英格拉姆先生(北平)致西蒙爵士

发报时间:1932 年 9 月 22 日

收报时间:1932 年 11 月 11 日

北平,第 1223 号

先生:

1. 谨随函附上英国驻上海总领事馆标注在页边的三份关于歧视中国工厂征收内部关税问题的书面材料①,上海一家制造钉子等产品的中国工厂获得了支持,而此前在该港口成立的一家为中国市场生产类似产品的英国公司在中国的工厂则受到了不利影响。中国工厂的货物实际上已经被上海海关申请确认享有这样的优惠,我在附件②中注明了一个副本已经寄给了外交大臣,面对国民政府经常宣布的鼓励在工业中引进外资的政策,我们要求解释这种歧视。

2. 本案允许中国工厂免税,似乎是依照 1929 年 7 月 31 日中国政府颁布的《鼓励特殊行业法》(参见 1930 年 4 月 22 日迈尔斯·兰普森爵士第 497 号电报的第四段)③和这个性质的类似法律。也许令人好奇的是,据我所知,根据这项法律,以前没有英国公司在中国经营的工厂的任何歧视事件引起过使馆的注意。

---

① 未印。分别是 6 月 28 日,7 月 2 日和 8 月 4 日上海派往北平的第 242、248 和 296 号电报。

② 日期为 9 月 22 日,未印。

③ 未印。

3. 在这种情况下,实行歧视似乎与中国政府铁路运输方面的情况差不多,中国政府经常注意这种情况。然而,这种形式的歧视直接违背 1922 年 2 月 6 日在华盛顿签署的《九国公约》第五条的规定。但是,外商在中国生产的产品和中国企业生产的产品之间,在税收方面的歧视没有任何条约可以援引,规定在(参见 1931 年 1 月 6 日贸易委员会信函中的观点,这些观点附在 1931 年 1 月 20 日外交部第 68 号电报中)①1930 年 12 月 11 日给外交部的上一封信中。关于中国征收歧视性内部税的问题(参见 1931 年 1 月 9 日外交部第 30 号电报),②审计委员会认为,虽然目前无已生效的条约规定这一问题,但可取的是将来可能与中国缔结的完整的商业条约中,有足够的规定来确保在中国境内的英国制造商及其产品将不受中国制造商及其产品适用的其他税收形式的约束。因此,我认为应该引起中国政府对这个案件的高度重视。就英国原料的使用问题而言,一方面,我有理由认为有关英国工厂的产品原料来自比利时;另一方面,我并不知道与他们竞争的进口产品是在英国制造的。

4. 问题的关键还引起了对条约口岸之间沿岸运输的本地货物继续征收港口间(所谓)出口关税的问题,自 1931 年 1 月 1 日以来,增加的一半(海岸贸易)关税已经被废除了——这个问题在 1925—1926 年的关税会议上讨论过。但是,在目前与中国政府的沟通中,我认为讨论这个主要关注本土贸易的问题并不合适,尽管它也影响了我们利益颇大的沿海航运。

此致

英格拉姆

资料来源:[F 7953/283/10]

(陈梦玲　译　郭昭昭　校)

---

① 未印。

② 未印。

228. 英国驻北平领事馆代办英格拉姆致英国外交大臣西蒙(1932 年 9 月 22 日)

第 707 号 英格拉姆先生(北平)致西蒙爵士

发报时间:1932 年 9 月 22 日

收报时间:1932 年 11 月 12 日

北平,第 1231 号

英国驻北平临时代办致函英国外交大臣,谨向阁下致意,并附上英国驻上海领事馆于 9 月 14 日发出的第 325 号电报副本,有关上海公共租界越界筑路的协议。

资料来源:[F 7970/65/10]

(陈梦玲 译 郭昭昭 校)

第 707 号附件

约翰·白利南爵士致英格拉姆先生

发报时间:1932 年 9 月 14 日

上海,第 325 号

机密

先生:

1. 我于本月 7 日发出第 320 号电报①后不久,受到了日本总领事村井先生的拜访,他详细地向我介绍了日本政府反对越界筑路的拟定协议。除了矢野先生此前提出的观点,他努力向我说明,其实除它影响了根据条约确保的额外领土权利外,与中国政府商议协议本质上超出了土地条例赋予的权力。

2. 村井先生说,在这方面,理事会像一个公司的董事会一样,仅限于公司章程给予他们权力。我回答说,如果是这样的话,那么理事会已经成为监督越

---

① 参见第 679 号,注 3。

界筑路行为的角色了,因为土地条例没有授权他们这样做。不过,日方反对这个协议的主要原因是,根据这个协议他们会放弃修筑道路,他的观点似乎与我并不一致。

3. 这样围了一段时间后,村井先生私下向我承认,这些观点当时只是为了阻碍协议的制定,但他把它作为他的秘密和个人的意见,即日本政府的态度只是政策的一部分,即便中国在满洲问题上阻挠日本,日本也不放过在中国的任何利益。如果承认"满洲国"这件事慢慢淡去,而且中国人已经很好地接受了这一点,他认为他的政府对中国的其他问题会更加宽容。然而,他非常认真地提醒我,如果理事会目前无视日方的反对意见而达成协议的话,恐怕当地人民会制造一些麻烦。

4. 然后我问他,如果这个协议只适用于西部地区是否会遭到同样的反对。令我惊讶的是,他回答说,尽管他不能代表日本政府回复这个问题,但他认为这个主意很好,他准备向日本政府推荐这个主意。我说过,如果是这样的话,我会就这个建议提醒中国,但是我担心现在反对意见会来自他们那边。

5. 我在适当的时候接触了中国人,并在本月十三号与市长进行了长时间的交谈。事实上,他为此请我吃午饭,在场的其他人是协议的中国谈判代表蔡增基(J. K. Choy)和俞鸿钧(O. K. Yui)。我坦率地告诉市长目前的情况,鉴于我从代办和总领事那收到的严重警告,不建议理事会忽略日本的反对意见,但我要求一开始协议只适用于西部地区。如果证明是成功的,那么日本居民现在就可以向自己的居住地区申请。

6. 经过一番考虑,他说这是不可能的。这显而易见是屈服于日本人的恐吓,并会被认为是承认日本人在北部地区享有的特权。市长表示,他宁愿暂时继续就细节问题进行磋商,无论如何,协议生效后,这些细节将不得不被摧毁。协议本身本来保留了这些细节,直到政治局势的变化改变了日本的反对意见,我似乎认为这可能比我们预料的发生得更早。

7. 我不知道他的理由是什么,但是奇怪的是,在不久之后村井先生对我说了同样的话。他表示,当地日本人士的意见认为,日方提出的协议没有得到包括特别警察在内的日本力量的足够支持,他可以说服他的政府持相同的观点。一位日本议员对理事会主席说了同样的话。

8. 因此我认为,理事会跟我想的一样,我们最好听市长的意见,尽管磋商仍在继续，但需将协议结论的确定推迟到一个更合适的时机。

此致

约翰·菲茨杰拉德·白利南

资料来源：[F 7970/65/10]

（陈梦玲　译　郭昭昭　校）

229. 英国驻罗马使馆参赞穆雷致英国外交大臣西蒙（1932 年 9 月 23 日）

第 708 号　穆雷(Murray)先生①(罗马)致西蒙爵士

发报时间：1932 年 9 月 23 日

收报时间：1932 年 9 月 27 日

罗马，第 768 号

先生：

1. 我荣幸地向您报告，日本正式承认新的"满洲国"，唤醒了意大利对满洲局势的兴趣。一般来说，新闻界一直保持着非常谨慎和不置可否的态度。例如，盖达(Gayda)博士②在本月 18 日《意大利新闻报》上发表了一篇令人备受鼓舞的文章，仅客观描述了事件发展过程，并强调对包括意大利在内的大国而言，远东局势具有国际性意义。他还坚持满洲问题可以而且必须由所有有关国家共同讨论，在《李顿调查团报告书》审议完成之前，不能匆忙作出决定。

2. 此外，比起满洲危机的早期阶段，现在批评日本政策的呼声大大增加了。例如媒体说到，《李顿调查团报告书》的结论是日本在满洲的行动违反了《九国公约》、《凯洛格公约》和《国际联盟盟约》。日本的论点不仅在法律上是站不住脚的，而且是非常危险的，因为在外国领土上广泛行使"防御权"实际上等同于"征服权"。然而，媒体总结说，简单地回到原状是极不可能的，也可能是不可取的。然而，国联和美国不应该满足于无效的法律定式，而是要积极寻

---

①　英国驻罗马大使馆参赞。

②　意大利记者兼《意大利新闻报》编辑。

求一种新的、实际的解决方案,使原则与现实的要求相一致。

3. 盖达博士和媒体的结论很可能会与政府的结论相吻合,这在一定程度上证实了路透社记者最近告诉我的一个故事。故事大概是在承认"满洲国"之后,有人指示他汇报意大利的"反应",并且发了一封电报,说普通的意大利人倾向于同情日本,因为就像意大利一样,人口不断膨胀占据了有限的空间。不过,他补充说,意大利政府是中立的。为此,他受到新闻部门官员的强烈谴责,理由是这个信息可能于意大利对华贸易有不利影响。(1931 年意大利对中国的出口额不足 150 万英镑)。不久之后,盖达博士发表了上述近乎中立的文章。因此,基吉宫①应该遏制法西斯主义者为日本帝国的"活力"而欢呼的自然倾向,并提供更多的证据证明意大利政府深受日内瓦事件进程的困扰,同时目前不希望做任何事情来加强意大利在国联内部成为破坏性国家的可能。

此致

约翰 • 穆雷

资料来源:[F 6997/1/10]

(陈梦玲 译 郭昭昭 校)

230. 英国外交大臣西蒙致英国驻北平领事馆代办英格拉姆(1932 年 9 月 24 日)

第 709 号 西蒙爵士致英格拉姆先生(北平)

发报时间:1932 年 9 月 24 日 12:10

外交部,第 212 号电报

您的第 694 号电报②(9 月 17 日:盐务稽核所,皮尔森先生)。

虽然中国人当然有权利取代皮尔森,但我认为在这种情况下,你对财政部部长使用非常通俗的语言是合理的。您应该确定皮尔森先生的看法,如果他不反对,您可以私下向财政部部长写信,指出皮尔森先生的接替者从盐务稽核

---

① 即意大利外交部。

② 第 693 号。

所撤走了最后一位对盐业收入担保感兴趣的外国国民，这在很大程度上剥夺了政府部门维护正义和利益的重要国际因素；众所周知，皮尔森先生是一位水平高、能力强的人，他为中国政府服务了十八年，表现出了杰出的忠诚和奉献精神。他的离任，除了是一种极不公正的行为，只能被解释为对英国的不友好行为，鉴于盐政部门的成功重组是英国向中国提供的一个卓越的服务，当前这种行为是特别不识好歹的。盐务的效率对中国利益来说是重要的，对有能力的成员的不合理对待只会造成破坏。如果皮尔森先生担心书面抗议可能会损害他的利益，那么您可以尽早寻求机会，在上述基础上向南京国民政府财政部部长表明态度。①

资料来源：[F 6837/552/10]

（陈梦玲　译　郭昭昭　校）

231. 英国驻华盛顿大使馆代办奥斯本致英国外交大臣西蒙（1932 年 9 月 24 日）

第 710 号　英国驻华盛顿大使馆代办奥斯本先生（华盛顿）致西蒙爵士

发报时间：1932 年 9 月 24 日 13：58

收报时间：1932 年 9 月 25 日 09：30

华盛顿，第 388 号电报

我的第 386 号电报，②第 3 段。

据巴黎美联社报道，根据"高级人士"的消息，法国人对于满洲地位的看法实际上与美国即史汀生主义是一致的，但这种看法并不是最近巴黎谈话的结果。③

---

①　英格拉姆先生在 9 月 26 日的外交部第 734 号电报中说，皮尔森先生在四川执行任务（参见第 693 号，注 1），暂时无法联系到他，但他会按照上述意思跟财政部部长进行交谈。

②　第四卷，第 108 号。

③　美国参议院军事委员会主席、宾夕法尼亚州参议员里德访问了巴黎，参见《美国外交关系文件》1932 年，第四卷，第 239—240、265 页。

东京的报道说,日本媒体宣称里德参议员以我的电报中所提到的条件获得了法国对日本的支持……①

资料来源:[F 6970/1/10]

(陈梦玲 译 郭昭昭 校)

232. 英国驻北平领事馆代办英格拉姆致英国外交大臣西蒙(1932 年 9 月 24 日)

第 711 号 英格拉姆先生(北平)致西蒙爵士

发报时间:1932 年 9 月 24 日

收报时间:1932 年 11 月 14 日

北平,第 1236 号

先生:

1. 谨通知您,英国驻奉天总领事于 9 月 20 日向我致电,告诉我他收到了丹东肖先生②的请求,请求他在"新语号"汽船向丹东海关申请的内陆水域证书上签字。正如肖先生希望在 9 月 22 日上午清理这艘船时,伊斯特先生紧急请求我指示他是否可以向实际上的"满洲国"当局签字。

2. 鉴于如果要在"满洲国"进行商业活动,英国领事官员必须与事实上的海关进行交易,而且这也是我们在近几年的内战中一直采取的行动原则,我授权伊斯特先生签署申请。

此致

英格拉姆

资料来源;[F 7981/1/10]

(陈梦玲 译 郭昭昭 校)

---

① 关于德国情况的一段被略去。

② 参见第 380 号,注 5。

233. 英国驻北平领事馆代办英格拉姆致英国外交大臣西蒙(1932 年 9 月 24 日)

第 712 号 英格拉姆先生(北平)致西蒙爵士

发报时间:1932 年 9 月 24 日

收报时间:1932 年 11 月 21 日

北平,第 1251 号

先生:

1. 关于我 8 月 25 日发出的第 1107 号电报①,我谨通知您,李顿调查团的报告书已由全体成员于 9 月 4 日上午 8 时 30 分左右在位于北平德国医院的李顿爵士房间一致签署,调查团成员也于当天离开北平前往欧洲。②

2. 调查团直到离开的那一刻仍在努力完成报告书,而且我知道由于在一些报告书中陈述的最重要的原则问题和事实上遇到的困难,即使在最后一刻,他们能在安排的日期离开的可能性也非常小。在这些问题上,法国成员克劳德将军表现出了出人意料的坚持,在报告书签署前的最后十天里,为了达成一致,其余成员被迫一次又一次地在表达的清晰性上做出巨大妥协。李顿爵士在签名之前的那一晚度过了一个不眠之夜,经历了一次"良知危机",并且经过同事们百般劝阻才没有在最后一刻加入他的保留意见,我猜测这条保留意见的大意是,报告书的最终版本没有充分强调"满洲国"是日本军方人为造成的事实。

3. 签署报告书之后,李顿爵士立即同他的秘书爱斯托、马柯迪(Aldrovandi)伯爵③和麦考益将军④及其夫人乘坐张学良元帅的私人飞机前往上海。他们在同一天下午抵达上海,第二天即 9 月 5 日乘坐意大利油船"恒河号"前往欧洲。法国和德国的调查团成员克劳德将军和希尼博士也于 9 日

---

① 第 631 号。

② 参见第 654 号。

③ 调查团中的意大利成员。

④ 麦考益将军是该调查团的美国成员。

离开北平,乘途径西伯利亚的火车前往欧洲。

此致

英格拉姆

资料来源:[F 8102/1/10]

（陈梦玲　译　郭昭昭　校）

234. 英国驻国际联盟代表致英国外交部(1932 年 9 月 26 日)

第 713 号　英国驻国际联盟代表(日内瓦)致英国外交部

发报时间:1932 年 9 月 26 日

收报时间:1932 年 9 月 28 日

日内瓦,第 262 号

国际联盟英国代表团致意,并荣幸地传送下述文件的副本。

编号和日期	主题
约翰·西蒙爵士的备忘录。1932 年 9 月 23 日。	与长冈先生就日方对《李顿调查团报告书》态度问题的谈话记录。

第 713 号附件

西蒙爵士的备忘录

日内瓦,1932 年 9 月 23 日

今天早上,长冈先生与我进行了通话,询问我们对日本提出的要求[1]作何态度。日方要求国际联盟理事会在日本收到《李顿调查团报告书》后给予他们一段时间来研读报告并撰写相应的意见书送到日内瓦,并同时要求理事会在未收到日本政府的意见书之前不可提前审议《李顿调查团报告书》。长冈先生提出,其中的四个星期是用来研读报告和准备意见书的,另外两个星期则用来运送报告到日内瓦。除此之外,他还要求给他们额外的一星期时间来应对可

---

[1]　9 月 14 日的这一要求参见 1932 年 11 月的《国联公报》第 1860 页。

能的延误事故。由于理事会的成员们已经在 9 月 30 日收到了《李顿调查团报告书》，这样的要求如果被批准，审议的时间将会被推迟到 11 月 17 日。

我询问他是否将这件事告知了其他人，他告诉我，秘书长似乎认为此要求合理，但是为将来计，最好还是确定一个确切的时间，而不是说个大概。他同时也向赫里欧先生①谈及此事，先生也表示日本的这一要求是合理的。我告诉他我尚未有机会与理事会的其他成员就此事进行交流，但是就我个人而言，这项建议倒也合理。

在我与长冈先生的谈话中，他两次提及了有关报社和里德参议员访谈的流言②，并说他的政府很想知道发生了什么。我观察到，报纸上的传言并不总是有根据的，我与里德参议员③除了喝茶时聊上几句平时交流甚少，因此我的确没什么能告诉他的，只能告诉他媒体上的夸张描述置之不理为好。

约翰·西蒙

资料来源：[F 7035/1/10]

（陈梦玲　译　郭昭昭　校）

235. 英国驻东京大使林德利致英国外交大臣西蒙（1932 年 9 月 27 日）

第 715 号　林德利爵士（东京）致西蒙爵士

发报时间：1932 年 9 月 27 日 13：00

收报时间：1932 年 9 月 27 日 09：30④

东京，第 368 号电报

我的第 356 号⑤和第 359 号⑥电报。

---

① 法国总统兼外交部长，同时担任国际联盟理事会代表。

② 参见 710 号。

③ 参见第 674 号，注 2。

④ 编者按：收发时间原文如此。

⑤ 第 685 号。

⑥ 参见第 692 号，注 2。

　　我现在已收到"满洲国外交部部长"签署的正式信函,附上这两封信的副本。我还没有回答,也没有向除法国人以外的同事回答,法国人回复的方式和以前一样,参见我的第 313 号电报的最后一段。①

　　如果"满洲国政府"被承认,英国的利益可能会受到影响。因此,值得考虑是否应该效仿法国的做法,我们也让哈尔滨的英国领事馆总领事在这种情况下进行申述。②

　　西班牙部长日前在询问日本外务省来自"满洲国政府"的电报的含义时,提到了解释③,我怀疑日本政府是否愿意在承认之前,同样重视英国在满洲利益的申述。

　　转发至北平。

资料来源:[F 7005/451/10]

(陈梦玲　译　郭昭昭　校)

236. 英国外交大臣西蒙致英国驻北平领事馆代办英格拉姆(1932 年 9 月 27 日)

第 716 号　西蒙爵士致英格拉姆先生(北平)

发报时间:1932 年 9 月 27 日 15:00(无线电)

外交部,第 216 号电报

您的第 434 号电报④(7 月 3 日,建议从上海撤离英国的一个营)。

　　陆军部表示,第一营大队将于 9 月 30 日左右离开上海前往香港。因此,香港驻军将暂时增加到四个营,直到 11 月初,阿盖尔第二营部队将前往上海

---

　　①　第 556 号。

　　②　英格拉姆先生在 9 月 28 日给外交部的第 743 号电报中支持这一提议。9 月 29 日,西蒙爵士在第 219 号致北平的电文中说:"他不反对英国总领事口头和非正式地通知满洲当局,这些来函已经收到并转交给英国政府。"

　　③　这个词在电报的副本上被删去。提供以下两个替换建议:"国务卿或政府。"

　　④　第 504 号。

接替威尔特郡第一营的部队。后者将从中国撤离。

资料来源：[F 6947/1/10]

（陈梦玲　译　郭昭昭　校）

237. 英国驻北平领事馆代办英格拉姆致英国外交大臣西蒙（1932 年 9 月 28 日）

第 718 号　英格拉姆先生（北平）致西蒙爵士

发报时间：1932 年 9 月 28 日

发收时间：1932 年 11 月 4 日

北平，第 1246 号

英国驻北平临时代办向英国外交大臣致意，并随函附上下列文件的三份副本。

名称和日期	主题
1932 年 9 月 19 日，由英国驻上海总领事寄出的第 327 号电报。	日本对"满洲国"的承认。

资料来源：[F 7788/1/10]

（陈梦玲　译　郭昭昭　校）

第 718 号附件 1

约翰·白利南爵士致英格拉姆先生

发报时间：1932 年 9 月 19 日

上海，第 327 号

机密

先生：

1. 我谨附上副领事基特森先生的一份有趣的备忘录①，描述当地华人和媒

---

① 未印。

体对日本承认"满洲国"的反应。我只想补充说,完全没有暴力示威,再次表明即使在现在的混乱状态下,也可以控制好中国民众的情绪。当前情况下,由于日本军方做了大量包括宣传在内的准备,若威胁到日本在当地的利益,军方定会采取猛烈行动,日本军事当局也在为他们"大棒"政策的成功而庆贺。

2. 日本新任驻华公使有吉明先生今天回复了我的电话,就总体情况发表了一些有趣的评论。他说,蒋介石目前仅专注于打击中部地区的共产党威胁,把处理日本和"满洲国"情况的任务交给南京政府中的广东籍大员,其目的是让广东籍大员承担来自各方的不满。根据有吉明先生的说法,广东籍的外交部部长罗文干对日本态度相对友好。反之,广东派中未掌权的人士则大声敦促南京当局采取积极行动来对抗日本,目的是让国内政治对手难堪。

3. 关于刚刚在山东爆发的新内战——对于想向世界展示中国团结抗日画像的中国宣传人员来说是最不合时宜的——有吉先生说,根据他的报告,刘珍年将军得到张学良少帅的支持,得到蒋介石的批准,反对独霸的山东统治者韩复榘将军。实际上,有吉先生的大致结论是,在不久的将来,可以预料包括北平和天津在内的北方地区可能发生动乱。

4. 在地方事务方面,日本公使提到我与矢野先生就"解决越界筑路协议"问题进行的交谈——请参阅我本月 7 日的第 320 号文件[①]——足以表明他赞同我所提出的论点。他说,他亲自批准了拟议的协议,强烈建议他的政府接受。他补充说,他希望在几天内收到新的指示,撤回日本的反对意见。不过,我认为在特别警察部门工作的日本人的数量和级别仍然是谈判的问题。

此致

约翰·菲茨杰拉德·白利南

资料来源:[F 7788/1/10]

(陈梦玲 译 郭昭昭 校)

---

① 参见第 679 号,注 3。

238. 贝克特的备忘录(1932年9月28日)

第719号 贝克特(Beckett)先生①的备忘录

外交部,1932年9月28日

1. 1922年2月6日在华盛顿签署的《九国公约》(附件,第一篇)②规定:

"第一条。除中国外缔约各国协定:(1)尊重中国之主权与独立,及领土与行政之完整;(2)给予中国完全无碍之机会,以发展并维持一有效稳定之政府;(3)……;③(4)不得因中国状况,乘机营谋特别权利,而减少友邦人民之权利,并不得奖许有害友邦安全之举动。

"第二条。缔约各国协定不得彼此间及单独或联合与任何一国或多国订立条约或协定或协议或谅解,足以侵犯或妨害第一条所称之各项原则者。"

2. 可以承认的是,本条约缔结之时,整个中国绝不是由一个强有力的中央集权政府来管理和统治的。特别是,满洲是由张作霖元帅统治的,即使他承认忠于中央政府,也确实享有很大的实际独立性。因此,条约中关于中国的主权、领土完整和行政完整的表述,必须根据当时的情况来理解。还必须承认,条约中大国并没有保证中国政府的现有状态不会发生任何改变。很明显,大国的义务是让中国和中国人自由地按照自己的方式自行决定其命运。如果说满洲原本不受任何其他国家的干涉,仅依靠本国人民努力,建立完全独立的政府,那么条约当然没有任何义务要求他国协助中央恢复对该省的控制。也许可以承认,如果以这种方式建立了独立的满洲,继续巩固其地位,而且随着时间的推移,它不仅是一个根深蒂固的事实上的独立国家,而且中央政府没有合理的可能性重新获得控制权,这样的情况正如在国际法一般原则下承认一个新国家的条件,本条约中的任何规定都不能阻止各国认识到这一事实。

3. 目前可能还没有完全了解所有事实情况,我相信我国政府将立足于日

---

① 外交部第二法律顾问。这份备忘录是为了回应约翰·西蒙爵士,他要求解释为什么日本的行为违反了《九国公约》,参见第674号,注2。

② 全文打印在1922年英国政府第1627号命令文书,第11号。

③ 标点符号与原文引语相同。

前尚未公开的《李顿调查团报告书》中的事实。

如果《李顿调查团报告书》中写道,在满洲抗击张学良少帅和完全脱离中国的独立运动是由日本政府和日本军队设计和协助的,那么毫无疑问日本违背了尊重中国之主权与独立,及领土与行政之完整(第一条第一款),也违背了为中国提供充分机会发展和维护自己的有效稳定的政府的义务。很明显,条约涵盖了张少帅父子在满洲的现有制度,此作为中国"行政完整"的一部分(第一条第一款)。

4. 如果《李顿调查团报告书》表明,在满洲独立运动开始之后,成功抗击张元帅和其他对中央政府效忠的政权,是因为日本军队和日本官员给予的援助,日本军队并不仅限于保护日本国民的生命及其在满洲铁路上的条约权利,这同样明显地违反了公约第一条。

5. 根据 1932 年 9 月 15 日签署的议定书(第 2 页),①日本不仅承认满洲是"独立国家",而且与"新国家"签订协议,日本希望日军保护"新国家"的安全,并获得在"该国"驻扎日方认为达此目的所需的部队的权利。这一权利的结果是,日本承诺保护新的"满洲国",以免中国政府或前统治者张少帅企图重新控制这块领土。

6. 尽管根据上文第 3 和第 4 段讨论的理由,情况不利于日本,但是这取决于《李顿调查团报告书》中确定的事实,因此尚未得到证实,几乎不可能认为本条约的义务违反了《九国公约》第二条的安排,因为它是与另一国(即新的"满洲国")订立的条约,这当然是与中国的主权与独立,及领土和行政完整性相抵触的(第一条第一款),并与给予中国完全无碍之机会,以发展并维持一有效稳定之政府相抵触(第一条第二款)。在我看来,这是不利于日本的最明确、最无可争辩的部分。

7. 此外,根据国际法的一般原则,承认这个"新国家"似乎还为时过早,但是,没有日本的援助,我们有理由怀疑这个"新国家"能否维持自身发展。如果没有日本现在承诺给予的这种援助,其不可能维持自身发展,②但在 9 月 15 日满洲的新制度足以表明永久的迹象,而且张少帅或者一些中国的其他政权不可能不会推翻它,从而恢复某种形式的中国控制权和主权。因此,我认为它

---

① 参见第 686 号。

② 这里的斜体字在提交的副本上加了下划线。

必须被视为一种不成熟和不合理的承认,因为其违反了第一条第一款和第二款所规定的日本应承担的义务。

资料来源:[F 7421/1/10]

(陈梦玲 译 郭昭昭 校)

239. 英国驻北平领事馆代办英格拉姆致英国外交大臣西蒙(1932 年 9 月 30 日)

第 721 号 英格拉姆先生(北平)致西蒙爵士

发报时间:1932 年 9 月 30 日(无线电)

收报时间:1932 年 9 月 30 日 19:30

北平,第 745 号电报

我的上一封电报。①

我们的三名军事参赞指出:(a) 任何中立的方案都是不切实际的,除非在敌对行动之前进行谈判。(b) 方案必须确保有关地区不受双方常规军事活动限制,该地区不允许通过或在当地建立任何军事力量,直至终止中立,且撤走已经在该地区的部队(包括其总部)。中立地区应该排除在任何战争行为之外,包括从飞机上进行轰炸或观察。(c) 中立地区应该被限制在中国北平和蒙古之间的地区,包括使馆区。超出这些限制区域的任何延伸将会干扰中国政府的正常铁路运输和其他通信,并且不能由当前的中国警方适当保护,但是对于提议的区域,中国当地警力应该是足够的。(d) 使馆区内的日本警卫应撤出,让剩下的使馆区警卫保护该区域。(e) 使馆区外的治安维持应完全交给当地的中国警方。中国方面应保证该地区不在外交区域内的日本公民不受任何形式的骚扰,并且只有在外交使团的要求下这些日本公民才应撤离到外交区域。(f) 国际委员会应按照上海谈判的原则设立,指定区域并监督其遵

---

① 英格拉姆先生在 9 月 29 日第 744 号电报(10 月 1 日上午 9 时在外交部收到)中答复了约翰·西蒙爵士的第 209 号电报(第 704 号),关于他的答复要旨参见下文第 734 号,第 2—4 段。

守,同时决定何时应该终止安排。

转发至东京和舰队司令。

资料来源:[F 7110/5851/10]

（陈梦玲　译　郭昭昭　校）

240. 英国驻北平领事馆代办英格拉姆致英国外交大臣西蒙(1932 年 9 月 30 日)

第 722 号　英格拉姆先生(北平)致西蒙爵士

发报时间:1932 年 9 月 30 日(无线电)

收报时间:1932 年 10 月 1 日 09:30

北平,第 751 号电报

以下信息来自 9 月 28 日收到的哈尔滨第 95 号电报。

发至北平的电报,邮寄转发至奉天、牛庄和大连。

我的第 85 号电报①,最后一段。

我的苏联同事告诉我,9 月 27 日,驻扎在满洲里和扎兰屯之间的所有"满洲国"部队纷纷起义并宣告归顺南京政府。"满洲国"国旗被拖下来,满洲里的日本宪兵被捕,其他所有驻守的日本和中国的"满洲国"官员也被逮捕。据悉,已有一些日本人遭杀害。

资料来源:[F 7100/1/10]

（陈梦玲　译　郭昭昭　校）

---

① 这封自哈尔滨发至北平的电报未保存在外交部档案中。

241. 英国驻华盛顿大使馆代办奥斯本致英国外交大臣西蒙(1932年9月30日)

第723号 英国驻华盛顿大使馆代办
奥斯本先生(华盛顿)致西蒙爵士

发报时间:1932年9月30日

收报时间:1932年10月13日

华盛顿,第1492号

先生:

关于去年7月29日英国驻奉天总领事发给北平代办的第115号电报副本,①您可以本月15日随您的第1198号电报②(F 6630/1/10)一起发给我,报告说,乔治·布朗森·雷亚(George Bronson Rea)先生是作为"满洲国政府"的非官方代表前往日内瓦的,我荣幸地向您报告,这位先生最近在媒体上宣布,在前往欧洲后抵达美国。根据《旧金山纪事报》的一篇文章,雷亚先生在接受记者采访时表示,如果美国去年在满洲面临与日本一样的局面,他将完全按照日本的做法来做,"换句话说,这将告诉世界其他国家应该怎么做"。他说,这个新的"国家"对保证亚洲的和平和远东地区的安全而言比任何事情都重要。其独立存在的权利与同盟国给予捷克斯洛伐克、波兰和其他欧洲独立国家的权利相同。新的"满洲国"是日本抵御苏联入侵的最好防线。中国的武装势力比以往任何时候都多,有三百万名男子现役但没有报酬,还有两百多万人变成了土匪。苏联已经悄悄占领了蒙古,他国也没有提出抗议。然而,这些大国中有一些是率先站出来指责日本在满洲和苏联在蒙古的所作所为的。与此同时,苏联已经建立了两个世界上最大的军火工厂,一个就在西伯利亚边界,是符拉迪沃斯托克的二线铁路。它正在疯狂地生产,使自己成为世界上最强大的武装力量。为了自己的国防,日本选择支持"满洲国政府"的政策。日本在那里有一个十亿日元的投资需要保护。但是谈到日本在"新国家"经济发展中冻结其他国家的资金是没有根据的,日本将在满洲实施开放,有一天还会打

---

① 第562号。

② 参见同上,注5。

开蒙古的大门。给予"满洲国"几年的和平，美国将能够卖给它10 000英里铁路所需的大部分钢铁。建设高速公路网络，美国将提供80%的汽车、机油和润滑脂。如果日本人想像他们那样进行机械化农业，美国就会卖给它农业机械。美国的政策应该支持日本进入满洲和蒙古，而且在美国看来，"如果有一天发生种族战争，那就在日本人和斯拉夫人之间，但不要把我们的孩子送到那里去送死"。

此致
奥斯本
资料来源：[F 7373/1/10]
（陈梦玲　译　郭昭昭　校）

242. 英国外交部远东司司长奥德的备忘录（1932年9月30日）

第724号　奥德先生的备忘录①

英国政府承认"满洲国"

外交部，1932年9月30日

适用于承认新的国家或政府的一般法律原则在贝克特先生记录的引述中有说明。

"一个既定的政体是否是一个国家的政府，是一个适用某些国际法原则的事实问题。这些原则是，无论何种政体实际上都要求该国政府实行必要程度的控制。如果政体是新的，即以违宪或革命手段继承前一制度，那么它的控制也应该提供必要的稳定和持久的证据。"

贝克特先生在前面的备忘录中叙述了我们受《九国公约》约束所产生的有关"满洲国"的特别考虑。②

---

① 这份备忘录是应约翰·西蒙爵士撰写"承认'满洲国'的利弊"的要求而编写的，参见第674号，注2。

② 第719号。

很明显,英国政府承认"满洲国"的时刻尚未到来。假如描述的必要条件在适当的时候已经实现了,如果我们承认"满洲国",我们就必须记住我们给中国带来的罪行,我们在中国的利益远远大于在满洲的利益。国际联盟在 1932 年 3 月 11 日大会决议中通过的美国原则①,具体文字如下:

"宣布国联的成员有义务不承认任何可能通过违反《国际联盟盟约》或《巴黎公约》的手段引起的任何情况、条约或协定。"

这项原则是否会禁止英国政府承认"满洲国政府",这将取决于《李顿调查团报告书》的内容,以及大会对此的看法,但这是一个可能导致非常不利的实际结果的原则。假设建立一个独立的满洲被认为是通过违反《国际联盟盟约》或《巴黎公约》的手段而实现的,而且它的独立性依然存在,所有与中国的关系都被切断了,并建立了一个永久性的"新国家",满足所有被承认的条件,我们会永远都不承认它吗?这会导致荒谬的局面,我们在满洲的贸易利益可能受到严重和永久性的损害。美国政府过去与中美洲的革命政府交涉时,也遇到了这样严重的困难。

菲茨莫里斯(Fitzmaurice)先生在关于史汀生主义的备忘录②的摘要中指出,这可能是正确的,它只是陈述一个已经存在的原则,但是似乎在合同关系下处于静止状态的一般法律原则与史汀生先生在其说明③中和大会在其决议中正式声明的原则之间,实际效果有重要的区别。总的原则可以按照常识性和必要性来调整或者默默地忽视;当它被正式说成是与特定情况有关的义务时,就不那么简单了。④

奥德

资料来源:[F 7421/1/10]

（陈梦玲　译　郭昭昭　校）

---

① 参见第 67 号,注 3。

② 未印。

③ 大概是 1 月 7 日;参见第 49 号,注 7。

④ 在 10 月 4 日关于该备忘录及第 719 号电报的记录中,芒西先生提到,除了与英国在满洲国的相对次要利益相关,几乎所有的观点都是尽可能长时间推迟承认这个决定。罗伯特·范西塔特爵士评论道:"在任何可见的未来,我们肯定不会承认'满洲国'。在义务和权益的情况下,目前来说这是不可想象的。罗伯特·范西塔特　10 月 5 日"约翰·西蒙爵士于 10 月 10 日起草这些会议纪要。

243. 英国驻日内瓦领事帕特森致英国外交大臣西蒙（1932 年 10 月 1 日）

第 725 号　帕特森先生（日内瓦）致西蒙爵士

发报时间：1932 年 10 月 1 日

收报时间：1932 年 10 月 3 日 10：00

日内瓦，第 82 号存档电报

以下信息来自贾德干先生。

应中国代表的请求，国联大会十九国特别委员会在今天上午召开会议，讨论未来的程序问题。

在主席先生①的提议之下，委员会决定，只要理事会将《李顿调查团报告书》和其意见书上交至国联大会，十九国特别委员会就要召开会议并建议国联大会修订延长时间的日期限制②。

中国代表同时也请求十九国特别委员会敦促日本政府不要利用时间的延长来加剧地区局势。主席表示，他很确信委员会会很理解理事会主席③在 9 月 24 日提出的反思，即日本政府将会在《李顿调查团报告书》审议之前就与"满洲国政府"达成协议，承认其地位。海曼斯先生建议道，对于委员会来说最为合适的程序是遵照德·瓦勒拉先生的话，向双方提交一份附件④。

在经过捷克斯洛伐克、瑞士和瑞典代表的简短讨论之后，这一决议被一致通过。

资料来源：[F 7113/1/10]

（陈梦玲　译　郭昭昭　校）

---

①　即委员会主席海曼斯先生。

②　9 月 24 日，国联理事会在其会议上商定了一项延期限制；参见 1932 年 11 月《国联公报》第 1730—1734 页。参见第 713 号。

③　即爱尔兰自由王国总统兼外交部部长德·瓦勒拉先生；参见《国联公报》，同上，第 1731 页。

④　印刷于《国联公报》，特刊第 111 号，第 15—18 页。

244. 英国驻东京大使林德利致英国外交大臣西蒙(1932年10月3日)

第726号 林德利爵士(东京)致西蒙爵士

发报时间:1932年10月3日 19:25

收报时间:1932年10月3日 12:45①

东京,第372号电报

我的第371号电报②

我发现报告对日方观点的支持比预期的更少,但是民众对报告的谴责是不可避免的,因此不需要太过在意。

目前,报告不会以某种方式影响到日本政策,真正的问题是日内瓦应该怎么来看待这份报告。

转发至北平。

资料来源:[F 7123/1/10]

(陈梦玲 译 郭昭昭 校)

---

① 编者按:收发时间原文如此。

② 这封平日的电报(上午9时30分收到)表示,"日本媒体在赞扬《李顿调查团报告书》的历史性章节时一致反对其建议的解决方案"。

245. 英国驻北平领事馆代办英格拉姆致英国外交大臣西蒙（1932 年 10 月 3 日）

第 727 号　英格拉姆先生（北平）致西蒙爵士

发报时间：1932 年 10 月 3 日（无线电）

收报时间：1932 年 10 月 4 日 21:40

北平，第 756 号电报

您的第 221 号电报。①

10 月 6 日我抵达南京时，我建议先按照您的指示，首先争取一个有利时机，亲自与外交部部长讨论整个问题。

（转发至南京公使馆和重庆）

资料来源：[机密/电报/53/268]

（陈梦玲　译　郭昭昭　校）

246. 英国驻华盛顿大使馆代办奥斯本致英国外交大臣西蒙（1932 年 10 月 4 日）

第 728 号　英国驻华盛顿大使馆代办奥斯本先生（华盛顿）致西蒙爵士

发报时间：1932 年 10 月 4 日 19:33

收报时间：1932 年 10 月 5 日 09:30

华盛顿，第 401 号电报

《李顿调查团报告书》。

据报道，国务院严格禁止对有待研究的报告发表评论。如果日本能够接

---

① 第 720 号。

受这些建议,新闻界的编辑以及作家似乎普遍对其公正性和建议的合理性印象深刻。

资料来源:[F 7184/1/10]

(陈梦玲 译 郭昭昭 校)

247. 英国驻日内瓦领事帕特森致英国外交大臣西蒙(1932年10月5日)

第730号 帕特森先生(日内瓦)致西蒙爵士

发报时间:1932年10月5日

收报时间:1932年10月7日

日内瓦,第87号存档电报

以下信息来自艾登先生。

我今晚与长冈先生进行了谈话。很明显,《李顿调查团报告书》对日方没有产生任何影响。长冈先生称,报告书中表明,日方去年十月曾提出让步。中方不承认"满洲国",因而无法与中方进行商讨,且日本为扩张付出了大量生命和财力,无法回到去年秋季的局面。

资料来源:[F 7233/1/10]

(陈梦玲 译 郭昭昭 校)

248. 英国驻东京大使林德利致英国外交大臣西蒙（1932年10月5日）

第731号　林德利爵士（东京）致西蒙爵士

发报时间：1932年10月5日

收报时间：1932年11月7日

东京，第532号

先生：

1. 如您所知，日本在满洲殖民的问题近几个月来一直处于风口浪尖，我谨在此附上一份《日本通报》①的节选，上面报道了450名日本人从日本东北部前往吉林省。可以注意到，这支队伍是按照军事组织建立的，明显是仿效罗马人和俄国人的做法，在帝国边境建立军事殖民地的计划的一部分。

2. 进一步看到，在离开前接待农民的陆军大臣荒木将军进行了一次日常政治访问，并表示日本不会因最近发布的《李顿调查团报告书》而改变对"满洲国"的政策。

3. 英国驻东京领事巴特尔（Bulter）先生几天前恰巧与东方开发公司总裁长山先生讨论了日本移民到满洲的问题，他认为，日本移民大量涌入该地区是没有前途的。中国的气候严峻，生活水平低下，构成了两大障碍。加上中国农民在此耕作，将阻碍大规模的移民。他继续说，即使在韩国，农业移民仍然相对较少，尽管韩国人的懒散习惯给了日本人很好的机会。长山先生补充说，他认为把武装预备役人员殖民引入满洲的计划是错误的，因为这可能会导致更大规模的重蹈覆辙，这些事件使日本在韩国建立保护国之后的几年内，其统治都不受欢迎。

此致

林德利

资料来源：[F 7831/1/10]

（陈梦玲　译　郭昭昭　校）

---

① 无抄件。

249. 英国驻华使馆官员霍尔曼致英国外交大臣西蒙 (1932 年 10 月 5 日)

第 732 号　霍尔曼先生(北平)致西蒙爵士

发报时间：1932 年 10 月 5 日

收报时间：1932 年 11 月 24 日

北平，第 1281 号

先生：

1. 关于 8 月 15 日的第 1048 号电报①，我②荣幸地向您报告，航空局代理局长的私人秘书最近通知霍尔曼先生，中国政府决定不再采取进一步行动来参与英国军事航空飞行任务。原本希望在南京建立航空学校，同时在杭州设立美国航空学校(参见我 7 月 5 日发的第 811 号)③，主要是为了指导初学者；正因为这个原因，中国政府首先就英国的使命向国联提出了问题。不过，现在已经决定，美国的学校应该从经济角度进行初级和高级培训，这个安排是否会取得成功还有待观察。

2. 在这次对话过程中，霍尔曼先生的印象是，根据您在 6 月 8 日[6 日]第 111 号电报④中提出的英国军事飞行任务的代价，与美国航空学院的成本相比并不算太高。由于缺乏更详细的资料，我无法对此作出评论，但我正指示上海商务参赞在收到美国航空学校的所有资料后，向我提供中国政府的费用，我希望收到这份报告后再提交一份报告。

3. 同时，我担心在目前的情况下，对我来说继续追查英国航空飞行任务的问题已经没有意义了，尽管如此，我会继续与南京的航空当局保持密切的联系，希望有可能在未来某个时候恢复该计划。

此致

---

① 第 610 号。

② 即英格拉姆先生。

③ 参见第 400 号，注 2。

④ 第 400 号。

霍尔曼·阿德里安

(在临时代办不在的情况下)

资料来源:[F 8197/16/10]

(陈梦玲 译 郭昭昭 校)

250. 英国外交部美国司司长克雷吉与日本公使的谈话记录(1932 年 10 月 5 日)

第 733 号 克雷吉先生与日本公使的谈话记录

外交部,1932 年 10 月 5 日

松平先生今天致电告诉我,他从他的政府那里收到了他在我们上次就海军裁军问题谈话后发送的电报的答复。① 他说他的政府目前没有机会参加有关海军实力等方面的广泛讨论。他们正在研究整个问题,并可能准备在稍后阶段就这个问题提出建议。

关于我们上次谈话中提到的具体问题,即缩小各种军舰规模的问题,松平先生说,他的政府意见如下:他们准备同意把排水量削减到以下级别:

战舰	25 000 吨级,装配 14 英寸口径炮
A 级巡洋舰(他的理解是装配了 8 英寸口径炮的巡洋舰)	8 000 吨
B 级巡洋舰	6 000 吨级,装配 6.1 英寸口径炮

关于航空母舰,日本政府希望看到它们被完全废除,只要同时禁止在其他类型的船上安装着陆平台——如果允许在其他船舶上安放飞行甲板的话,废除航空母舰当然毫无用处。日本政府非常关心美国海军的事态发展,据报道,它正在安排越来越多的巡洋舰增加飞行甲板的面积,加装新的设备,使现有飞行甲板能够运载更多的飞机。他最近接受采访时说,英国政府在这一点上并

---

① 参见第 625 号。

不同意日本政府的担忧。

谈到潜艇,大使表示,他的政府仍然坚决反对取消这种型号的飞行器。

首先考虑航空母舰的问题,我说,我不觉得大使会认为英国海军上将会平静地看待巡洋舰上起飞甲板数量的大幅增加或巡洋舰可以携带飞机数量的大量增加。我认为这种情况并非如此,尽管这样的可能性总是存在,即如果巡洋舰主要是为了携带更多的飞机而建造,那么它既不是一艘好的巡洋舰,也不是一架好的飞机载体。当然,这是一个技术问题,可能会在专家之间直接进行讨论。

松平先生说,他很高兴知道我们可能会关心飞行甲板使用方面的任何发展,非常希望我们更进一步,并与日本政府一起敦促废除,不仅废除航空母舰,还要废除飞行甲板。

然后我告诉大使,关于他告诉我的日本在海军大量裁军问题上的态度,我感到非常失望。在我看来,就所有意图和目的而言,日本仍然停留在参加伦敦海军会议的这一点上,[①]而在我看来,重要的是那些认为可以通过缩小零件尺寸而非削减数量会取得进展的国家,比大型军舰上的大炮口径缩小 2 厘米要更加引人注目。如果英国同意使用载有 14 英寸口径炮的军舰,那么排水量就必须超过 3 万吨。如果日本和英国严肃地提议对现有的大型军舰进行如此荒谬的削减,全世界都会对日本和英国的举动一笑置之。

大使回答说,日本海军省认为,他们与欧洲国家相比有一个优势,更能够牺牲使人们舒适而专门设计的空间,他们不明白为什么他们不应该利用这个事实——因为日本的建造商完全可以建造 25 000 吨的排水量加上 14 英寸口径炮的军舰。

我回答说,就我们所关心的而言,这绝对是不可能的,正如我给出的理由那样,我们不可能和日本政府一起推荐一艘装载 14 英寸口径炮的军舰,所以日本最终的唯一希望是推荐一艘 12 英寸口径炮的军舰。我提醒阁下,根据 1931 年 3 月 1 日的协议,法国和意大利已接受了 12 英寸口径炮的规定,[②]我相信美国政府本身并不是非要反对这种 12 英寸口径炮的规定,尽管他们希望排水量高于 2.5 万吨。我不清楚如果所有大型军舰都拥有 14 英寸口径炮,

---

① 在 1930 年。参见该辑第一卷,第三章。
② 参见同上,第 470—472 页。

日本是否会比拥有 12 英寸口径炮时更安全。

大使随后指出,通过提议 B 级巡洋舰减少到 6 000 吨排水量,他们将比我们过去更好。

我说这一切都是好事,但在目前的情况下,我认为美国和法国同意进行如此激烈的削减的希望渺茫,并且 7 000 吨似乎是更切实可行的主张。至于 A 级巡洋舰,我相信达成全面废除的国际协议比把排水量减少到 8 000 吨要容易得多。

松平先生不相信美国政府会同意废除这种巡洋舰。他表达了他个人的观点,即如果美国人同意废除,这可能会在东京造成相当大的影响。

大使以私下和非正式的方式说,目前很难让日本海军当局对此事予以高度关注,因为他们的注意力主要集中在满洲。此外,现在有许多关于日本退出的言论,说日本不仅要退出国联,而且要退出裁军谈判会议,这不利于对这些问题进行建设性讨论。

我回答说,即使日本采取退出国联这样令人遗憾的举措,我也不认为这必然意味着他会退出裁军会议。① 无论如何,如果日本采取后一措施,它将不得不承担其失败的全部责任。

我感谢大使给了我日本人的观点,以及他们对我们去年 7 月提出的建议的态度的清楚陈述,并希望随后的考虑可以使日本海军省能够更密切地接近我们的立场。②

资料来源:[W 11051/10/98]

(陈梦玲　译　郭昭昭　校)

---

① 有关该阶段裁军会议的大致回复,参见该辑的第四卷。
② 在这份记录 10 月 7 日的札记中,克雷吉先生写道:"我发现日本公使在这个问题上的态度比我在过去几年的谈话中所说的更加严格。"

251. 与阿瑟顿先生的谈话备忘录(1932 年 10 月 5 日)

第 734 号　与阿瑟顿先生的谈话备忘录[①]

外交部,1932 年 10 月 5 日

约翰·西蒙爵士现在通过英国驻华盛顿大使馆收到国务院备忘录的一份副本[②],说明在北平附近发生的中日敌对行动将采取的步骤,这是他与阿瑟顿先生于去年 9 月 19 日谈话的主题。[③] 应该记得,这个问题是去年 8 月 3 日在北平讨论的,美国、法国、意大利和英国的代表同意[④]建议各自的政府,如果在长城以南发生军事活动,可能的话要在东京和南京进行联合交涉,以便尽可能获得中日两国政府尊重外交承诺的结果。北平代表根据国务院备忘录中的意见再次审议了这个问题,特别是关于如果敌对行动即将出现,应立即向中国和日本提出建议,在北平市包括长城方圆十里内实现完全中立化。在技术操作层面也提及了美国、法国和英国的军事参赞,他们的共同意见已经传达给了外交代表。[⑤]

英国临时代办说[⑥]他和他的同事们认为,这个建议在理论上是非常棒的,但他们觉得这个建议存在很多困难,使得实施起来也很有难度。他们怀疑中国人和日本人是否相互信任到足以缔结这样一个地区君子协议,如果是由第三方提出,那么第三方就会被一方要求——即使不是两方都要求——提供遵守条约的保证。外国代表最多可以做的就是成立一个委员会,任何一方都可以参考上海联合委员会报道的该区域的入侵行为,他们有类似的权力。对这个区域进行治安的任何承诺都是不可能的,也不能为使馆以外的中国人和日本人的生命财产安全负责。

日本使馆卫队的问题也会带来很大的困难,他们最不可能同意离开北平,

---

①　10 月 11 日,参见 10 月 11 日信件下方的注释 7。

②　参见第 704 号,注 1。

③　参见第 704 号,注 1。

④　参见第 582 至 584 号电报。

⑤　参见第 721 号。

⑥　9 月 29 日的北平第 744 号电报;参见第 721 号,注 1。

而且他们也有权利维护使馆区的治安。但是,如果总的外交区域被双方接受,就可能获得日本警卫的保证,一旦他们的国民被安全撤离,他们在该地区的活动应被高级指挥官严格控制。

虽然日方可能会认为这个计划符合他们对非军事区的深层认识,但他们是否会在罢工之前讨论进一步的步骤而放弃出人意料的内在优势,这是值得怀疑的。英格拉姆先生和他的同事们认为,最大的困难在于必须在危机迫近之前就开始谈判——所有军事专家都坚持这一点——他们仍然认为唯一的方法就是根据他们建议的方式,在8月3日向各自政府提出,在东京和南京进行联合交涉。

约翰·西蒙爵士赞同上述意见,特别是他认为,除非长城以南的敌对行动的危险现已迫近,否则不宜与中国或日本政府进行讨论。鉴于军事专家提出的意见,约翰·西蒙爵士认为,在这种情况下,交涉应该按照北平有关国家的代表以前提出的建议进行。他了解到,国务院已经在8月11日①对英国驻华盛顿代办表示赞同。②

资料来源:[F 7112/5851/10]

（陈梦玲 译 郭昭昭 校）

---

① 参见第 600 号。

② 芒西先生在备忘录内写道:"今天我把备忘录交给阿瑟顿先生,他说,他认为他的政府的观点正好与我们在这方面的观点一致。无论如何,除非出现敌对行动的迹象,否则他们不会采取任何行动。芒西 1932 年 10 月 11 日"

252. 英国驻东京大使林德利致英国外交大臣西蒙（1932年10月7日）

第 736 号　林德利爵士（东京）致西蒙爵士

发报时间：1932 年 10 月 7 日 12：10

收报时间：1932 年 10 月 7 日 09：00①

东京，第 374 号电报

我的第 372 号电报。②

我的印象是，尽管媒体和陆军大臣在煽动情绪，但国民的兴奋程度比几个月前低得多，那些对日本政策感到不安并担心随之而来被孤立的国民人数和这种想法的影响力正在稳步增加。

尽管如此，军队还是掌握了局势，目前还没有迹象表明，它不能够使整个国家拒绝修改它的"满洲"政策。在这样的修改之前，日本将会面临严重的内部危机。

在这种情况下，条件许可的话，最明智的做法就是慢慢来。

机密。美国大使完全同意上述观点。③

转发至北平和南京。

资料来源：[F 7236/1/10]

（陈梦玲　译　郭昭昭　校）

---

① 编者按：收发时间原文如此。

② 第 726 号。

③ 参见《美国外交关系文件》1932 年，第四卷，第 717 页。

253. 英国驻南京领事馆代办英格拉姆致英国外交大臣西蒙(1932年10月7日)

第737号　英格拉姆先生(南京)致西蒙爵士

发报时间:1932年10月7日(无电线)

收报时间:1932年10月8日09:00

南京,第355号访问电报

在讨论《李顿调查团报告书》时,英国外交大臣表示,中方反应总体来说是支持的,最困难的问题在于要求中日各选出一个咨询委员会①。中方委员会将在中国本土选出,且为常设委员会②。要是日军仍占领满洲,任何当地选出的委员会都不可能真正代表中国人民;此外,如果中国主权得到承认,只有由南京方面选出的委员会能真正代表中国人民。外交大臣表示,当然,他还未有时间仔细考虑《李顿调查团报告书》并得出意见,或评价公众对《李顿调查团报告书》的反应,这些在整篇报告翻译完毕之后才能完成。他深深感谢一切为推动这项工作进展的人所作的付出。但令他有些失望的是,没有任何司法裁决对9月18日当天及之后的事件问责,但他也清楚将来比过去更重要。

他询问中国应采取什么策略,我表示我只能提供个人观点,认为中国最好不要采取可能难以挽回的态度,以免后续难以收拾。就我来看,现在情况下中国外交部或中方媒体没有必要采取毫不妥协的论调。最后,外交大臣同意,只有在很长一段时间之后,中日双方才能通过可能有中立观察员参与的直接谈判得出最终解决办法,过早摊牌不仅毫无用处,还会妨碍谈判的时机获取。

转发至东京和北平。

资料来源:[F 7267/1/10]

(陈梦玲　译　郭昭昭　校)

---

①　奥德先生建议,这段文字应该写成:"选出两名代表参加咨询会议……"

②　这个单词在备份的副本中被质疑了。

254. 英国驻南京领事馆代办英格拉姆致英国外交大臣西蒙（1932 年 10 月 10 日）

第 739 号　英格拉姆先生（南京）致西蒙爵士

发报时间：1932 年 10 月 10 日 14：30

收报时间：1932 年 10 月 10 日 09：00①

南京，第 360 号访问电报

我的第 353 号电报。②

　　我刚刚收到外交部有关部门领导的电话信息，他表示已经发出指示，要求中国军队停止敌对行动。

　　（转发至印度和北平）

资料来源：[机密/电报/53/269]

（陈梦玲　译　郭昭昭　校）

255. 英国驻奉天总领事伊斯特·奥维致英国驻北平领事馆代办英格拉姆（1932 年 10 月 10 日）

第 742 号　伊斯特先生（奉天）致英格拉姆先生（北平）③

发报时间：1932 年 10 月 10 日

奉天，第 156 号

先生：

　　1. 作为 1932 年 10 月 7 日的第 155 号电报的续电④，我谨随函附上"满洲

---

①　编者按：收发时间原文如此。

②　参见第 738 号，注 1。

③　副本已寄到奉天外交部办公室，10 月 10 日第 153 号正式附件于 11 月 9 日收到。

④　未印，副本于 11 月 9 日随 10 月 7 日第 152 号文件正式送交外交部。

国政府"外交部门新闻与宣传局的另一份公报复印件①,其中包含 10 月 7 日
向国际联盟调查团派出成员的五国外交部部长及国际联盟秘书长发出的
电报。②

2. 这一值得注意的消息首先声称,在过去七个月里,新成立的"满洲国"
见证了(当然它必须具有充满信仰的眼光!)"在提升居民幸福感方面的显著进
展",然后继续声称,调查团报告书的实际公布自然会刺激不法分子的活动,这
些活动在该国国内仍然猖獗。

3. 我将把这封电报及其附件转发给外交部、英国驻东京大使、南京公使
馆,以及英国驻哈尔滨、牛庄和大连的领事官员。

此致

伊斯特

资料来源:[F 7896/1/10]*

(陈梦玲　译　郭昭昭　校)

256. 英国驻国际联盟代表(日内瓦)致英国外交部(1932 年 10 月 12 日)

第 745 号　英国驻国际联盟代表(日内瓦)致英国外交部

发报时间:1932 年 10 月 12 日

收报时间:1932 年 10 月 14 日

日内瓦,第 306 号

国际联盟英国代表团致意,并荣幸地传送下述文件的副本。

编号和日期	主题
塞西尔爵士,10 月 8 日。	中日争端:与顾维钧先生的谈话。

---

① 未印。

② 文本参见《美国外交关系文件》1932 年,第四卷,第 291—292 页。第 743 号。

资料来源：[F 7409/1/10]

（陈梦玲 译 郭昭昭 校）

第 745 号附件

日内瓦，1932 年 10 月 8 日

　　顾维钧先生请求今天下午与我会面，谈论中日争端问题。他说，他认为关注远东形势的大国保持统一战线至关重要。他重复了好几次，我问他是什么意思。我对他说，我认为《李顿调查团报告书》将呈至国联理事会，或许也会呈至国联大会，他们将会同意报告的内容，并根据报告书采取一些行动，但日本可能会拒绝接受。那么对于"保持统一战线"，他考虑的是什么呢？看上去他对自己想要什么并没有非常清晰的概念，我告诉他我认为进行道德控诉不存在困难，但是，如果美国甚至苏联都不赞成，经济压力之类的制裁就行不通。他非常同意，而且看起来更重视道德压力。他希望国联发表非常明确的声明来支持《李顿调查团报告书》，或者其他类似文件。我问他是否考虑任何特殊的道德压力，比如将日本逐出国联，撤回大使或类似的处理。他说他认为任何这类处理都会非常令人满意，而且几乎可以肯定没有必要再考虑任何进一步的行动了。他向我证实了我从其他地方听到的传言，即日本的权力现在掌握在年轻官员手中，甚至荒木在内也没有掌控权。他宣称，日方将会坚持下去，直到非常确信如果继续拒不妥协就会受到孤立，失去大国地位；但当其大国地位受到威胁之时，年长的官员就会坚持要求改变政策。然而这似乎和他认为日本政策由年轻官员主导的观点不太一致（他说，这些年轻人谋杀了已逝的首相却从未受到惩罚）。他再三重复说，他认为日本的处境非常严峻。接下来他谈论了英格兰政局以及其他类似话题，没什么别的有意思的内容了。

　　我反复告诉他，我对英国政府关于这件事的政策一无所知，我所有的观察评论都只能当成个人意见。①

塞西尔

资料来源：[F 7409/1/10]

（陈梦玲　译　郭昭昭　校）

257. 英国外交部远东司司长奥德的备忘录（1932 年 10 月 12 日）

第 746 号　　奥德先生的备忘录

外交部，1932 年 10 月 12 日

　　这份报告②无疑是对满洲整体局势及其背景作出的出色调查，我认为没有任何一点，包括细节，让人能够对此作出批评。普拉特爵士很好地总结了要点③，在这方面我不想做任何补充。还剩下一个基本的问题，那就是满洲问题

----

　　①　由艾登先生起草，普拉特爵士、奥德先生、芒西先生和范西塔特爵士的评论如下："顾先生所倡导的道德压力会造成无限的伤害。这将阻止日本一些影响力的增长，这些影响力最终将把权力交给现在头脑发热的年轻人手中夺走，并且同意合理解决与中国的争端。普拉特　10 月 18 日""我认为，唯一一种不会造成伤害的压力是不可言说的，是可以及时加强日本温和思想家影响力的。奥德　10 月 19 日""我同意。任何压力的客体形式，比如塞西尔爵士提到的，都会产生最糟糕的效果，甚至有可能消除所有可能性，包括用《李顿调查团报告书》的精神来解决这种情况。芒西　1932 年 10 月 20 日""我同意。范西塔特　10 月 20 日""伊斯特　10 月 23 日"

　　②　满洲调查团报告的副本（《国联公报》，1932 年第 7 辑，C. 663 M. 320）已于 10 月 1 日从日内瓦送交外交部，并于 3 日收到。

　　③　普拉特爵士 10 月 10 日的备忘录主要是对该报告的完整摘要，这里没有全文打印。在 10 月 11 日的记录中，西蒙爵士将其描述为"一次令人钦佩的回顾，它极大地帮助我理清了思绪"。在他的备忘录的第一段，普拉特爵士说："事实被公正客观地陈述，在大多数情况下，它们本身就足够清晰，但如果有必要，调查团要毫不犹豫地以温和但相当明确的措辞作出判决。如果仅将这些观点单独考虑，而不与报告前半部分所概述的历史背景相联系，很容易被认为是对日本的严厉谴责，但报告作为一个整体的总体效果传达了这样一种印象：虽然很难为日本为弥补其冤屈和逃避其困难所采用的方法进行辩护，但若深入探究其本质，权力的天平似乎更倾向于它。"

将如何得到解决。

从实际解决问题的角度来看,这份报告给我留下了有价值的外交文件的印象。我认为,对于思考并公正看待问题的读者来说,该报告在很大程度上为日本开脱了罪责,尽管它必须对自己引发危机的方法和追求夸张政治目标承担一些责任。并不能确定每个人都会以这种方式阅读报告,但我认为有充分理由相信,没人会在认真思考后还尤其倾向于认为日本应被逐出国联。毫无疑问,必须追究日本的责任,但报告书中有材料证明中国也应受到谴责,因其普遍排外政策、对待韩国人的方式和对日本权利的处理方式;以及其虽未正式保证但相当明确地确定不会修建有竞争力的铁路,却不顾承诺明知故犯;大肆挥霍开支用于修建铁路,而修建部分铁路的款项更应该用于付清日本贷款,以及正如普拉特爵士额外指出的一样,这些钱也更应该用于维护中国长城以南的铁路——他们主要靠外国资金修建了这些铁路,却违反自己的义务任其锈蚀。①

有迹象表明,日本人不急于退出联盟,只要他们的未来得到保障,他们就愿意接受一定的谴责。据一些报告显示(见英格拉姆先生致南京的第 355 号电报),中方同样合理看待《李顿调查团报告书》②,虽然我担心他们很可能如通常一样忽略了报告书中毁誉的部分。然而一直以来的报告称,蒋介石认为好战方针并无用处,且蒋介石比目前因愠"休假"的行政院院长汪精卫更有分量。我们有充分证据表明,中方无意于日内瓦采取拒不妥协的态度,而且意识到他们必须与日本达成协约。我偶然听说,中英银公司(一家有关中国英建铁路财务经营的英国企业)在与中国进行生意往来时,感受到了一种新的、更礼貌的接待方式。简而言之,中国人似乎已经吸取了教训。

因此,有相当依据可以相信,日本对国际联盟的态度并非不可理喻,而中

---

① 普拉特爵士写道:"报告中对中国状况的指控并不太严重,可能还会更严重。例如,中国宣称 1915 年的条约基本无效,如果不是因为以下事实,即任何在他看来同样强加令人讨厌的义务的文书都缺乏根本效力,以及中国公认的谈判技巧是威胁单方面废除一项有约束力的协议,人们会对中国的这一主张表示一些同情。报告还可能指出,在允许长城以南的铁路荒废的同一时期,中国在满洲建造了一个庞大的铁路网络;由此可见,仇外心理即使不是唯一的,也肯定是中国最强大的力量。因此,许多可能对日本说的刻薄的话都没有说。毫无疑问,在任何一种情况下,调查团都认为更明智的做法是,不要走得太远,而是采取适度的立场。"

② 第 737 号。

国对日本和国际联盟的态度将会相当理智。可以说,中日之间最终必将坐下来谈判。李顿调查团提议为中日谈判设立确切方案,但并没有坚持。这是调查团职责的一部分,他们可能会同意,就像了解中国外交方式的人,例如普拉特爵士等,会本能地认为实际结果会大不相同。无论有无外界协助,中日对话讨论都无疑是主要目标。这一目标在中国一方至少不难实现,但在日本一方会比较困难。日本几乎不可能公开撤销承认"满洲国"的声明,且日本外相近期宣称,无法容忍以任何形式延续中国在满洲主权的解决方案。这将难以让日本同意保留中国名义上的主权,而这在形式上对中国至关重要,尽管在最后可能并不需要其背后的实质。"满洲国"同样致力于获得独立主权,但若列强均拒绝承认其为独立国家,其国力可能衰退,并发觉最光明的道路将是让"满洲国"接受中国的宗主权,日方也可能会默许此举。然而,这必须留给日内瓦会议来决定。关于普拉特爵士的备忘录第 17 点提到的大体政策提议,①我表示同意,但提出须考虑以下因素。然而,这些条件可能不会对我们的策略立场产生影响。

我并不太相信能完成任何有关重建中国的工作,但我不确定是否有必要在满洲问题上找到一个相当令人满意的解决办法,或者事实上是唯一一种似

---

① 普拉特爵士备忘录的最后三段如下。"16. 根据报告可以合理推断,虽然双方都有责任,但中国未能整顿内政是目前中日争端未能解决的根本原因。只有当中国至少真正开始进行国家重建工作,最好是在国际合作的框架下,并且愿意按照报告建议的方式和精神与日本进行谈判,问题才有可能得到解决。简而言之,现在的主动权在中国手中。17. 在这种情况下,英国政府将采取的政策似乎是相当明确的。我们应接受并赞同该报告;解决问题的两个必不可少的先决条件是以重建中国为有效的开端,并说服双方进行友好谈判;我们应该表达我们的愿望,尽我们所能实现这些目标;我们应表示愿意接受各方可能达成的任何体面的解决办法,无论是按照报告中建议的办法,还是在谈判过程中可能出现的任何其他办法;最后,在协商解决之前,我们应该表明我们不承认所谓的"满洲国政府"的决心。18. 对于中国应该在国家重建任务中接受外国援助的建议,中国方面不太可能有任何即时的或相当大的反应。孙中山对这个问题的态度在报告中有些歪曲。他的想法是,外国应当以类似铁路贷款的条件向中国提供贷款——这些贷款都是违约的——用于诸如在长江三峡为轮船开辟通道等计划。他对国际合作的看法是,列强不应争抢把它们的钱投入无底深渊的特权,而应同意一视同仁地分享。孙中山的继任者和追随者实际上并未过于偏离这一立场。因此,《李顿调查团报告书》不会影响争端的解决。它应该大大缓解目前的紧张局势,因为再也没有任何借口把日本当作被告席上的罪犯,也不可能有制裁日本或把日本赶出国联的问题。"

乎有可能被日本接受的解决方法。在这项工作中,列强是否进行有效合作必
须由中方是否愿意接受该合作来决定。我深深怀疑,在列强合作的唯一有效
条件下中方不会乐意接受该合作,即外方真正控制中国金融和接受顾问的建
议真正得到实施。中国基本不可能允许外方如此掌控金融和行政,而如果无
法实现这些条件,列强合作则会收效甚微,毫无用处,无法解决满洲问题。满
洲问题确实难以等到中国完成内部重建后再来解决,就算处于一切最有利的
情况,重建过程也需要花费很长时间。诚然,若中国未真正实现重建,就无法
达成任何涉及中国在满洲事务上真正发言权的满洲问题的解决方案,但对我
而言,如果中国政府的管理仅仅是名义上的主权,似乎就没有必要将重建中国
作为优先条件了。这一结果似乎可能实现,且并非不尽如人意。①

奥德

资料来源:[F 7304/1/10]

(陈梦玲　译　郭昭昭　校)

---

①　在审议奥德备忘录的一分钟时间里,芒西写道:"根据我们目前掌握的事实和总
体情况,我们可以欣然接受并赞同这份报告。我认为,在这样做的过程中,不需要像普拉
特爵士所建议的那样,把重点放在重建中国的基本先决条件上。这是一个需要大量时间
和巨大努力的问题,而且可以看出,报告本身将这一问题列为'令人满意的解决办法的结
论'中的最后一项,而不是第一项。(131页,第10点)。我们就到此为止吧。但我们也应
该保留对报告的最终判断,如果只是出于公平和礼貌的考虑,也应该等到日本提交了意见
后再做决定。由于预计会出现反对意见,日本正准备在11月向国联大会提交这些意见。
就近期而言,重要的考虑是,日本承认'满洲国'的行动应继续是孤立行为,其他大国不得
效仿;在此之后,应该给日本足够的时间来仔细考虑国际社会对其行为的看法,以及它对
'满洲国'内部发展的影响,以及它对未来与中国和苏联关系的影响。"(芒西　1932年10
月13日)西蒙爵士在10月14日添加了他的姓名首字母。

索　引

图书在版编目(CIP)数据

第三方的观察与见解. 上 / 向明，郭昭昭，陈梦玲
编译. — 南京：南京大学出版社，2024.5
（李顿调查团档案文献集 / 张生主编）
ISBN 978 - 7 - 305 - 27789 - 4

Ⅰ. ①第… Ⅱ. ①向… ②郭… ③陈… Ⅲ. ①李顿调
查团—九·一八事变—调查报告 Ⅳ. ①K264.2

中国国家版本馆 CIP 数据核字(2024)第 076321 号

项目统筹　　杨金荣
装帧设计　　清　早
印制监督　　冯晓哲

出版发行　南京大学出版社
社　　址　南京市汉口路 22 号　　　　邮　编　210093
丛 书 名　李顿调查团档案文献集
丛书主编　张　生
书　　名　**第三方的观察与见解(上)**
　　　　　DISANFANG DE GUANCHA YU JIANJIE SHANG
编　　译　向　明　郭昭昭　陈梦玲
责任编辑　陈一凡

照　　排　南京南琳图文制作有限公司
印　　刷　南京爱德印刷有限公司
开　　本　718 mm×1000 mm　1/16　印张 27　字数 458 千
版　　次　2024 年 5 月第 1 版　2024 年 5 月第 1 次印刷
ISBN 978 - 7 - 305 - 27789 - 4
定　　价　180.00 元

网址：http://www.njupco.com
官方微博：http://weibo.com/njupco
官方微信号：njupress
销售咨询热线：(025) 83594756

ISBN 978-7-305-27789-4

9 787305 277894 >

定价:180.00元